TEORIA E PRÁTICA DAS OBRIGAÇÕES

ADAUTO DE ALMEIDA TOMASZEWSKI

TEORIA E PRÁTICA DAS OBRIGAÇÕES

CO-AUTORES
Agenor D. Lovato Cogo Jr.
Celito De Bona
Mauro Henrique Veltrini Ticianelli

grupo conceito
Editora, Livrarias e Distribuidora
Editora MODELO

Apresentamos a nova assinatura do Grupo Conceito, união das capacidades e competências da editora Conceito Editorial e da Editora Modelo para fazer ainda mais por todo mercado editorial.

Catalogação na Publicação: Bibliotecária Cristina G. de Amorim CRB-14/898

S618p

Tomaszewski, Adauto de Almeida

Teoria e Prática das Obrigações / Adauto de Almeida Tomaszewski -

Co-autores: Agenor D. Lovato Cogo Jr; Celito de Bona; Mauro Henrique Veltrini Ticianelli - São Paulo: Conceito Editorial, 2011.

275p.
ISBN 978-85-7874-232-4
1 . Obrigações 2. Prática Civil I. Título

CDU - 340

Editora CONCEITO EDITORIAL
Rua Barão de Jaguara, 194 - Mooca, CEP 03105-120 - São Paulo/SP
Fone (11) 3105-0573 / 3104-9774
www.conceitojur.com.br

Comercial – comercial@conceitojur.com.br
Divulgação – divulgacaosp@conceitojur.com.br
Editorial – editorial@conceitojur.com.br
Representante - vendas@conceitojur.com.br

SUMÁRIO

PREFÁCIO

A obra do Professor Doutor Adauto de Almeida Tomaszewski, com a colaboração dos mestrandos Agenor D. Lovato Cogo Junior, Celito de Bona e Mauro Henrique Veltrini Ticianelli, fruto de consistente e aprofundada pesquisa científica, tem a marca da objetividade e de rigoroso aprumo metodológico.

O trabalho sintetiza a dedicação e a consciência do professor que não se restringe a repassar conteúdos para seus alunos. Muito mais que isso, os incita à produção de uma análise crítica e à elaboração de conceitos que viabilizem o alcance do verdadeiro sentido do Direito, em particular, do direito das obrigações. Proporciona uma visão atualizada, consentânea com a realidade social e jurídica hodierna.

O Direito Obrigacional, como todos os ramos do Direito, não é estático. A sua teorização e prática devem evoluir de modo a não desalinhar da realidade social. As ponderações e as formulações teóricas do autor muito bem demonstram essa preocupação.

Nas palavras do próprio autor, a reflexão crítica deve fazer parte do proceder de todos aqueles que trabalham com o Direito. No meio acadêmico é que essa reflexão, por meio da pesquisa e da observação prática, ganha contornos teóricos que em muito contribui para o aprimoramento do pensamento jurídico.

O aporte teórico de que se valeu o autor, a seriedade da investigação, a seqüência lógica da exposição e a linguagem clara e precisa proporcionam ao leitor um panorama bastante significativo sobre o Direito das Obrigações, com efeitos altamente positivos no processo de aprendizagem, bem como na expansão do conhecimento daqueles mais afeitos à matéria.

A complexa e dinâmica interação entre os diversos segmentos inerentes às relações de Direito Privado que fazem parte da vida de todas as pessoas, não raras vezes deságuam nos tribunais, onde juízes e advogados nem sempre contam com uma orientação doutrinária clara e reflexiva, que possa dar suporte à solução dos litígios na seara obrigacional.

Toda obra doutrinária, e a jurídica em especial, deve ter como finalidade imediata o fornecimento de subsídios científicos para a formação, reavaliação ou mesmo reafirmação de concepções acerca de temas que se mostrem relevantes e úteis para a produção do conhecimento. Na área do Direito, o alcance desse desiderato é essencial para o aprimoramento da interpretação e aplicação das normas jurídicas. Neste contexto, não é exagero afirmar que este proficiente trabalho cumpre com galhardia a missão acima enunciada. Traduz-se, na verdade, num referencial teórico de inquestionável utilidade para os acadêmicos e profissionais do Direito.

Luiz Cézar Medeiros
Profº. MSc de Direito Civil e Desembargador
do Tribunal de Justiça de Santa Catarina

PRÓLOGO

A presente obra é fruto de um conjunto de reflexões da disciplina Análise Crítica da Teoria Geral das Obrigações do Programa de Mestrado em Direito Negocial da Universidade Estadual de Londrina – Estado do Paraná, ministrada pelo organizador. As ponderações do autor são decorrentes da prática docente e das lições que o Direito Romano nos legou. A reflexão crítica faz parte do espírito de todo e qualquer operador do Direito, razão pela qual a partir da associação destes fatores a obra surgiu naturalmente.

Os co-autores e colaboradores desta obra são os então cursistas do retro mencionado programa de mestrado, que aceitaram a incumbência da participação na busca de textos da doutrina e legislação estrangeira, revisão e compilação dos textos que já haviam sido inicialmente produzidos pelo docente ao longo dos anos. Assim, em conjunta procura de possíveis conclusões e apontamentos críticos que mais coadunassem com o Direito Civil em sua essência, qual seja a regular a conduta humana e conferir validade às relações por ele regidas, uniram-se para a consecução do objetivo de publicar estas reflexões críticas.

Por este motivo, as ponderações que o leitor encontrará no decorrer deste livro refletem o pensamento crítico do docente idealizador e organizador, bem como a busca por uma moderna interpretação aliada à releitura de institutos obrigacionais que já contam com séculos ou milênios.

Por intermédio de uma linguagem simplista, sem desbordar do conteúdo técnico, se buscou transmitir uma mensagem atual e ao mesmo tempo voltada para o desenvolvimento das relações de Direito Privado.

Por se estabelecer como premissa que a Teoria Geral das Obrigações ocupa uma inegável importância no cenário jurídico, eis que não se pode pensar em uma sociedade organizada e regida pelo Direito sem um desenvolvido conjunto de regras de cunho obrigacional, se buscou elaborar uma obra que atendesse a necessidade do operador do Direito no que tange à interpretação e aplicabilidade prática dos institutos desta seara.

Neste particular, torna-se importante destacar que a matéria que regula os contratos, instrumentos jurídicos de circulação de bens e riquezas por excelência, pauta-se em essência sobre premissas e princípios obrigacionais. Toda modalidade contratual típica ou atípica está imbuída de regras e princípios constantes da Teoria Geral das Obrigações e que a caracteriza. É justamente por isto que na mesma esteira que cada contrato típico ou atípico apresenta os efeitos jurídicos que lhe são peculiares, estes também são marcados por aspectos, modalidades e conteúdos obrigacionais bastante característicos.

Isto define, em breves linhas, a importância da matéria obrigacional na atualidade, pois o trânsito jurídico, cada vez maior nas sociedades modernas, exige instrumentos eficazes para instruir estas relações.

1 CONSIDERAÇÕES PREAMBULARES

Adauto de Almeida Tomaszewski

Viver em sociedade é determinante para que o homem esteja inserido em um círculo de relações jurídicas. É difícil imaginar tais relações sem um mínimo conteúdo obrigacional. Apenas para o ato de conviver se exige um enorme feixe de comandos legais a determinar ou regular condutas comissivas e omissivas, ou seja, de ações e abstenções.

Nos negócios jurídicos que objetivam a circulação de bens e riquezas, também impende sejam regulados os comportamentos dos celebrantes e demais partícipes, como os garantidores e beneficiários, para um mínimo de segurança jurídica acerca do cumprimento das manifestações de vontade. Segurança para ambos os polos, pois se de um vértice o alienante de um bem, o vendedor, pode exigir o pagamento, o adquirente pode exigir a entrega deste e a regular quitação.

Nos casos em que se avençou a prestação de um serviço, uma atividade humana, também se busca uma razoável segurança no sentido de que o obrigado cumpra com a tarefa objeto da relação. É certo que este não será compelido ao cumprimento forçado nos mesmos moldes daquele obrigado a promover a entrega ou restituição de um bem. Todavia, dispõe o credor de tal conduta ou prestação, de mecanismos processuais que garantam o efetivo cumprimento. Isto se dá por intermédio da imposição de uma pena pecuniária por dia de atraso ou por meio do cumprimento da atividade por um terceiro, a expensas do devedor.

Na mesma esteira, na hipótese de se avençar um contrato de locação, deve o locador se acercar de garantias de que o locatário lhe pagará o preço ajustado e que ao término do período contratual restituirá o bem no melhor estado de conservação possível.

Pelo mesmo raciocínio de que se deve prover o lesado, de meios para recomposição de seu patrimônio em caso de ato ilícito que lhe cause prejuízo, se deve tutelar aquele que em caso de promessa de recompensa, tenha cumprido a tarefa esperada. De qualquer sorte, temos sempre que amoldar nossas condutas aos termos da Lei, eis que estas estão pautadas pelo Estado e nos compelem a variados comportamentos determinados pelo legislador. A título de ilustração é possível exemplificar: pagar tributos, observar limites de velocidade, respeitar a propriedade alheia, conservar o meio ambiente, não fumar em ambientes fechados ou públicos e ainda uma série infindável de atos jurídicos, de obrigações. Todavia, mesmo sujeitos a um inenarrável rol, a grande maioria dos cidadãos ainda desconhece a extensão do termo Obrigação.

1.1 Fatos, Atos e Negócios Jurídicos

Para uma melhor compreensão do que se busca discorrer, se torna necessária uma breve abordagem acerca de fatos, atos e negócios jurídicos, pois é a partir da noção destes e do que seja uma relação jurídica que se tornou possível desenvolver o conceito de obrigação que adiante se encontra, bem como todo um conjunto de reflexões.

Existe uma série de *fatos ou acontecimentos* que não preocupam ou ocupam o mundo do Direito. A chuva, o cantar dos pássaros numa floresta ou o solitário peão que nos bucólicos recantos do sertão, toca sua moda de viola junto a uma fogueira, que o aquece enquanto cai a noite, o que o faz lembrar de sua amada são bons exemplos disto. Estes acontecimentos, alguns meros fatos naturais, enquanto não adentram no mundo patrimonial ou tutelado pelo Direito não implicam maiores considerações e afetam apenas o imaginário popular e romanceado. Contudo, se a chuva que cai for de proporção tamanha que cause prejuízo ao patrimônio de alguém, pode implicar questões securitárias para sua recomposição, se desta forma foi previamente avençado.

Demais disto, se a falta do cantar dos pássaros numa floresta é decorrente de degradação ambiental ou caça predatória, isto implica numa necessidade de agir do Estado em prol da tutela ambiental. Se o peão transforma a dor da saudade de sua amada em música e a registra, adquire direitos autorais sobre ela e os efeitos patrimoniais daí decorrentes são tutelados pelo Direito. Gera para o violador de tais direitos a obrigação de indenizar.

Costumeiramente se encontra na doutrina nacional ou estrangeira, que *Fatos* são aqueles decorrentes de fenômenos naturais, enquanto os *Atos* decorrem da manifestação de vontade humana. Assim, todos os atos ou fatos que podem ser tutelados pelo Direito ou que venham a gerar efeitos patrimoniais ou meramente morais recebem o nome de *atos* ou *fatos jurídicos*, que por sua vez podem gerar obrigações. A chuva torrencial ou o raio que atinja o patrimônio de um indivíduo, se previsto assim em contrato de seguro, gera a obrigação ou prestação de seu ressarcimento. A gravação ou a execução de música de autoria alheia gera o dever de compensação financeira ao seu compositor. O desmatamento de área florestal gera deveres nas esferas cível, penal e administrativa, dentre elas a obrigação de reflorestamento. Uma sentença ou Termo de Ajustamento de Conduta geraria a obrigação de recuperação da área.

Em sentido contrário, um *ato jurídico* pode não ser a fonte de uma obrigação, mas sua extinção, como se dá com o pagamento, porque irá extinguir total ou parcialmente a prestação, como estabelecido nos artigos 304 e seguintes do Código Civil.

Daí, necessariamente se deve discorrer da diferença entre *ato jurídico* e *relação jurídica*. O *ato jurídico*, segundo o Código Civil de 1916, fora definido em seu artigo 81 como todo o ato lícito, que tivesse por fim imediato adquirir, resguardar, transferir, modificar ou extinguir direitos. Se for substituída a expressão *direitos* para *relação jurídica*, não se comete equívoco e se pode entender como a relação jurídica se vale ou se utiliza dos atos jurídicos para atingir seus fins ou objetivos. Impende destacar que no atual Código Civil, por opção do legislador, não encontramos conceituação de ato jurídico.

Ainda que este trabalho não pretenda uma abordagem aprofundada neste tema, importa ressaltar que se pode aqui apontar uma pequena consideração crítica. É que ao tratar de eventos que acontecem naturalmente e não tenham qualquer relação com o Direito, portanto meros *fatos*, a Ciência Jurídica, dado um processo prévio de valoração, não os entendeu pertinentes, eis que os efeitos que deles decorrem não são importantes.

De outro vértice, quando destes fatos naturais resultam efeitos previamente estabelecidos pelo legislador e que de alguma maneira repercutem no patrimônio juridicamente tutelado, se convencionou chamá-los de *fatos jurídicos*. Então, isto significa dizer que a partir da observação dos acontecimentos diuturnamente verificados na vida em sociedade, alguns foram destacados devido as suas conseqüências.

No que tange aos *atos jurídicos lícitos*, o que a Ciência do Direito fez foi estabelecer um aberto rol de efeitos pretendidos pela pessoa ou pelos celebrantes. Por regular a conduta do homem em sociedade, o Direito estabeleceu as regras que devem ser observadas para que estas conseqüências, ressalte-se jurídicas, sejam válidas e eficazes. Para isto estabeleceu requisitos de validade e eficácia e assim produzam efeitos jurídicos.

Aqui então reside o nó górdio da observação, pois dentre os requisitos de validade que o Código Civil estabelece no artigo 104, encontramos a capacidade do agente e a forma, prescrita ou não defesa em Lei. A partir daí se tornou possível a ilação de que o requisito de capacidade do agente, estabelecida na Lei Civil, busca em grande medida proteger o patrimônio deste, dada presunção de absoluta falta de discernimento para os absolutamente incapazes ou incompleto para os relativamente capazes. Perceba o leitor que em *atos jurídicos* de cunho consumerista de pequena complexidade ou valor envolvido, não se exige este requisito, que eivaria de vício a relação regulada pelo Código de Defesa do Consumidor. Apenas para aqueles atos de maior complexidade e comprometimento de patrimônio é que se exige um representante ou assistente. Por este motivo uma criança de poucos anos de idade pode fazer uma aquisição onerosa em um supermercado, por exemplo. De acordo com as regras estabelecidas pelo Código de Ritos, não pode praticar atos jurídicos de cunho processual para reclamar daquela relação de consumo se não obedecer os comandos daquele Diploma Legal e comparecer em Juízo representado ou assistido, conforme o caso.

A questão da forma do ato ou do negócio, se dirige ao aspecto de que o ordenamento exige a certeza da manifestação de vontade. Esta expressão volitiva deve ser inequivocamente convergente àquele(s) efeito(s) possível(is) previamente(s) estabelecido(s) pelo legislador ou aqueles autorizados, no caso dos negócios atípicos. Se os agentes buscam a emancipação, então procuram o caminho que lhes possa conduzir a este efeito. De igual maneira, para o caso do reconhecimento da paternidade, da venda e compra, da locação e as mais variadas possibilidades negociais.

Então se pode afirmar que o que o Direito estabelece não é senão uma **adequação comportamental**. Para que as pessoas obtenham a chancela de validade e a possibilidade de produção de efeitos em suas relações jurídicas, negociais ou não, devem amoldar ou adequar suas condutas, sob pena de não serem tuteladas oportunamente e os efeitos pretendidos lhes serem negados.

Ao pretender a emancipação voluntária, basta que os pais do menor de 18 anos, mas que tenha pelo menos 16, em companhia deste se dirijam à competente serventia (cartório) e manifestem seu interesse. O oficial vai praticar atos jurídicos previamente estabelecidos para a consecução deste objetivo. Se esta emancipação for pretendida pelo tutor, deve fazê-lo pela via judicial e obedecer os comandos para a seqüência de atos jurídicos de natureza processual. Ainda a título de exemplo, a mesma adequação comportamental no caso da vida em comum com objetivo de constituir família para a união estável; o processo de habilitação para o casamento; o compromisso particular de venda e compra, registrado ou não, e um enorme rol de possibilidades oferecidas pelo Ordenamento Jurídico.

Isto pode supeditar a teoria de que o ato jurídico e sua sub-espécie negócio jurídico nada mais são do que uma grande *adequação comportamental* a modelos de conduta previamente estabelecidos pelo Direito para que os fins buscados pelas partes ou pelos agentes seja atendido. Em diversos exemplos, como a declaração judicial da paternidade, do divórcio litigioso, da obrigação de fazer determinada pelo Juízo, a vontade de uma das partes e sua manifestação são absolutamente irrelevantes.

Praticamos diuturnamente atos jurídicos sem que a vontade seja expressada explicitamente. É claro que os praticamos livremente, sem interferência, com vistas à produção de efeitos desejados, ou para evitar a imposição de uma sanção. O pagamento de um tributo ou de uma dívida pode se encaixar neste exemplo. O ato de dirigir dentro dos limites e das normas estabelecidas por Lei é considerado como ato volitivo. O violar destas regras torna a conduta ilícita e a conseqüência já vem estabelecida pelo ordenamento: sansão administrativa, penal, reparação do dano e o que for cabível em cada caso em concreto da vida em sociedade.

Isto pode resultar em uma singela afirmação: de que a vontade e a sua expressa manifestação, nada mais são do que refinamentos desta adequação comportamental e para a segurança das relações jurídicas se a exige de maneira diferenciada, como um escrito particular, acompanhado de testemunhas ou não ou ainda por intermédio de uma escritura pública. Para o caso do casamento, ainda se exige a solenidade, assim como a colação de grau em Curso Superior.

Perceba o leitor que existem diversos exemplos que dão supedâneo para estas ilações: os deveres colaterais estabelecidos para os negócios jurídicos, como aqueles textualizados no artigo 422 do Código Civil; a exigência de cumprimento da função social do contrato; as normas relativas à posse e ao usucapião; as regras estabelecidas para as pessoas jurídicas de direito privado; as disposições constantes no Direito das Sucessões, como os testamentos, a aceitação e renúncia da herança, a deserdação e a indignidade; os princípios que gravitam em torno do ato jurídico administrativo; as regras de tutela ambiental e os contratos de trabalho podem ser trazidos à colação para confirmar tais afirmações.

Como dantes afirmado, porque vivemos em uma sociedade pautada por um enorme conjunto de regras estabelecidas também pelo Direito, vivemos em um intrincado emaranhado de relações sociais, jurídicas e de obediência aos comandos gerais da Lei, como no caso de respeitar o limite de som, não criar certos animais, não adentrar em supermercados ou em praias com cães, gatos e etc. Demais destas, não se pode ainda olvidar que em diversas circunstâncias o indivíduo deve subserviência às manifestações jurisdicionais, sem mesmo que seja parte em uma determinada relação jurídica de natureza processual. É o caso por exemplo do empregador que está obrigado a reservar parte dos rendimentos mensais do empregado, demandado em ação de alimentos, ou daquele é o devedor de meu devedor, e que deverá depositar o valor do crédito à disposição do Juízo, agora que eu requeri medidas em procedimento judicial de cumprimento de sentença.

1.2 Relação Jurídica

Como as relações sociais não serão tratadas nesta obra, o foco preambular reside mesmo nas relações jurídicas. Apenas ao tratar das fontes das obrigações é que serão tecidas considerações sobre a já mencionada relação de obediência aos comandos da Lei e das manifestações jurisdicionais.

Para a abordagem acerca da *relação jurídica* torna-se mister destacar que esta *é o vínculo de Direito, por este regulada e cujos efeitos são por este autorizados, de caráter transitório, que duas ou mais pessoas, físicas ou jurídicas, assumem por vontade ou se envolvem em decorrência da Lei, e que cria o poder jurídico de se exigir o cumprimento de determinada prestação e, concomitantemente, sujeita outrem, de acordo com a tutela estatal, à submissão desta vontade, com conseqüências patrimoniais imediatas ou mediatas.*

Em consonância com a teoria da *adequação comportamental*, crianças em uma escola estão envolvidas em uma relação jurídica com esta e com os seus educadores. Esta relação de cuidado e de guarda vai além daquela socializante e educacional. Os educadores e professores, por sua vez estão a se relacionar com as crianças e com o próprio estabelecimento de Ensino e diuturnamente praticam atos jurídicos. Se este estabelecimento for de natureza privada, então existe entre estes um contrato de trabalho; se de natureza pública, relação estatutária. Professores praticam atos jurídicos ao aplicar avaliação e lançar as notas correspondentes. Perceba o leitor que aí além dos requisitos constantes no Código Civil, exige-se ainda competência para tais atos, como a do professor estatutário que é formalizada com os atos praticados quando de seu ingresso nos quadros. Dentro deste quadro, ainda não podemos nos olvidar dos pais destas crianças, que, com aqueles estabelecimentos particulares de ensino ainda mantém relação de consumo. Naqueles casos em que o Estado oferece o serviço diretamente, não se pode negar também que entre estes haja uma relação jurídica, formalizada inclusive no instante da matrícula e que também envolve o dever de guarda e responsabilidade dirigido os infantes e adolescentes.

O conjunto de pessoas que passeia distraidamente em um shopping também está envolvido em uma relação jurídica, informada e regulada pelo Código de Defesa do Consumidor. Ainda que nada adquiram não significam que não estejam amparados por um princípio que lhes assegura incolumidade física e patrimonial. Por este motivo, o seu veículo depositado no estacionamento, ainda que de forma não remunerada, deve ser cuidado e o instituto da responsabilidade civil lhes ampara.

Se pode então verificar que as relações sociais e jurídicas estão tão intrincadas que em muitas vezes não se tem como separar uma da outra.

É de se ressaltar que o efeito obrigacional na relação jurídica é uma regra e, como toda regra, comporta exceções. Mas quais são os vínculos jurídicos sem os ditos efeitos obrigacionais? A relação jurídica emancipatória voluntária, por exemplo, concedida pelos pais ou por um deles, se morto ou ausente o outro cônjuge ou companheiro, prevista no art. 5º, parágrafo único, inciso I, parte inicial, do Código Civil, não tem a pretensão de criar obrigações e muito menos de extingui-las, mas apenas de propiciar a plena capacidade para os atos da vida civil para o então menor.

De outro vértice, a emancipação concedida pelo tutor deve decorrer de uma relação jurídica processual, com um ato jurídico específico, denominado *sentença* que, após seu registro - outro ato jurídico - extinguirá as obrigações do tutor. Pelo casamento também se adquire plena capacidade ou emancipação legal, mas não há formação de uma relação jurídica especificamente criada para este fim, da mesma maneira que não há uma manifestação de vontade nestes termos, ou melhor dizendo, endereçada a este fim. Isto também se verifica com a emancipação que decorre das outras hipóteses legais previstas no artigo 5º. do Código Civil[1]. A este particular, destaco apenas que a de maior complexidade de aplicação prática fica por conta da existência de relação de emprego, desde que, em função deles, o menor com dezesseis anos completos tenha economia própria. Devido a justificativa de insegurança jurídica e até mesmo pela dificuldade de interpretar completamente o dispositivo legal, esta hipótese está com restrita aplicabilidade.

O testamento é uma manifestação unilateral de vontade, considerada como ato jurídico, pois deve obedecer as formas autorizadas pela Lei e produz efeitos previstos no ordenamento. O testamento, por si só não estabelece uma relação jurídica que possa ter efeito obrigacional. Tanto isto é verdade que o testador pode revogar as disposições patrimoniais a qualquer tempo e os eventuais beneficiários deste não têm como exigir o cumprimento daquela manifestação volitiva. Apenas em caso de falecimento do testador sem que haja alteração no testamento podem estes, em juízo, exigir que se dê o cumprimento daquelas disposições testamentárias.

1 Art. 5º A menoridade cessa aos dezoito anos completos, quando a pessoa fica habilitada à prática de todos os atos da vida civil.

Parágrafo único. Cessará, para os menores, a incapacidade:

I - pela concessão dos pais, ou de um deles na falta do outro, mediante instrumento público, independentemente de homologação judicial, ou por sentença do juiz, ouvido o tutor, se o menor tiver dezesseis anos completos;

II - pelo casamento;

III - pelo exercício de emprego público efetivo;

IV - pela colação de grau em curso de ensino superior;

V - pelo estabelecimento civil ou comercial, ou pela existência de relação de emprego, desde que, em função deles, o menor com dezesseis anos completos tenha economia própria.

Entretanto, se o testamento contiver reconhecimento de paternidade, que é irrevogável por força de Lei, nesta parte não se admite revogação e a paternidade deve ser reconhecida e declarada. O reconhecimento de paternidade é uma manifestação de vontade e, portanto, um ato jurídico, mas por si só não cria uma relação jurídica. Ele cria um vínculo de parentesco e, a partir daí, surge de forma derivada a obrigação de solidariedade, de alimentos após ação específica, de educação, de sustento, etc.

O ato jurídico é gênero do qual o negócio jurídico é espécie. Todo negócio é um ato jurídico, mas o inverso não é verdadeiro. O cunho negocial que alguns atos assumem se nos apresentam com certas especificidades não encontráveis nos demais atos jurídicos que não tenham esta natureza. Na manifestação unilateral de vontade como é a promessa de recompensa, não existem disposições negociais.

A emancipação não admite, assim como o reconhecimento de paternidade e o casamento, a inserção de elementos acidentais, largamente utilizados nos negócios jurídicos. Disto resulta uma sensível diferença e que pode ser uma grande regra: a de que os atos não admitem a condição, o termo ou o encargo. Tais disposições são caracterizadoras de uma relação de natureza negocial, eis que as partes podem deliberar neste sentido, o que a Lei proíbe nos exemplos oferecidos a título de atos jurídicos. Não há como emancipar alguém e se estabelecer um termo inicial ou final para a produção destes efeitos civis. Não se pode reconhecer a paternidade e estabelecer que os direitos do filho(a), daí decorrentes, se verifiquem apenas a partir de um evento futuro e incerto, característica da condição suspensiva. Também não se torna possível condicionar tais efeitos a uma condição resolutiva, ou estabelecer a necessidade de cumprimento de um encargo, que se descumprido seria o motivo do rompimento do vínculo jurídico e a conseqüente extinção das obrigações daí decorrentes.

A ilustração a seguir tem como objetivo dar ao leitor uma noção mais concreta do que se pretendeu afirmar neste sub-item:

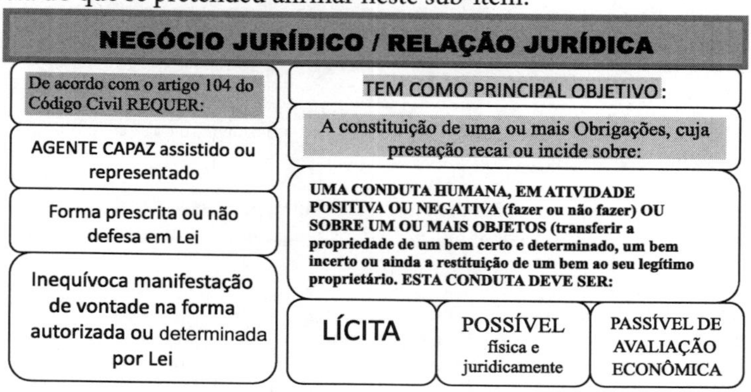

1.3 Conceito de Obrigação e uma breve noção acerca da Prestação

Acredito que a Obrigação não é um vínculo jurídico de caráter transitório que faculta uma pessoa, ou lhe dá o poder jurídico, de exigir de outrem o cumprimento de uma prestação de seu interesse. Penso que a Obrigação é o efeito de uma relação jurídica, decorrente de uma de suas várias fontes, e que sujeita um dos polos a cumprir uma prestação de dar, restituir, fazer ou se abster de certa conduta, cujo conteúdo econômico é presente de forma imediata ou mediata, ou seja, passível de ser auferida em dinheiro.

A ideia de transitoriedade se contrapõe à noção de eternidade ou vitaliciedade, pois não se pode conceber a perspectiva de um vínculo análogo à escravidão, de que alguém fique unido a outrem por meio de uma relação jurídica enquanto durar sua vida. É bem verdade que em alguns ramos do Direito isto é algo comum, a exemplo dos benefícios previdenciários, do usufruto, do direito real de habitação ou do casamento e os deveres e obrigações assumidos por ocasião deste, que em princípio são para serem eternos, não se autorizando o estabelecimento de prazo final a ser convencionado no pacto antenupcial. Nestas circunstâncias e em certos casos, pelo princípio de solidariedade e da vinculação consanguínea se admite a vinculação, por dizer "vitalícia", no que tange a alimentos, seja entre os ex-cônjuges ou ex-companheiros, ou de pais para filhos e de filhos para com os pais, em consonância também com o Estatuto do Idoso. Todavia, estamos a iniciar considerações pertinentes à Teoria Geral das Obrigações, que em regra delimita a questão temporal dos vínculos obrigacionais.

Também é necessário mencionar a importante e substancial diferença entre obrigação e prestação, eis que esta se encontra como objeto daquela. A prestação é o comportamento que consiste numa determinada ação positiva ou negativa a que se sujeita, a seu turno, um dos polos da relação jurídica. A expressão *a seu turno* é empregada para esclarecer que credor e devedor, têm, em regra, prestações distintas em momentos diferenciados; ora a entrega do bem ou a prestação do serviço, ora o pagamento por este. A entrega, a restituição ou o pagamento são prestações. São atos jurídicos pois produzem reflexos na ordem jurídica. O cumprimento ou a abstenção de uma determinada conduta também é considerada como prestação. Assim, num vínculo de Direito, há uma obrigação composta por uma ou várias prestações, principais ou acessórias, em que o cumprimento destas não corresponde necessariamente ao cumprimento de toda a obrigação.

A título de exemplo, uma obrigação poderá ser composta pelo cumprimento de várias prestações mensais, como num contrato particular de venda e compra com pagamento a prazo. O pagamento de uma delas não corresponde ao cumprimento da obrigação, que se dará com o adimplemento da totalidade das prestações. Veja o leitor que a este momento, estará o promitente vendedor obrigado a outorgar escritura de Venda e Compra, se assim o determinar o artigo 108 do Código Civil. Acaso se recuse injustificadamente, sua conduta poderá até ser substituída pelo Juízo, em ação de adjudicação compulsória.

1.4 Fontes das relações jurídicas que dão origem às obrigações

Torna-se mister destacar que as relações jurídicas de cunho obrigacional ou com conteúdo obrigacional surgem:

a) em decorrência do contrato, eis que é proveniente da inequívoca manifestação da vontade das partes. O que as partes puderem convencionar, nos limites da Lei, a estas cláusulas devem se sujeitar, dado a inclusive o princípio da força obrigatória dos contratos. Contrato é um negócio jurídico, a teor do artigo 104 e seguintes do Código Civil, celebrado por duas ou mais pessoas e que gera obrigações para um, ambos ou todos contratantes;

b) da manifestação unilateral de vontade. A emissão de um título de crédito ao portador, a exemplo da nota promissória ou do cheque[2], está regulada a partir do artigo 904 e seguintes do Código Civil e também em legislação específica.A promessa de recompensa está prevista no artigo 854 do Código Civil;

c) a partir do ato ilícito, pois o ordenamento determina o dever de indenizar nos termos do artigo 927 do Código Civil;

d) da Lei, A Lei é, por excelência, a grande determinadora de comandos que regulam as relações jurídicas e os efeitos daí decorrentes. É imperioso esclarecer que a partir da mera sujeição ao comando legal não se formam relações jurídicas, apenas deveres de conduta. Senão vejamos, a Lei estabelece limites de velocidade no trânsito: não se forma daí, pura e simplesmente uma relação jurídica. A Lei, de acordo com o seu ramo dentro do Direito positivo, determina aos indivíduos/jurisdicionados uma série de condutas, comissivas, de dar, de restituir, como exemplo da Ação Civil Pública (Lei n. 7347/85), e de fazer, bem como as omissivas, de não fazer; e,

e) da determinação administrativa ou jurisdicional. Das determinações administrativas, que também são pautadas em consonância com a Lei,

2 Não obstante existam regras legais a este respeito, a exigir que os cheques sejam preenchidos com o nome do credor, a prática ainda reitera situações em que o emitente da cártula não anota o nome daquele a favor de quem o documento é preenchido.

não se formam necessariamente relações jurídicas,[3] mas em muitos casos mero dever de sujeição. Ao seu turno, também se deve dar cumprimento àquelas determinações jurisdicionais, comandos emitidos pelos Juízes na esfera de sua competência. Com espeque na Lei e no uso de suas prerrogativas, diante de conceitos legais indeterminados e de cláusulas gerais, como por exemplo as do artigo 21, 157 ou 575, parágrafo único do Código Civil,[4] o juiz pode emitir determinação de conduta omissiva ou comissiva, consoante previsto inclusive no artigo 461 do Código de Processo Civil. O descumprimento injustificado e portanto culposo gera necessária providência sancionatória.

A determinação judicial, com espeque na Lei também tem este condão porque a ela se equipara. Demais disto, dado o poder de polícia caracterizado no Direito Administrativo, também a Administração Pública detém a prerrogativa de emitir comandos obrigacionais cujos conteúdos diferem em cada caso.

Veja-se que em muitos casos não existe um polo devedor e outro credor, como muito comumente se representa no caso dos contratos, mas sim uma relação de Direito, portanto jurídica, em que o Estado não é necessariamente credor de uma prestação positiva ou negativa. O Estado é o interessado a exigir uma conduta humana em proveito de toda sociedade. A ideia ou a noção de sujeição dos jurisdicionados em relação à vontade estatal, explicitada por intermédio da Lei, em nada desborda destas considerações acerca da obrigação como efeito reflexo, pois em caso de inadimplemento as consequências civis são as mesmas. Apenas se acrescenta que em certos e determinados casos as conseqüências também se nos apresentam pela via penal.

Em todos os casos, o poder jurídico confere à pessoa física ou jurídica, em caso de descumprimento, a prerrogativa de se requerer ao Judiciário que coercitiva ou compulsoriamente se determine a satisfação, quando possível, do efeito reflexo da relação jurídica. Ou, em consonância com os ditames processuais, se substitua a atividade do obrigado inadimplente e um terceiro a cumpra à custa do devedor, ou os seus bens alcançáveis sejam utilizados para satisfação do crédito, inclusive naqueles casos em que se converte o descumprimento em perdas e danos.

---

3 A exemplo do decreto de posse e exercício de função pública, pois forma uma relação jurídica de cunho estatutário com efeitos obrigacionais.

4 Art. 21. A vida privada da pessoa natural é inviolável, e o juiz, a requerimento do interessado, adotará as providências necessárias para impedir ou fazer cessar ato contrário a esta norma.

Art. 157. Ocorre a lesão quando uma pessoa, sob premente necessidade, ou por inexperiência, se obriga a prestação manifestamente desproporcional ao valor da prestação oposta.

§ 1º Aprecia-se a desproporção das prestações segundo os valores vigentes ao tempo em que foi celebrado o negócio jurídico.

§ 2º Não se decretará a anulação do negócio, se for oferecido suplemento suficiente, ou se a parte favorecida concordar com a redução do proveito.

A figura que se estabelece a seguir bem ilustra estas ponderações:

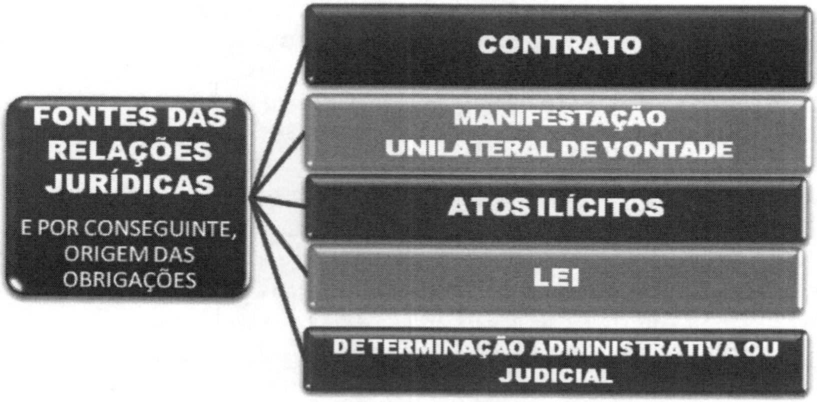

A partir da localização, pelo leitor, do assunto proposto e retro iniciado, torna-se mister destacar que toda esta noção acerca do conteúdo obrigacional, surgiu desde os mais remotos tempos. É o que se pode inferir, inclusive, com base no conteúdo da Lei das XII Tábuas, datada do ano de 452 a.C. Posterior a este período, a história ensina que o devedor de uma prestação, originária de uma relação jurídica que lhe desse suporte, se submetia ao credor de uma forma tão ampla que não era incomum que o inadimplente fosse conduzido à morte ou à escravidão. Em caso de concurso de credores, ou seja, quando o indivíduo estivesse devendo para diversos cidadãos, pelo descumprimento da avença, poderiam estes até esquartejar o devedor e cada qual jogar onde bem entendesse, as partes do cadáver. Aliado ao medo da morte, havia a crença que todo indivíduo, para ter uma "vida" após a morte, deveria ter um enterro decente e um túmulo cultuado, motivo pelo qual esta prerrogativa dos credores tinha o condão de compelir o devedor ao cumprimento. Naquela época não se conheciam garantias patrimoniais de terceiros para o cumprimento da dívida e satisfação do credor.

O Direito Romano, fonte inspiradora destas anotações não poderia continuar convivendo e autorizando a barbárie no seio daquela sociedade. Por este motivo no ano de 428, a.C., com o advento da *Lex Poetelia Papiria*, o constrangimento físico do devedor deixou de ser regra e os efeitos reflexos decorrentes do descumprimento, ainda que parcial, deveriam recair sobre o seu patrimônio. Isto traduziu o ideal de preservação da dignidade da pessoa humana. O criador da Ciência do Direito, o homem deveria valorizar a espécie.

Por tal motivo se entende mais facilmente a construção doutrinária acerca das garantias que se pudesse oferecer ao credor, com vistas a minimizar sua preocupação com o incumprimento por parte do outro contratante. Nesta disciplina, cuja localização não está circunscrita aos artigos 233 a 420 do Código Civil, encontramos disposições que regulam as relações obrigacionais pessoais.

Então, para melhor esclarecimento ao leitor, as "relações da pessoa com a coisa", com o "bem", nominadas como reais, não são aqui tratadas, pois específicas de outro conjunto de regras. A expressão entre aspas serve apenas para destacar de um modo bastante simplista, que uma pessoa não estabelece relações jurídicas com o bem, isto é tão somente construção legal e doutrinária.

As relações de cunho obrigacional são passíveis, academicamente, de uma divisão para maior compreensão. Em assim sendo, tem-se que o reflexo obrigacional será **jurídico** quando advém da *Lei ou da determinação administrativa ou jurisdicional,* do *contrato*, da *manifestação unilateral de vontade* e do *ato ilícito*.

Ademais, acerca do ato ilícito, além de remeter o leitor às considerações dos artigos 186 a 188 e 927 e seguintes do Código Civil, dá-se uma especial ênfase ao artigo 942 do aludido Código, para justificar a afirmativa de sofrimento ou constrangimento patrimonial em substituição ao físico, como anterior à *Lex Poetelia Papiria*.

No que tange à Lei, é certo que esta regula todo o conjunto de considerações aqui tecidas, mas a título de exemplo mencionam-se as obrigações decorrentes do casamento. Então é possível afirmar que as três primeiras fontes são imediatas e esta última é mediata.

No que tange à determinação administrativa ou jurisdicional que se equivale à Lei, já foi explicitado que o juiz pode emitir determinação de conduta omissiva ou comissiva, consoante previsto inclusive no artigo 461 do Código de Processo Civil.

Demais disto, temos as chamadas **obrigações naturais**, desprovidas de proteção jurídica, de sorte a não mais existir a possibilidade de que o Judiciário constranja patrimonialmente o devedor em favor do credor. Obrigações prescritas ou caducas, assim como decorrentes de jogo, com expressa previsão nos artigos 814 e seguintes do Código Civil também não podem ser objeto de pretensão deduzida em Juízo.

É importante ainda destacar que na Teoria Geral das Obrigações, encontramos uma cisão a informar a existência de duas situações absolutamente distintas. A primeira delas é o débito, que advém da obrigação. A segunda é a responsabilidade, qual seja, a possibilidade de que se compareça em juízo, em decorrência do descumprimento deste débito.

Por conseguinte, pode ocorrer a existência do débito sem responsabilidade e responsabilidade sem débito. Isto se explica facilmente nas seguintes hipóteses: a) a incidência da prescrição ou decadência é um óbice para que o Judiciário exproprie bens do inadimplente, nos moldes do artigo 269, IV, do CPC;[5] b) pode ocorrer que o fiador ou, nos termos do artigo 932 do Código Civil,[6] um coobrigado, seja chamado em juízo para responder por algo que de forma imediata não era dívida contra si imputável. Frise-se que não cumprida a obrigação, surge a responsabilidade, motivo pelo qual o débito da locação, bem como seus consectários, é do inquilino. Não se deve estranhar se somente o fiador for chamado em juízo para responder com seus bens dado o inadimplemento do locador, por se ter estabelecido na avença da fiança que este se colocou como co-devedor solidário e renunciou ao benefício de ordem.

1.5 Classificação das obrigações

Por derradeiro ao presente capítulo, as obrigações que pertinem ao objeto ora em estudo podem ser classificadas da seguinte forma:

a) **quanto ao número de agentes que manifestam sua vontade para a formação da relação jurídica obrigacional**: podem ser unilaterais ou bilaterais. Como exemplo de unilateralidade, temos a promessa de recompensa, prevista no artigo 854 do Código Civil[7]. Neste caso se percebe que somente uma pessoa manifestou intenção de assumir vínculo obrigacional e em decorrência dele remunerar ou recompensar aquele que cumprir determinada(s) tarefa(s). A bilateralidade, ao seu turno, mais frequentemente encontramos nos negócios jurídicos como os contratos, pois ambos os contratantes se comprometem a dar, restituir, fazer ou não fazer, bem como a retribuir economicamente o outro por tais prestações. Existe ainda a plurilateralidade, quando mais de dois partícipes manifestam vontade em uma relação contratual e os efeitos se irradiam a todos esses agentes, muito comum nas contratações coletivas;

b) **quanto ao objeto da prestação**, esta pode ser simples, caso a prestação devida consista num só bem, seja para dar (transferir a propriedade), resti-

5 Art. 269. Haverá resolução de mérito: (...) IV - quando o juiz pronunciar a decadência ou a prescrição.

6 Art. 932. São também responsáveis pela reparação civil: I - os pais, pelos filhos menores que estiverem sob sua autoridade e em sua companhia; II - o tutor e o curador, pelos pupilos e curatelados, que se acharem nas mesmas condições; III - o empregador ou comitente, por seus empregados, serviçais e prepostos, no exercício do trabalho que lhes competir, ou em razão dele; IV - os donos de hotéis, hospedarias, casas ou estabelecimentos onde se albergue por dinheiro, mesmo para fins de educação, pelos seus hóspedes, moradores e educandos; V - os que gratuitamente houverem participado nos produtos do crime, até a concorrente quantia.

7 Art. 854. Aquele que, por anúncios públicos, se comprometer a recompensar, ou gratificar, a quem preencha certa condição, ou desempenhe certo serviço, contrai obrigação de cumprir o prometido.

tuir um ou mais bens, ou prestar apenas uma atividade (fazer); conjuntivas ou cumulativas se houverem somatórias de prestação exigíveis do(s) devedor(es); disjuntiva ou alternativa, se houver a prerrogativa de se cumprir a obrigação por intermédio de um conjunto de opções, cuja escolha pode recair na pessoa do devedor ou do credor, havendo convenção neste sentido;[8]

c) quanto às **modalidades**: puras – aquelas que não contêm elementos acidentais, como a condição suspensiva ou resolutiva, termo e encargo. Assim, produzem efeitos imediatos à concretização do vínculo; complexas ou modais – aquelas relações em que estão presentes condição, termo e encargo e determinam ora a produção imediata de efeitos, no caso daquelas sujeitas a condição resolutiva, ou somente a partir do advento de situação futura e incerta, ou ainda a partir de um lapso de tempo pré-determinado e até uma data específica. Em qualquer destes casos, em regra isto resulta do consenso entre as partes envolvidas;

d) quanto à **divisibilidade**: divisíveis e indivisíveis – seguindo-se a convenção entre as partes ou a natureza jurídica de cunho obrigacional, de sorte a estabelecer o fracionamento ou não em seu cumprimento. Naquelas prestações divisíveis se admite o cumprimento parcelado ou em diversas operações. De outro vértice, naquelas indivisíveis, seja em decorrência do próprio bem objeto da relação jurídica, como um animal ou um veículo automotor, seja em decorrência de indivisibilidade estabelecida pela Lei ou pelo contrato, ou ainda por razões econômicas, que determinam que o bem, não obstante fisicamente passível de divisão, como um todo é mais valioso do que fracionado, não se admite a divisibilidade do cumprimento da prestação. O Código Civil assegura ao credor o recebimento integral daquilo que lhe é devido, se de outra forma não se convencionou. Por este motivo o devedor não está autorizado a fracionar o cumprimento da prestação que lhe cabe;

e) quanto à **reciprocidade**: principais e acessórias. Como exemplo tome-se a locação e a fiança, eis que esta última avença é acessória daquela primeira, a fim de dar garantia ao cumprimento das obrigações de cunho econômico assumidas por ocasião da contração de alugueres. Demais disso, veja-se o artigo 323 do Código Civil;[9]

---

8 A doutrina clássica também apresenta uma espécie *sui generis* de obrigação: a facultativa, que se trata de uma obrigação simples, devida numa única prestação, facultado apenas ao devedor exonerar-se mediante o cumprimento de prestação diversa e predeterminada (vide *Carlos Roberto Gonçalves, Direito Civil Brasileiro,* 2004, p. 39). Contudo, nos parece dispensável esta espécie obrigacional em vista da falta de previsão legal.

9 Art. 323. Sendo a quitação do capital sem reserva dos juros, estes presumem-se pagos.

f) quanto à **sucessibilidade**: sucessíveis e insucessíveis – nos moldes do artigo 10 da Lei n. 8245/91,[10] ou do artigo 1.792 do Código Civil;[11]

g) quanto à **transferibilidade**: transferíveis – nos moldes do artigo 299 e seguintes do Código Civil;[12] e intransferíveis – para os casos de obrigações personalíssimas, pois nestas somente a pessoa do devedor é que pode cumprir a prestação avençada ou exigida;

h) quanto à **liquidez**: ilíquidas - se forem incertos e indeterminados os valores que lhe representam. Necessária, portanto, uma atualização contábil. A este particular vide o artigo 475-A e seguintes do CPC.[13]Líquidas – quando expressamente já se determina seu *quantum*. Vide o artigo 397 do Código Civil;[14]

i) quanto ao **fim ou conteúdo**: de meio – quando o devedor se compromete à máxima dedicação, mas sem se comprometer no resultado esperado pela outra parte contratante. Em regra a obrigação assumida pelo advogado, em seu mister, é de meio, pois existem fatores que concorrem para o insucesso do pretendido e esperado pelo contratante. A exceção ficaria adstrita àqueles casos em que a jurisdição não seja contenciosa e portanto o resultado depende do grau de zelo do profissional. Um bom exemplo é a ação de divórcio consensual; de resultado – situação em que deve haver a satisfação dos interesses do credor conforme o vínculo contratual. Caso isto não se verificar, de pronto deve o devedor provar que não foi por sua culpa que o esperado não ocorreu. Sem esta prova, sua responsabilidade por descumprimento de disposição contratual é flagrante e o dever de indenizar aflora; de garantia – situação em que alguém, pessoa física ou jurídica se obriga a garantir a integridade patrimonial de outrem, como no caso do seguro de bens, ou no clássico exemplo do fiador;

j) quanto à **duração**: instantânea – a exemplo da compra e venda com pagamento à vista; periódica – nos casos de arrendamento mercantil, *leasing*, locação, arrendamento, parceria, etc, situações em que as partes estarão vinculadas por um razoável período de tempo. Veja-se que a cláusula de retrovenda, não obstante esteja inserida num contrato de compra e venda exemplificado como instantâneo, também se amolda à periodicidade, pois produz efeitos além daqueles imediatamente verificáveis, mas dentro do tempo permitido pela Lei;

10 Art. 10. Morrendo o locador, a locação transmite-se aos herdeiros.

11 Art. 1.792. O herdeiro não responde por encargos superiores às forças da herança; incumbe-lhe, porém, a prova do excesso, salvo se houver inventário que a escuse, demostrando o valor dos bens herdados.

12 Referentes à Assunção de Dívida.

13 Referentes à Liquidação de Sentença.

14 Art. 397. O inadimplemento da obrigação, positiva e líquida, no seu termo, constitui de pleno direito em mora o devedor.

l) quanto à **imediatividade dos efeitos**: preliminares – nos moldes do artigo 463, do Código Civil,[15] pois antecedem outras relações tidas como definitivas, a exemplo do compromisso de venda e compra. Neste, o promitente vendedor e o promitente comprador se obrigam de forma apenas preparatória. Isto não significa a inexigibilidade destas obrigações, mas sim que se converterão em definitivas quando da assunção de vínculo terminativo deste preliminar. Os contratos de experiência regidos pela legislação trabalhista estão imbuídos destas noções.

Para melhor fixação destes conceitos, apresentamos o gráfico a seguir:

15 Art. 463. Concluído o contrato preliminar, com observância do disposto no artigo antecedente, e desde que dele não conste cláusula de arrependimento, qualquer das partes terá o direito de exigir a celebração do definitivo, assinando prazo à outra para que o efetive.

O leitor encontrará na doutrina nacional, diversas outras classificações. Todavia, a opção aqui foi a de concentrar as mais recorrentes.

Feitas estas considerações preambulares, passa-se à análise de alguns institutos da Teoria Geral das Obrigações nos capítulos vindouros, trabalho este assinado em conjunto pelo organizador e alguns dos colaboradores já mencionados.

2 MODALIDADES OBRIGACIONAIS

Adauto de Almeida Tomaszewski
Celito De Bona

2.1 Noções Gerais

Por "modalidades" se entendem as "espécies" de obrigações[16] possíveis, sendo classificadas segundo os critérios nominados nas considerações preliminares. O legislador brasileiro adotou a técnica romana, dividindo-as segundo seu objeto.

O *objeto da obrigação* consiste numa prestação, em regra, pessoal do devedor, *a priori* (pois também podem ser excepcionalmente os seus sucessores, ou sub-rogados), a satisfazê-la, no tempo, modo e lugar contratados, ou por Lei determinada. Já o objeto da prestação, a conduta humana positiva ou negativa, é constituído por um conjunto de atos, ações ou omissões, em que se vincula o devedor em favor do credor ou em favor de outrem por este último indicado. Todavia, não podemos olvidar da possibilidade de que este "credor" seja o Estado, naquelas obrigações que surgem em decorrência da Lei.

Como visto, uma das possíveis classificações das obrigações quanto ao seu objeto pode se apresentar em prestações *positivas* ou *negativas*. As primeiras são as obrigações com prestação de dar e fazer, aí incluídas as de restituir, tendo em conta uma alteração ou uma troca do estado fático-jurídico na propriedade existente no momento de se constituir a obrigação ou de se realizar

16 Ao analisar a *obligatio* romana, Hans Hattenhauer adverte que: *en la palabra* obligatio, l*a sílaba* lig *contiene la idea de vínculo o unión, que también encontramos em* re-lig-ión*: da re-unión del hombre com Dios. La obligatio es por tanto una ligadura, una atadura com la que el acreedor sujeta al deudor. Es, desde luego, uma traba, con fundamento legal y reconocida em Derecho; no es, por tanto, una dominación arbitraria. Finalmente, la* obligatio *es tanto menor cuanto más está cada uma atado a outro por la ligadura, y este ata com ella a otros*"(1978, p. 78). Acresça-se a isto o fato de que a *actio*(ação) romana também se incorpora na palavra, sendo ela, portanto, desde sua origem latina, concebida como *ação referente ao vínculo*. É este exato paradigma milenar a que se tenta superar apresentando a noção de obrigação como o resultado deste vínculo.

uma atividade humana. As segundas, que englobam as obrigações com prestação de não fazer, de abstenção, consistem numa manutenção inalterável da situação ou estado fático-jurídico em que se encontram os pólos desta relação ou da situação de sujeição.

Mas não se quer dizer que em determinado contrato se encontrará somente uma espécie de prestação. É muito comum que numa mesma relação contratual estejam avençadas mais de uma prestação, de diferentes espécies. É possível que em um contrato de venda e compra, por exemplo, o vendedor assuma a obrigação de entregar (espécie da obrigação de dar), responder pela evicção e vícios redibitórios e ainda assumir o transporte do bem até o local estipulado (obrigações de fazer). Ou seja, um determinado contrato pode assumir um plexo indissociável de todas as modalidades prestacionais, a exemplo do contrato de *franchising*.[17]

O que não é lícito, contudo, é a estipulação de convenção que se exija sacrifício excessivo da outra parte ou que atente contra dos direitos fundamentais da pessoa humana, o que a doutrina chama de eficácia horizontal destes direitos.[18]

2.2 As Obrigações com Prestação de Dar

As obrigações com prestação de dar são aquelas que tem por objeto a entrega de um bem, móvel ou imóvel, com o fim de transmitir a propriedade, constituir um direito real, transferir somente seu uso ou posse ou ainda restituí-la ao seu legítimo proprietário.[19] Assim mesmo, ainda podem se dividir em obrigações com prestação de dar coisa certa e de dar coisa incerta. Melhor é substituir esta expressão consagrada pelo legislador como *prestação de transferir propriedade de bem certo ou de transferir propriedade de bem incerto.*

2.2.1 A obrigação com prestação de dar coisa certa

A obrigação com prestação de dar bem certo é aquela cujo objeto é especificado, determinado, caracterizado e individualizado entre todos os demais de sua espécie, distinguindo-se por características próprias, móvel ou imóvel.

17 A mera inserção da operação de franquia no rol de serviços constantes da lista anexa à Lei Complementar 116/2003 não possui o condão de transmudar a natureza jurídica complexa do instituto, composto por um plexo indissociável de obrigações de dar, de fazer e de não fazer. (STJ - 1ª T. REsp 885530/RJ. Rel.: Min. Luiz Fux. DJe 28/08/2008).

18 Quanto ao assunto, indica-se, dentre outros, a obra de AndriettaKretz, *Autonomia da vontade e eficácia horizontal dos direitos fundamentais*. Florianópolis: Momento Atual, 2005.

19 José PuigBrutau, 1988, p. 208.

Esta obrigação, assim como as outras, não gera um direito real, mas um simples direito ou crédito pessoal. Isto porque no direito brasileiro o contrato por si só não transfere o domínio, apenas gera a obrigação com prestação de entregar ou restituir o bem. Todavia, a transferência do domínio depende de outro ato: em se tratando de bens móveis, da *tradição* (artigos 1.226 e 1.227 do Código Civil[20]); por outro lado, caso se trate de bens imóveis, do *registro* (artigos 1.227 e 1.245 a 1.247, do Código Civil)[21]. Carlos Roberto Gonçalves assevera que (...) *enquanto o contrato que institui uma hipoteca ou uma servidão, ou contém promessa de transferência do domínio de imóvel, não estiver registrado no Cartório de Registro de Imóveis, existirá entre as partes apenas um vínculo obrigacional. O direito real, com todas as suas características, somente surgirá após aquele registro.*[22]Ao leitor deve ser esclarecido que o que se verifica nestas circunstâncias é apenas a impossibilidade de produção de efeitos *erga omnes*, mas entre os contratantes o vínculo está perfeito e acabado. Existem casos em que as partes celebram compromisso de venda e compra particular de bem imóvel e não obstante a segurança que o registro oferece, este ato jurídico não acontece. Isto não impede que cumprido o contrato preliminar, haja eventualmente o depósito judicial do valor remanescente devido e oportunamente a ação de adjudicação compulsória para compelir o promitente alienante a outorgar a escritura pública ou o Juízo competente determinar que a sentença valha como documento hábil ao registro. Somente não se pode opor os direitos reais que resultam do aludido compromisso em face de terceiros se o registro inexiste. Acresça-se a isto a possibilidade que a Lei de Registros Públicos confere, de se promover a averbação do contrato particular de venda e compra, à margem da matrícula do imóvel, para conhecimento de terceiros.

20 Art. 1.226. Os direitos reais sobre coisas móveis, quando constituídos, ou transmitidos por atos entre vivos, só se adquirem com a tradição.

Art. 1.227. Os direitos reais sobre imóveis constituídos, ou transmitidos por atos entre vivos, só se adquirem com o registro no Cartório de Registro de Imóveis dos referidos títulos (arts. 1.245 a 1.247), salvo os casos expressos neste Código.

21 Art. 1.245. Transfere-se entre vivos a propriedade mediante o registro do título translativo no Registro de Imóveis.

§ 1º Enquanto não se registrar o título translativo, o alienante continua a ser havido como dono do imóvel.

§ 2º Enquanto não se promover, por meio de ação própria, a decretação de invalidade do registro, e o respectivo cancelamento, o adquirente continua a ser havido como dono do imóvel.

Art. 1.246. O registro é eficaz desde o momento em que se apresentar o título ao oficial do registro, e este o prenotar no protocolo.

Art. 1.247. Se o teor do registro não exprimir a verdade, poderá o interessado reclamar que se retifique ou anule.

Parágrafo único. Cancelado o registro, poderá o proprietário reivindicar o imóvel, independentemente da boa-fé ou do título do terceiro adquirente.

22 Direito Civil Brasileiro. 2004, p. 47.

Demais disto, a tradição pode se dar nas seguintes maneiras: *real*, ao envolver a entrega material e efetiva da coisa; *simbólica*, ao representar o ato que traduz a transferência, como a entrega das chaves do imóvel adquirido; e *ficta*, como no caso do constituto possessório,[23] em que o devedor, ao transferir a propriedade de imóvel a outrem, o conserva em seu poder, mas na qualidade de locatário, por exemplo.

É possível que se faça, ainda, a divisão da obrigação com prestação de dar bem certo em:

a) *obrigação com prestação de dar propriamente dita ou de entregar*, consistente na entrega, ao credor, de algo que por virtude da própria entrega [leia-se tradição], passará a ser deste; e

b) *obrigação com prestação de restituir*, entendida como aquela em que a prestação consiste na devolução do bem ao credor (ou de terceiro a quem o credor o transferiu), que já possuía a titularidade do domínio antes de celebrado o negócio, feita por quem a usufruiu ou usou temporariamente, bastante usual nas relações locatícias, de mútuo ou comodato.[24]

Não obstante a isso, existem *efeitos gerais das obrigações com prestação de dar*, servindo tanto paras as obrigações com prestação de entregar quanto para as de restituir e que se encontram inseridas no artigo 233 do Código Civil: a prestação de entregar os acessórios, ainda que não mencionados, consistente na entrega de tudo aquilo que sua existência dependa do principal, isto é, do objeto do negócio (artigo 233, primeira parte, do Código Civil). Nos acessórios compreendem-se os frutos, os produtos e as benfeitorias.[25] Nas obrigações com prestação de restituir se aplica a mesma diretriz.

23 A cláusula *constituti* não se presume, devendo constar expressamente do ato.

24 Há ainda quem entenda que estas espécies obrigacionais são subespécies de *prestações de coisa* (ao lado das *prestações de fato*, na divisão quanto às prestações obrigacionais, na classificação quanto os fins), acrescentando, ainda, as obrigações de prestar, caracterizadas pela disposição ao credor de coisas para seu uso ou fruição, sem o devedor deixar de ser seu titular (Nelson Nery Júnior, 2008, p. 411).

25 Os *produtos* são aqueles que podem ser retirados do principal diminuindo-lhe a quantidade, eis que não se reproduzem periodicamente, como os minérios. Já os *frutos* são aqueles que se reproduzem periodicamente podendo ser retirados da coisa principal sem diminuir-lhe sua substância, determinando sua importância econômica. Quanto à *origem*, podem ser *naturais* (desenvolvem-se ou renovam-se periodicamente em virtude da força orgânica da própria natureza, como as árvores e as demais plantas), *industriais* (surgem em razão de uma atividade humana sobre a natureza, como a produção industrial) ou ainda podem ser os frutos civis, denominados *rendimentos* (derivados da coisa principal em virtude de uma operação jurídica); quanto ao *estado*, podem ser *pendentes* (mantém-se fisicamente ligados à coisa principal, embora possa ser destacado sem qualquer prejuízo para sua integridade), *percebidos* ou *colhidos* (já separados da coisa principal, guardando independência em relação à ela), *estantes* (separados e armazenados ou acondicionados para a venda ou consumo), *percipiendos* (deviam ser mas ainda não foram colhidos ou percebidos) e *consu-*

Ressalve-se que este princípio da acessoriedade, em que o acessório segue o principal (*acessorium sequitur principale*), não é absoluto, pois nada impede que se convencione o contrário (artigo 233, parte final, do Código Civil). Desta forma, na venda de um imóvel que se encontra locado, os aluguéis daí provenientes, em regra, pertencem ao adquirente conforme a estipulação contratual, mas não há impedimento que se determine a percepção dos aluguéis pelo alienante até determinado prazo.

Também importa dizer que não se abrangem as pertenças, dispostas no artigo 93, do Código Civil,[26] salvo se estipulado em Lei, na manifestação da vontade ou decorrente das circunstâncias do negócio (artigo 94 do Código Civil).[27] São exemplos de pertenças, segundo Roberto Senise Lisboa, os juros, a moldura de um quadro, os acessórios de um automóvel que não precisam estar integrados nele para que o veículo tenha sua funcionalidade normal.[28]

Além disso, o cumprimento da obrigação deverá observar estritamente o tempo, modo e lugar do cumprimento, assim como entabulado. Conforme se verá adiante, se o devedor se prontificar ao adimplemento obrigacional sem a observância destas peculiaridades, isto implicará em defeito da prestação e possibilitará ao credor a prerrogativa de recusar o seu recebimento, ainda que se apresente de forma mais vantajosa (artigo 313 do Código Civil).

2.2.2 Do objeto

Pela dicção do artigo 313 do Código Civil, o credor não é obrigado a receber prestação diversa da que lhe é devida, ainda que mais valiosa. Da mesma forma e na mesma linha de raciocínio, não poderá o credor exigir prestação que não esteja em consonância com o acordado, mesmo que seja um bem menos valioso. Destarte, pergunta-se: e como fica a dação em pagamento (artigos 356 a 359 do Código Civil), em que um bem é dado em substituição ao objeto da prestação? A questão não comporta incoerência do Código, pois no instituto da dação em pagamento a modificação do objeto da prestação é atingida pelo

---

midos (já não existem por terem sido utilizados). Finalmente, as *benfeitorias* são os melhoramentos acrescidos à coisa com a finalidade de evitar que se deteriore (denominadas *benfeitorias necessárias*, como a construção de muros no imóvel), com a finalidade de aumentar o seu valor (denominadas *benfeitorias úteis*, como a construção de uma garagem no imóvel) ou com a finalidade de tornar a coisa mais vistosa ou agradável (denominadas *benfeitorias voluptuárias*, como a formação de um jardim de flores).

26 Art. 93. São pertenças os bens que, não constituindo partes integrantes, se destinam, de modo duradouro, ao uso, ao serviço ou ao aformoseamento de outro.

27 Art. 94. Os negócios jurídicos que dizem respeito ao bem principal não abrangem as pertenças, salvo se o contrário resultar da Lei, da manifestação de vontade, ou das circunstâncias do caso.

28 *Manual de Direito Civil – Teoria Geral do Direito Civil.* São Paulo: Saraiva, 2009, p. 311.

consentimento das partes, que se faz essencial à sua conclusão, o que inexiste no mencionado artigo 313.

2.2.3 Obrigação com prestação de dar propriamente dita ou de entregar

Em termos gerais, pode-se dizer que a entrega é um transpasse da propriedade do objeto ou de outro direito real. O conteúdo da prestação está formado pelo conjunto de atos necessários para que o credor faça uso do bem e que a entrega deste se realize sempre que se tenha a tomada do seu domínio ou poder em efetivo. Também é possível se colocar o bem à disposição do credor para que este se apresente e promova sua apreensão ou pratique atos consecutivos à alteração da titularidade do bem.

Desta forma, a prestação tem um puro valor instrumental dirigido na obtenção de um resultado jurídico consistente na alteração deste poder de ação sobre o bem. Surge então a necessidade de diferenciar o que se pode chamar de função translativa e função restituitória na prestação de dar. O "dar" assume o primeiro objetivo quando o devedor dirige sua atividade a criar em favor do credor um *direito* ou *poder* sobre o bem, como no caso da venda e compra em que o vendedor se dirige a converter o comprador em proprietário. Por isso, a prestação deve entender-se como dirigida a obter o resultado translativo e, por conseguinte, só ficará perfeitamente cumprida a *prestação* quando dito resultado se concretizar. Já o poder restituitório, por se referir à obrigação de restituir será analisado posteriormente.

Não obstante a isso, existem efeitos específicos desta espécie obrigacional. Estes devem ser distinguidos entre os referentes às condutas do devedor e do credor. Quanto aos primeiros, situam-se:

a) - a obrigação com prestação de conservar a coisa. O devedor da entrega é também o da conservação e custódia do bem. Assim, quando se perde o bem que está em poder do devedor, com sua culpa, responde este pelo equivalente mais as perdas e danos comprovados.[29] Resolver-se-á a prestação, entretanto, se a perda não decorreu de conduta censurável ou culposa por parte daquele que assume a obrigação de entrega antes da tradição ou pendente condição resolutiva, como no caso de morte do animal que se adquiriria por força deste contrato (artigo 234 do Código Civil).[30]

29 Por perdas e danos se compreendem o dano emergente e o lucro cessante (vide artigos 402 e 403 do Código Civil).

30 Art. 234. Se, no caso do artigo antecedente, a coisa se perder, sem culpa do devedor, antes da tradição, ou pendente a condição suspensiva, fica resolvida a obrigação para ambas as partes; se a

Acerca do artigo 234 do Código Civil é mister ressaltar que, de uma leitura menos atenta poder-se-ia imaginar uma possibilidade legal de enriquecimento sem causa por parte do credor, se este não houvesse pago o preço. Contudo, esta interpretação é equivocada, pois na obrigação com prestação de dar bem certo e determinado, se ocorrer a perda deste por culpa do devedor, o termo *equivalente* deve ser compreendido não como sendo o valor econômico, patrimonial ou de mercado atribuído ao bem. Deve-se entender que esta sanção pelo descumprimento culposo equivale apenas ao preço certo e ajustado, *efetivamente pago* ou o *sinal adiantado pelo credor/adquirente*. Do contrário, se daria margem à interpretação de que mesmo sem o pagamento do bem pelo credor, teria ele direito às perdas e danos, além do recebimento por algo que não teve qualquer contraprestação, daí a configuração do enriquecimento sem causa, que o próprio sistema do Direito Civil inibe.

Em se tratando de deterioração a mesma lógica se impõe.[31] O credor pode resolver a prestação e receber o preço originalmente contratado e adiantado em caso de sinal, ou, insistir no negócio e ficar com o bem, abatido o preço de sua desvalorização, se não se verificou a culpa do devedor. A este particular, veja o artigo 235 do Código Civil.[32] Se culpado o devedor, ao credor é facultado exigir o equivalente ou aceitar o bem no estado em que se encontre, podendo reclamar em ambos os casos indenização por perdas e danos (artigo 236 do Código Civil).[33] Saliente-se que estes casos de responsabilidade do devedor cessam a partir da tradição, se houver, regra esta proveniente do princípio romano *res perit domino*;

b) - direito à percepção dos frutos, melhoramentos e acrescidos, até a tradição, com a possibilidade de resolução da obrigação (artigo 237, do Código Civil),[34] se não concordar o credor com o aumento do preço do bem, nos moldes inicialmente ajustados. É o caso de alteração dos valores originalmente pactuados por decorrência da majoração ou diminuição de índices econômicos

perda resultar de culpa do devedor, responderá este pelo equivalente e mais perdas e danos.

31 A diferença entre o perecimento e a deterioração está em que o primeiro é a perda total da coisa enquanto a segunda é a sua perda parcial.

32 Art. 235. Deteriorada a coisa, não sendo o devedor culpado, poderá o credor resolver a obrigação, ou aceitar a coisa, abatido de seu preço o valor que perdeu.

33 Art. 236. Sendo culpado o devedor, poderá o credor exigir o equivalente, ou aceitar a coisa no estado em que se acha, com direito a reclamar, em um ou em outro caso, indenização das perdas e danos.

34 Art. 237. Até a tradição pertence ao devedor a coisa, com os seus melhoramentos e acrescidos, pelos quais poderá exigir aumento no preço; se o credor não anuir, poderá o devedor resolver a obrigação.
Parágrafo único. Os frutos percebidos são do devedor, cabendo ao credor os pendentes.

que formam a base do negócio jurídico, como sacas de cereais, toneladas de cana de açúcar, arrobas de boi, e etc.;

c) - **os frutos pendentes pertencem ao credor, cabendo ao devedor apenas os percebidos** (parágrafo único do artigo 237, do Código Civil);

Os efeitos da obrigação com prestação de entregar, referentes à conduta do credor são:

1) - direito aos frutos, após a tradição (artigo 237, do Código Civil);

2) - direito a exigir o cumprimento da obrigação ou prestação;

3) - direito a exigir o equivalente e mais perdas e danos no caso do perecimento do bem antes da tradição ou pendente condição resolutiva, se houver culpa do devedor (artigo 234 do Código Civil) ou, também havendo culpa do devedor na deterioração do bem, exigir o equivalente ou abater de seu preço o valor que perdeu (artigo 236 do Código Civil), ambos acrescidos de indenização por perdas e danos comprovados;

4) - dever de cooperação do credor ao adimplemento. Paulo Nalin apresenta este dever a ser observado quando da execução contratual,[35] resultante da influência da boa-fé a ser observada "pelas partes", e não apenas por uma, durante o vínculo obrigacional. É o que se dá, por exemplo, com o dever do credor de financiamento de longo prazo aceitar a liquidação antecipada da dívida (§ 2º do artigo 52 do Código de Defesa do Consumidor)[36] ou o credor que não aceita o recebimento da mercadoria adquirida ou devolvida por absoluta falta de local para seu armazenamento ou depósito.

2.2.4 Aspectos processuais

Não obstante este trabalho se reportar especificamente ao estudo da Teoria das Obrigações no Direito Civil, é importante destacar também sua inter-relação com o Direito Processual. Desta forma, para melhor compreensão do objeto de estudo, se apresenta neste tópico, assim como também o será nas obrigações com prestação de restituir, de dar coisa incerta (bem incerto), de fazer e de não fazer, os efeitos reflexos deste instituto nas relações jurídicas processuais.

Milhares de relações jurídicas, contratuais ou não, se perfazem no cotidiano. Muitas delas não são adimplidas, total ou parcialmente. Caso não sejam viáveis outros meios de resolução de conflitos, como a auto-composição, a ar-

35 Paulo Nalin. *Do Contrato: conceito pós-moderno.* 2001, págs. 194 a 199.

36 CDC - Art. 52. (...) § 2º É assegurada ao consumidor a liquidação antecipada do débito, total ou parcialmente, mediante redução proporcional dos juros e demais acréscimos.

bitragem ou a mediação, não resta ao credor outra alternativa senão a de buscar auxílio junto ao Poder Judiciário para fazer prevalecer seus eventuais direitos, eis que impedido está de *fazer Justiça com suas próprias mãos.*

Os aspectos processuais a seguir apresentados, dão, de forma simples e objetiva, algumas noções de sua incidência a cada espécie obrigacional. Isto permite a visualização das diretrizes estabelecidas pelo Código de Ritos e passíveis de utilização pelo interessado, para o cumprimento forçado da prestação a que se sujeita o indivíduo inadimplente.

Assim, em relação às obrigações de prestação de dar bem certo e determinado, dependendo do momento processual que se encontre, será disponibilizado ao credor: *tutela específica*, de acordo com os artigos 461 e 461-A do Código de Processo Civil; aplicação de multa pelo não pagamento de quantia certa estabelecida em sentença condenatória ou liquidação de sentença, ou mesmo a execução para entrega de bem. Já para o devedor é facultada a possibilidade de promoção da consignação em pagamento. Senão vejamos:

Tutela Específica. Com vista a uma plena efetividade da força vinculante obrigacional, o legislador brasileiro promoveu nos últimos anos importantes reformas processuais imbuídas do espírito da nova Lei civilista que então começava a se formar. A Lei n. 10.444, de 7 de maio de 2002, logo após a edição do atual Código Civil, acrescentou ao Código de Processo Civil o artigo 461-A.[37]

A cabeça deste artigo estabelece que, em se tratando de ação que tenha por objeto a entrega de bem determinado, ao conceder tutela específica, o juiz fixará prazo para o cumprimento da prestação.

O parágrafo primeiro do artigo em comento trata da entrega de bem incerto. É a petição inicial o instrumento e o momento adequado para a concentração (que é a escolha do objeto, conforme se verá adiante), se couber ao credor (autor da ação); diversamente, se a escolha couber ao devedor, este deverá entregar o bem individualizado no prazo fixado pelo juiz.

Não cumprida a prestação da obrigação no prazo assinalado pelo juiz, é expedida em favor do credor o mandado de busca e apreensão, em se tratando de bem móvel, ou de imissão na posse ao se referir a bem imóvel.

37 Art. 461-A. Na ação que tenha por objeto a entrega de coisa, o juiz, ao conceder a tutela específica, fixará o prazo para o cumprimento da obrigação.

§ 1º Tratando-se de entrega de coisa determinada pelo gênero e quantidade, o credor a individualizará na petição inicial, se lhe couber a escolha; cabendo ao devedor escolher, este a entregará individualizada, no prazo fixado pelo juiz.

§ 2º Não cumprida a obrigação no prazo estabelecido, expedir-se-á em favor do credor mandado de busca e apreensão ou de imissão na posse, conforme se tratar de coisa móvel ou imóvel.

§ 3º Aplica-se à ação prevista neste artigo o disposto nos §§ 1º a 6º do art. 461.

Mister mencionar que este procedimento do artigo 461-A, de acordo com seu § 3º, comporta uma aplicação subsidiária dos parágrafos do artigo 461,[38] que o antecedeu na reforma processualística, inserido que foi pela Lei n. 8.952, de 13 de dezembro de 1994.

Neste artigo, que trata da tutela específica da obrigação de fazer ou não fazer, seu parágrafo primeiro prevê que a obrigação somente se converte em perdas e danos se o autor o requerer ou se impossível a tutela específica ou a obtenção do resultado prático correspondente. Pelo seu parágrafo segundo, a referida indenização se dá sem prejuízo de eventual multa cominatória (ver artigo 287 do Código de Processo Civil).[39]

Também poderá o juiz conceder a tutela liminarmente ou mediante justificação prévia, citado o réu, sendo relevante o fundamento da demanda e havendo justificado receio de ineficácia do provimento final. Esta decisão, que deverá obviamente ser fundamentada, necessita de um grande subjetivismo na interpretação por parte do juiz que, com a mesma necessidade de fundamentação, poderá revogar ou modificar, a qualquer tempo, a medida liminar. Tudo com espeque no parágrafo terceiro do artigo 461. Neste caso, pelo parágrafo seguinte, também o juiz poderá impor multa diária ao réu, independentemente de pedido do autor, se for suficiente ou compatível com a obrigação e fixar-lhe prazo razoável para o cumprimento do preceito.

---

38 Art. 461. Na ação que tenha por objeto o cumprimento de obrigação de fazer ou não fazer, o juiz concederá a tutela específica da obrigação ou, se procedente o pedido, determinará providências que assegurem o resultado prático equivalente ao do adimplemento.
§ 1º A obrigação somente se converterá em perdas e danos se o autor o requerer ou se impossível a tutela específica ou a obtenção do resultado prático correspondente.
§ 2º A indenização por perdas e danos dar-se-á sem prejuízo da multa (art. 287).
§ 3º Sendo relevante o fundamento da demanda e havendo justificado receio de ineficácia do provimento final, é lícito ao juiz conceder a tutela liminarmente ou mediante justificação prévia, citado o réu. A medida liminar poderá ser revogada ou modificada, a qualquer tempo, em decisão fundamentada.
§ 4º O juiz poderá, na hipótese do parágrafo anterior ou na sentença, impor multa diária ao réu, independentemente de pedido do autor, se for suficiente ou compatível com a obrigação, fixando-lhe prazo razoável para o cumprimento do preceito.
§ 5º Para a efetivação da tutela específica ou a obtenção do resultado prático equivalente, poderá o juiz, de ofício ou a requerimento, determinar as medidas necessárias, tais como a imposição de multa por tempo de atraso, busca e apreensão, remoção de pessoas e coisas, desfazimento de obras e impedimento de atividade nociva, se necessário com requisição de força policial.
§ 6º O juiz poderá, de ofício, modificar o valor ou a periodicidade da multa, caso verifique que se tornou insuficiente ou excessiva.

39 Art. 287. Se o autor pedir que seja imposta ao réu a abstenção da prática de algum ato, tolerar alguma atividade, prestar ato ou entregar coisa, poderá requerer cominação de pena pecuniária para o caso de descumprimento da sentença ou da decisão antecipatória de tutela (arts. 461, § 4º, e 461-A).

Mas além desta multa, poderá o juiz determinar outras medidas necessárias para a efetivação da tutela específica ou a obtenção de resultado prático equivalente, como imposição de multa por tempo de atraso, busca e apreensão, remoção de pessoas e coisas, desfazimento de obras e impedimento de atividade nociva, inclusive com força policial se necessário, a teor do parágrafo quinto do artigo 461. Já pelo parágrafo sexto, caso verifique que se tornou insuficiente ou excessiva, de ofício o juiz poderá modificar a periodicidade ou valor da multa, assim como alteração do prazo para seu cumprimento se exíguo ou muito dilatado.

Aplicação de multa pelo não pagamento de condenação judicial. Adverte-se, entretanto, que em se tratando de prestação de obrigação que seja proveniente de sentença condenatória ao pagamento de quantia certa ou já fixada em liquidação, não ocorrendo o pronto pagamento no prazo de 15 (quinze) dias, sobre o montante da condenação será acrescida a multa no percentual de 10% (dez por cento), consoante disposição do artigo 475-J, cabeça, do Código de Processo Civil.[40]

Da execução para entrega de bem. Da mesma forma com que procedeu a reforma processual civil e acrescentou a tutela específica nas obrigações de entrega da coisa, a Lei nº. 10.444, de 7 de maio de 2002, reformou, dentre outras, a parte referente a execução de ditas obrigações, a partir do artigo 621 do Código de Processo Civil.[41]

40 Art. 475-J. Caso o devedor, condenado ao pagamento de quantia certa ou já fixada em liquidação, não o efetue no prazo de quinze dias, o montante da condenação será acrescido de multa no percentual de dez por cento e, a requerimento do credor e observado o disposto no art. 614, inciso II, desta Lei, expedir-se-á mandado de penhora e avaliação.

41 Art. 621. O devedor de obrigação de entrega de coisa certa, constante de título executivo extrajudicial, será citado para, dentro de 10 (dez) dias, satisfazer a obrigação ou, seguro o juízo (art. 737, II), apresentar embargos.

Parágrafo único. O juiz, ao despachar a inicial, poderá fixar multa por dia de atraso no cumprimento da obrigação, ficando o respectivo valor sujeito a alteração, caso se revele insuficiente ou excessivo.

Art. 622. O devedor poderá depositar a coisa, em vez de entregá-la, quando quiser opor embargos.

Art. 623. Depositada a coisa, o exequente não poderá levantá-la antes do julgamento dos embargos.

Art. 624. Se o executado entregar a coisa, lavrar-se-á o respectivo termo e dar-se-á por finda a execução, salvo se esta tiver de prosseguir para o pagamento de frutos ou ressarcimento de prejuízos.

Art. 625. Não sendo a coisa entregue ou depositada, nem admitidos embargos suspensivos da execução, expedir-se-á, em favor do credor, mandado de imissão na posse ou de busca e apreensão, conforme se tratar de imóvel ou de móvel.

Art. 626. Alienada a coisa quando já litigiosa, expedir-se-á mandado contra o terceiro adquirente, que somente será ouvido depois de depositá-la.

Pela cabeça deste artigo, *o devedor de obrigação de entrega de coisa certa, constante de título executivo extrajudicial, será citado para, dentro de 10 (dez) dias, satisfazer a obrigação ou, seguro o juízo (art. 737, II), apresentar embargos.*

Ao despachar a inicial, o juiz poderá, tal como a tutela específica, fixar multa por dia de atraso no cumprimento da obrigação, ficando o respectivo valor sujeito a alteração ou modificação, caso se revele insuficiente ou excessivo (parágrafo único do artigo 621 do Código de Processo Civil). Mas se o devedor quiser opor embargos, por considerar litigiosa a prestação, em vez de entregar o bem ao credor, poderá depositá-lo (artigo 622 do CPC). Isto porque uma vez depositado, em regra o exequente não poderá levantá-lo antes do julgamento dos embargos.

Contudo, se o executado optar por entregar o bem ao autor da execução, lavrar-se-á o respectivo termo e dar-se-á por finda a execução, salvo se esta tiver de prosseguir para o pagamento de eventuais frutos ou ressarcimento de prejuízos (artigo 624 do CPC).

Podem ocorrer, entretanto, situações não raras em que o executado nem deposita o bem ou o entrega ao credor, ou não são admitidos os embargos da execução, seja liminarmente ou com efeitos suspensivos (vide respectivamente artigos739 e 739-A do CPC).[42] Nestes casos, será expedido em favor do credor

Art. 627. O credor tem direito a receber, além de perdas e danos, o valor da coisa, quando esta não lhe for entregue, se deteriorou, não for encontrada ou não for reclamada do poder de terceiro adquirente.

§ 1° Não constando do título o valor da coisa, ou sendo impossível a sua avaliação, o exequente far-lhe-á a estimativa, sujeitando-se ao arbitramento judicial.

§ 2° Serão apurados em liquidação o valor da coisa e os prejuízos.

Art. 628. Havendo benfeitorias indenizáveis feitas na coisa pelo devedor ou por terceiros, de cujo poder ela houver sido tirada, a liquidação prévia é obrigatória. Se houver saldo em favor do devedor, o credor o depositará ao requerer a entrega da coisa; se houver saldo em favor do credor, este poderá cobrá-lo nos autos do mesmo processo.

42 Art. 739. O juiz rejeitará liminarmente os embargos:

I - quando intempestivos;

II - quando inepta a petição (art. 295); ou

III - quando manifestamente protelatórios.

Art. 739-A. Os embargos do executado não terão efeito suspensivo.

§ 1º O juiz poderá, a requerimento do embargante, atribuir efeito suspensivo aos embargos quando, sendo relevantes seus fundamentos, o prosseguimento da execução manifestamente possa causar ao executado grave dano de difícil ou incerta reparação, e desde que a execução já esteja garantida por penhora, depósito ou caução suficientes.

§ 2º A decisão relativa aos efeitos dos embargos poderá, a requerimento da parte, ser modificada ou revogada a qualquer tempo, em decisão fundamentada, cessando as circunstâncias que a motivaram.

§ 3º Quando o efeito suspensivo atribuído aos embargos disser respeito apenas a parte do objeto da execução, essa prosseguirá quanto à parte restante.

o mandado de imissão na posse se o objeto da obrigação for imóvel, ou mandado de busca e apreensão se o bem for móvel (artigo 625 do CPC). Mas se este bem for alienado quando já litigioso, o mandado será expedido em face do terceiro adquirente, que somente será ouvido[43] depois de depositá-lo (artigo 626 do CPC).

Caso este não seja entregue, encontrado, ou não reclamado do poder de terceiro adquirente, o credor tem direito a receber o valor equivalente do bem, além de perdas e danos (artigo 627, cabeça, do CPC). Se foi deteriorado, também poderá o credor recebê-lo no estado em que se encontre e com o proporcional abatimento de sua desvalorização (aplicação da regra do artigo 235 do Código Civil). Todavia, não constando do título o valor do bem, ou sendo impossível a sua avaliação, o exequente far-lhe-á a estimativa, sujeitando-se a arbitramento judicial (§ 1º do artigo 627 do CPC). Serão apurados em liquidação o valor do bem e os prejuízos (§ 2º do artigo 627 do CPC).

Finalmente, será obrigatória a liquidação prévia se houver benfeitorias indenizáveis feitas no bem pelo devedor ou por terceiros, de cujo poder ele houver sido tirado. Havendo saldo em favor do devedor ou terceiro, o credor o depositará ao requerer a entrega do bem. Porém, havendo saldo em favor do credor, a execução continua nos mesmos autos até a satisfação creditícia (artigo 628 do CPC).

2.3 Obrigação com prestação de restituir

A primeira seção do capítulo referente às obrigações com prestação de dar contempla duas modalidades de obrigações. A primeira, referente à obrigação com prestação de dar propriamente dita já tratamos. A segunda, a obrigação com prestação de restituir, será doravante analisada a partir da explicação de sua função restituitória, que justamente se dá com a devolução do poder ou domínio sobre o objeto que originariamente pertencia ao credor e em razão do contrato (ou outra fonte de obrigação) o teve alterado em favor do devedor. Ou seja, o domínio ou a detenção sai do poder do credor em razão do desejado efeito da relação jurídica e retorna a ele por ocasião do adimplemento. É o

§ 4º A concessão de efeito suspensivo aos embargos oferecidos por um dos executados não suspenderá a execução contra os que não embargaram, quando o respectivo fundamento disser respeito exclusivamente ao embargante.

§ 5º Quando o excesso de execução for fundamento dos embargos, o embargante deverá declarar na petição inicial o valor que entende correto, apresentando memória do cálculo, sob pena de rejeição liminar dos embargos ou de não conhecimento desse fundamento.

§ 6º A concessão de efeito suspensivo não impedirá a efetivação dos atos de penhora e de avaliação dos bens.

43 Veja-se o caso dos embargos de terceiro, a partir do art. 1.046 do CPC.

que se dá com a locação de bens (artigo 569, IV, e também a Lei nº. 8.245/91 - Lei do Inquilinato), o empréstimo sobre a modalidade de comodato (artigo 582 do Código Civil), o empréstimo sob a modalidade de mútuo, neste caso restituindo-se o equivalente (artigo 586 do Código Civil), e o depósito (artigo 629 do Código Civil).

De igual forma às obrigações com prestação de entregar, de transferir propriedade, os **efeitos** específicos das obrigações com prestação de restituir também devem ser distinguidos naquilo que se refere às condutas e prerrogativas do devedor e do credor. Senão vejamos:

a) - a obrigação com prestação de conservar o bem. Nesta, o devedor da restituição é também o da conservação e custódia do bem. Assim, quando se perde aquilo que está em poder do devedor, com culpa sua, responde este pelo equivalente mais as perdas e danos comprovados (artigo 239 do Código Civil).[44] Entretanto, se a perda, antes da tradição ou da devolução, e portanto do adimplemento a que estava obrigado, decorreu de evento não culposo do devedor, sofrerá o **credor** a perda e a obrigação se resolverá (artigo 238 do Código Civil).[45] É o que se dá por exemplo com o incêndio de imóvel locado ocorrido sem culpa do locatário. É o **proprietário** quem sofre o prejuízo, tendo direito apenas aos aluguéis vencidos e não pagos até o dia do sinistro.

No que tange à deterioração, o mesmo princípio vigora, e o credor deve receber o bem no estado em que se encontre, sem direito a indenização, desde que não seja culpado o devedor por esta perda parcial (artigo 240, parte inicial, do Código Civil).[46]Se culpado o devedor, ao credor é facultado exigir o equivalente ou aceitar o bem no estado em que se encontre, podendo reclamar em qualquer caso indenização por perdas e danos, assim como apregoam as diretrizes dos artigos 236, 239 e 240, in fine, do Código Civil.

b) - direito à percepção dos frutos, melhoramentos e acrescidos ao bem, até a tradição, com a possibilidade de resolução da obrigação (artigo 237 do Código Civil), tal como nos moldes da obrigação de dar propriamente dita ou de entregar. Esta prerrogativa é, por Lei, conferida ao devedor de obrigação de transferir propriedade. Para o caso de devedor obrigado à restituição, não se aplica a permissão legal de exigir aumento de preço ou em caso de discordância de outro contratante resolver a obrigação. O que se pode aplicar é o

44 Art. 239. Se a coisa se perder por culpa do devedor, responderá este pelo equivalente, mais perdas e danos.

45 Art. 238. Se a obrigação for de restituir coisa certa, e esta, sem culpa do devedor, se perder antes da tradição, sofrerá o credor a perda, e a obrigação se resolverá, ressalvados os seus direitos até o dia da perda.

46 Art. 240. Se a coisa restituível se deteriorar sem culpa do devedor, recebê-la-á o credor, tal qual se ache, sem direito a indenização; se por culpa do devedor, observar-se-á o disposto no art. 239.

princípio de não enriquecimento sem causa. Desta forma, a título de exemplo, o inquilino terá direito a ser indenizado por eventuais benfeitorias necessárias introduzidas no bem ou até mesmo ter o direito de colher frutos pendentes ao tempo do término da locação. Poderia, portanto, levantar, em alguns casos as benfeitorias ou voltar ao bem e colher frutos que a ele são de direito. A este particular, imagine o leitor o caso do inquilino que havia investido e plantado uma considerável quantidade de arroz, milho, mandioca, e etc., e oportunamente regressar à propriedade do locador, apenas para a colheita;

c) - os frutos pendentes pertencem ao credor, cabendo ao devedor apenas os percebidos (parágrafo único do artigo 237, do Código Civil). Não se vislumbra nenhuma contradição ao textualizado no item anterior. É que, se o adquirente de um bem, uma égua, por exemplo, não anuir com o aumento do preço devido ao fato de que depois do negócio se entabular, mas antes da tradição, o promitente vendedor descobrir que o animal apresenta prenhez (cria), o negócio se resolve. Diferentemente, se o adquirente de uma propriedade imóvel já ajusta preço com a colheita que está por acontecer, então no preço já se incluiu estes frutos. Se por ventura se trata de uma obrigação de restituir, decorrente por exemplo de uma locação, o inquilino não terá direito aos frutos pendentes ao término do termo da locação, se as árvores ou plantas já eram de propriedade do locador no início desta relação jurídica (exemplos: pés de maçã, pêra, acerola, manga, abacate, ameixa, etc, que são típicas plantas cuja perenidade se nos apresenta e portanto sobrevivem à colheita, diferentemente do arroz, milho, trigo, algodão e etc.) Estes exemplos podem servir, além da locação, em certos e determinados casos de contratos de exploração de propriedade rural.Em alguns casos, mesmo em se tratando de locação, podemos encontrar peculiaridades que contemplem grandes áreas urbanas passíveis de plantação.

Os efeitos da obrigação com prestação de **entregar** referentes ao credor são:

1) - direito aos frutos do bem, após a tradição (artigo 237, do Código Civil). O adquirente de um bem imóvel tem, como já explicitado, o direito à percepção dos frutos que ainda não haviam sido colhidos pelo vendedor. A tradição, a entrega efetiva do bem produz tal efeito;

2) - direito a exigir o cumprimento da obrigação. O adquirente pode exigir a entrega compulsória ou judicial do bem objeto da obrigação acaso o vendedor, o devedor desta modalidade de prestação se recuse ou lhe cause embaraço ao contato com o bem;

3) - direito a exigir, da mesma forma como na obrigação com prestação de dar propriamente dita ou de entregar, o equivalente e mais perdas e danos no caso do perecimento do bem antes da tradição ou pendente condição resolutiva, se houver culpa do devedor (artigo 234 do Código Civil) ou, também

havendo culpa do devedor, no caso da deterioração, exigir o equivalente ou abater de seu preço o valor que perdeu (artigo 236 do Código Civil), ambos acrescidos de indenização por perdas e danos comprovados;

4) - dever de cooperação do credor ao adimplemento (vide explicação a respeito nas obrigação de dar propriamente dita ou de entregar). O devedor deve adimplir, mas em certos e determinados casos, quem causa embaraço ao cumprimento é o próprio credor adquirente, que ainda não dispõe de numerário para o pagamento ou de local para armazenar o bem;

5) - direito às benfeitorias ou melhoramentos. Sobrevindo melhoramentos ou acréscimos ao bem, sem despesa ou trabalho do devedor, não haverá o credor de indenizá-lo (artigo 241 do Código Civil).[47] Contrariamente, se o devedor empregou trabalho ou dispêndio para o melhoramento ou aumento o caso se resolve segundo os preceitos de boa ou má-fé do possuidor, conforme se depreende dos artigos1219 a 1222 do Código Civil.[48]

Em relação aos frutos percebidos, observar-se-á o disposto acerca do possuidor de boa ou má-fé, emprestando-se as regras dos artigos 1.214 a 1.216 do Código Civil[49] (parágrafo único do artigo 242 do Código Civil).[50]

---

47 Art. 241. Se, no caso do art. 238, sobrevier melhoramento ou acréscimo à coisa, sem despesa ou trabalho do devedor, lucrará o credor, desobrigado de indenização.

48 Art. 1.219. O possuidor de boa-fé tem direito à indenização das benfeitorias necessárias e úteis, bem como, quanto às voluptuárias, se não lhe forem pagas, a levantá-las, quando o puder sem detrimento da coisa, e poderá exercer o direito de retenção pelo valor das benfeitorias necessárias e úteis.

Art. 1.220. Ao possuidor de má-fé serão ressarcidas somente as benfeitorias necessárias; não lhe assiste o direito de retenção pela importância destas, nem o de levantar as voluptuárias.

Art. 1.221. As benfeitorias compensam-se com os danos, e só obrigam ao ressarcimento se ao tempo da evicção ainda existirem.

Art. 1.222. O reivindicante, obrigado a indenizar as benfeitorias ao possuidor de má-fé, tem o direito de optar entre o seu valor atual e o seu custo; ao possuidor de boa-fé indenizará pelo valor atual.

49 Art. 1.214. O possuidor de boa-fé tem direito, enquanto ela durar, aos frutos percebidos.

Parágrafo único. Os frutos pendentes ao tempo em que cessar a boa-fé devem ser restituídos, depois de deduzidas as despesas da produção e custeio; devem ser também restituídos os frutos colhidos com antecipação.

Art. 1.215. Os frutos naturais e industriais reputam-se colhidos e percebidos, logo que são separados; os civis reputam-se percebidos dia por dia.

Art. 1.216. O possuidor de má-fé responde por todos os frutos colhidos e percebidos, bem como pelos que, por culpa sua, deixou de perceber, desde o momento em que se constituiu de má-fé; tem direito às despesas da produção e custeio.

50 Art. 242. Se para o melhoramento, ou aumento, empregou o devedor trabalho ou dispêndio, o caso se regulará pelas normas deste Código atinentes às benfeitorias realizadas pelo possuidor de boa-fé ou de má-fé.

Parágrafo único. Quanto aos frutos percebidos, observar-se-á, do mesmo modo, o disposto neste Código, acerca do possuidor de boa-fé ou de má-fé.

De outra senda, é mister mencionar que a obrigação com prestação de restituir valor depende de correção monetária do valor antes recebido, consistindo em dívida de valor e não de dinheiro, como no caso da Súmula 289 do STJ: *A restituição das parcelas pagas no plano de previdência privada deve ser objeto de correção plena, por índice que recomponha a efetiva desvalorização da moeda.*

O extravio de bagagem é um exemplo típico de descumprimento de obrigação de restituir e que não raro ocorre o perecimento do bem, como já analisado. O STJ entendeu que a conversão da obrigação de restituir em perdas e danos pode ser deferida de ofício pelo Juiz, porque autorizado pela Lei a assim agir quando impossível a tutela específica ou a obtenção do resultado prático correspondente (artigos 461, § 1º, e 461-A, § 3º, do Código de Processo Civil).[51]

Paulo Luiz Netto Lobo[52] ainda lembra que: *A obrigação de restituir é geral a qualquer contrato, nas hipóteses de inadimplemento de quem recebeu a coisa. Igualmente, é geral quando ficar caracterizado que a pessoa que recebeu a coisa ou valor pecuniário não era o verdadeiro credor, cabendo a repetição do indébito, em virtude do pagamento indevido (art. 876 do Código Civil), ou a restituição do indevidamente auferido, na hipótese do enriquecimento sem causa (art. 884 do Código Civil).*

Finalmente, como dispõe o artigo 241 do Código Civil, ocorrendo melhoramentos ou acréscimos no bem a ser restituído, lucrará o credor, seu dono, sem que esteja obrigado a pagar, em face disto, qualquer indenização ao devedor.

2.3.1 Aspectos processuais

Por não se destinar a transferir o seu domínio ou a constituir qualquer outro direito real sobre o bem, mas a possibilitar o uso, fruição ou sua posse direta, ou em alguns casos apenas o dever de guardar, na obrigação de restituir, além de garantir tutela específica ao credor (artigo 461-A do CPC), também é facultado a este requerer a realização coativa da obrigação pelos instrumentos processuais da reintegração de posse (artigo 926 e seguintes do Código de Pro-

51 "Processo civil. Recurso especial. Extravio de bagagem. Obrigação de restituir. Conversão em perdas e danos. Julgamento diverso do pedido. Inocorrência. - Verificada a impossibilidade de cumprimento da obrigação de restituir em conformidade com o pedido formulado na petição inicial, não constitui julgamento diverso do pedido a sentença que converte a obrigação em perdas e danos, ainda que não haja pedido sucessivo expresso nesse sentido." (STJ – 3ª T. REsp 435702/RJ. Rel.: Min. Nancy Andrighi, DJ 23.06.2003 p. 355).

52 *Teoria Geral das Obrigações*. São Paulo: Saraiva, 2005, p. 127.

cesso Civil) ou busca e apreensão (artigo 839 e seguintes do Código de Processo Civil).

2.4 Da obrigação com prestação de dar coisa incerta

O artigo 243 do Código Civil preceitua que *a coisa incerta será indicada, ao menos, pelo gênero e pela quantidade*. Não é considerada sua individualidade absoluta, devendo ser, porém, indicada pelo gênero e pela quantidade. Embora seja indeterminada é no mínimo determinável. Está ausente apenas sua qualidade. Um exemplo comum é o da entrega de cem sacas de café. Existentes, pois, o gênero (café) e a quantidade (cem sacas), mas ausente a qualidade do produto, permanecendo incerta a coisa, ou melhor, o bem.

Nesta ordem está inserida uma imprecisão técnica cujo Projeto de Lei n. 276/2007 que tramita no Congresso Nacional tenta corrigir.[53] Trata-se do termo "gênero" que deve ser entendido como sendo "espécie", para que haja uma coerência de sentido na norma. O termo "gênero" tem um sentido muito amplo e em sua acepção lógica significa *classe cuja extensão se divide em outras classes, as quais, em relação à primeira, são chamadas espécies*.[54] Estas, por sua vez, são a individualização mais precisa do respectivo bem. A melhor doutrina já dizia que *cereal é gênero enquanto feijão é espécie*.[55] Todavia, adotaremos doravante o termo espécie ao invés de gênero para designarmos o caráter "genérico" desta espécie de obrigação.

Não obstante a isso, diz-se que coisas incertas, então, são aquelas *ainda não individualizadas, porque designadas apenas pela espécie a que pertencem, com indicação de seu peso, de sua qualidade e de sua medida*.[56] Desta forma, pela regra do artigo 244, *nas coisas determinadas pelo gênero e pela quantidade, a escolha pertence ao devedor, se o contrário não resultar do título da obrigação; mas não poderá dar a coisa pior, nem será obrigado a prestar a melhor*.

Assim, em regra, a *concentração* (ato de escolha) cabe ao devedor, podendo ficar a cargo do credor se desta forma se convencionar. Mister analisar que o final do artigo 244 comporta uma máxima axiológica de não obter vantagem pecuniária em detrimento da outra parte (*alterum non laedere*), ou seja, impera o axioma ético de visar a manutenção do equilíbrio contratual. Tam-

53 Não apenas o art. 243, mas também o art. 244 do Código Civil.

54 Aurélio Buarque de Hollanda. *Dicionário Aurélio - Século XXI*- versão digital.

55 Álvaro Villaça de Azevedo. *Teoria Geral das Obrigações*. p. 66.

56 Nelson Nery Júnior, 2008, p. 414.

bém não se há de se falar aqui em eventuais cláusulas contratuais potestativas (artigos 122 e 489 do Código Civil).[57]

Contudo, pelos ditames do artigo 246 do Código Civil,[58] se ainda não houver a escolha, o devedor não poderá alegar perda ou deterioração do bem, mesmo que por caso fortuito ou força maior, já que a espécie não perece. Este artigo contemplou o princípio genus nunquam perit, ou seja, uma obrigação que consiste na prestação de entrega de algo genérico nunca se extingue pela perda ou destruição, pois este bem é facilmente substituído por outro da mesma espécie e, portanto, com as mesmas características.[59] Adverte-se, entretanto, para a ressalva expressa no artigo 393, in fine, do Código Civil.[60] O devedor de 30 cavalos, decorrente de avença que não tenha estabelecido a individualização destes animais, se os perder ou alienar a outrem, ainda continua devedor, pois poderá encontrar facilmente, talvez até com outra pessoa, igual quantidade de animais e cumprir com sua obrigação inicialmente assumida. Veja-se portanto a enorme diferença entre a obrigação de entregar bem certo e determinado e esta obrigação genérica.

2.4.1 Aspectos processuais

Esta espécie de obrigação é muito comum nos casos judiciais, com a prolação de sentenças ilíquidas, em que há o reconhecimento do direito, mas não se determina o *quantum* condenatório. Nestes casos ocorre a nova fase processual denominada liquidação de sentença, regulamentada entre os artigos 475-A a 475-H, do Código de Processo Civil.

Quando houver o inadimplemento da entrega de bem incerto, e havendo título executivo extrajudicial, aplica-se o disposto no artigo 629 do Código

57 Art. 122. São lícitas, em geral, todas as condições não contrárias à Lei, à ordem pública ou aos bons costumes; entre as condições defesas se incluem as que privarem de todo efeito o negócio jurídico, ou o sujeitarem ao puro arbítrio de uma das partes.
Art. 489. Nulo é o contrato de compra e venda, quando se deixa ao arbítrio exclusivo de uma das partes a fixação do preço.

58 Art. 246. Antes da escolha, não poderá o devedor alegar perda ou deterioração da coisa, ainda que por força maior ou caso fortuito.

59 O Projeto de Lei n. 276/2007 traz alteração a este artigo, e que nos faz crer, com acertos. Eis sua redação: "Art. 246. Antes de cientificado da escolha o credor, não poderá o devedor alegar perda ou deterioração da coisa, ainda que por força maior ou caso fortuito, salvo se se tratar de dívida genérica limitada e se extinguir toda a espécie dentro da qual a prestação está compreendida".

60 Art. 393. O devedor não responde pelos prejuízos resultantes de caso fortuito ou força maior, se expressamente não se houver por eles responsabilizado.

de Processo Civil,[61] em que o devedor deverá ser citado para, em 10 dias[62] entregar aqueles bens determinados pelo gênero* e quantidade, se lhe couber a escolha; mas se essa couber ao credor, este a indicará na petição inicial.

O prazo para a impugnação da escolha feita pela outra parte será de 48 (quarenta e oito) horas, sendo que o juiz decidirá de plano ou nomeará perícia, se necessário, conforme preceitua o artigo 630 do Código de Processo Civil.[63]

Uma vez feita a escolha e a outra parte devidamente cientificada, vigora o disposto na seção precedente, referente às obrigações de dar coisa (bem) certa(o) (artigos 621 a 628 do Código de Processo Civil).

Contudo, se o título executivo for judicial, aplica-se o procedimento previsto a partir do artigo 475-I do CPC.

Não obstante a isso, em se tratando de consignação em pagamento, é mister a observância do artigo 342 do Código Civil: *Se a escolha da coisa indeterminada competir ao credor, será ele citado para esse fim, sob cominação de perder o direito e de ser depositada a coisa que o devedor escolher; feita a escolha pelo devedor, proceder-se-á como no artigo antecedente.*

2.5 Obrigações com Prestação de Fazer

São aquelas que têm como objeto uma prestação consistente em desenvolver qualquer atividade, corporal ou intelectual, diversa daquela estipulada na entrega de um bem. Se considerarmos que uma vez prestado o serviço, uma escultura, um trabalho de fotos, sua manipulação e impressão, por exemplo, este deve ser entregue, dependendo de sua natureza. Então estaremos diante de uma prestação de caráter duplo ou misto. Se não podemos requerer que o devedor o faça de forma coercitiva além da astreinte, podemos pelo menos exigir que a entrega seja compulsória, também sob pena de multa diária por descumprimento. Veja-se que é possível que o oficial de Justiça cumpra determinação e promova a busca do bem.

Paulo Nader entende que *o fazer implica a iniciativa de mudança, que pode operar-se no campo da matéria, como o fazer uma obra de escultura, no âmbito do espírito, como os processos educacionais e culturais ou no campo jurí-*

61 Art. 629. Quando a execução recair sobre coisas determinadas pelo gênero e quantidade, o devedor será citado para entregá-las individualizadas, se lhe couber a escolha; mas se essa couber ao credor, este a indicará na petição inicial.

62 Embora o artigo 629 do CPC não diga expressamente este prazo, o mesmo se presume do art. 621 do mesmo *codex*.

63 Art. 630. Qualquer das partes poderá, em 48 (quarenta e oito) horas, impugnar a escolha feita pela outra, e o juiz decidirá de plano, ou, se necessário, ouvindo perito de sua nomeação.

dico, como o de prestar declaração de vontade, por exemplo, firmando contrato definitivo de compra e venda.[64]

Contudo, se esta obrigação for imposta somente ao devedor, ou somente por ele exequível, ou seja, caso se trate de uma obrigação personalíssima, *intuitu personae*, tem-se uma obrigação de fazer infungível e, se não for devidamente adimplida, se resolverá em indenização por perdas e danos a teor do artigo 247 do Código Civil.[65] É o caso de apresentações artísticas, em que, uma vez contratado famoso cantor para determinado evento que não comparece neste, causa prejuízos aos seus organizadores.

Se a prestação se tornar impossível de ser executada, sem culpa do devedor, resolve-se a obrigação (artigo 248, 1ª parte, do Código Civil)[66] e em eventual adiantamento da remuneração ocorrida, se torna obrigatória a sua restituição. É o caso do artista que fica impossibilitado de sua apresentação por motivos alheios à sua vontade e que não contribuiu para o evento, como acidente de trânsito a caminho do espetáculo, a que não tenha dado causa. Porém, se por culpa dele ou por sua exclusiva deliberação se recusar a adimpli-la, responderá por perdas e danos (artigo 248 do Código Civil). No mesmo exemplo anterior, tendo o artista dado causa ao acidente automobilístico por dirigir alcoolizado, então deve ser responsabilizado pelos prejuízos causados ao seu contratante.

Todavia, se a obrigação não for intuitu personae, ou seja, se for uma obrigação com prestação de fazer fungível, que possa ser executada por outra pessoa e não a originalmente contratada para o serviço, havendo recusa ou mora desta, poderá o credor mandar executar o serviço à custa do devedor, sem prejuízo da indenização cabível (artigo 249 do Código Civil).[67] Esta indenização, entenda-se, poderá se constituir na diferença entre o *quantum* já pago ao contratado e o valor maior cobrado pelo terceiro.

Pelo parágrafo único do mesmo artigo 249, em caso de urgência,[68] poderá o próprio credor executar ou mandar seja executado o ato, independentemente de autorização judicial, sendo depois ressarcido. Aqui se tem uma inovação do legislador em relação ao Código de 1.916, pois autoriza uma espécie

64 *Curso de Direito Civil - Obrigações*. vol. 2. Rio de Janeiro: Forense, 2008, p. 90.

65 Art. 247. Incorre na obrigação de indenizar perdas e danos o devedor que recusar a prestação a ele só imposta, ou só por ele exequível.

66 Art. 248. Se a prestação do fato tornar-se impossível sem culpa do devedor, resolver-se-á a obrigação; se por culpa dele, responderá por perdas e danos.

67 Art. 249. Se o fato puder ser executado por terceiro, será livre ao credor mandá-lo executar à custa do devedor, havendo recusa ou mora deste, sem prejuízo da indenização cabível.
Parágrafo único. Em caso de urgência, pode o credor, independentemente de autorização judicial, executar ou mandar executar o fato, sendo depois ressarcido.

68 A mesma explicação serve ao parágrafo único do art. 251 do Código Civil.

de auto-tutela. O problema aqui se cinge em saber quando o credor poderá considerar o "caso de urgência." Não obstante o novel Código estar permeado de cláusulas gerais e conceitos legais indeterminados que autorizam uma interpretação axiológica pelo Juiz, neste caso específico autorizou-se a interpretação subjetiva do que sejam "casos de urgência" pelo próprio jurisdicionado.

Entenda-se como "casos de urgência" aqueles em que o inadimplemento ou a mora venha gerar riscos ou prejuízos ao credor, que se vê obrigado pela premência de tempo a realizar o serviço ou solicitá-lo a terceiro.[69] Tome-se como exemplo uma universidade particular que contrate uma empresa de construção civil para prestar o serviço de edificação de prédio que abrigue salas de aula e cujo prazo de entrega seja estabelecido até antes do início do período letivo. Se neste contrato não constar o cronograma da obra, seu eventual atraso pode gerar a certeza de que esta não se findará no tempo estabelecido, o que autoriza a contratante a firmar novo contrato com outra prestadora de serviços, mesmo que o inadimplemento não esteja plenamente concretizado. Ressalte-se que as circunstâncias do caso específico, por presunção, legitimam esta tomada de decisão pela contratante, considerando o tempo normal da construção civil e que sequer a eventual cláusula penal pelo descumprimento do prazo de entrega a tornaria inócua ou compensaria os notórios prejuízos materiais e morais que a instituição poderia ter perante a sociedade, seu público alvo, por não ter como abrigar alunos ingressantes no início do período letivo. Se estes alunos, matriculados desistirem do curso devido a este fato, e, se a turma não se formar, os prejuízos são bastante consideráveis e pode ocorrer que a cláusula penal, adiante e oportunamente tratada, não dê guarida ao prejuízo material imediato e ao abalo de credibilidade para o futuro.

Cabe aqui diferenciar ainda a ***obrigação de meio*** e a de ***resultado ou fim***. A primeira diz respeito àquela obrigação em que o devedor deve empregar todos os meios possíveis e aptos à realização da atividade proposta, sem a garantia de um resultado específico esperado ou desejado. Deve utilizar todo seu zelo, experiência, perícia e dedicação para atingir determinado fim, não respondendo por este em caso de não o alcançar. Já a obrigação de resultado ou de fim se refere àquela em que o devedor necessariamente deve atingir determinada meta, responsabilizando-se em caso de não atingir a satisfação do contratante.

69 Paulo Nader, contudo, adverte para a necessidade de cautela e prudência por parte do interessado, com o fim de que não se cometa excessos. "A avaliação de urgência muitas vezes é subjetiva, notadamente se realizada pelo principal interessado. O componente emocional tende a impedir a visão da realidade exatamente como se apresenta. O que se preconiza é o maior cuidado no estudo da situação e, se possível, com o apoio de *expert*, a fim de que não se dêem passos em falso. Mais uma vez o legislador de 2002 revelou o seu empenho na execução específica da obrigação." (ob. cit., p. 94).

Outrossim, o Código de Defesa do Consumidor (Lei nº. 8.078, de 11 de setembro de 1.990), em seus artigos 30, 35, I e 48,[70] dispõe sobre as declarações de vontade constantes de escritos particulares, recibos e pré-contratos relativos às relações de consumo vinculando o fornecimento do produto ou serviço nas condições ali especificadas, inclusive ensejando a execução específica prevista no artigo 84 e parágrafos do aludido diploma.

Da mesma forma procedeu o Código Civil. Não em especial relação às obrigações com prestação de fazer, mas aos negócios preliminares, de sorte a obrigar sua concretização em determinadas situações (vide artigo 463)[71], tanto que seu artigo 464, dispõe que, em ditos contratos, esgotado o prazo, poderá o juiz, a pedido do interessado, suprir a vontade *da parte inadimplente, conferindo caráter definitivo ao contrato preliminar, salvo se a isto se opuser a natureza da obrigação.*

2.5.1 Aspectos processuais

Para que se possa dar efetividade ao contrato celebrado, o legislador, por visar um processo civil de resultados, implantou a tutela específica no Código de Processo Civil, em seu artigo 461 e parágrafos, por intermédio da Lei nº. 8.954/1994. Autorizado está o juiz a determinar providências que assegurem o resultado prático equivalente ao do adimplemento da obrigação. Segundo o artigo 645 do CPC,[72] quando fundado em título executivo extrajudicial, o Juiz, na execução de fazer ou não fazer, ao despachar a inicial fixará multa por dia de atraso (*astreinte*) no cumprimento da prestação e a data a partir da qual esta

70 Art. 30. Toda informação ou publicidade, suficientemente precisa, veiculada por qualquer forma ou meio de comunicação com relação a produtos e serviços oferecidos ou apresentados, obriga o fornecedor que a fizer veicular ou dela se utilizar e integra o contrato que vier a ser celebrado.
Art. 35. Se o fornecedor de produtos ou serviços recusar cumprimento à oferta, apresentação ou publicidade, o consumidor poderá, alternativamente e à sua livre escolha: (...) I - exigir o cumprimento forçado da obrigação, nos termos da oferta, apresentação ou publicidade;
Art. 48. As declarações de vontade constantes de escritos particulares, recibos e pré-contratos relativos às relações de consumo vinculam o fornecedor, ensejando inclusive execução específica, nos termos do art. 84 e parágrafos.

71 Art. 463. Concluído o contrato preliminar, com observância do disposto no artigo antecedente, e desde que dele não conste cláusula de arrependimento, qualquer das partes terá o direito de exigir a celebração do definitivo, assinando prazo à outra para que o efetive.
Parágrafo único. O contrato preliminar deverá ser levado ao registro competente.

72 Art. 645. Na execução de obrigação de fazer ou não fazer, fundada em título extrajudicial, o juiz, ao despachar a inicial, fixará multa por dia de atraso no cumprimento da obrigação e a data a partir da qual será devida.
Parágrafo único. Se o valor da multa estiver previsto no título, o juiz poderá reduzi-lo se excessivo.

será devida.[73] O juiz entendendo como excessivo o valor da multa constante no título, poderá reduzi-lo a patamares considerados justos ao caso. Isto reflete o ideal de equidade que o Código explicita.

Porém, ocorrido o inadimplemento de obrigação de fazer e havendo título executivo, poderá o credor adotar o procedimento previsto nos artigos 632 a 638 do CPC, com as alterações trazidas pela Lei nº. 11.382, de 7 de dezembro de 2006.

Já nos casos consistentes da obrigação de emissão de declaração vontade, como nos casos de obrigação de outorgar Escritura Pública após o pagamento do bem, mediante contrato preliminar, aplica-se o disposto nos artigos 466-A a 466-C do Código de Processo Civil.[74] Este dispositivo autoriza a adjudicação compulsória e a sentença de procedência vale como documento hábil para a transferência do bem no Registro de Imóveis. Vale lembrar que o devedor será citado para o cumprimento de referida prestação e terá o direito ao contraditório. Em certos casos, se obtém o mesmo efeito quando o devedor desta prestação, o promitente vendedor, está ausente ou em local incerto e não sabido.

Além do Código de Processo Civil, o Código de Defesa do Consumidor, em seu artigo 84 e parágrafos,[75] traz o procedimento da tutela específica da obrigação com prestação de fazer ou não fazer nas relações de consumo.

73 PROCESSO CIVIL - EMBARGOS À EXECUÇÃO - ART. 741, II E PARÁGRAFO ÚNICO DO CPC - OBRIGAÇÃO DE FAZER - ACÓRDÃO EXEQUENDO TRANSITADO EM JULGADO ANTERIORMENTE À MP 2.180/2001. 1. As decisões judiciais que imponham obrigação de fazer ou não fazer, ao advento da Lei 10.444/2002, passaram a ter execução imediata e de ofício. 2. Aplicando-se o disposto nos arts. 644 caput, combinado com o art. 461, com a redação dada pela Lei 10.444/2002, ambos do CPC, verifica-se a dispensa do processo de execução como processo autônomo. 3. Se a nova sistemática dispensou a execução, é induvidosa a dispensa também dos embargos, não tendo aplicação o disposto no art. 738 do CPC. 4. Extinção do feito, por ausência de pressuposto de constituição e desenvolvimento regular do processo (art. 267, IV c/c § 3º do CPC), que se deixa de decretar em atenção ao princípio da non *reformatio in pejus*. 5. O art. 741, II, parágrafo único do CPC, com redação dada pela MP 2.180-35/2001, é norma de natureza processual e, portanto, tem aplicação imediata, inclusive nos feitos pendentes. Contudo, afasta-se, na hipótese dos autos, a incidência da norma porque transitado em julgado o acórdão exequendo antes do advento da MP 2.180/2001. 7. Recurso especial improvido. (STJ – 2ª T. REsp 692323 / SC. Rel.: Min. Eliana Calmon. DJ 30.05.2005 p. 319).

74 Art. 466-A. Condenado o devedor a emitir declaração de vontade, a sentença, uma vez transitada em julgado, produzirá todos os efeitos da declaração não emitida.
Art. 466-B. Se aquele que se comprometeu a concluir um contrato não cumprir a obrigação, a outra parte, sendo isso possível e não excluído pelo título, poderá obter uma sentença que produza o mesmo efeito do contrato a ser firmado.
Art. 466-C. Tratando-se de contrato que tenha por objeto a transferência da propriedade de coisa determinada, ou de outro direito, a ação não será acolhida se a parte que a intentou não cumprir a sua prestação, nem a oferecer, nos casos e formas legais, salvo se ainda não exigível.

75 Art. 84. Na ação que tenha por objeto o cumprimento da obrigação de fazer ou não fazer, o juiz concederá a tutela específica da obrigação ou determinará providências que assegurem o resultado

Acerca das *astreintes*, alguns complementos ainda são necessários. A decisão de sua fixação, que tanto pode se dar de início como durante o processo,[76] seja de conhecimento ou de execução, de obrigação positiva ou negativa, importa na intimação pessoal do devedor.[77] A multa cominatória tem caráter intimidativo e não compensatório. O seu depósito não desobriga o que foi vencido em ação cominatória (RT 484/159). Também são permitidas em face do poder público.[78] Outras ações, que não as mencionadas até aqui também comportam obrigações de fazer e de não fazer, como o mandado de segurança, a ação civil pública[79] e a ação popular.

---

prático equivalente ao do adimplemento.

§ 1° A conversão da obrigação em perdas e danos somente será admissível se por elas optar o autor ou se impossível a tutela específica ou a obtenção do resultado prático correspondente.

§ 2° A indenização por perdas e danos se fará sem prejuízo da multa (art. 287, do Código de Processo Civil).

§ 3° Sendo relevante o fundamento da demanda e havendo justificado receio de ineficácia do provimento final, é lícito ao juiz conceder a tutela liminarmente ou após justificação prévia, citado o réu.

§ 4° O juiz poderá, na hipótese do § 3° ou na sentença, impor multa diária ao réu, independentemente de pedido do autor, se for suficiente ou compatível com a obrigação, fixando prazo razoável para o cumprimento do preceito.

§ 5° Para a tutela específica ou para a obtenção do resultado prático equivalente, poderá o juiz determinar as medidas necessárias, tais como busca e apreensão, remoção de coisas e pessoas, desfazimento de obra, impedimento de atividade nociva, além de requisição de força policial.

76 Processo civil. Multa cominada em decisão interlocutória. Execução. A decisão interlocutória que fixa multa diária por descumprimento de obrigação de fazer é título executivo hábil para a execução definitiva. Agravo regimental não provido. (STJ, 3ª T. AgRg no REsp 724160/RJ. Rel.: Ministro Ari Pargendler. DJ 01.02.2008 p. 1)

77 Processo civil. Agravo no recurso especial. Execução de *astreintes*. Inscrição do nome do devedor em cadastro de inadimplentes. Multa diária. Obrigação de fazer. Intimação pessoal. Necessidade. - A parte a quem se destina a ordem de fazer ou não fazer deve ser pessoalmente intimada da decisão cominatória, especialmente quando há fixação de *astreintes*. Precedentes. Agravo no recurso especial improvido. (STJ, 3ª T. AgRg no REsp 993209/SE, Rel.: Ministra Nancy Andrighi. DJ 04.04.2008 p. 1. REPDJ 12.05.2008 p. 1).

78 Agravo regimental em agravo de instrumento. Processo Civil. Obrigação de fazer. Multa diária contra a fazenda pública. Possibilidade. Reexame fático-probatório. Descaracterizado. 1. É permitido ao juízo da execução aplicar multa em desfavor da Fazenda Pública, na medida em que reste caracterizado o atraso no cumprimento de obrigação de fazer. Assim, a determinação do refazimento de cálculos não constitui revolvimento de matéria fático-probatória, o que descaracteriza a incidência do Enunciado 7/STJ. 2. Agravo regimental improvido. (STJ, 6ª T. AgRg no Ag 393521/SP. Rel.: Maria Thereza De Assis Moura. DJ 18.02.2008 p. 72).

79 Ação civil pública. Fornecimento de medicamentos. Mal de Alzheimer. Idosos cadastrados em hospital de referência. Direito à vida e à saúde. Cominação de multa diária. 1. O fornecimento gratuito de medicamentos, especialmente os de uso continuado, aos idosos, está expressamente previsto no art. 15, § 2º, da Lei 10.741/2003, compreendendo, por conseguinte, o Mal de Alzheimer. 2. O hospital indicado como Centro de Referência em Assistência à Saúde do Idoso (Portaria nº 249/00), ademais, não pode se eximir de suas obrigações sob a alegação de falta de recursos finan-

A execução das *astreintes* deve ter também a apuração prévia de seu valor, com a delimitação de seus termos inicial e final.[80] Quanto ao seu termo inicial, deve este ser razoável para que se possibilite o adimplemento.[81] Pelo

---

ceiros, pois foi credenciado pela Portaria IM/MEC/MS nº 2.378 como hospital de ensino e recebe, portanto, recursos destinados ao incremento da assistência em procedimentos de alta complexidade (dentre os quais se inclui o atendimento a portadores de Alzheimer). 3. A aquisição dos medicamentos Rivastatigmina, Galantamina e Donepezil para os pacientes cadastrados como portadores do Mal de Alzheimer é de responsabilidade do Estado do Rio de Janeiro, por força das normas da Política Nacional de Medicamentos, ao qual são repassados os recursos pelo Fundo Nacional de Saúde, nos termos das Portarias 3.916/98 e 1.318/02. 4. Eventual ausência do cumprimento de formalidade burocrática não pode obstaculizar o fornecimento de medicação indispensável à cura e/ou a minorar o sofrimento de portadores de moléstia grave que, além disso, não dispõem dos meios necessários ao custeio do tratamento. 5. Inexiste ofensa à separação dos poderes, pois cabe ao Poder Judiciário, quando provocado, impor a observância da Lei, inclusive ao Poder Executivo. 6. Consoante entendimento consagrado pelo Colendo Superior Tribunal de Justiça, em se tratando de obrigação de fazer, é permitida a imposição de multa cominatória diária ao devedor (*astreintes*), mesmo que seja contra a Fazenda Pública, nos termos do art. 461, §§ 3o, 4o e 6o, do Código de Processo Civil. 7. Recurso do Ministério Público Federal provido. Recurso da Universidade Federal do Rio de Janeiro parcialmente provido. Recurso do Estado do Rio de Janeiro improvido. (TRF2ª R. - AC 200351010240961 - 7ª T. - Rel. Conv. P/ Ac. Des. Fed. Luiz Paulo - DJU 30.11.2005).

80 Processo civil. Ação cautelar incidental. Caixa Econômica Federal. *Astreintes*. 1. Hipótese em que a CEF apelou da sentença que rejeitou os embargos à execução quanto à multa, mantendo a cobrança. Este recurso, não tem efeito suspensivo. Daí a propositura da presente ação cautelar, para evitar que a exequente, antes mesmo de ter seu recurso apreciado por esta Corte, receba definitivamente o valor da multa. 2. A execução de multa diária não pode ser feita em conjunto com a da obrigação principal. Note-se que o primeiro requisito da execução é a liquidez e não se pode ter como liquida obrigação que muda de valor dia a dia. Assim é de rigor que a execução se consume com relação à obrigação principal para que se possa iniciar a execução das *astreintes*. 3. A execução das *astreintes* não pode ser iniciada sem a prévia apuração do respectivo valor, definindo-se o termo inicial e final de sua incidência 4. Pedido julgado procedente. (TRF5ª R. - MCTR - 2010/PE - 2004.05.00.028808-8 - 2ª T. - Rel. Des. Fed. Paulo Roberto de Oliveira Lima - DJU 10.03.2005)

81 Processual Civil. Recurso Especial. Embargos à execução de título judicial. Obrigação de fazer. *Astreintes*. Termo inicial da incidência. Inadimplemento do devedor. Alegada violação do art. 580, parágrafo único, do CPC, na redação anterior à Lei 11.382/2006. Não-ocorrência. Necessidade, na época, de citação do devedor para a execução das obrigações de fazer e não fazer (CPC, arts. 632 e 644). Precedentes. Desprovimento. 1. A sentença condenatória na obrigação de vender e outorgar a escritura pública transitou em julgado no dia 2 de maio de 1996, com fixação de pena pecuniária de R$ 1.000,00 por dia de atraso, sem estabelecer, contudo, prazo razoável para o cumprimento da obrigação de fazer. Por isso, questiona-se o termo inicial da incidência da multa cominatória fixada na sentença exequenda: a data do trânsito em julgado (tese da recorrente) ou a data da citação no processo de execução (tese do acórdão impugnado). 2. Considerando-se o regime processual em vigor na época, o inadimplemento da obrigação de fazer da recorrida não decorreu, automaticamente, do trânsito em julgado da sentença proferida no processo cognitivo, porque os arts. 632 e 644 do CPC - com redação dada pela Lei 8.952/94 - exigiam a citação do devedor para a execução das obrigações de fazer e não fazer. 3. Se omisso o título executivo, a multa diária somente pode ser cobrada a partir do inadimplemento do devedor, ou seja, a partir da citação no processo executivo. Precedentes: REsp 141.782/MG, 4ª Turma, Rel. Min. Barros Monteiro, DJ de 2.5.2005; REsp 110.344/RJ, 3ª Turma, Rel. p/ acórdão Waldemar Zveiter, DJ de 14.8.2000; REsp 123.645/BA, 4ª

Enunciado 120 do FONAJE, *a multa derivada de descumprimento de antecipação de tutela é passível de execução mesmo antes do trânsito em julgado da sentença* (aprovado no XXI Encontro, em Vitória/ES).

2.6 Obrigações com Prestação de Não Fazer

Ao contrário das obrigações com prestações positivas, que impõem ao devedor a prestação de um ato, nas negativas se requer uma omissão, uma abstenção de certa e determinada conduta. Nas obrigações com prestação de fazer, se pressupõe uma ação, física ou intelectual, que implica uma iniciativa de mudança da situação fático-jurídica existente. Nas obrigações com prestação de não fazer, se requer uma mera abstenção, como não exercer atividade profissional em determinado perímetro, por exemplo, decorrente de um negócio jurídico. Se costuma exigir uma abstenção relacionada a uma prestação positiva (somente trabalhar em determinada empresa) ou um comportamento tolerante do agente (o locatário deve tolerar a vistoria do imóvel pelo locador ou por seu mandatário, mediante combinação prévia, assim como previsto no artigo 23, IX, da Lei 8.245/91).

Por ilação se pode afirmar que esta prestação negativa é sempre sucessiva, eis que o devedor deve se abster da prática do ato durante todo o tempo que lhe for imposta (muitas vezes até mesmo sem delimitação de tempo, eis que esta pode decorrer de imposição de Lei, como a de não edificar em discordância com o Código de Posturas Municipais, ou dependente de autorização do poder público para sua realização, em caráter de exceção).[82] Daí se tornar

Turma, Rel. Min. Sálvio de Figueiredo Teixeira, DJ de 18.12.1998. 4. Recurso especial desprovido. (STJ- REsp 756.525 - DF - (2005/0092544-4) - 1ª T. - Relª Minª Denise Arruda - DJ 11.10.2007).

82 DIREITO AMBIENTAL. LAVOURA DE CANA-DE-AÇÚCAR – QUEIMADAS. CÓDIGO FLORESTAL. ART. 27. 1. Tratando-se de atividade produtiva, mormente as oriundas dos setores primário e secundário, o legislador tem buscado, por meio da edição de Leis e normas que possibilitem a viabilização do desenvolvimento sustentado, conciliar os interesses do segmento produtivo com os da população, que tem direito ao meio ambiente equilibrado. 2. Segundo a disposição do art. 27 da Lei n. 4.771/85, é proibido o uso de fogo nas florestas e nas demais formas de vegetação – as quais abrangem todas as espécies –, independentemente de serem culturas permanentes ou renováveis. Isso ainda vem corroborado no parágrafo único do mencionado artigo, que ressalva a possibilidade de se obter permissão do Poder Público para a prática de queimadas em atividades agropastoris, se as peculiaridades regionais assim indicarem. 3. Tendo sido realizadas queimadas de palhas de cana-de-açúcar sem a respectiva licença ambiental, e sendo certo que tais queimadas poluem a atmosfera terrestre, evidencia-se a ilicitude do ato, o que impõe a condenação à obrigação de não fazer, consubstanciada na abstenção de tal prática. Todavia, a condenação à indenização em espécie a ser revertida ao "Fundo Estadual para Reparação de Interesses Difusos" depende da efetiva comprovação do dano, mormente em situações como a verificada nos autos, em que a queimada foi realizada em apenas 5 hectares de terras, porção ínfima frente ao universo regional (Ribeirão Preto em São Paulo), onde as culturas são de inúmeros hectares a mais. 4. Recurso es-

possível textualizar que nestas obrigações o objetivo não é especificamente o seu adimplemento, mas evitar o seu descumprimento. A isto se esclarece que o adimplemento ocorre de maneira diversa das demais modalidades de prestação, pois é uma abstenção contínua e duradoura, como o exemplo da reserva legal e a obrigação de não desmatar. Nas prestações positivas o adimplemento conduz à extinção da prestação e em muitos casos, da relação jurídica que lhe dá suporte; nas negativas, o ato de inadimplir é o que mais ressalta.

Alguns exemplos de prestações de não fazer se dão com o segredo profissional, em que alguns indivíduos, em razão de seu ofício, tomam conhecimento de certos fatos relacionados a seus clientes e ficam impedidos de sua divulgação, a exemplo da advocacia em razão do Código de Ética. Esta prestação se perfaz com o tempo, exigindo um dever de conduta omissiva permanente.

Também se considera obrigação com prestação de não fazer a proibição de nomeação de parentes consanguíneos ou por afinidade até terceiro grau nos cargos públicos de confiança, em observância dos princípios da isonomia, moralidade, eficiência e probidade administrativa. Este dever principiológico de conduta culminou na edição pelo Supremo Tribunal Federal da Súmula Vinculante nº 13, com a seguinte redação: *A nomeação de cônjuge, companheiro ou parente em linha reta, colateral ou por afinidade, até o terceiro grau, inclusive, da autoridade nomeante ou de servidor da mesma pessoa jurídica investido em cargo de direção, chefia ou assessoramento, para o exercício de cargo em comissão ou de confiança ou, ainda, de função gratificada na administração pública direta e indireta em qualquer dos Poderes da União, dos Estados, do Distrito Federal e dos Municípios, compreendido o ajuste mediante designações recíprocas, viola a Constituição Federal.*

Assim como as demais prestações, a de não fazer, enquanto convencionada, encontra limitação na Lei e nos bons costumes e também aqui se impõe a observância da eficácia horizontal dos direitos fundamentais e absolutos. *Em relação aos direitos subjetivos absolutos, que têm validade erga omnes, a coletividade é portadora de obrigações de não fazer. Isto existe, por exemplo, em face do direito de propriedade. Qualquer pessoa é obrigada a respeitá-lo. O proprietário, por sua vez, deverá atender a função social da propriedade. Sob pena de incidir na prática de abuso de direito, que é modalidade de ilícito civil, haverá de abster-se de certos atos destinados à perturbação da ordem e sem proveito próprio.*[83]

---

pecial parcialmente provido. (STJ – 2ª T. REsp 439456/SP. Rel.: Min. João Otávio de Noronha. DJ 26/03/2007 p. 217).

83 Paulo Nader, ob. cit., p. 92.

2.6.1 Da extinção da obrigação com prestação de não fazer

Consumado o ato de fazer a que se devia abster, tem-se o inadimplemento ou extinção da obrigação com prestação de não fazer, restando apenas averiguar as hipóteses de existência ou não de culpa do devedor. A primeira hipótese é a resolução sem culpa do devedor (artigo 250 do Código Civil).[84] Pode ser decorrente de caso fortuito, força maior ou por exigência do poder público (fato do príncipe ou imposição legal). Assim, se os vizinhos pactuaram em manter a divisão de seus terrenos apenas com cercas vivas, a fim de preservar a vista e a iluminação de seus jardins, sobrevindo Lei municipal que fixa a edificação de muros com altura mínima dos imóveis situados naquela região, impõe-se o descumprimento do pacto. A obrigação, portanto, extingue-se com a impossibilidade do devedor se abster do ato.

Desta forma, uma vez resolvida a obrigação com base no artigo 250 do Código Civil, ou seja, sem culpa do devedor, o vínculo jurídico retorna ao status quo ante, com a devolução de eventual importância paga e se não houverem despesas efetuadas; se estas ocorreram, deverão ser abatidas. Solução diversa poderia caracterizar enriquecimento sem causa (artigo 884 do Código Civil).[85]

Após uma leitura mais apurada do texto do artigo 250 do Código Civil, se percebe que o legislador restringiu tal hipótese apenas àquelas prestações cujas obrigações são decorrentes de vínculo contratual. É que as conseqüências do descumprimento sem culpa somente podem ter campo de incidência nesta fonte. Excluem-se do texto do artigo250 a abstenção que decorre da Lei ou da determinação jurisdicional, pois nestas situações não se trata de extinguir a prestação negativa, mas sim a impossibilidade de cumprimento.

A segunda hipótese de extinção da prestação negativa se dará com culpa do devedor, conforme previsão do artigo 251 do Código Civil,[86] não importando se foi com dolo ou culpa em sentido estrito (negligência, imperícia ou imprudência). A consequência deste inadimplemento é a busca pelo *status quo ante,* ou seja, o desfazimento do ato pelo obrigado, acrescido de indenização

---

84 Art. 250. Extingue-se a obrigação de não fazer, desde que, sem culpa do devedor, se lhe torne impossível abster-se do ato, que se obrigou a não praticar.

85 Art. 884. Aquele que, sem justa causa, se enriquecer à custa de outrem, será obrigado a restituir o indevidamente auferido, feita a atualização dos valores monetários.
Parágrafo único. Se o enriquecimento tiver por objeto coisa determinada, quem a recebeu é obrigado a restituí-la, e, se a coisa não mais subsistir, a restituição se fará pelo valor do bem na época em que foi exigido.

86 Art. 251. Praticado pelo devedor o ato, a cuja abstenção se obrigara, o credor pode exigir dele que o desfaça, sob pena de se desfazer à sua custa, ressarcindo o culpado perdas e danos.
Parágrafo único. Em caso de urgência, poderá o credor desfazer ou mandar desfazer, independentemente de autorização judicial, sem prejuízo do ressarcimento devido.

por perdas e danos. Se ele se recusar, contudo, o credor mesmo poderá desfazer o ato ou diligenciar o serviço e exigir as despesas daquele. Em casos de urgência, o desfazimento prescinde de autorização judicial, consoante o parágrafo único do artigo 251 (sobre a questão urgência, reporta-se ao mencionado no parágrafo único do artigo 249, retro).

Pelo artigo 390 do Código Civil, *nas obrigações negativas o devedor é havido por inadimplente desde o dia em que executou o ato de que se devia abster.* Isto quer dizer que não se faz necessária qualquer interpelação ao devedor diante de um fato consumado. Contudo, não se pode aquiescer com a existência da mora nesta espécie de obrigações, pois feito o que não se poderia fazer, mora não há, mas sim inadimplemento da obrigação.

Existem casos, contudo, em que a restituição ao *status quo ante* se tornará impossível, pois não há como desfazer o que já foi feito, a exemplo de um corte de árvores, tornar público um segredo industrial ou profissional. Nestes casos ao credor resta a indenização por perdas e danos ou a via compensatória.

As regras para os casos das prestações negativas descumpridas encontram-se nos artigos 642 a 645 do Código de Processo Civil.[87] Já se o intento for o cumprimento, de fazer, inexistindo título judicial ou extrajudicial vencido, o procedimento a seguir é o previsto no artigo 461 e parágrafos do Código de Processo Civil. Destarte, assim como nas obrigações de fazer, as *astreintes* são aplicáveis nesta modalidade.[88] Em se tratando de tutela do consumidor, contudo, aplica-se o artigo 84 do Código de Defesa do Consumidor.

---

87 Art. 642. Se o devedor praticou o ato, a cuja abstenção estava obrigado pela Lei ou pelo contrato, o credor requererá ao juiz que lhe assine prazo para desfazê-lo.
Art. 643. Havendo recusa ou mora do devedor, o credor requererá ao juiz que mande desfazer o ato à sua custa, respondendo o devedor por perdas e danos.
Parágrafo único. Não sendo possível desfazer-se o ato, a obrigação resolve-se em perdas e danos.
Art. 644. A sentença relativa a obrigação de fazer ou não fazer cumpre-se de acordo com o art. 461, observando-se, subsidiariamente, o disposto neste Capítulo.
Art. 645. Na execução de obrigação de fazer ou não fazer, fundada em título extrajudicial, o juiz, ao despachar a inicial, fixará multa por dia de atraso no cumprimento da obrigação e a data a partir da qual será devida.
Parágrafo único. Se o valor da multa estiver previsto no título, o juiz poderá reduzi-lo se excessivo.

88 PROCESSO CIVIL. MULTA COMINADA EM DECISÃO INTERLOCUTÓRIA. EXECUÇÃO. A decisão interlocutória que fixa multa diária por descumprimento de obrigação de fazer é título executivo hábil para a execução definitiva. Agravo regimental não provido. (STJ, 3ª T. AgRg no REsp 724160/RJ. Rel.: Ministro Ari Pargendler. DJ 01.02.2008 p. 1)

2.7 Obrigações com Prestações Alternativas

O Código Civil disciplinou as obrigações alternativas nos artigos 252 a 256, e deu a estas um capítulo especial. Entretanto, o legislador agiu equivocadamente ao atribuir esta nomenclatura, pois o que se regra não são *obrigações alternativas,* mas sim *prestações alternativas.* Atente-se para o fato de que o que existe é uma única obrigação, porém, com múltiplas e alternativas prestações. Sendo a obrigação o efeito de uma relação jurídica, tem como objeto determinada prestação, que pode ser positiva ou negativa, como analisado. Tanto que o sujeito se *obriga* a determinada *prestação,* ele é obrigado a dar, transferir a propriedade de um bem certo ou incerto, restituí-lo, fazer ou não fazer algo.

Já se mencionou que existem prestações denominadas *simples,* em que o seu objeto é único, certo e determinado e também as prestações *múltiplas,* podendo ser compostas, conjuntivas ou cumulativas, em que existe mais de uma prestação a ser adimplida, como na entrega de um bem e a prestação de um serviço (venda de um computador e seus acessórios e a prestação de ministrar aulas de informática) num mesmo contrato. Mas como prestações múltiplas também existem as prestações alternativas, em que *alguém se obriga a várias prestações, sendo que o cumprimento de apenas uma ou algumas delas*[89] *o desonera das demais.* Tais prestações devem ser *distintas* e *independentes* umas das outras. Distintas por conterem um diferencial entre si, seja a natureza do objeto da prestação, ou a sua forma de execução, entrega, tempo e local de adimplemento ou qualquer outro elemento que a caracterize diferentemente em relação à outra. Independente por possuir autonomia em relação àquela, ou seja, não se encontra vinculada a ela.

As alternativas devem ser todas lícitas. Se uma delas não for, o negócio pode se apresentar como nulo, conforme aplicação do disposto no artigo 166, II, do Código Civil.[90]Este raciocínio se impõe se aliado a isto analisarmos a regra constante do artigo 123 inciso II do mesmo Diploma legal, a estabelecer que invalidam os negócios jurídicos que lhes são subordinados as condições ilícitas, ou de fazer coisa ilícita.

Todavia, o mais coerente é que apenas esta alternativa ilícita não possa assim ser considerada, por expressa proibição legal. Na verdade, se existirem diversas alternativas e ao menos uma delas não estiver eivada de ilicitude, não se nos parece coerente determinar a impossibilidade de continuidade do negócio como um todo. Mais lógico se nos parece que apenas as alternativas que coadunem com os requisitos de validade do ato ou do negócio jurídico sejam

89 Pois é possível que se deva escolher duas ou mais dentre *n* obrigações, como se verá adiante.

90 Art. 166. É nulo o negócio jurídico quando: (...) II - for ilícito, impossível ou indeterminável o seu objeto;

aproveitadas e descartadas e não consideradas aquelas contrárias. Em se verificando que uma de duas alternativas se nos apresenta como objeto ilícito, então não se trata de alternatividade, mas sim de obrigação com prestação única, a única lícita. Esta idéia parte de um ideal de continuidade do negócio jurídico em atenção aos princípios da boa fé, ainda que apenas por parte de um dos contratantes e da função social do contrato e sempre que isto se torne possível.

As vantagens apresentadas pelas prestações alternativas são do devedor ao aumentar as possibilidades de cumprimento da obrigação, pois pode optar pela menos onerosa, e do credor ao diminuir os riscos da inadimplência. Quando se diz que o devedor pode até optar pela prestação menos onerosa, se quer dizer que é possível que uma das possíveis prestações lhe seja mais fácil de cumprir do que as demais. Então, se a escolha a este pertencer, por uma série de fatores isto lhe pode ser conveniente, como transporte, armazenamento, a localização de onde quer que porventura estejam os bens e etc.

Vários são os exemplos e casos de incidência apresentados pelo Código Civil, como o artigo 500,[91] em que apresentada irregularidade nas dimensões em imóvel objeto de contrato de compra e venda *ad mensuram* cabe ao comprador a ação *exempto* ou a ação *quanti minoris*;[92] o artigo 534 estabelece regra acerca do contrato estimatório[93] ou de compra e venda em consignação;[94] o

91 Art. 500. Se, na venda de um imóvel, se estipular o preço por medida de extensão, ou se determinar a respectiva área, e esta não corresponder, em qualquer dos casos, às dimensões dadas, o comprador terá o direito de exigir o complemento da área, e, não sendo isso possível, o de reclamar a resolução do contrato ou abatimento proporcional ao preço.

92 Situação análoga é encontrada no § 2° do mesmo art. 500, prestigiando o princípio da probidade e boa-fé e impedido o enriquecimento sem causa: *§ 2º Se em vez de falta houver excesso, e o vendedor provar que tinha motivos para ignorar a medida exata da área vendida, caberá ao comprador, à sua escolha, completar o valor correspondente ao preço ou devolver o excesso.*

93 Art. 534. Pelo contrato estimatório, o consignante entrega bens móveis ao consignatário, que fica autorizado a vendê-los, pagando àquele o preço ajustado, salvo se preferir, no prazo estabelecido, restituir-lhe a coisa consignada.

94 Direito comercial. Falência. Pedido de restituição de dinheiro. Alienação de mercadorias recebidas em consignação antes da quebra. Contabilização indevida pela falida do valor equivalente às mercadorias. Dever da massa restituir ou as mercadorias ou o equivalente em dinheiro. Súmula 417 do STF. - O que caracteriza o contrato de venda em consignação, também denominado pela doutrina e pelo atual Código Civil (arts. 534 a 537) de contrato estimatório, é que (i) a propriedade da coisa entregue para venda não é transferida ao consignatário e que, após recebida a coisa, o consignatário assume uma obrigação alternativa de restituir a coisa ou pagar o preço dela ao consignante. - Os riscos são do consignatário, que suporta a perda ou deterioração da coisa, não se exonerando da obrigação de pagar o preço, ainda que a restituição se impossibilite sem culpa sua. - Se o consignatário vendeu as mercadorias entregues antes da decretação da sua falência e recebeu o dinheiro da venda, inclusive contabilizando-o indevidamente, deve devolver o valor devidamente corrigido ao consignante. Incidência da Súmula n.° 417 do STF. - A arrecadação da coisa não é fator de obstaculização do pedido de restituição em dinheiro quando a alienação da mercadoria é

artigo 1.701,[95] em que o alimentante ou pensiona o alimentando ou lhe presta os alimentos diretamente sob a forma de habitação, vestuário, alimentação e educação; e o legado alternativo (art. 1.932 e 1.933).[96]

O Código de Defesa do Consumidor também apresenta alguns exemplos de prestações alternativas, em que o direito de escolha fica a cargo do consumidor, no caso o credor da obrigação, como o § 1º do seu artigo 18,[97] os artigos 19[98] e 20,[99] todos decorrentes da responsabilidade por vício do produto ou serviço.

---

feita pelo comerciante anteriormente à decretação da sua quebra. Recurso especial ao qual se nega provimento. (STJ – 3ª Turma. Rel.: Min. Nancy Andrighi, DJ 26.09.2005 p. 373).

95 Art. 1.701. A pessoa obrigada a suprir alimentos poderá pensionar o alimentando, ou dar-lhe hospedagem e sustento, sem prejuízo do dever de prestar o necessário à sua educação, quando menor.

96 Art. 1.932. No legado alternativo, presume-se deixada ao herdeiro a opção.
Art. 1.933. Se o herdeiro ou legatário a quem couber a opção falecer antes de exercê-la, passará este poder aos seus herdeiros.

97 Art. 18. (...)§ 1º Não sendo o vício sanado no prazo máximo de trinta dias, pode o consumidor exigir, alternativamente e à sua escolha:
I - a substituição do produto por outro da mesma espécie, em perfeitas condições de uso;
II - a restituição imediata da quantia paga, monetariamente atualizada, sem prejuízo de eventuais perdas e danos;
III - o abatimento proporcional do preço.

98 Art. 19. Os fornecedores respondem solidariamente pelos vícios de quantidade do produto sempre que, respeitadas as variações decorrentes de sua natureza, seu conteúdo líquido for inferior às indicações constantes do recipiente, da embalagem, rotulagem ou de mensagem publicitária, podendo o consumidor exigir, alternativamente e à sua escolha:
I - o abatimento proporcional do preço;
II - complementação do peso ou medida;
III - a substituição do produto por outro da mesma espécie, marca ou modelo, sem os aludidos vícios;
IV - a restituição imediata da quantia paga, monetariamente atualizada, sem prejuízo de eventuais perdas e danos.

99 Art. 20. O fornecedor de serviços responde pelos vícios de qualidade que os tornem impróprios ao consumo ou lhes diminuam o valor, assim como por aqueles decorrentes da disparidade com as indicações constantes da oferta ou mensagem publicitária, podendo o consumidor exigir, alternativamente e à sua escolha:
I - a reexecução dos serviços, sem custo adicional e quando cabível;
II - a restituição imediata da quantia paga, monetariamente atualizada, sem prejuízo de eventuais perdas e danos;
III - o abatimento proporcional do preço.

2.7.1 Diferenças entre as prestações alternativas e outras modalidades de prestação

As obrigações com prestações alternativas devem ser diferenciadas de outras modalidades. Em relação às prestações *genéricas ou de dar coisa incerta*, embora possuam a indeterminação do objeto como ponto em comum, diferenciam-se porque nestas a escolha vai recair sobre a *qualidade* do único objeto existente, enquanto que nas alternativas, havendo vários objetos, a escolha recai sobre *um* deles, em regra. A obrigação das prestações genéricas é certa, em relação à sua existência, mas inicialmente indeterminada, estabelecendo-se *a priori* a quantidade e a qualidade (gênero); nas alternativas, a prestação é determinável, não obstante já tenham sido mencionadas e pré-estabelecidas as hipóteses para ulterior escolha e cumprimento.[100]

Das *compostas, conjuntivas ou cumulativas*, as prestações alternativas se diferenciam pelo fato de que naquelas, existem vários objetos que devem ser prestados, cumulativamente, todas determinadas. Nas alternativas, vários bens são previamente disponibilizados e arrolados no contrato para facilitar o cumprimento e a escolha de um deles, em regra, libera o devedor da obrigação, ou seja, determináveis. Entretanto, existe a possibilidade da prestação ser alternativa e cumulativa ao mesmo tempo, como no exemplo da entrega de duas de três opções de objetos à escolha do devedor: 100 sacas de café, 100 sacas de milho ou 100 sacas de algodão. A esta espécie a doutrina chama de *múltiplas alternativas.*

Por sua vez, também se diferenciam das *condicionais*, pois nestas há dúvida acerca da existência da própria obrigação, eis que ainda depende a concretização ou o implemento de uma condição, daí dizer-se que é uma obrigação incerta,[101] como no caso do legado condicional. Há incerteza sobre sua existência, mas as prestações são determinadas. Também podem ser determináveis ou indeterminadas. As alternativas não dependem da existência de qualquer acontecimento para a sua existência A obrigação existe, é certa, e determinável é a sua prestação até o momento da escolha.

100 O termo "indeterminada" significa o que ainda não foi fixada; indefinida, indecisa, vaga, mas pode se tornar determinada. Diferencia-se de indeterminável, que é a qualidade daquilo que não pode ser determinado ou definido.

101 Não confundir com a obrigação de dar coisa incerta.

A tabela a seguir ilustra bem esta diferença:

Espécie	Obrigação	Prestação
Alternativa	Certa	Determinável
Genérica	Certa	Inicialmente indeterminada
Cumulativa	Certa	Determinadas
Condicional	Incerta	Determinada, indeterminada ou determinável[102]

Demais disto, a *dação em pagamento* é a possibilidade de adimplemento da obrigação com outro objeto, diverso do inicialmente avençado, não previsto no acordo. Portanto com esta não se confunde. Neste instituto da dação ocorre a alteração do objeto. Isto é, não houve sua previsão na formação contratual. Nas prestações alternativas, há uma multiplicidade de objetos do contrato já previstos, concomitante ao ato que criou a relação jurídica.[103] Portanto, é a previsibilidade ou não na formação contratual que diferenciará a obrigação alternativa da dação em pagamento.

2.7.2 Concentração

É a extinção da alternatividade. Por ocasião da escolha do objeto, tornase prestação simples, isto é, singulariza a prestação. Ressalte-se que não basta apenas a escolha do objeto, mas também a sua comunicação, se assim convencionado pelas partes.[104] A partir de então as condutas do credor e do devedor serão concentradas no objeto escolhido.

Sobre a comunicação, Carlos Roberto Gonçalves[105] afirma que *não se exige forma especial para a comunicação. Basta a declaração unilateral de vontade, sem necessidade da aceitação. Comunicada a escolha, a obrigação se con-*

102 Em nenhum caso as prestações poderão ser indetermináveis sob pena de ser considerado nulo o negócio jurídico (art. 166, II, do Código Civil).

103 *A característica fundamental da obrigação alternativa é surgir, com esse perfil de opção, do credor ou do devedor, conforme seja o acordo entre eles, no momento mesmo da formação da obrigação,* in obligatione. *Não tem nenhuma obrigação alternativa a que surge em virtude de ato posterior consentido pelo credor, com é o caso da dação em pagamento (*datio in solutum*).* Nelson Nery Júnior e Rosa Maria de Andrade Nery. *Código Civil Comentado.* 2008, p. 419.

104 Para Paulo Nader, *a escolha constitui ato de declaração unilateral de vontade, receptícia, não dependente de forma, podendo ser tácita, inclusive* (ob. cit., p. 103). A tacitude ocorre quando na data estipulada para a eleição, o devedor entrega a coisa e o credor a aceita sem objeções.

105 Ob. cit., p. 87.

centra no objeto determinado, não podendo mais ser exercido o jus variandi. Torna-se ela definitiva e irrevogável, salvo se em contrário dispuserem as partes ou a lei.

Todavia, para facilitar a instrução probatória em eventual processo judicial, recomenda-se que a prudência norteie o interessado e que o faça, ao menos, a comunicação via envio de carta com aviso de recebimento. Mesmo com esta providência, o conteúdo da missiva não é passível de prova, motivo pelo qual a notificação extrajudicial torna este ato jurídico extreme de dúvidas.

Não obstante a isso, pela cabeça do artigo 252 do Código Civil[106], denota-se um nítido *caráter supletivo*, eis que se as partes não estipulam a quem caberá a escolha (podendo ser a qualquer das partes ou mesmo a um terceiro, consoante o princípio da liberdade contratual), esta compete ao devedor. A razão do legislador delegar ao devedor a escolha em caso de omissão contratual se deve ao fato de se presumir seja este a parte mais fraca da relação contratual. Demais disto, impende destacar que a regra de interpretação contratual pressupõe que se favoreça ao aderente.

Assim, uma vez feita a escolha, esta deve ser respeitada *integralmente*, não podendo quem escolheu, entretanto, obrigar a outra parte a receber (ou dar) parte de uma e parte de outra (pagamento misto).[107] Se as alternativas são de entregar mil sacas de milho ou mil sacas de café, não pode o outro contratante, a quem não coube a escolha, ser compelido a aceitar metade de uma espécie e metade da outra. Ainda, caso aquele que possui o direito de escolha quiser receber ou efetuar o pagamento em prestações mistas, a outra parte poderá recusar a aceitá-lo sem que incorra em mora. Parece-nos, todavia, incongruente a redação do § 1° do artigo 252 do Código Civil, ao restringir a obrigação apenas ao devedor, pois igual imposição caberia ao credor, se a ele competisse a escolha.

Em se tratando de *prestações periódicas*, a faculdade de opção poderá ser exercida em cada período (§ 2° do artigo 252). Neste sentido, se as obrigações alternativas são de entrega de mil sacas de soja ou mil sacas de café mensais,

---

106 Art. 252. Nas obrigações alternativas, a escolha cabe ao devedor, se outra coisa não se estipulou.
§ 1º Não pode o devedor obrigar o credor a receber parte em uma prestação e parte em outra.
§ 2º Quando a obrigação for de prestações periódicas, a faculdade de opção poderá ser exercida em cada período.
§ 3º No caso de pluralidade de optantes, não havendo acordo unânime entre eles, decidirá o juiz, findo o prazo por este assinado para a deliberação.
§ 4º Se o título deferir a opção a terceiro, e este não quiser, ou não puder exercê-la, caberá ao juiz a escolha se não houver acordo entre as partes.

107 Não se quer, entretanto, afirmar que a divisão da prestação está veementemente vedada. Ela é possível, desde que haja o consentimento das partes.

bimestrais ou semestrais, durante determinado prazo, poderá se optar em cada período da maneira que melhor aprouver ao optante.

Já se houver uma *pluralidade de optantes* e ocorrer divergência entre eles, decidirá o juiz, findo o prazo por este assinado para a deliberação (§ 3º do artigo 252). A hipótese mais comum da pluralidade de optantes ocorre quando o credor ou devedor com direito à escolha falece e seus herdeiros não acordam quanto à opção. Melhor seria se o legislador tivesse incumbido à outra parte contratante a escolha da prestação, não se fazendo necessária a intervenção judicial nos contratos celebrados, eis que interessada no adimplemento e que todo apelo ao judiciário representa despesa e demora, além de contribuir ao acúmulo dos serviços judiciais. Segundo a opinião de Sílvio de Salvo Venosa,[108] em caso de pluralidade de optantes, o ideal seria que prevalecesse a opinião da maioria, analogamente às deliberações tomadas em condomínio, em que são consideradas as quotas-partes e a idéia de representatividade, mas lamentavelmente não foi este o caminho seguido pelo legislador.

Esta mesma crítica se dá no caso do § 4º do artigo 252, em que *se o título deferir a opção a terceiro, e este não quiser, ou não puder exercê-la,* como no caso de sua morte, *caberá ao juiz a escolha, se não houver acordo entre as partes.* Mais prudente seria que a escolha coubesse, neste caso, ao devedor, consoante previa inicialmente a regra da cabeça do artigo 252, ou ao credor, conforme o caso.

2.7.3 Impossibilidade das obrigações

Cabendo a escolha ao devedor e havendo a impossibilidade originária ou superveniente de uma das prestações, independentemente da existência de culpa do devedor, mas subsistir uma ou outras (*impossibilidade parcial*), o débito ainda subsiste, conforme previsão do artigo 253 do Código Civil.[109] É o caso de imóvel que se torna desapropriado após a celebração do contrato (causa superveniente) ou de produto não mais fabricado, fato este que as partes não conheciam no momento da contratação (causa originária). Nestes casos, a concentração se dará na prestação que subsistir.

Mas se a escolha couber ao credor e ocorrera impossibilidade de uma das prestações *por culpa do devedor*, poderá aquele exigir ou a prestação subsistente ou o valor daquela impossibilitada, com perdas e danos, a teor do que dispõe a primeira parte do artigo 255 do Código Civil.[110]

108 VENOSA, Sílvio de Salvo. ob. cit. p. 111.

109 Art. 253. Se uma das duas prestações não puder ser objeto de obrigação ou se tornada inexequível, subsistirá o débito quanto à outra.

110 Art. 255. Quando a escolha couber ao credor e uma das prestações tornar-se impossível por culpa do devedor, o credor terá direito de exigir a prestação subsistente ou o valor da outra, com

Todavia, em se tratando de *impossibilidade total*, ou seja, de todas as possíveis prestações, se o direito de escolha for do credor e *não houver culpa do devedor* (*impossibilidade inocente*),[111] a obrigação será extinta, por falta de objeto e sem ônus para quem está obrigado, segundo os ditames do artigo 256 do Código Civil,[112] seguindo as mesmas regras das obrigações com prestação de dar, fazer e não fazer, retro mencionado. Havendo culpa, contudo, na impossibilidade de ambas ou todas as prestações, poderá o credor reclamar o valor de qualquer delas, cumulado com indenização por perdas e danos, de acordo com a segunda parte do artigo 255 do Código Civil.

Outrossim, se o direito de escolha couber ao devedor e a impossibilidade for total, por culpa deste, ficará compelido a pagar ao credor o valor daquela que se impossibilitou por último, acrescido das perdas e danos que o caso determinar (artigo 254 do Código Civil).[113] Mas e se neste caso as impossibilidades forem consideradas concomitantes? Cremos que a solução se dá com o recebimento do equivalente de uma das prestações escolhida pelo devedor, acrescido de perdas e danos comprovados.

Entretanto, se o culpado pela perda de todas as prestações for o credor, não terá direito a receber o valor equivalente a nenhuma delas; deverá, sim, ressarcir o devedor pelo valor das demais. Neste ressarcimento, se o direito de escolha cabia ao credor, ele é quem deve indicar o objeto da indenização; se cabia ao devedor, a este cabe a indicação.

Importa ressaltar também que a alternatividade das prestações pode se dar em decorrência do inadimplemento em tempo hábil de determinada prestação. Imagine a compra e venda de um apartamento ainda na planta, em fase de edificação, cujas chaves devam ser entregues em determinada data. Não ocorrendo a entrega na data prevista, pela não construção total do edifício, terá direito o comprador a um abatimento proporcional aos dias ou meses em que durar o inadimplemento da construtora ou receber o aluguel de um imóvel de mesmo nível, acrescido de comprovadas perdas e danos daí decorrentes.

---

perdas e danos; se, por culpa do devedor, ambas as prestações se tornarem inexequíveis, poderá o credor reclamar o valor de qualquer das duas, além da indenização por perdas e danos.

111 Pressupondo a ausência de mora, pois constitui uma das modalidades de culpa.

112 Art. 256. Se todas as prestações se tornarem impossíveis sem culpa do devedor, extinguir-se-á a obrigação.

113 Art. 254. Se, por culpa do devedor, não se puder cumprir nenhuma das prestações, não competindo ao credor a escolha, ficará aquele obrigado a pagar o valor da que por último se impossibilitou, mais as perdas e danos que o caso determinar.

2.7.4 Questões processuais

Ao se tratar de execução de prestações alternativas, aplica-se a regra geral do artigo 571 do Código de Processo Civil, que textualiza: *Nas obrigações alternativas, quando a escolha couber ao devedor, este será citado para exercer a opção e realizar a prestação dentro em 10 (dez) dias, se outro prazo não lhe foi determinado em lei, no contrato, ou na sentença.* Já para o § 1º, *devolver-se-á ao credor a opção, se o devedor não a exercitou no prazo marcado.* E *se a escolha couber ao credor, este a indicará na petição inicial da execução* (§ 2º).

Já em se tratando de processo de conhecimento, a regra do parágrafo único do artigo 288 do Código de Processo Civil é de assegurar o direito material de escolha da prestação, no caso desta pertencer ao devedor, pois *quando, pela lei ou pelo contrato, a escolha couber ao devedor, o juiz lhe assegurará o direito de cumprir a prestação de um ou de outro modo, ainda que o autor não tenha formulado pedido alternativo.*

2.8 Obrigações com Prestações Divisíveis e Indivisíveis

O Código Civil de 1916 não definiu obrigações com prestações divisíveis ou indivisíveis, ao contrário do que fez o legislador civilista de 2002 que, em seu artigo 258 determina que *a obrigação é indivisível quando a prestação tem por objeto uma coisa ou um fato não suscetíveis de divisão, por sua natureza, por motivo de ordem econômica, ou dada a razão determinante do negócio jurídico.*[114] Advém daí o conceito de obrigação com prestação divisível em sendo aquela pela qual se pode dividir-la, fraciona-la ou se for o caso, cumpri-la por partes ou em momentos distintos. Contudo, a divisibilidade não se restringe apenas à prestação, pois o legislador ainda fez referência à multiplicidade de sujeitos no polo ativo ou passivo (ou mesmo em ambos), como se verificará adiante.

O Código Napoleônico ao definir as obrigações divisíveis e indivisíveis enuncia em seu artigo 1217 que a obrigação será divisível ou indivisível segundo tenha por objeto ou um bem que em sua entrega, ou um fato que em seu cumprimento, seja ou não suscetível de divisão, material intelectual. O artigo 1218 do mesmo Código faz a previsão que será indivisível, ainda que o bem ou o feito que constitua seu objeto seja divisível por sua natureza, se a relação pela qual fora considerada na obrigação não a converta em suscetível de cumprimento parcial.

---

114 É mister se atentar para o disposto no art. 87 do Código Civil: "Bens divisíveis são os que se podem fracionar sem alteração na sua substância, diminuição considerável de valor, ou prejuízo do uso a que se destinam".

Importante destacar que as *obrigações de prestações divisíveis* não se confundem com *bens divisíveis* (artigo 87 do Código Civil) ou *prestações múltiplas*, pois de acordo com o legislador civilista aquelas pressupõem multiplicidade de agentes no polo ativo ou passivo (ou ambos) com fracionamento ou quotização determinada de direitos ou deveres e mais de uma prestação ou bem ou mesmo um bem divisível.

É possível que haja uma "obrigação indivisível" com várias prestações, como no compromisso celebrado para se pagar uma dívida em dez parcelas mensais ao credor ou seu representante. Esta obrigação é indivisível, pois ela é única; há somente uma *obrigação* objeto de negócio jurídico (convencional, que decorre da Lei, conforme preceitua o artigo 88 do Código Civil), mas ela é constituída por várias prestações. Assim, havendo uma titularidade singular de direito/dever, haverá a indivisibilidade da obrigação (e não da prestação). Aqui reside a importância de se dominar os conceitos de prestação e obrigação. Aquela é o objeto desta, e esta nada mais é do que o "efeito ou resultado da relação jurídica", como visto nas noções fundamentais.

O leitor deve compreender que o devedor é obrigado a um *dar* coisa certa, a um *restituir*, a um *fazer* ou a *não fazer*. De uma obrigação, portanto, advém uma ou várias prestações e são estas que dão o tom da divisibilidade ou indivisibilidade. Se a prestação for a entrega de um bem divisível, nem por isso se dá a *divisibilidade da obrigação*, pois continua sendo uma só: a entrega de um bem, ainda que este seja divisível, mas com o dever de acuidade ao regramento exposto no artigo 314 do Código Civil.[115] Repita-se, a indivisibilidade é da prestação.

Imagine-se a hipótese da obrigação cuja prestação é a publicação de dois mil livros. Havendo apenas o cumprimento de metade, embora haja o cumprimento parcial, tem-se que a *prestação* foi dividida, não a *obrigação*.

Ainda em relação ao artigo 258 do Código Civil[116], assim como a toda uma falta de uniformização e rigor científico, são necessárias algumas críticas a respeito do vacilo legislativo. A primeira é que o termo *coisa*, muito comumente empregada no Código, diz respeito a*bem*, eis que mais afeto ao patrimônio de um sujeito, uma coisa que sofreu uma valoração econômica. Imagine-se uma folha de cheque ou de nota promissória em branco: enquanto não estiver corretamente preenchida, não tem valor jurídico algum. É uma mera *coisa* corpórea. Um simples ato jurídico de anotação confere valoração e torna aquela *coisa* um

115 Art. 314. Ainda que a obrigação tenha por objeto prestação divisível, não pode o credor ser obrigado a receber, nem o devedor a pagar, por partes, se assim não se ajustou.

116 Art. 258. A obrigação é indivisível quando a prestação tem por objeto uma coisa ou um fato não suscetíveis de divisão, por sua natureza, por motivo de ordem econômica, ou dada a razão determinante do negócio jurídico.

bem. Uma concha na praia é uma coisa, muito comumente sem proprietário. Em Direito Civil, ao contrário do Direito Ambiental, o valor, economicamente auferível desta concha pode ser nenhum. O simples ato de um artesão coletá-la, perfurá-la e fazer dela um colar ou pulseira, já pode ser objeto de comércio e de *coisa* agora é um bem. O termo *coisa* condiz mais a algo sem valor econômico, que poderá existir ou já existe, ou seja, é um termo com significados com demasiada amplitude, porém não apresenta um processo de valoração. O bem pode ser material, tangível, concreto ou também imaterial, ideal e sem uma apresentação material, representativo de um crédito ou de um direito, por exemplo, como os direitos da personalidade e que integram o patrimônio do indivíduo.

Ademais, ainda com relação à impropriedade textual do artigo 258 do Código Civil, não se deve tratar de um fato, que é um acontecimento, mas de uma prestação humana consistente num dar, restituir, fazer ou não fazer, portanto um ato, um ato jurídico que é regulado e produz efeitos previstos e regulados pelo Direito.

Além disso, a razão determinante do negócio jurídico tem de ser entendida como a motivação do negócio jurídico, com o destino e a forma de utilização do objeto, o prazo e o local de seu cumprimento, por quem e a quem deve ser cumprida a prestação, etc. Assim sendo, a entrega de determinado número de salgados e doces, previamente especificados, em data ou horário posterior ao evento combinado, ainda que parcialmente, poderá gerar o descumprimento da prestação avençada. Ou seja, a razão determinante do negócio jurídico é a festa. Findo o horário desta não mais há razão de ser o aproveitamento do bem, motivo pelo qual o legislador não coadunou com o fracionamento ou divisão da prestação.

A razão do legislador de 2002 não situar a regra do artigo 314 no capítulo das obrigações divisíveis – assim como ocorreu em 1916 –, provavelmente se deve ao fato de que este tenha estabelecido que a teoria da indivisibilidade das prestações decorre da existência de multiplicidade de credores ou devedores, o que não se pode concordar como única causa ou fundamento.

Esta regra do artigo 314 abrange, portanto, tanto *obrigações com prestações divisíveis* quanto *obrigações com prestações indivisíveis*.

Desta forma, pode-se afirmar que as obrigações de prestações divisíveis possuem requisitos objetivos e subjetivos. Aqueles primeiros referem-se à multiplicidade cumulativa de prestações ou bens ou serviços divisíveis. Estes últimos, por sua vez, apresentam a multiplicidade de agentes, que tanto pode ser no polo ativo como no passivo (ou ambos) e que tenham uma quotização ou fracionamento determinado de direitos ou deveres. Esta explicação é melhor visualizada no seguinte gráfico:

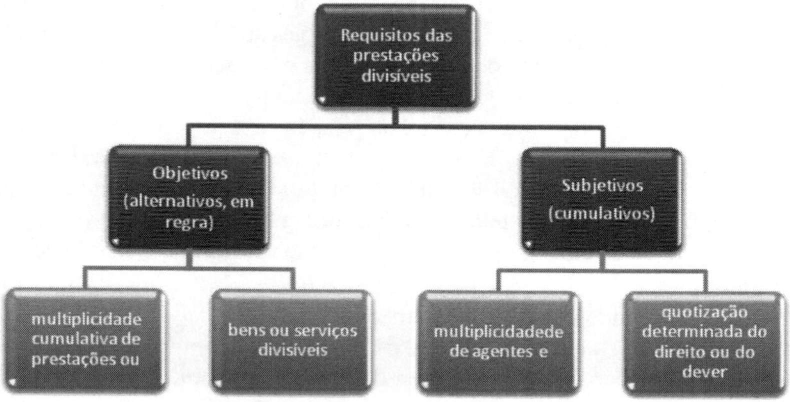

Como se verá posteriormente, na ausência do requisito objetivo haverá a alternatividade da prestação ou a indivisibilidade do objeto da obrigação; se ausente o requisito subjetivo da multiplicidade de agentes, tem-se mera obrigação com prestação múltipla; se ausente a quotização determinada do direito ou do dever, ter-se-á o instituto da solidariedade, sendo impossível concebê-la ao desamparo da previsão legal ou contratual.

2.8.1 Pluralidade de devedores

O artigo 259 do Código Civil ao textualizar que *se, havendo 2 (dois) ou mais devedores, a prestação não for divisível, cada um será obrigado pela dívida toda*, estabelece que devido ao fato de que o bem objeto da obrigação não seja passível de divisão, então todos os devedores ficam obrigados ao cumprimento e responsáveis pelo adimplemento. Não ocorre solidariedade passiva, eis que inexistente o dispositivo legal ou a vontade das partes neste sentido, mas sim a impossibilidade de que cada um dos devedores que não esteja com o bem indivisível se exonere pela simples alegação de que não tem a posse do bem indivisível.

Resta àquele que cumpre com a obrigação o direito de regresso em relação aos demais co-obrigados, sub-rogando-se nos direitos do credor. É o que dispõe o parágrafo único deste artigo.[117]

117 Parágrafo único. O devedor, que paga a dívida, sub-roga-se no direito do credor em relação aos outros coobrigados.

Redação equivalente é a do artigo 831 do Código Civil, ao expor que: *O fiador que pagar integralmente a dívida fica sub-rogado nos direitos do credor; mas só poderá demandar a cada um dos outros fiadores pela respectiva quota.*

As regras gerais das obrigações com prestações divisíveis e indivisíveis apresentadas entre os artigos 257 e 263 do Código Civil não apresentam solução explícita para o caso de um dos co-devedores pagar a dívida e um dos demais se tornar insolvente. Como proceder neste caso? Uma das possíveis soluções seria, em atenção ao artigo 4º da Lei de Introdução às normas do Direito Brasileiro,[118] aplicar-se a regra do parágrafo único do artigo 831 do Código Civil[119] (se não for o caso de fiadores, pois, se for, aplica-se esta regra específica): a parte do fiador insolvente é distribuída proporcionalmente para cada co-devedor, de modo que um não suporte mais ônus do que os demais. A mesma solução é apresentada pelo artigo 1.999 do Código Civil,[120] quando se tratar de ação regressiva entre herdeiros existindo um insolvente. Se agir desta forma estar-se-ia dando o mesmo tratamento que as obrigações solidárias. Deve o leitor se lembrar que estas não se presumem. Mesmo se fosse o caso de relação entre fiadores, em ocorrendo a fixação da prerrogativa do artigo 830 do Código Civil,[121] como proceder? Dividir os prejuízos entre os demais co-devedores? Aquele que arcou com a dívida inteira não deve suportar a totalidade da quota do devedor insolvente, pois isto lhe imporia um ônus sem causa. Isto não se coaduna com os Princípios Gerais de Direito, razão pela qual o melhor entendimento é que haja um rateio entre os demais co-devedores. Não se trata de solidariedade, vez que no presente caso cada co-devedor será apenas obrigado à sua quota parte originária, acrescida da porção, em rateio, daquela quota parte do insolvente. Uma divisão equânime do prejuízo.

2.8.2 Pluralidade de credores

Eventualmente, *se a pluralidade for dos credores, poderá cada um destes exigir a dívida inteira; mas o devedor ou devedores se desobrigarão, pagando: I - a todos conjuntamente; II - a um, dando este caução de ratificação dos outros credores* (artigo 260 do Código Civil). E *se só um dos credores receber a prestação*

118 LIDB: Art. 4º Quando a Lei for omissa, o juiz decidirá o caso de acordo com a analogia, os costumes e os princípios gerais de direito

119 Parágrafo único. A parte do fiador insolvente distribuir-se-á pelos outros.

120 Art. 1.999. Sempre que houver ação regressiva de uns contra outros herdeiros, a parte do co-herdeiro insolvente dividir-se-á em proporção entre os demais.

121 Art. 830. Cada fiador pode fixar no contrato a parte da dívida que toma sob sua responsabilidade, caso em que não será por mais obrigado.

por inteiro, a cada um dos outros assistirá o direito de exigir dele em dinheiro a parte que lhe caiba no total (artigo 261 do Código Civil).

No caso de remissão da dívida por parte de um dos credores, a obrigação persistirá para com os demais, que somente poderão exigir as suas respectivas quotas partes, descontadas ou abatidas à do credor remitente (artigo 262 do Código Civil). Nos casos de transação, novação, compensação ou confusão, o mesmo critério deve ser observado (parágrafo único do artigo 262 do Código Civil).[122]

Várias são as obrigações de prestações divisíveis disciplinadas no próprio Código Civil, pois seu cumprimento pode ser fracionado. Além dos já mencionados artigos 830, 831 e 1.999, ainda existem os artigos 812, 858, 1.266, 1.297, 1.326, 1.968 e 1.997.[123]

Três são as espécies de indivisibilidade que, se utilizados os mesmos critérios, se obtém espécies de divisibilidade:

a) *natural ou material*, que decorre da própria natureza do objeto ou fato, que não comporta fracionamento, como a entrega de determinado animal reprodutor ou a prestação de serviço que, apesar de dividido em etapas, o adimplemento se dá com sua totalidade, conforme o ajustado, como a edificação de obra;

b) *por motivo de ordem econômica*, como o pagamento de quantia em dinheiro que, apesar de perfeitamente divisível, não se aceita o pagamento par-

---

122 Art. 262. Se um dos credores remitir a dívida, a obrigação não ficará extinta para com os outros; mas estes só a poderão exigir, descontada a quota do credor remitente.
Parágrafo único. O mesmo critério se observará no caso de transação, novação, compensação ou confusão.

123 Art. 812. Quando a renda for constituída em benefício de duas ou mais pessoas, sem determinação da parte de cada uma, entende-se que os seus direitos são iguais; e, salvo estipulação diversa, não adquirirão os sobrevivos direito à parte dos que morrerem.
Art. 858. Sendo simultânea a execução, a cada um tocará quinhão igual na recompensa; se esta não for divisível, conferir-se-á por sorteio, e o que obtiver a coisa dará ao outro o valor de seu quinhão.
Art. 1.266. Achando-se em terreno aforado, o tesouro será dividido por igual entre o descobridor e o enfiteuta, ou será deste por inteiro quando ele mesmo seja o descobridor.
Art. 1.297. O proprietário tem direito a cercar, murar, valar ou tapar de qualquer modo o seu prédio, urbano ou rural, e pode constranger o seu confinante a proceder com ele à demarcação entre os dois prédios, a aviventar rumos apagados e a renovar marcos destruídos ou arruinados, repartindo-se proporcionalmente entre os interessados as respectivas despesas.
Art. 1.326. Os frutos da coisa comum, não havendo em contrário estipulação ou disposição de última vontade, serão partilhados na proporção dos quinhões.
Art. 1.968. Quando consistir em prédio divisível o legado sujeito a redução, far-se-á esta dividindo-o proporcionalmente.
Art. 1.997. A herança responde pelo pagamento das dívidas do falecido; mas, feita a partilha, só respondem os herdeiros, cada qual em proporção da parte que na herança lhe coube.

cial, a exemplo do boleto bancário, ou, contrariamente, alguns títulos de crédito[124], como o pagamento parcial de cheque;[125] e,

c) pela razão determinante do negócio jurídico, que poderá ser *legal*, que é a decorrente de força de Lei ou ato normativo, como a indivisibilidade ou impossibilidade de fracionamento do módulo rural ou de alguns terrenos urbanos (de acordo com o estatuído em Lei municipal para metragens mínimas de 250 m^2);[126] ou *convencional*, por decorrer da própria convenção das partes, como no caso de contrato[127] ou testamento.

Senão vejamos:

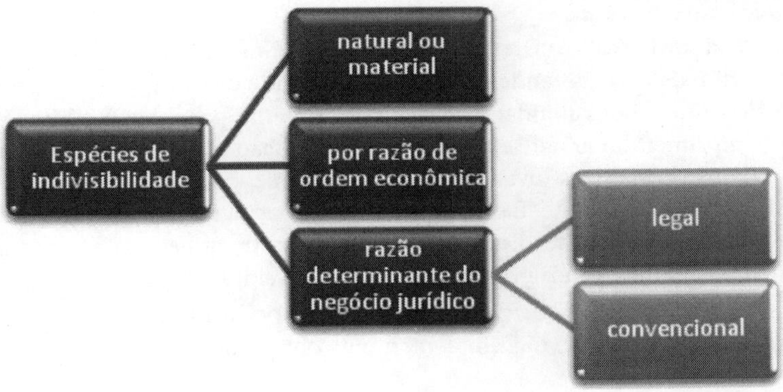

124 NOTA PROMISSORIA/PROTOCOLO. AÇÃO DE COBRANÇA. 1. A obrigação é divisível quando o objeto da prestação é a soma de dinheiro, suscetível de cumprimento parcial. 2. A correção monetária. incide a partir da data do vencimento do título. Súm. 43. 3. Honorários advocatícios. São distribuídos e compensados, se cada litigante foi em parte vencedor e vencido. CPC, art. 21. 4. Recurso conhecido em parte e, assim provido. (STJ-3ª T. REsp 41109/SP. Rel.: Min. Nilson Naves, DJ 03.08.1998 p. 218).

125 Lei n. 7.357/1985, art. 38, parágrafo único: O portador não pode recusar pagamento parcial, e, nesse caso, o sacado pode exigir que esse pagamento do cheque e que o portador lhe dê a respectiva quitação.

126 Neste caso, indivisível é o objeto, não o seu direito de propriedade.

127 RECURSO ESPECIAL. CONDOMÍNIO. BEM DIVISÍVEL. ALIENAÇÃO JUDICIAL COMPULSÓRIA, REQUERIDA POR APENAS UM DOS CONDÔMINOS, QUE NÃO DETÉM O MAIOR QUINHÃO. IMPROCEDÊNCIA. - Em sendo divisível a coisa comum, não pode o condômino exigir sua alienação. No caso, o condomínio resolve-se com a divisão (Código Beviláqua, Art. 629).- Ofende o Art. 629 do CC/1916 a decisão que - em reconhecendo ser divisível o bem sob condomínio - determina sua venda. (STJ-3ª T. REsp 791147/SP. Rel.: Min. Humberto Gomes de Barros, DJ 26.03.2007 p. 238).

Em relação às obrigações com prestação de dar, fazer ou não fazer, o Código de 2002 nada dispôs, seguindo o raciocínio do anterior. Porém, o Código Civil Espanhol se referiu à divisibilidade destas obrigações específicas, em seu artigo 1.151, ao dispor que: *Para los efectos de los artículos que preceden, se reputarán indivisibles lãs obligaciones de dar cuerpos ciertos y todas aquellas que no sean susceptibles de cumplimiento parcial. Las obligaciones de hacer serán divisibles cuando tengan por objeto la prestación de un número de días de trabajo, la ejecución de obras por unidades métricas, o otras cosas análogas que por su naturaleza sean susceptibles de cumplimiento parcial. En las obligaciones de no hacer, la divisibilidad o indivisibilidad se decidirá por el carácter de la prestación en cada caso particular.*

Diante disso, Luis Díez-Picazo e Antonio Gullón,[128] ao analisarem o Código Civil Espanhol, entendem que a divisibilidade da obrigação de dar ou de fazer depende da possibilidade de seu cumprimento parcial como regra geral. Este cumprimento parcial se dá quando a prestação comporta uma fragmentação (bens ou serviços divisíveis), e as partes que resultem do bem sejam as mesmas qualitativamente. É que o credor há de ver satisfeito seu interesse total na obrigação e na prestação, ainda que de maneira fracionada ou proporcional, na medida em que se cumpram as prestações nascidas da divisão.

Já em relação às obrigações de não fazer, por mínimo que seja seu descumprimento, ter-se-á o inadimplemento da obrigação.

2.8.3 Perda da indivisibilidade

Havendo a perda da qualidade de indivisibilidade por quaisquer motivos, como o perecimento do objeto, a questão se resolve em perdas e danos (artigo 263 do Código Civil).[129] O exemplo deste caso é de um imóvel (bem indivisível) que é transformado em dinheiro, divisível por sua natureza, passível de fracionamento entre diversos credores ou devedores. Tal indivisibilidade poderia ter resultado de cláusula em Contrato de Doação que não impedisse a alienação.

A atribuição de culpa da perda da indivisibilidade se faz importante na medida em que, se a culpa for de todos os devedores, responderão todos por partes iguais ou proporcionais às suas respectivas quotas (§ 1º). Mas se a culpa

128 *Sistema de Derecho Civil - vol. II*. Madri: Tecnos, 1994, p. 160.

129 Art. 263. Perde a qualidade de indivisível a obrigação que se resolver em perdas e danos.
§ 1º Se, para efeito do disposto neste artigo, houver culpa de todos os devedores, responderão todos por partes iguais.
§ 2º Se for de um só a culpa, ficarão exonerados os outros, respondendo só esse pelas perdas e danos.

for de apenas um devedor, só esse responderá pelas perdas e danos, exonerando os demais deste ônus (§ 2º).

2.9 Da Solidariedade

A solidariedade de que o Código Civil trata a partir do artigo 264[130] é diferente do sentimento ético e espírito nobre objetivado pela Constituição da República do Brasil em seu artigo 3º, inciso I.[131] No direito privado a solidariedade é atribuída àquela relação jurídica em que há a possibilidade legal ou convencional da responsabilidade de mais de um devedor pelo pagamento total (solidariedade passiva), ou pelo recebimento deste por mais de um credor (solidariedade ativa). Insta destacar que no caso da solidariedade passiva, qualquer dos devedores pode ser chamado ao pagamento total ou até mesmo parcial do débito sem que possa se opor à pretensão do(s) credor(es).

O credor de uma obrigação que apresente solidariedade passiva pode, ao seu prazer ou conveniência, buscar de apenas um dos devedores a satisfação total ou parcial de seu crédito. A solidariedade importa em indivisibilidade da prestação, como um pressuposto. Não há se falar em cotização para se eximir da pretensão do credor em receber o que lhe é de direito.

Soriano[132] entende que a solidariedade *consiste numa relação jurídica obrigacional, baseada na identidade ou unidade da prestação, na qual cada credor e cada devedor tem direito e é obrigado in solidum, isto é, à prestação por inteiro, de sorte que, uma vez satisfeita esta, se extingue toda a dívida.*

Devemos acrescentar a isto a impossibilidade de fracionamento ou quotização determinada da dívida, *a priori*. Três são os *requisitos*, portanto, do instituto em comento: a) pluralidade de credores ou de devedores; b) direito ou responsabilidade pelo objeto da prestação integral, sendo irrelevante se há ou não um devedor ou um credor principal ou que deu causa ao evento; c) decorrência de um mesmo fato ou ato jurídico; d) impossibilidade de fracionamento ou quotização determinada do direito ou obrigação/prestação.

Mesmo se a prestação for divisível por natureza, cada um dos devedores é responsável pelo seu cumprimento integral, ao contrário das chamadas "obrigações indivisíveis" com vários devedores. É que nestas, cada um respon-

130 Art. 264. Há solidariedade, quando na mesma obrigação concorre mais de um credor, ou mais de um devedor, cada um com direito, ou obrigado, à dívida toda.

131 Art. 3º Constituem objetivos fundamentais da República Federativa do Brasil: I - construir uma sociedade livre, justa e solidária;

132 *Apud* Nelson Nery Júnior e Rosa Maria de Andrade Nery, *Código Civil Comentado*. São Paulo: Revista dos Tribunais, 2008, p. 422.

de unicamente por uma fração determinada do débito, ainda que indivisível a prestação, como mencionado no tópico anterior.

Alberto Trabucchi[133] leciona que a diferença entre tais obrigações se situa principalmente em suas consequências para os sujeitos da relação jurídica. Para ele, a função prática da solidariedade consiste num *reforço* do direito do credor na fase de adimplemento, numa parte como garantia e noutra como facilitação na cobrança do crédito; a indivisibilidade busca uma possível realização unitária. Ainda segundo o professor italiano, a indivisibilidade produz efeitos mais gerais, valendo sempre contemporaneamente, seja em favor dos demais credores, seja em confronto dos demais devedores.

Apesar da multiplicidade de sujeitos nos pólos ativo, passivo ou misto (multiplicidade de credores e devedores), a obrigação persiste como se apenas um sujeito existisse. Existem, assim, duas relações: uma externa e uma interna. A primeira trata exatamente disto: a desconsideração de quem é o responsável pelo débito, pois o que importa é que a obrigação seja cumprida. A segunda trata de verificar quem é o responsável pela dívida, mas num segundo plano, pois para o outro polo isto nada influencia em seu interesse. No caso da solidariedade passiva, para o credor não importa se o fiador que adimpliu a dívida receberá o que para isto despendeu do devedor principal ou não (artigo 285 do Código Civil). Esta é uma questão interna do polo devedor que se transforma, pelo direito de regresso numa nova relação de credor-devedor.

É possível se dizer então que na relação jurídica contratual entre dois sujeitos, por exemplo, há um núcleo central que é a prestação de entrega de determinado bem e como reforço na garantia de seu adimplemento surge um terceiro indivíduo que assegurará seu cumprimento. Para o credor, independe quem cumpra a prestação, o que lhe importa é a satisfação pelo adimplemento da obrigação, o que gera maior segurança ao assumir o vínculo. Já na relação jurídica solidária decorrente da Lei, o que se mira é a diminuição dos riscos de inadimplemento e a satisfação obrigacional pelo seu cumprimento ante uma ampliação da responsabilidade pelo fato que tem como corolário, em tese, uma maior disponibilidade de patrimônio para impelir o cumprimento.

133 *Istituzioni di Diritto Civile*, Padova: Cedam, 1995, p. 520. *L'obbligazione solidale va tenuta distinta dall' obbligazione indivisibile, com la quale pure, per espressa indicazione della lege (1317), ha en comune molte conseguenze. La funzione pratica della solidarietà consiste nel rafforzamento del diritto del creditore nella fase di attuazione: in parte come garanzia, in parte come facilitazione nell'esazione del credito; l'indivisibilità mira invece a render come possibile la realizzazione unitaria. L'indivisibiità produce effetti piú generali, valendo sempre contemporaneamente sia in favore di piú creditori, sai in confronto di piú debitori. Nella sucessione creditaria per i debiti del defunto ogni coerede resta obbligato solo per la parte della sua quota (752, 1295), mentre le conseguenze dell' indivisibilità si estendono anche ai coeredi.*

O que comprova este raciocínio é o artigo 285 do Código Civil, ao aduzir que: *Se a dívida solidária interessar exclusivamente a um dos devedores, responderá este por toda ela para com aquele que pagar.* Este interesse exclusivo pode ser interpretado também como sendo aquele em que deu causa à obrigação.

No caso do artigo 932, III do Código Civil, por exemplo, o empregador será sempre responsável (devedor) solidário pelo dever de *total* reparação civil dos danos causados (núcleo central) por seus empregados, serviçais e prepostos, no exercício do trabalho que lhes competir, ou em razão dele, se inexistente uma excludente da responsabilidade. Não há aqui uma divisão em quotas ou frações ideais da prestação. Se direito de regresso houver, o preposto arcará com a totalidade do dano causado e do qual gerou o dever de indenizar pelo seu empregador (vide artigo 934 do Código Civil).[134] Cremos ser este o grande divisor de águas das obrigações solidárias e das divisíveis ou indivisíveis: a possibilidade ou não de fracionamento em quotas ideais ou proporcionais para cada indivíduo.

Mesmo nas obrigações com prestações indivisíveis, é possível se estabelecer um quinhão a cada devedor ou credor. Noutros casos, a regra do artigo 285 do Código Civil não se aplica como se verifica na exceção apresentada pelo mencionado artigo 934, aliás, corolário daquele artigo na parte pertinente à responsabilidade civil.

Mas o intérprete deve ainda atentar-se, não obstante a diferenciação entre obrigações solidárias e obrigações com prestações indivisíveis ou divisíveis, para a existência de *obrigações solidárias com prestações divisíveis ou indivisíveis*. Explica-se: é possível a existência de uma relação jurídica solidária cuja obrigação seja a de múltiplas prestações, como é o caso de um credor ter o direito ao recebimento de várias prestações cumpridas em tempo e modo diferentes por dois ou mais devedores. Além disso, também é possível que nesta mesma relação jurídica o objeto obrigacional ser o de restituir um bem indivisível.

Também pode a solidariedade ser *total* ou *parcial*. A primeira hipótese ocorre na maior parte dos casos, em que os devedores, por exemplo, são responsáveis solidariamente pela integralidade da dívida, ou seja, *in totum et totaliter*. De outra senda a solidariedade pode ser por parte da dívida, ou limitada a determinado patamar.[135] O Código Civil prevê esta possibilidade quando facul-

134 Art. 934. Aquele que ressarcir o dano causado por outrem pode reaver o que houver pago daquele por quem pagou, salvo se o causador do dano for descendente seu, absoluta ou relativamente incapaz.

135 Art. 275. O credor tem direito a exigir e receber de um ou de alguns dos devedores, parcial ou totalmente, a dívida comum; se o pagamento tiver sido parcial, todos os demais devedores continuam obrigados solidariamente pelo resto.

ta que a fiança pode se constituir em valor inferior ao da obrigação principal e em condições menos onerosas, conforme se depreende do seu artigo 823.[136]

A solidariedade deve ser o resultado de um acordo de vontade das partes contratantes ou do texto da Lei, sendo vedada sua presunção (artigo 265 do Código Civil). A compreensão da vontade das partes é clara quando se apresenta o caso dos fiadores que assumem o encargo como devedores solidários, com renúncia ao benefício de ordem (artigo 828, II, do Código Civil). Exemplos de solidariedade resultante da Lei, além do Código Civil, são apresentados noutros textos legais, como o faz o Código Tributário Nacional, ao aduzir: *Art. 124. São solidariamente obrigadas: I - as pessoas que tenham interesse comum na situação que constitua o fato gerador da obrigação principal; II - as pessoas expressamente designadas por lei.* A Consolidação das Leis do Trabalho, no § 2º do seu artigo 2º estatui: *Sempre que uma ou mais empresas, tendo, embora, cada uma delas, personalidade jurídica própria, estiverem sob a direção, controle ou administração de outra, constituindo grupo industrial, comercial ou de qualquer outra atividade econômica, serão, para os efeitos da relação de emprego, solidariamente responsáveis a empresa principal e cada uma das subordinadas.*

O Código de Defesa do Consumidor também disciplina outras hipóteses de solidariedade, como no parágrafo único do artigo 7º; artigo 18, cabeça; artigo 19, cabeça; artigo 25, §§ 1º e 2º; artigo 28, § 3º; e artigo 34.[137] A Lei do Inquilinato (Lei nº. 8.245/90) em seu artigo 2º aduz: *Havendo mais de um locador ou mais de um locatário, entende-se que são solidários se o contrário não se*

136 Art. 823. A fiança pode ser de valor inferior ao da obrigação principal e contraída em condições menos onerosas, e, quando exceder o valor da dívida, ou for mais onerosa que ela, não valerá senão até ao limite da obrigação afiançada.

137 Lei n. 8.078/90 – art. 7º. (...) Parágrafo único. Tendo mais de um autor a ofensa, todos responderão solidariamente pela reparação dos danos previstos nas normas de consumo.
Art. 18. Os fornecedores de produtos de consumo duráveis ou não duráveis respondem solidariamente pelos vícios de qualidade ou quantidade que os tornem impróprios ou inadequados ao consumo a que se destinam ou lhes diminuam o valor, assim como por aqueles decorrentes da disparidade, com a indicações constantes do recipiente, da embalagem, rotulagem ou mensagem publicitária, respeitadas as variações decorrentes de sua natureza, podendo o consumidor exigir a substituição das partes viciadas.
Art. 19. Os fornecedores respondem solidariamente pelos vícios de quantidade do produto sempre que, respeitadas as variações decorrentes de sua natureza, seu conteúdo líquido for inferior às indicações constantes do recipiente, da embalagem, rotulagem ou de mensagem publicitária (...)
Art. 25. (...) § 1° Havendo mais de um responsável pela causação do dano, todos responderão solidariamente pela reparação prevista nesta e nas seções anteriores.
§ 2° Sendo o dano causado por componente ou peça incorporada ao produto ou serviço, são responsáveis solidários seu fabricante, construtor ou importador e o que realizou a incorporação.
Art. 28. (...) § 3° As sociedades consorciadas são solidariamente responsáveis pelas obrigações decorrentes deste código.
Art. 34. O fornecedor do produto ou serviço é solidariamente responsável pelos atos de seus prepostos ou representantes autônomos.

estipulou. Já o seu artigo 75 apregoa que *Na hipótese do inciso III do art. 72, a sentença fixará desde logo a indenização devida ao locatário em consequência da não prorrogação da locação, solidariamente devida pelo locador e o proponente.* Além disso, o Superior Tribunal de Justiça também entendeu, em sua súmula de nº. 26 que *o avalista do título do crédito vinculado a contrato de mútuo também responde pelas obrigações pactuadas, quando no contrato figurar como devedor solidário.* Vários outros são os dispositivos acerca da solidariedade dispersados em nosso ordenamento, mas cremos que apenas estes são suficientes para se ter uma ideia da abrangência do instituto e sua aplicabilidade nas relações sociais.

Parte da doutrina entende que a solidariedade pode emanar também da declaração unilateral de vontade[138] e o exemplo dado é o do endosso em títulos cambiais. Porém tal entendimento não pode ser admitido, visto que a solidariedade não vem do endosso em si, mas da previsão legal que declara o endossante responsável solidário pelo título (parágrafo único do artigo 914 Código Civil).

O artigo 266 do Código Civil dispõe que *a obrigação solidária pode ser pura e simples para um dos co-credores ou co-devedores, e condicional, ou a prazo, ou pagável em lugar diferente, para o outro.* Ainda que ao leitor isto possa parecer algo de difícil ocorrência ou implementação prática, o que não se discorda, impende salientar que também não significa necessariamente um texto sem aplicabilidade. A solidariedade estabelecida em um contrato pode trazer de imediato que todos os indivíduos assim se manifestam e aceitam tal obrigação. Este mesmo instrumento ainda pode estabelecer a inserção de elementos acidentais como a condição suspensiva ou resolutiva e também eventualmente o prazo pelo qual um ou um dos devedores se vincula de forma solidária. Disto resulta dizer que o legislador autoriza que as partes estabeleçam que uma condição suspensiva, e se implementada é que fará concretizar aquela manifestação de vontade. Tal observação vale para a condição resolutiva, pois desvincula o sujeito do pólo passivo ou faz dele apenas um devedor de uma cota parte. Desnecessário dizer que é extremamente importante a inequívoca ciência da ocorrência do evento futuro e incerto. Isto não se torna necessário para a eventual clausulação de que um ou mais devedores solidários somente estarão assim obrigados por um período de tempo, ou seja, a termo. Nesta última hipótese, atente-se o leitor para a influência do tempo nas relações jurídicas, a saber, acerca da prescrição e da decadência.

138 Pontes de Miranda. *Tratado de Direito Privado*, vol. 22, Rio de Janeiro: Borsoi, 1958, p. 335.

2.9.1 Solidariedade ativa

Embora seja de incidência extremamente rara, constitui-se na modalidade de obrigação que possui uma pluralidade de credores (polo ativo) em que, segundo o artigo 267 do Código Civil,[139] cada um deles tem o direito de exigir do(s) devedor(es) o cumprimento da prestação por inteiro.

Exemplo de solidariedade ativa ocorre quando os titulares de conta bancária conjunta possuem um crédito decorrente desta relação jurídica, como no caso de indevidos descontos na conta corrente ou em eventual ação de cobrança de expurgos inflacionários decorrentes de poupança. Outra hipótese é a do casal de fiadores que quita o débito do devedor principal e exerce o seu direito de regresso.

O próprio Código Civil em seu artigo 270 apresenta um suposto exemplo de responsabilidade ativa, qual seja dos herdeiros de um crédito. Mas numa análise mesmo superficial o intérprete logo percebe que seu texto encontra-se deslocado do assunto, pois em princípio não se trata de solidariedade. O artigo tem a seguinte redação: *Se um dos credores solidários falecer deixando herdeiros, cada um destes só terá direito a exigir e receber a quota do crédito que corresponder ao seu quinhão hereditário, salvo se a obrigação for indivisível.* É evidente que se trata de uma situação em que o bem objeto não é passível de divisão, e melhor seria sua localização no anterior capítulo referente às obrigações com prestações cujos objetos são divisíveis ou indivisíveis.

Mesmo em se tratando de obrigação com prestação indivisível, ou "obrigação indivisível" como quer o Código, ela não conterá, em sua essência, a solidariedade, eis que o credor que a receber deverá repassar as quotas proporcionais aos demais co-credores que lhes caibam. Ou seja, se trata de uma redundância, pois este já é o imperativo do artigo 261 do Código Civil.

No mesmo sentido se tece a crítica ao artigo 272 do Código Civil[140] com a seguinte agravante: o credor solidário não poderá remir parte da sua dívida, pois, se ele tiver definido qual é a sua quota parte, não se terá solidariedade, mas da mesma forma uma obrigação de prestação divisível e a redundância desta vez será com o artigo 262 do Código Civil.

Naqueles casos de solidariedade ativa, *enquanto alguns dos credores solidários não demandarem o devedor comum, a qualquer daqueles poderá este*

139 Art. 267. Cada um dos credores solidários tem direito a exigir do devedor o cumprimento da prestação por inteiro.

140 Art. 272. O credor que tiver remitido a dívida ou recebido o pagamento responderá aos outros pela parte que lhes caiba.

pagar (artigo 268 do Código Civil), e se isto ocorrer, extinguirá a dívida até o montante do que foi pago (artigo 269 do Código Civil).[141]

Uma observação se faz pertinente neste ponto. Se algum dos credores demandar (ação de cobrança ou execução) o devedor ou devedores, cessará a liberdade de escolha de qual credor receberá o cumprimento da prestação e o adimplemento deverá se concentrar na pessoa do requerente.

Diversamente do que ocorre com as obrigações cujo objeto é indivisível, na modalidade em comento, se a prestação se converter em perdas e danos (por se pressupor que a perda do objeto se deu em virtude de culpa do devedor ou por motivo a ele inescusável), nem por isso a solidariedade deixará de existir. Ela subsistirá e qualquer dos credores poderá exigir esta prestação de nova natureza (artigo 271 do Código Civil).[142] Se a obrigação fosse de prestação indivisível, e havendo vários credores, aplicar-se-ia o contido no artigo 263 do Código Civil, ou seja, convertendo-se em perdas e danos, perde a qualidade de indivisível, pois a moeda corrente se fraciona até um centavo.

Preceitua o artigo 201 do Código Civil que, *suspensa a prescrição em favor de um dos credores solidários, só aproveitam os outros se a obrigação for indivisível.* Se já é difícil a ocorrência de casos de solidariedade ativa, a aplicação deste dispositivo é mais rara ainda. Com a devida vênia, e crítica, a redação mais apropriada seria, na parte final, *se a obrigação for de prestação indivisível.*

Segundo o contido no artigo 273 do Código Civil, *a um dos credores solidários não pode o devedor opor as exceções pessoais oponíveis aos outros.*[143]Disto resulta que o devedor que porventura tenha motivos para se opor à pretensão de um dos credores solidários, não terá a mesma argumentação em face dos demais. A título de exceções pessoais, podemos exemplificar com a compensação. O fato de que haja a possibilidade de compensação entre o devedor e um dos credores, o aludido texto legal não permite que o devedor se valha deste instituto para repelir pretensão de recebimento de um outro credor solidário que não seja aquele que também lhe deva, eis que é devedor de obrigação solidária ativa.

Pelo artigo 274 do mesmo diploma, *o julgamento contrário a um dos credores solidários não atinge os demais; o julgamento favorável aproveita-lhes, a menos que se funde em exceção pessoal ao credor que o obteve.* Estes artigos parecem ser a mistura dos dispositivos análogos nos Códigos Civis Português

141 Art. 269. O pagamento feito a um dos credores solidários extingue a dívida até o montante do que foi pago.

142 Art. 271. Convertendo-se a prestação em perdas e danos, subsiste, para todos os efeitos, a solidariedade.

143 O Projeto-Lei de n. 276/2007, que reformula vários dispositivos do Código Civil, altera o termo *exceções* para *defesas* neste artigo e também nos artigos 281, 294 e 302.

e Italiano,[144] e que tendem a uma não compreensão muito clara do intérprete, dada a confusa redação. De toda sorte, o breve resumo disto é que se um dos credores solidários demandar o devedor, parte destes ou a totalidade dos devedores, quando também estiverem presentes várias pessoas no pólo passivo, e for vencido, os demais credores não estão adstritos e sujeitos a este julgamento desfavorável se isto se fundar em uma matéria pessoal. Mas, quais seriam estas possíveis defesas ou exceções de cunho pessoal e que não atingem os demais? Dolo? Coação?Abalizada doutrina nacional explicita entendimento de que o comportamento de um dos credores não pode atingir os demais. Isto significa que a coação, comportamento contrário ao Direito, exercida por um dos devedores solidários não produz efeitos em relação aos demais? Se o julgador reconhecer esta conduta não maculará o negócio como um todo? Com certeza o que norteou o legislador foi a idéia de uma contestação por motivos pessoais, mas a observação crítica reside justamente no fato de que não se tenha explicitado quais seriam tais motivos para que a questão não restasse passível de ilações não autorizadas.

Todavia, se o Juízo acolher matéria afeta à prescrição, não se torna possível que outro credor solidário deduza pretensão similar. Se um dos credores é vencedor na demanda, os demais se aproveitam desta decisão favorável. Exceção a esta afirmação se dará no caso em que o devedor tenha assumido obrigação com diferentes termos a diversos dos credores solidários. É possível que a prestação se nos apresente com termos diferenciados para cada um dos credores.

2.9.2 Solidariedade passiva

Pelo artigo 275 do Código Civil, *o credor tem direito a exigir e receber de um ou de alguns dos devedores, parcial ou totalmente, a dívida comum; se o pagamento tiver sido parcial, todos os demais devedores continuam obrigados solidariamente pelo resto.* Pode ocorrer que um dos co-devedores tenha sua responsabilidade limitada pela dívida, como prevê o artigo 823 do Código Civil,

144 O primeiro tem as seguintes redações: *Art. 531. O caso julgado entre um dos credores e o devedor não é oponível aos outros credores; mas pode ser oposto por estes ao devedor, sem prejuízo das excepções pessoais que o devedor tenha o direito de invocar em relação a cada um deles. (...) Art. 538-2. O caso julgado favorável a um dos credores aproveita aos outros, se o devedor não tiver, contra estes, meios especiais de defesa.* Por sua vez, o segundo código assevera: *Art. 1.306 Sentenza. La sentenza (2900) pronunziata tra il creditore e uno dei debitori in solido, o tra il debitore e uno dei creditori in solido, non ha effetto contro gli altri debitori o contro gli altri creditori. Gli altri debitori possono opporla al creditore, salvo che sia fondata sopra ragioni personali al condebitore, gli altri creditori possono farla valere contro il debitore, salve le eccezioni personali che questi può opporre a ciascuno di essi.*

ou que o co-devedor não possua patrimônio para a quitação do total da dívida. Nestes casos, o credor continua seus esforços em busca do restante da dívida junto aos demais co-obrigados.

Não vemos sentido na redação do artigo 277 do Código Civil,[145] se a mesma regra vem expressa na segunda parte da cabeça do artigo 275. É uma redundância a manutenção deste dispositivo. A única diferença apresentada é a extensão até a remissão, mas que poderia estar contida no próprio artigo 275.

Caso o credor, numa obrigação solidária, não demandar todos os co-devedores não se presumirá daí a renúncia da solidariedade, de acordo com o parágrafo único do artigo 275 do Código Civil.[146] Além disso, a renúncia, segundo os ditames do artigo 114 do Código Civil,[147] deve ser interpretada estritamente. Este co-devedor poderá utilizar-se do instituto processual do *chamamento ao processo* (artigo 77 do Código de Processo Civil)[148] dos demais co-obrigados para um eventual direito regresso. Se não utilizar deste expediente, poderá exercê-lo em ação autônoma.

Pode *o credor renunciar à solidariedade em favor de um, de alguns ou de todos os devedores*, segundo o artigo 282 do Código Civil. Mas *se o credor exonerar da solidariedade um ou mais devedores, subsistirá a dos demais* (parágrafo único do artigo 282). Se o credor renunciar à solidariedade, para um ou mais devedores, a obrigação deste(s) persiste sob a forma de cota ou cotas parte. Aos demais não beneficiados com este ato jurídico unilateral subsiste a solidariedade. A menção à exoneração feita pelo legislador no parágrafo único não significa dizer perdão ou remissão e que este(s) devedor(es) está(ão) exonerado(s) de toda e qualquer obrigação. Foi a expressão eleita para explicitar que a solidariedade em relação aos demais ainda existe e que o montante da dívida agora fica menor, abatendo-se a cota parte do beneficiado com a exoneração ou renúncia.

As expressões, como textualizadas e contextualizadas se apresentam como sinônimas. Cada devedor beneficiado com o desligamento do vínculo solidário com os demais devedores, já não pode mais ser demandado pelo todo,

145 Art. 277. O pagamento parcial feito por um dos devedores e a remissão por ele obtida não aproveitam aos outros devedores, senão até à concorrência da quantia paga ou relevada.

146 Art. 275. (...) Parágrafo único. Não importará renúncia da solidariedade a propositura de ação pelo credor contra um ou alguns dos devedores.

147 Art. 114. Os negócios jurídicos benéficos e a renúncia interpretam-se estritamente.

148 Art. 77. É admissível o chamamento ao processo:
I - do devedor, na ação em que o fiador for réu;
II - dos outros fiadores, quando para a ação for citado apenas um deles;
III - de todos os devedores solidários, quando o credor exigir de um ou de alguns deles, parcial ou totalmente, a dívida comum.

somente pela sua cota parte na dívida. A indivisibilidade é um pressuposto da solidariedade, mas com este ato jurídico voltamos para a questão da divisibilidade, é claro, tão somente em face deste a quem se aproveita a renúncia ou exoneração. Demais disto, a regra explicitada no artigo 388[149] confirma esta diretriz.

Contudo, mesmo exonerado da solidariedade pelo credor, aquele devedor não fica imune de contribuir em eventual rateio entre os co-devedores, pela parte que incumbia ao co-devedor que eventualmente tenha caído em insolvência e já não tenha mais patrimônio para responder pela sua cota parte no todo do conjunto obrigacional solidário passivo. Esta regra está inserida nos termos do artigo 284 do Código Civil.[150] Disto resulta uma hipótese: a de que aquele que deu cumprimento cabal à obrigação pode receber dos demais a cota parte de cada um deles, em um rateio, assim como deveria fazer o credor de prestação divisível. Esta é uma das benesses, para o credor, da solidariedade passiva, pois agora quem pagou é que deve ter este trabalho. Em ocorrendo que um dos demais devedores não possa arcar com a sua cota, devido à insolvência, então o que cumpriu a obrigação e os demais devedores se cotizam e suportam a parte não passível de satisfação.

Todo e qualquer ajuste posterior que seja feito ao contrato em que se estipulou a solidariedade, como adição de cláusula, estabelecimento de condição ou obrigação, alteração do tempo, maneira e local de cumprimento, não poderá causar prejuízo ou agravar a posição dos demais co-devedores que não manifestaram consentimento de forma inequívoca (artigo 278 do Código Civil). Dependendo do caso, a ausência deste consentimento poderá ensejar novação e com isto extinguir a obrigação dos demais contratantes que do ato posterior não participaram.

Ocorrendo a morte de um dos devedores solidários, e havendo herdeiros, nenhum deles será obrigado a pagar senão a quota que corresponder ao seu quinhão hereditário. Ressalte-se que em Direito Sucessório, antes que os herdeiros porventura façam a partilha dos bens deixados pelo defunto, as dívidas deste devem ser saldadas. Em caso de que isto não tenha ocorrido, cada herdeiro somente responde pelo quanto houvera percebido, não por excedentes. Não havendo patrimônio nas forças da herança, do acervo hereditário, perde o credor.

---

149 Art. 388. A remissão concedida a um dos co-devedores extingue a dívida na parte a ele correspondente; de modo que, ainda reservando o credor a solidariedade contra os outros, já lhes não pode cobrar o débito sem dedução da parte remitida.

150 Art. 284. No caso de rateio entre os co-devedores, contribuirão também os exonerados da solidariedade pelo credor, pela parte que na obrigação incumbia ao insolvente.

Todavia, se a obrigação for de prestação indivisível (artigo 276 do Código Civil),[151] deverá este herdeiro promover o cumprimento *in totum* da prestação e entregar o bem objeto da obrigação, que estava na posse do *de cujus* e que pode inclusive ir além daquilo que recebeu ou receberia como quinhão. Com isto é possível que este herdeiro se sub-rogue no direito do credor em relação aos demais herdeiros (parágrafo único do artigo 259 do Código Civil) e, dependendo o caso, dos demais devedores solidários (artigo 283 do Código Civil). Tem-se então uma mistura de obrigação solidária e obrigação com prestação (in)divisível (vide nossas considerações críticas acerca da terminologia divisível-indivisível, a seguir).

Imagine o leitor a situação do fiador de um contrato de locação que falece e deixa5 herdeiros. Após algum tempo de seu célere inventário pelo procedimento da Lei nº. 11.441/2007, o locador ajuíza ação de cobrança de aluguéis em face dos herdeiros, que aliás, receberam valores inferiores ao da dívida. Nesta hipótese cada herdeiro não deverá arcar com mais do que recebeu, de acordo com a regra analisada (artigo 276 do Código Civil) e também com o artigo 1792 do Código Civil.[152] Se ainda não ocorreu a partilha, poderá o credor exigir a dívida do espólio (artigo 1997 do Código Civil), situação que determinará que os herdeiros nada receberão ou somente dividirão o que sobejar de patrimônio.[153]

Na hipótese de satisfação total da dívida por apenas um dos co-devedores (além deste caso do herdeiro), pela aplicação do artigo 283 do Código Civil, poderá ele exigir, por direito de regresso, o ressarcimento da quantia paga em quotas de cada um dos co-devedores. Se algum devedor insolvente entre eles houver, presume-se igualmente dividida por todos a sua cota parte. Aqui não há solidariedade, mas uma obrigação com prestação divisível, pois existem quotas determinadas ou presumidas.

Se este co-devedor, entretanto, quitou o débito totalmente e o devedor principal encontrar-se insolvente, havendo outro co-devedor, não há obrigação deste em ressarci-lo pelo débito integral do insolvente, pois a fiança, por exemplo, não se deu entre ambos, mas sim perante terceiro, credor de uma obrigação já cumprida (a relação externa). Note-se que esta é uma relação interna (de co-

151 Art. 276. Se um dos devedores solidários falecer deixando herdeiros, nenhum destes será obrigado a pagar senão a quota que corresponder ao seu quinhão hereditário, salvo se a obrigação for indivisível; mas todos reunidos serão considerados como um devedor solidário em relação aos demais devedores.

152 Art. 1.792. O herdeiro não responde por encargos superiores às forças da herança; incumbe-lhe, porém, a prova do excesso, salvo se houver inventário que a escuse, demonstrando o valor dos bens herdados.

153 Art. 1.997. A herança responde pelo pagamento das dívidas do falecido; mas, feita a partilha, só respondem os herdeiros, cada qual em proporção da parte que na herança lhe coube.

devedores). A regra especial do parágrafo único do artigo 831 do Código Civil, aplicável neste caso, é mais justa que a regra geral do artigo 275, pois aquele devedor que quitar o débito experimentará menos prejuízo com a dívida distribuída entre os demais co-devedores solventes. Note-se que não se trataria aqui de solidariedade propriamente dita, mas de obrigação com prestação divisível, com a aplicação do parágrafo único do artigo 259 do Código Civil, com as observações pertinentes retro apresentadas.

2.9.3 Casos de solidariedade no Código Civil

A seguir apresentamos alguns casos de solidariedade ou menção a ela encontrados no Código Civil de 2002:

- **Sobre o dolo do representante legal de uma das partes nos negócios jurídicos:** *Art. 149. O dolo do representante legal de uma das partes só obriga o representado a responder civilmente até a importância do proveito que teve; se, porém, o dolo for do representante convencional, o representado responderá solidariamente com ele por perdas e danos.*

- **Sobre a coação nos negócios jurídicos:** *Art. 154. Vicia o negócio jurídico a coação exercida por terceiro, se dela tivesse ou devesse ter conhecimento a parte a que aproveite, e esta responderá solidariamente com aquele por perdas e danos.*

- **Sobre a cobrança de dívidas vencidas antecipadamente:** *Art. 333. Ao credor assistirá o direito de cobrar a dívida antes de vencido o prazo estipulado no contrato ou marcado neste Código: I - no caso de falência do devedor, ou de concurso de credores; II - se os bens, hipotecados ou empenhados, forem penhorados em execução por outro credor; III - se cessarem, ou se se tornarem insuficientes, as garantias do débito, fidejussórias, ou reais, e o devedor, intimado, se negar a reforçá-las.*

Parágrafo único. Nos casos deste artigo, se houver, no débito, solidariedade passiva, não se reputará vencido quanto aos outros devedores solventes.

- **Sobre a novação:** *Art. 365. Operada a novação entre o credor e um dos devedores solidários, somente sobre os bens do que contrair a nova obrigação subsistem as preferências e garantias do crédito novado. Os outros devedores solidários ficam por esse fato exonerados.*

- **Sobre a confusão:** *Art. 383. A confusão operada na pessoa do credor ou devedor solidário só extingue a obrigação até a concorrência da respectiva parte no crédito, ou na dívida, subsistindo quanto ao mais a solidariedade.*

- **Sobre a remissão:** *Art. 388. A remissão concedida a um dos co-devedores extingue a dívida na parte a ele correspondente; de modo que, ainda reservan-*

do o credor a solidariedade contra os outros, já lhes não pode cobrar o débito sem dedução da parte remitida.

- **Sobre os contratos de compra e venda:** *Art. 518. Responderá por perdas e danos o comprador, se alienar a coisa sem ter dado ao vendedor ciência do preço e das vantagens que por ela lhe oferecem. Responderá solidariamente o adquirente, se tiver procedido de má-fé.*

- **Sobre o comodato:** *Art. 585. Se duas ou mais pessoas forem simultaneamente comodatárias de uma coisa, ficarão solidariamente responsáveis para com o comodante.*

- **Sobre o depósito:***Art. 639. Sendo dois ou mais depositantes, e divisível a coisa, a cada um só entregará o depositário a respectiva parte, salvo se houver entre eles solidariedade.*

- Sobre o mandato: *Art. 680. Se o mandato for outorgado por duas ou mais pessoas, e para negócio comum, cada uma ficará solidariamente responsável ao mandatário por todos os compromissos e efeitos do mandato, salvo direito regressivo, pelas quantias que pagar, contra os outros mandantes.*

- **Sobre o contrato de comissão:** *Art. 698. Se do contrato de comissão constar a cláusula delcredere, responderá o comissário solidariamente com as pessoas com que houver tratado em nome do comitente, caso em que, salvo estipulação em contrário, o comissário tem direito a remuneração mais elevada, para compensar o ônus assumido.*

- **Sobre os contratos de transporte cumulativo:** *Art. 733. (...) § 2º Se houver substituição de algum dos transportadores no decorrer do percurso, a responsabilidade solidária estender-se-á ao substituto.*

- **Ainda sobre o transporte cumulativo:** *Art. 756. No caso de transporte cumulativo, todos os transportadores respondem solidariamente pelo dano causado perante o remetente, ressalvada a apuração final da responsabilidade entre eles, de modo que o ressarcimento recaia, por inteiro, ou proporcionalmente, naquele ou naqueles em cujo percurso houver ocorrido o dano.*

- **Sobre a fiança:** *Art. 828. Não aproveita este benefício ao fiador: (...) II - se se obrigou como principal pagador, ou devedor solidário.*

- **Ainda sobre a fiança:** *Art. 829. A fiança conjuntamente prestada a um só débito por mais de uma pessoa importa o compromisso de solidariedade entre elas, se declaradamente não se reservarem o benefício de divisão.*

- **Sobre a extinção da fiança:** *Art. 838. O fiador, ainda que solidário, ficará desobrigado: I - se, sem consentimento seu, o credor conceder moratória ao devedor; II - se, por fato do credor, for impossível a sub-rogação nos seus direitos e preferências; III - se o credor, em pagamento da dívida, aceitar amigavelmente do devedor objeto diverso do que este era obrigado a lhe dar, ainda que depois venha a perdê-lo por evicção.*

- **Sobre a transação:** *Art. 844. A transação não aproveita, nem prejudica senão aos que nela intervierem, ainda que diga respeito a coisa indivisível.*

§ 2º Se entre um dos credores solidários e o devedor, extingue a obrigação deste para com os outros credores.

§ 3º Se entre um dos devedores solidários e seu credor, extingue a dívida em relação aos co-devedores.

- **Sobre a gestão de negócios:** *Art. 867. Se o gestor se fizer substituir por outrem, responderá pelas faltas do substituto, ainda que seja pessoa idônea, sem prejuízo da ação que a ele, ou ao dono do negócio, contra ela possa caber.*

Parágrafo único. Havendo mais de um gestor, solidária será a sua responsabilidade.

- **Em relação aos títulos à ordem:** *Art. 914. Ressalvada cláusula expressa em contrário, constante do endosso, não responde o endossante pelo cumprimento da prestação constante do título.*

§ 1º Assumindo responsabilidade pelo pagamento, o endossante se torna devedor solidário.

- **Sobre a obrigação de indenizar:** *Art. 942. Os bens do responsável pela ofensa ou violação do direito de outrem ficam sujeitos à reparação do dano causado; e, se a ofensa tiver mais de um autor, todos responderão solidariamente pela reparação.*

Parágrafo único. São solidariamente responsáveis com os autores os co-autores e as pessoas designadas no art. 932.

- **Sobre as sociedades não personificadas:** *Art. 990. Todos os sócios respondem solidária e ilimitadamente pelas obrigações sociais, excluído do benefício de ordem, previsto no art. 1.024, aquele que contratou pela sociedade.*

- **Sobre a sociedade em conta de participação:** *Art. 993. O contrato social produz efeito somente entre os sócios, e a eventual inscrição de seu instrumento em qualquer registro não confere personalidade jurídica à sociedade.*

Parágrafo único. Sem prejuízo do direito de fiscalizar a gestão dos negócios sociais, o sócio participante não pode tomar parte nas relações do sócio ostensivo com terceiros, sob pena de responder solidariamente com este pelas obrigações em que intervier.

- **Sobre os direitos e obrigações dos sócios das sociedades simples:** *Art. 1.003. A cessão total ou parcial de quota, sem a correspondente modificação do contrato social com o consentimento dos demais sócios, não terá eficácia quanto a estes e à sociedade.*

Parágrafo único. Até dois anos depois de averbada a modificação do contrato, responde o cedente solidariamente com o cessionário, perante a sociedade e terceiros, pelas obrigações que tinha como sócio.

- **Ainda sobre os direitos e obrigações dos sócios das sociedades simples:** *Art. 1.009. A distribuição de lucros ilícitos ou fictícios acarreta responsabilidade solidária dos administradores que a realizarem e dos sócios que os receberem, conhecendo ou devendo conhecer-lhes a ilegitimidade.*

- **Sobre a administração das sociedades simples:** *Art. 1.012. O administrador, nomeado por instrumento em separado, deve averbá-lo à margem da inscrição da sociedade, e, pelos atos que praticar, antes de requerer a averbação, responde pessoal e solidariamente com a sociedade.*

- **Sobre os administradores das sociedades simples:** *Art. 1.016. Os administradores respondem solidariamente perante a sociedade e os terceiros prejudicados, por culpa no desempenho de suas funções.*

- **Sobre as relações com terceiros das sociedades simples:** *Art. 1.023. Se os bens da sociedade não lhe cobrirem as dívidas, respondem os sócios pelo saldo, na proporção em que participem das perdas sociais, salvo cláusula de responsabilidade solidária.*

- **Sobre a dissolução das sociedades simples:** *Art. 1.036. Ocorrida a dissolução, cumpre aos administradores providenciar imediatamente a investidura do liquidante, e restringir a gestão própria aos negócios inadiáveis, vedadas novas operações, pelas quais responderão solidária e ilimitadamente.*

- **Sobre a sociedade em nome coletivo:** *Art. 1.039. Somente pessoas físicas podem tomar parte na sociedade em nome coletivo, respondendo todos os sócios, solidária e ilimitadamente, pelas obrigações sociais.*

Parágrafo único. Sem prejuízo da responsabilidade perante terceiros, podem os sócios, no ato constitutivo, ou por unânime convenção posterior, limitar entre si a responsabilidade de cada um.

- **Sobre a sociedade em comandita simples:** *Art. 1.045. Na sociedade em comandita simples tomam parte sócios de duas categorias: os comanditados, pessoas físicas, responsáveis solidária e ilimitadamente pelas obrigações sociais; e os comanditários, obrigados somente pelo valor de sua quota.*

- **Sobre a sociedade limitada:** *Art. 1.052. Na sociedade limitada, a responsabilidade de cada sócio é restrita ao valor de suas quotas, mas todos respondem solidariamente pela integralização do capital social.*

- **Sobre as quotas da sociedade limitada:** *Art. 1.055. (...) § 1º Pela exata estimação de bens conferidos ao capital social respondem solidariamente todos os sócios, até o prazo de cinco anos da data do registro da sociedade.*

- **Ainda sobre as quotas da sociedade limitada:** *Art. 1.056. (...) § 2º Sem prejuízo do disposto no art. 1.052, os condôminos de quota indivisa respondem solidariamente pelas prestações necessárias à sua integralização.*

- **Sobre a sociedade em comandita por ações:** *Art. 1.091. Somente o acionista tem qualidade para administrar a sociedade e, como diretor, responde subsidiária e ilimitadamente pelas obrigações da sociedade.*

§ 1º Se houver mais de um diretor, serão solidariamente responsáveis, depois de esgotados os bens sociais.

- **Sobre as sociedades cooperadas:** *Art. 1.095. Na sociedade cooperativa, a responsabilidade dos sócios pode ser limitada ou ilimitada.*

§ 2º É ilimitada a responsabilidade na cooperativa em que o sócio responde solidária e ilimitadamente pelas obrigações sociais.

- **Sobre a aquisição de estabelecimento empresarial:** *Art. 1.146. O adquirente do estabelecimento responde pelo pagamento dos débitos anteriores à transferência, desde que regularmente contabilizados, continuando o devedor primitivo solidariamente obrigado pelo prazo de um ano, a partir, quanto aos créditos vencidos, da publicação, e, quanto aos outros, da data do vencimento.*

- **Sobre o nome da sociedade:** *Art. 1.157. A sociedade em que houver sócios de responsabilidade ilimitada operará sob firma, na qual somente os nomes daqueles poderão figurar, bastando para formá-la aditar ao nome de um deles a expressão "e companhia" ou sua abreviatura.*

Parágrafo único. Ficam solidária e ilimitadamente responsáveis pelas obrigações contraídas sob a firma social aqueles que, por seus nomes, figurarem na firma da sociedade de que trata este artigo.

- **Ainda sobre o nome da sociedade:** *Art. 1.158. (...) § 3º A omissão da palavra "limitada" determina a responsabilidade solidária e ilimitada dos administradores que assim empregarem a firma ou a denominação da sociedade.*

- **Sobre o gerente da empresa:** *Art. 1.173. Quando a Lei não exigir poderes especiais, considera-se o gerente autorizado a praticar todos os atos necessários ao exercício dos poderes que lhe foram outorgados.*

Parágrafo único. Na falta de estipulação diversa, consideram-se solidários os poderes conferidos a dois ou mais gerentes.

- **Sobre os prepostos:** *Art. 1.177. Os assentos lançados nos livros ou fichas do preponente, por qualquer dos prepostos encarregados de sua escrituração, produzem, salvo se houver procedido de má-fé, os mesmos efeitos como se o fossem por aquele.*

Parágrafo único. No exercício de suas funções, os prepostos são pessoalmente responsáveis, perante os preponentes, pelos atos culposos; e, perante terceiros, solidariamente com o preponente, pelos atos dolosos.

- **Sobre as dívidas do condomínio:** *Art. 1.317. Quando a dívida houver sido contraída por todos os condôminos, sem se discriminar a parte de cada um na obrigação, nem se estipular solidariedade, entende-se que cada qual se obrigou proporcionalmente ao seu quinhão na coisa comum.*

- **Sobre o penhor de direitos e títulos de crédito:** *Art. 1.460. O devedor do título empenhado que receber a intimação prevista no inciso III do artigo antecedente, ou se der por ciente do penhor, não poderá pagar ao seu credor. Se o fizer, responderá solidariamente por este, por perdas e danos, perante o credor pignoratício.*[154]

- **Sobre o regime de bens entre os cônjuges:** *Art. 1.644. As dívidas contraídas para os fins do artigo antecedente obrigam solidariamente ambos os cônjuges.*[155]

- **Sobre o exercício de fiscalização dos tutores:** *Art. 1.752. O tutor responde pelos prejuízos que, por culpa, ou dolo, causar ao tutelado; mas tem direito a ser pago pelo que realmente despender no exercício da tutela, salvo no caso do art. 1.734, e a perceber remuneração proporcional à importância dos bens administrados.*

§ 2º São solidariamente responsáveis pelos prejuízos as pessoas às quais competia fiscalizar a atividade do tutor, e as que concorreram para o dano.

- **Sobre a simultaneidade de mais de um testamenteiro:** *Art. 1.986. Havendo simultaneamente mais de um testamenteiro, que tenha aceitado o cargo, poderá cada qual exercê-lo, em falta dos outros; mas todos ficam solidariamente obrigados a dar conta dos bens que lhes forem confiados, salvo se cada um tiver, pelo testamento, funções distintas, e a elas se limitar.*

154 Art. 1.459. Ao credor, em penhor de título de crédito, compete o direito de: (...) III - fazer intimar ao devedor do título que não pague ao seu credor, enquanto durar o penhor;

155 Art. 1.643. Podem os cônjuges, independentemente de autorização um do outro:
I - comprar, ainda a crédito, as coisas necessárias à economia doméstica;
II - obter, por empréstimo, as quantias que a aquisição dessas coisas possa exigir.

3 TRANSMISSÃO DAS OBRIGAÇÕES

Adauto de Almeida Tomaszewski

3.1 CESSÃO DE CRÉDITO

Cessão de crédito é um negócio jurídico bilateral pelo qual o credor (cedente) transfere total ou parcialmente seu crédito a terceiro (cessionário), independentemente do consentimento do devedor (cedido), sem extinção da obrigação.[156] Não obstante o consentimento do devedor seja dispensável, é extremamente necessário que este seja cientificado da cessão, para que oportunamente cumpra sua obrigação para quem de direito, o atual e legítimo credor. A exceção a esta regra de que o devedor deve tomar conhecimento é encontrada naqueles casos em que a obrigação é representada por intermédio de um título de crédito, eis que a simples tradição já importa cessão e a apresentação pode alcançar a mesma finalidade de conhecimento ao devedor. Veja o leitor que para o caso do cheque, a legislação específica deve ser observada a este particular, mas no caso da nota promissória, em regra, aquele que detiver este documento se mostra, em princípio, apto ao recebimento.

É de se observar que alguns títulos de crédito, como o cheque, por exemplo, quando transferidos via endosso são equivalentes a uma cessão de crédito. Recomenda-se ao leitor a consulta aos artigos 17 a 28 da Lei nº. 7357/85, também conhecida como Lei do Cheque, para uma melhor compreensão desta espécie de cessão.

É importante ressaltar que alguns autores a conceituam também como transmissão de direitos ou cessão de posição contratual. A expressão *direito* e *crédito* não podem ser utilizadas indistintamente, pois em algumas situações, o que se transmite não é um crédito, representado única e exclusivamente pela prerrogativa de recebimento de haveres, mas sim o direito à propriedade de um determinado bem. Exemplifica-se lembrando que um indivíduo pode "vender"

156 Conceito baseado em Sílvio de Salvo Venosa, *Teoria Geral das Obrigações*, 2006, p. 146; e Diniz, Maria Helena, *Tratado Teórico e Prático dos Contratos*, 2003, p. 155.

a outrem a sua participação em um grupo de consórcio, uma quota, ou até mesmo um bem consorciado ou alienado fiduciariamente. Perceba o leitor que não é uma simples venda e compra, mesmo porque *o bem não lhe pertence.* Nestes casos o cessionário recebe apenas direito de ser o futuro proprietário do bem, normalmente assumindo os ônus restantes, em assunção de dívida, assunto que será tratado no próximo item. Isto é muito comum de ocorrer nos casos de contratos preliminares de compromisso de venda e compra de imóveis, urbanos ou rurais.

A cessão tem natureza contratual. É um contrato consensual que às vezes exige o escrito particular ou a forma pública como um de seus requisitos. A cessão pode ser gratuita ou onerosa. Como visto, a cessão prescinde do consentimento do devedor cedido, que não é parte no negócio; deve apenas saber quem é o credor para poder pagar. Se pagar ao credor primitivo antes da notificação, pagará corretamente (artigo 292 do Código Civil). Se o fizer depois deve repetir o pagamento se for cobrado pelo atual credor. Entretanto terá ação para receber de volta aquilo que pagou indevidamente do anterior credor.

Para que tenha eficácia em relação a terceiros com interesse no patrimônio do credor, seus próprios credores, a notificação deverá se dar por escrito público (artigo 288 do Código Civil). Se o devedor já estiver em mora, a citação supre a notificação.

O cessionário de crédito hipotecário pode averbar a cessão no registro do imóvel para que tenha efeito *erga omnes* (artigo 289 do Código Civil). A cessão pode tipificar fraude contra credores ou simulação. Situações existem em que o instituto da cessão tem sido malversado e utilizado com o único escopo de prejudicar credores.

Nas cessões múltiplas, ou seja, naquelas em que há mais de uma cessão notificada, o cedido deve pagar ao cessionário que se apresenta com o título da cessão. Se tiver dúvidas, deve consignar em pagamento.

Para que o negócio tenha eficácia com relação a terceiro de boa-fé, a proibição da cessão de crédito deve constar do instrumento da obrigação (artigo 286 do Código Civil). Isto se dirige àqueles casos em que o devedor, já no instante da formação da relação jurídica obrigacional, textualmente expressa sua não concordância com uma possível e eventual cessão por parte do ora credor. Todavia é preciso verificar se o terceiro estava, ou poderia estar ciente da proibição de cessão, caso em que esta será válida. Disto resulta dizer que vinculará apenas cedente e cessionário e o “novo credor” não poderá exigir do devedor o cumprimento da prestação ou a satisfação de seu direito. Haverá entre cedente e cessionário um vínculo negocial, porém deste estará afastado o devedor.

De acordo com o artigo 287 do Código Civil, salvo disposição em contrário, o crédito é acompanhado pelos acessórios, tais como direitos pessoais e reais de garantia; direito a juros compensatórios ou moratórios; correção monetária; cláusula penal; cláusulas de compromisso arbitral; estipulação de foro convencional; direitos potestativos inerentes ao crédito, como o direito de escolha nas obrigações alternativas.

Pode haver cessão parcial do crédito, desde que informado o devedor e isto não lhe cause maiores ônus. Se da cessão sobrevier despesas, estas deverão ser arcadas pelo cedente ou pelo cessionário, conforme estes tenham convencionado. À falta de avença neste sentido, aplicam-se os princípios atinentes à venda e compra para a cessão onerosa ou aqueles peculiares à doação para a cessão gratuita.

O vínculo do devedor com o credor original não se rompe por completo ou tão amplamente, já que este pode opor ao cessionário as exceções ou defesas cabíveis, bem como as que tinha contra o cedente, tais como erro ou dolo, já que o crédito se transfere com as mesmas características (artigo 294 do Código Civil).

A obrigação do cedido é pagar a dívida; a do cedente dependerá do fato de que a cessão seja onerosa ou gratuita. Na primeira, é responsável pela existência do crédito ao tempo de cessão (artigo 295 do Código Civil), enquanto na segunda só se proceder de má-fé.

O cedente só responde pela solvência do devedor se o fizer expressamente (artigo 296 do Código Civil). Responderá apenas em caso de dolo. Não havendo avença, o risco da solvência do cedido é do cessionário.

A responsabilidade do cedente pela solvabilidade do devedor se restringe àquilo que efetivamente recebeu acrescido de juros e despesas da cessão (artigo 297 do Código Civil). Disto resulta que em caso de cessão onerosa, em que o cedente tenha assumido este ônus, esta obrigação de garantia, deverá apenas ser demandado até o *quantum* tenha recebido pela cessão, com os acréscimos já mencionados. Com isto o cessionário não experimenta prejuízo pela insolvência do devedor, dado que o credor originário se coloca como garante do cumprimento da obrigação.

O crédito penhorado não pode mais ser cedido, pois já não mais está na disponibilidade do credor; agora é garantia de outrem (artigo 1.077 do Código Civil).Se o devedor não souber da determinação da penhora pelo fato de que esta ainda não tenha se efetivado, de boa-fé pagará validamente ao cessionário (artigo 298 do Código Civil). Se o devedor tinha, ou poderia ter conhecimento da determinação judicial constritiva ainda não cumprida, então violado estará o dever de lealdade e boa fé negocial se pagar diretamente ao devedor somente para frustrar os direitos e interesses dos credores de seu credor.

De acordo com o artigo 286 do Código Civil, o principal requisito é a possibilidade jurídica. A cessão de crédito é permitida de maneira geral. Como exceções, encontram-se os créditos inalienáveis por natureza, por Lei ou por convenção com o devedor conforme este mesmo artigo. Há créditos cuja natureza não permitem a cessão, como direito de alimentos, obrigações personalíssimas, vencimentos, salários, créditos que não podem ser individualizados. Existem casos em que a Lei proíbe, como os direitos previdenciários; direitos de herança de pessoa ainda viva; créditos já penhorados; obrigação de fazer infungível. Os créditos impenhoráveis só impedem a cessão se também forem inalienáveis. As partes podem acordar a não transferibilidade do crédito. Créditos futuros podem ser cedidos desde que venham a existir. A validade do negócio depende de que o então cedente, oportunamente os adquira.

Direitos litigiosos podem ser cedidos, mas o cessionário assume o risco. Não se pode olvidar que a teor do artigo 11 do Código Civil[157] existem direitos que são reputados como intransmissíveis, a exemplo da vida, liberdade, proteção de dados pessoais, integridade física e moral, honra, intangibilidade da família, direito à igualdade, segurança e tantos quantos direitos personalíssimos. Existem hipóteses em que se admite a cessão, como a imagem, a voz e direitos autorais, sejam de forma onerosa ou não. Lembre-se leitor, existem diversos direitos autorais de composições que são objeto de cessão onerosa.

A cessão, como negócio jurídico que é, regulada também pelo artigo 104 do Código Civil, requer legitimidade e capacidade genérica do cedente e do cessionário. Exige poderes específicos no caso de representação. Somente o titular pode ceder um crédito. Há impedimentos subjetivos, pois algumas pessoas não podem adquirir certos créditos, como o tutor em relação a crédito do pupilo (artigo 1749 do Código Civil), curadores, testamenteiros e administradores (artigos 497 e 498 do Código Civil), salvo se para pagamento de débito ou garantia de bens.

Não há forma específica, eis que não é um negócio solene. É ineficaz em relação a terceiros se não for celebrado mediante instrumento público ou particular com as solenidades do parágrafo 1º do artigo 654, como preceitua o artigo 288, ambos do Código Civil. Quando a escritura pública for obrigatória, como nos créditos hipotecários e direitos hereditários, a cessão deverá ser por este meio. O leitor não deve se olvidar da regra textualizada no artigo 108 do Código Civil.

A cessão convencional pode ser *onerosa* ou *gratuita*, ou seja, com ou sem contraprestação do cessionário. Pode ser *total* ou *parcial*, abrangendo todo o crédito ou parte dele.

157 Art. 11. Com exceção dos casos previstos em Lei, os direitos da personalidade são intransmissíveis e irrenunciáveis, não podendo o seu exercício sofrer limitação voluntária.

Há cessão de crédito judicial, por decisão do juiz, como, por exemplo, em partilhas, quando um crédito do *de cujus* é atribuído a um herdeiro, e em execuções, quando existe penhora de um bem que é adjudicado ao credor exequente ou arrematado por terceiro.

A cessão legal ocorre quando a Lei determina a substituição do credor, como, por exemplo, na cessão dos acessórios quando a dívida principal é cedida (artigo 287 do Código Civil); sub-rogação legal (artigo 346 do Código Civil); cessão do depositário ao depositante (artigo 636 do Código Civil).

A cessão de crédito *pro soluto* se distingue da *pro solvendo*. Na primeira o cedente deixa de ter qualquer responsabilidade pelo crédito, exceto sua existência, enquanto na segunda o cedente é responsável pelo pagamento do crédito, caso o cedido não o faça.

Difere-se a cessão da novação subjetiva ativa porque esta tem o condão de extinguir a obrigação (ao menos em relação ao credor, eis que é substituído por outro na relação jurídica, como se verificará adiante), enquanto que na cessão o crédito e a própria relação jurídica são preservados. Não se confunde com o endosso, que é a forma característica de transferência dos títulos de créditos.

Não obstante a isso, importa ainda mencionar a diferença existente entre a cessão de crédito e o pagamento com sub-rogação. O leitor deve partir do princípio de que são institutos que apresentam contornos diferenciados, pois o ato jurídico pagamento não é presente na cessão. A partir daí as diferenças ressaltam, inclusive como a impossibilidade de que o credor primitivo, agora satisfeito, se obrigue garantir a solvabilidade do devedor, que não assume a nomenclatura de cedido. É bem verdade que aparentemente as diferenças são tênues, máxime quando o próprio legislador afirmou que regras acerca da cessão são aplicáveis em alguns casos de pagamento com sub-rogação.

Os efeitos da cessão, em relação ao devedor, surgem a partir de sua notificação. Isto faz com que se diferencie do instituto do pagamento com sub-rogação. Há sub-rogação por força de Lei, enquanto a cessão é ato voluntário. Na sub-rogação o direito do sub-rogado é limitado até a soma que desembolsou para desobrigar o devedor (artigo 350 do Código Civil). Na cessão, não existe essa limitação, já que a cessão pode ter caráter especulativo.

3.1.1 Questionamentos processuais

É certo que o Código Civil permite que se faça a cessão de crédito exigindo apenas a notificação do devedor, conforme previsão do seu artigo 290: *A cessão do crédito não tem eficácia em relação ao devedor, senão quando a este notificada; mas por notificado se tem o devedor que, em escrito público ou particular, se declarou ciente da cessão feita.* Pergunta-se: esta transferência de obrigação poderá ocorrer também durante um processo judicial? O próprio Código Civil prevê disposição acerca da impossibilidade de cessão de crédito penhorado em que o credor tenha dela conhecimento, de acordo com o seu artigo 298.[158]

Não obstante a isso, dispõe o artigo 567 do Código de Processo Civil que *podem também promover a execução, ou nela prosseguir: (...) II - o cessionário, quando o direito resultante do título executivo lhe foi transferido por ato entre vivos.* Esta disposição não responde à questão, eis que faculta apenas o ingresso em juízo pelo cessionário para a obtenção do cumprimento da prestação. Mas o § 1º do artigo 42 do Código de Ritos proíbe expressamente a substituição do cedente pelo cessionário, sem o consentimento do devedor numa relação jurídica processual. Eis sua determinação: *O adquirente ou o cessionário não poderá ingressar em juízo, substituindo o alienante, ou o cedente, sem que o consinta a parte contrária.*

Este texto induz ao entendimento de que não pode ocorrer a substituição do pólo ativo numa relação creditícia quando esta for objeto de discussão judicial em qualquer de seus ritos ou procedimentos, muito provavelmente porque o legislador processual se fundamentou numa noção de direito pessoal a partir do estabelecimento de relações jurídicas de cunho obrigacional. Mas por quê? Qual a razão ou motivo da inserção deste texto no Código de Processo Civil? Com o advento do Código Civil de 2002, este dispositivo deve ser mitigado e sofrer apenas a limitação de sua aplicação em se tratando de ser o crédito objeto de penhora?

Não se deve olvidar que o Código de Processo Civil, embora contenha várias alterações, foi editado em 1973 e estava em consonância com o Código Civil de 1916, que continha a seguinte determinação em seu artigo 1.021: *O devedor que, notificado, nada opõe à cessão, que o credor faz a terceiros, dos seus direitos, não pode opor ao cessionário a compensação, que antes da cessão teria podido opor ao cedente. Se, porém, a cessão lhe não tiver sido notificada, poderá opor ao cessionário a compensação do crédito que antes tinha contra o cedente.*

Este dispositivo não foi contemplado pelo atual Código Civilista e não existem quaisquer motivos ou justificativas para a manutenção desta redação no CPC. Havendo já a propositura de competente ação judicial, poderá o devedor contestar a inicial e fundamentar suas alegações em exceções pessoais ou mesmo alegá-las como fundamento de seu pedido como autor, nos casos, por exemplo, de impugnação do débito ou revisão do contrato.

Compreende-se que com o advento do Código Civil de 2002 que não contemplou a determinação do artigo 1.021 do *Codex* de 1916 não tem o con-

158 Art. 298. O crédito, uma vez penhorado, não pode mais ser transferido pelo credor que tiver conhecimento da penhora; mas o devedor que o pagar, não tendo notificação dela, fica exonerado, subsistindo somente contra o credor os direitos de terceiro.

dão de revogar o § 1º do artigo 42 do CPC, mas o deixou, sem qualquer dúvida, órfão de fundamento material.

Além disso, é de se atentar que *quem pode o mais, pode o menos.* Se o cessionário pode ajuizar a execução, ele também pode substituir o credor em qualquer relação jurídica de cunho processual, pois o devedor poderá apresentar qualquer exceção pessoal, desde que não convalidada pelo tempo ou por renúncia expressa e inequívoca neste sentido.

3.2 ASSUNÇÃO DE DÍVIDA

Negócio jurídico bilateral (contrato), pelo qual terceiro (assuntor) assume a obrigação do devedor, com expressa anuência do credor e responsabiliza-se pela dívida e seus acessórios.

Há dois modos de assunção: por expromissão e por delegação, conforme o quadro a seguir. A assunção pode liberar o devedor primitivo, se for liberatória, ou não, se for cumulativa.

Assunção por Expromissão	Assunção por Delegação
Contrato entre terceiro e o credor, sem a participação ou anuência do devedor. Constitui uma das formas menos comuns da assunção de dívida. Neste negócio jurídico participam apenas credor e assuntor expromitente e eventualmente testemunhas. O originário devedor nele não comparece. Exemplo típico: o pai ou a mãe que sem pagá-la assumem, para si, a dívida que era de seu filho.	Mediante acordo entre terceiro e o devedor, com a concordância do credor. Constitui uma das formas mais comuns da assunção de dívida. Neste negócio jurídico participam o credor, o devedor originário, o assuntor delegado e eventualmente testemunhas. Exemplo típico: transferência de cota de consórcio ainda não contemplada.
A anuência do credor é cristalina, pois é este quem celebra o negócio com o terceiro que assume o lugar do devedor primitivo. Pode ser: a) liberatória: quando houver integral transferência do débito, pela substituição do devedor na relação obrigacional pelo expromitente (exonera-se o devedor primitivo); b) cumulativa: quando o expromitente ingressar na obrigação como novo devedor, ao lado do devedor primitivo, passando a ser co-devedor solidário.	Neste caso também é imprescindível a concordância do credor. Pode ser também: a) liberatória: se o devedor originário não mais estiver vinculado à obrigação; b) cumulativa: quando o devedor originário permanecer vinculado à obrigação. Neste caso, é considerada novação *imperfeita*.

A assunção não pode ocorrer sem o consentimento expresso do credor em qualquer das modalidades. Caso não haja concordância de plano, as partes podem até assinar prazo para que o credor se manifeste. Entretanto o seu silêncio significa recusa (artigo 299 do Código Civil).

A obrigação não se altera, mas as garantias especiais dadas por terceiros ao devedor primitivo se extinguem, como a hipoteca e a fiança, salvo assentimento expresso. As garantias dadas pelo devedor e ligadas a ele permanecem. Há uma proposta de nova redação ao artigo 299 do Código Civil por intermédio do Projeto de Lei nº. 276/2007, para que se apresente como cogente a seguinte redação:

Art. 299. É facultado a terceiro assumir a obrigação do devedor, podendo a assunção verificar-se:

I. Por contrato com o credor, independentemente do assentimento do devedor;

II. Por contrato com o devedor, com o consentimento expresso do credor.

§ 1º Em qualquer das hipóteses referidas neste artigo, a assunção só exonera o devedor primitivo se houver declaração expressa do credor. Do contrário, o novo devedor responderá solidariamente com o antigo;

§ 2º Mesmo havendo declaração expressa do credor, tem-se como insubsistente a exoneração do primitivo devedor sempre que o novo devedor, ao tempo da assunção, era insolvente e o credor o ignorava, salvo previsão em contrário no instrumento contratual;

§ 3º Qualquer das partes pode assinar prazo ao credor para que consinta na assunção da dívida, interpretando-se o seu silêncio como recusa;

§ 4º Enquanto não for ratificado pelo credor, podem as partes livremente distratar o contrato a que se refere o inciso II deste artigo.

A forma da assunção é livre, exceto se o negócio exigir forma especial. No objeto podem estar dívidas presentes e futuras. Admite inclusive o estabelecimento de condição, suspensiva ou resolutiva, para o caso da cumulativa. Como é negócio jurídico, requer capacidade das partes, legitimação e está sujeita aos vícios dos negócios jurídicos e seus efeitos reflexos, principalmente no que tange à simulação e fraude contra credores.

O débito e as garantias são restaurados se for anulada a substituição do devedor, exceto as garantias de terceiro que desconhecia o vício da obrigação (artigo 301 do Código Civil). O assuntor pode opor ao credor as exceções que competiam ao devedor primitivo, salvo aquelas pessoais (artigo 302 do Código Civil), como o erro, o dolo ou a coação física ou moral. É que nestes casos, o novo devedor não pode fazer uso de tais alegações, pois o seu ato de assumir não contém as mesmas eivas de vício. Tal raciocínio também se aplica nos casos de estado de perigo e lesão. O leitor deve perceber que quem assume uma dívida ou uma obrigação, talvez não tenha nenhuma possível contraprestação ou benefícios que poderiam ser endereçadas ao devedor primitivo. Se assumiu a dívida, "convalida" eventuais motivos que porventura pudessem anular o negócio jurídico originário. Em diversos casos só assume os ônus. Como os defeitos que conduzem à nulidade determinam a impossibilidade de produção de efeitos jurídicos não terá cabimento a assunção, que será igualmente fulminada.

É permitido ao assuntor discutir em juízo os defeitos do ato de assunção e aqueles outros supervenientes. Demais disto, aspectos legais e pertinentes aos contratos de adesão, que tocavam inclusive ao devedor delegante ou expromitido, como taxas de juros, fatores de correção e taxas de administração, naquelas hipóteses de consórcios, financiamento de bens, ou compromissos particulares de venda e compra.

A assunção pode ser originária de erro, dolo, coação física ou moral ou, como dantes mencionado, evidenciar comportamento fraudulento que possa trazer prejuízos aos credores do assuntor. Por pressuposto lógico, não se pode alegar que alguém tenha assumido uma dívida sob estado de perigo ou que esta conduza à lesão.

Uma situação frequente é a exposta no artigo 303 do Código Civil: o adquirente de imóvel hipotecado absorve no preço o valor da hipoteca e se compromete a liquidar o débito com o credor, que é notificado da aquisição e da assunção da dívida. Diferentemente do artigo 299 do Código Civil, se não impugnar a transferência em trinta dias, o seu silêncio será interpretado como concordância. Interessa ao credor impugnar a assunção quando o valor do bem hipotecado é inferior à dívida e o patrimônio do adquirente é insuficiente, devendo o devedor primitivo continuar respondendo com seu patrimônio geral, como credor quirografário.

Ocorre também frequentemente a assunção de dívida nos casos de venda do fundo de comércio - situação em que o adquirente assume o passivo declaradamente -, e na cessão de financiamento para aquisição da casa própria ou de veículo.

Impende ainda uma consideração, no que tange à sua distinção com a novação subjetiva passiva. É que apesar de parecer muito semelhante, temos que destacar que com a novação ocorre a extinção da obrigação originária e surge outra; na assunção esta permanece, apenas com outro devedor.

Por derradeiro, apenas a título de esclarecimento, as pessoas envolvidas na assunção por delegação são:

a) credor;

b) devedor originário e delegante; e,

c) assuntor, que se torna o devedor delegado.

A seu turno, no que tange à assunção por expromissão, temos:
a) credor;
b) devedor originário e portanto expromitido (excluído da dívida);
c) assuntor expromitente e portanto novo devedor.

Para melhor fixação, vejamos o seguinte quadro:

	Consentimento do credor	Consentimento do devedor primitivo
Assunção por expromissão	Indispensável	Dispensável
Assunção por delegação	Indispensável	Indispensável
Assunção liberatória	Indispensável	Dispensável
Assunção cumulativa	Indispensável	Dispensável

3.3 Modelo de cessão de crédito e assunção de dívida

MODELO DE TERMO PARTICULAR DE CESSÃO DE CRÉDITO E ASSUNÇÃO DE DÍVIDA

Por este instrumento particular de cessão de direitos e créditos, negócio jurídico celebrado com a observância dos requisitos do artigo 104 e seguintes do vigente Código Civil, ARISTIDES DO CARMO MARIANO, brasileiro, casado, vendedor autônomo, portador da cédula de identidade RG 6.883.448-7, emitido pela SSP/PR, CPF 176.587.050-49, residente e domiciliado nesta cidade e comarca de Londrina, Estado do Paraná, à Rua Fernando Cândido da Silva, 33, Jardim Mazzei, CEP 86070-650, juntamente com sua esposa, MARIA CLARA BELIZÁRIO MARIANO, brasileira, professora, portadora da cédula de identidade RG 9.383.468-7, emitido pela SSP/PR, CPF 196.597.090-99, residente e domiciliada no mesmo endereço, <u>na condição de cedentes</u>, respeitando os termos dos artigos 286 e seguintes do Código Civil, cedem e transferem todos os direitos adquiridos por força do Compromisso de Compra e Venda número 046/01, que segue em anexo, assinado com a ora <u>cedida</u> Agropecuária e Incorporadora Ibiúna S/C. Ltda. Inscrita no CNPJ 09.909.889/0001-40, com sede nesta cidade e Comarca de Londrina, à Avenida Higienópolis, 933, CEP 86070-633, sobre o lote de terras *de número 65 do Condomínio Recanto do Vale, ao Sr. JAIME BOAVENTURA DA SILVEIRA, brasileiro, solteiro, advogado, inscrito na OAB/PR sob o número 211.169, RG 2.232.651.9 e CPF 398.573.888-15, residente e domiciliado à Rua Castro Alves, 391, Jardim Shangri-lá, CEP 86090-640, que assina o presente e recebe tais direitos, na condição de cessionário.*

Para tanto, o cessionário pagou em moeda corrente, pelo quê os cedentes dão plena, geral e irrevogável quitação, a importância algarismada de R$ 45.000,00 (quarenta e cinco mil reais), referentes às 45 parcelas já pagas pelos cedentes à cedida. Desta maneira, a partir da data da assinatura deste termo, a parte ideal do lote número 65, numa fração equivalente a 20.000m2, do aludido condomínio fica cedido e transferido ao cessionário, para que tome a posse direta nos moldes legais.

Desta forma, com a completa transferência de créditos e direitos sobre o aludido lote, fica o cessionário autorizado a solicitar diretamente à cedida, a escritura de venda e compra do imóvel, para o devido e competente registro.

Todavia, como ainda restam 15 parcelas a vencer, débitos não saldados junto à ora cedida, fica o cessionário responsável por elas nos moldes do artigo 299 e seguintes do Código Civil.

O cessionário declara neste instante que é conhecedor do débito de 15 parcelas mensais de R$1.000,00 cada e assume o lugar dos cedentes na relação jurídica obrigacional formada a partir do já mencionado compromisso de venda e compra de bem imóvel pertencente à cedida, ficando a Incorporadora Ibiúna S/C. Ltda. autorizada a promover a devida alteração no Contrato preliminar assumido com os cedentes e lançar os boletos de cobrança em nome do cessionário.

Para tanto, a dar conhecimento e consentimento a este documento e à assunção de dívida que ele também representa, a Incorporadora Ibiúna S/C. Ltda. comparece neste ato, se faz presente pelo seu representante legal, e assina de forma conjunta, nos moldes do artigo 299 do Código Civil.

Londrina, 09 de fevereiro de 2009.

Assinam: ARISTIDES DO CARMO MARIANO

MARIA CLARA BELIZÁRIO MARIANO

JAIME BOAVENTURA DA SILVEIRA

Incorporadora Ibiúna S/C. Ltda.

Este documento tenta representar uma cessão e uma assunção. Ceder o crédito decorrente das parcelas já pagas ao "adquirente" do lote identificado, e por este, assumir a dívida decorrente das parcelas ainda não quitadas.

3.4 Cessão de Contrato

Este também é um negócio jurídico bilateral, por intermédio do qual ocorre a transferência do ajuste contratual, seja do pólo ativo ou passivo, de forma que o feixe de obrigações e prerrogativas de seus componentes passa a terceiro ou terceiros.

Tais ajustes se tornam possíveis em convenções já estabelecidas, porém ainda não concluídas por completo. Torna-se mister destacar que contratos que tem por espeque uma prestação personalíssima não podem se sujeitar a este negócio.

A título de exemplo podem ser citados os ajustes de cessão de locação, o substabelecimento sem reserva de poderes no contrato de mandato, ou ainda a alienação de um estabelecimento empresarial, já que o artigo 1.146 do Código civil estabelece a responsabilidade solidária pelo prazo de um ano, por parte do adquirente, em caso de incumprimento dos débitos anteriores à transferência.

4 DO ADIMPLEMENTO COMO EXTINÇÃO DAS PRESTAÇÕES E DAS RELAÇÕES JURÍDICAS OBRIGACIONAIS

Adauto de Almeida Tomaszewski
Celito De Bona

O Código Civil de 2002 permite a extinção da prestação e também das relações jurídicas obrigacionais com ou sem adimplemento. Pelo adimplemento se tem como espécies o pagamento, dito como voluntário e o pagamento em consignação. Na maioria dos casos o pagamento em consignação não é simples ato de vontade do credor. Apenas em alguns poucos casos o depósito judicial se amolda aos interesses deste, como nos casos de disputas acerca de quem detém ou deterá o crédito, como nas hipóteses de herdeiros, dissolução de sociedade empresarial ou conjugal.

Além das espécies de pagamento, seja direto ou indireto, o leitor deve ter em mente que esta não é a única forma de adimplemento, pois o cumprimento da obrigação vai além disto. É o caso do cumprimento da prestação, seja de fazer, não fazer ou restituir. Em diversas hipóteses, o devedor cumpre a sua prestação, sem que haja um ato específico rotulado como pagamento.

O pagamento em consignação nem sempre extinguirá a relação jurídica obrigacional. Pode haver casos em que somente se extingue uma das prestações, por exemplo, a principal, e permanecem as prestações ditas acessórias, como cláusula penal pelo inadimplemento, juros, correção monetária, perdas e danos, indenização suplementar e despesas processuais.

Sem adimplemento, tais relações, ou apenas algumas prestações, podem ser extintas pelos seguintes meios: compensação total, confusão total, novação subjetiva ativa ou passiva, remissão, sub-rogação, dação em pagamento, impossibilidade superveniente do pagamento (perda do objeto sem culpa), ocorrência de condição resolutiva, renúncia dos direitos do credor, expiração do tempo e prescrição. No caso da novação objetiva, após a ocorrência desta, as partes ainda estarão vinculadas entre si. Disto resulta dizer que aquela obrigação fora extinta, mas o vínculo, agora renovado não.

Havendo compensação ou confusão apenas parcial, persiste ainda a obrigação, razão pela qual não há extinção da relação jurídica, apenas parte da prestação.

Também não é pelo fato de que a dívida se encontra prescrita que o credor não poderá exigir o seu cumprimento. É possível que o credor encontre a satisfação de seu crédito com o ajuizamento da ação monitória (artigo 1.102-A e seguintes, do Código de Processo Civil). Entretanto, é mister salientar que não se trata da mesma relação jurídica obrigacional, mas sim diversa da originária que com ela guarda supedâneo. Se determinado título de crédito (cuja fonte deste negócio jurídico é a vontade das partes) encontrar-se prescrito, mas ainda apto à propositura desta ação, com o ajuizamento da monitória, a sentença advinda deste processo formará uma nova relação jurídica obrigacional, com cunho processual, eis que de outra motivação, ou seja, a *causa* desta relação jurídica é outra (decisão judicial), que não a vontade das partes, por exemplo.

4.1 Do pagamento

O atual Código Civil Brasileiro não apresenta um conceito explícito de pagamento, mas pela redação do Artigo 304 e seguintes se infere, em princípio, que a intenção do legislador foi dispor que *o pagamento é a extinção da dívida por qualquer pessoa, interessada ou não, com o objetivo de exonerar o devedor pelo cumprimento da obrigação estabelecida, em favor do credor ou a quem este indicar, no tempo, lugar e modo convencionados ou arbitrados.* Esta definição consubstancia o cerne do entendimento do adimplemento adotado pelo referido Código e não está imune a críticas.

Na concepção de nosso atual Código Civil, o termo pagamento, meio mais comum de extinção da obrigação, possui como principal efeito a *liberação do devedor* do vínculo jurídico assumido ou imposto, pois cumpre o seu dever de prestação e satisfaz o(s) interesse(s) do(s) credor(es).[159]

Na doutrina nacional se encontram divergências quanto a natureza jurídica do pagamento. Alguns afirmam ser ato jurídico em sentido amplo (da categoria dos atos lícitos) por extinguir a obrigação, outros afirmam ser negócio jurídico (e aqui também se cingem entre unilateral e bilateral). Há quem

159 *Pagar origina-se de "pacare," que provém de "pax". "Pacare" significa pacificar, apaziguar, e também libertar* - José Osório de Azevedo Júnior, *Breves anotações sobre o pagamento e o ato jurídico não negocial,* p. 353. *In* Giovanni Ettore Nanni [coordenador], *Temas relevantes do Direito Civil Contemporâneo.* São Paulo: Atlas: 2008.

entenda que poderá ser qualquer um deles, dependendo da natureza específica da obrigação.[160] Entendemos, todavia, que o pagamento é ato jurídico, eis que os efeitos daí decorrentes já estão estabelecidos pela Lei, quais sejam, a extinção total ou parcial da prestação ou do débito. É possível que ocorra o pagamento ou o cumprimento sem que exista a vontade do credor (consignação em pagamento) ou do devedor (execução judicial) e também que outra pessoa, que não o próprio devedor, efetue o pagamento, ainda que não interessada no cumprimento da dívida (parágrafo único do artigo304 do Código Civil). Ademais, não concebemos que pagamento poderia ser a elaboração de um novo negócio apenas para a conclusão de outro. É este o motivo de não acolhermos a idéia de que pagamento tenha natureza negocial.

Desta linha de raciocínio advém a classificação quanto à forma de cumprimento, que pode ser *voluntário* ou *coercitivo*. O primeiro ocorre quando há manifesta vontade de ambos os sujeitos, devedor e credor, na sua ocorrência: pagar, receber e dar quitação. Mas também pode ocorrer o pagamento ou o cumprimento sem que exista a vontade de um dos sujeitos, e que exige a intervenção do Estado para sua realização, ou seja, para a garantia da segurança jurídica das relações sociais, razão pela qual se dá o nome de coercitivo. Se a relutância ao cumprimento obrigacional se der por conta do credor, na hipótese de não existir local para o armazenamento do bem, poderá o devedor utilizar-se da consignação em pagamento que, como veremos, é um meio indireto de seu cumprimento. Se o cumprimento não se der por causa atribuível ao devedor, o credor deverá utilizar a execução judicial, se for o caso, ou outros meios coercitivos como o protesto do título de crédito. O artigo 794 I, do Código de Processo Civil[161] traz a hipótese de *cumprimento tardio* da obrigação. Em alguns casos o cumprimento tardio causará muito mais prejuízos e não contém qualquer utilidade ao credor. É o que estudamos acerca da previsão do artigo 249, parágrafo único, do Código Civil, que faculta a execução da prestação por conta de terceiro, a expensas do devedor inadimplente. Nesta hipótese não há pagamento, mas conversão da prestação em indenização por perdas e danos, se for o caso, ou em ressarcimento das despesas com terceiros (artigo 248 do Código Civil).

Considerando o já exposto na parte concernente às modalidades obrigacionais, é imperioso indagar se o pagamento extingue a obrigação ou a prestação. Neste sentido, atendendo a este anseio, cremos que o melhor conceito de pagamento encontra-se inserto na redação do artigo 725 do Código Civil

160 Carlos Roberto Gonçalves. *Direito Civil Brasileiro.* Volume II ⊠ Teoria Geral das Obrigações. São Paulo: Saraiva, 2004, p. 240; Caio Mário da Silva Pereira, *Instituições de Direito Civil* ⊠ vol. II. Rio de Janeiro: Forense, 1996, p. 114.

161 Art. 794. Extingue-se a execução quando: I - o devedor satisfaz a obrigação;

Argentino: *El pago es el cumplimiento de la prestación que hace el objeto de la obligación, ya se trate de una obligación de hacer, ya de una obligación de dar.* É correto afirmar, então, que o pagamento é o adimplemento da *prestação* e não da *obrigação*. Porém quando total extingue esta, eis que é este o objetivo da relação jurídica.

Para um melhor entendimento disto, analisemos o conteúdo das obrigações com múltiplas prestações, como a celebração um contrato para a aquisição de veículo via sistema de consórcio:[162] cada parcela enseja um respectivo pagamento por parte do contratante (consorciado) à contratada (administradora do sistema de consórcio), mas não há o cumprimento da obrigação em si, que se dará com o pagamento de todas as prestações avençadas, por parte do contratante. Mas em relação à contratada, ela terá cumprido sua obrigação principal (entrega do bem ou da carta de crédito) num único evento.[163]

É de se observar ainda que na definição do artigo 725 do Código Civil Argentino não se contempla, entretanto, a obrigação de não fazer. Isto porque o objetivo de tal obrigação não é o seu adimplemento, mas evitar o seu descumprimento. O mesmo entendimento se depreende do Código Civil Mexicano: *Articulo 2062. Pago o cumplimiento es la entrega de la cosa o cantidad debida, o la prestacion del servicio que se hubiere prometido.*

O Código Civil Português também adotou postura mais coerente que a constante no Código pátrio, quando aduziu em seu artigo 762 o princípio geral do cumprimento da obrigação com os seguintes enunciados: *1. O devedor cumpre a obrigação quando realiza a prestação a que está vinculado. 2. No cumprimento da obrigação, assim como no exercício do direito correspondente, devem as partes proceder de boa fé.*Denota-se no código lusitano a preocupação de seu legislador em atender à exigência da boa fé em todas as fases obrigacionais.

O Código Civil Italiano também demonstra a preocupação ética, tanto que o seu artigo 1.176, referente à diligência do adimplemento, assevera: *Nell'adempiere l'obbligazione il debitore deve usare la diligenza del buon padre di famiglia. Nell'aempimento delle obbligazioni inerenti all'esercizio di un'attività professionale la diligenza debe valutarsi con riguardo alla natura dell'attività esercitata.*[164]

Tais Códigos, notoriamente influenciadores do nosso, inspiraram também nossa doutrina. Na fase da execução contratual, por exemplo, Orlando

162 Vide Lei n. 11.795/2008.

163 É claro que a contratada ainda possui outras obrigações, como a administração do grupo de consórcio, entre outros.

164 Nossa tradução: No adimplir a obrigação o devedor deve usar a diligência do bom pai de família. No adimplemento das obrigações inerentes ao exercício de uma atividade profissional a diligência deve voltar-se com resguardo à natureza da atividade exercitada.

Gomes apregoava a necessidade da observância do *princípio da diligência normal*, principalmente em relação às obrigações de meio.[165]

Destarte, ante as considerações elencadas até então, o mais coerente é denominar de ora em diante como pagamento a satisfação total ou parcial da prestação com valor pecuniário imediato. Para os casos em que o devedor ou o obrigado deve uma prestação cuja conduta esteja ligada a uma atividade a ser prestada, um fazer, ou a uma abstenção, a expressão *cumprimento* se torna mais própria. Assim um devedor cumpre o fazer, como uma tarefa, realiza uma obra ou atividade. O professor não paga sua obrigação, ele a cumpre, assim como o artista, o médico, o pedreiro e etc. O indivíduo obrigado a outorgar uma escritura pública, por exemplo, cumpre com o que está obrigado e também assim para o dever de dar, de transferir propriedade de bem certo, ou de restituir um bem a outrem. A expressão pagamento não se amolda a estas condutas. Desta forma, se nos parece que a expressão *adimplemento* é a mais própria para ser entendida como gênero, da qual *pagamento* e *cumprimento* são espécies.

Do conceito anteriormente apresentado de pagamento, deduzido dos artigos do Código Civil, podemos, então, atualizá-lo segundo as considerações tecidas anteriormente: *pagamento é a extinção da prestação por qualquer pessoa, interessada ou não, agindo de boa-fé e com o objetivo de exonerar o devedor pelo adimplemento da(s) prestação(ões) pecuniária(s) estabelecida(s), em favor do credor ou a quem este indicar, no tempo, lugar e modo convencionados ou arbitrados. Cumprimento é a atividade, em regra pessoal, de realização ou abstenção da atividade que se espera do devedor. Adimplemento é o gênero, do qual pagamento e cumprimento são espécies que, com a satisfação do credor, conduz à extinção total ou parcial da obrigação, direta ou indiretamente.*

4.1.1 Histórico e limites à exigência do pagamento

No Direito Romano, até a *Lex Poetelia Papiria*, em 326 a.C., o credor não tinha limites para a satisfação de seu crédito, pois lhe era facultado perseguir seu direito sobre a pessoa do devedor ou seus descendentes e atingir sua constituição física e moral. Com a edição desta Lei, somente os bens do devedor eram alcançados para a satisfação da obrigação. Contudo ainda se admitia a hipoteca de pessoa em favor do credor.

Esta nova fase consagrava, destarte, a mitigação dos poderes até então ilimitados do credor, mas perseverava a ausência de limites apenas sobre todos e quaisquer bens do devedor. O cristianismo apresentou importante passo para o desenvolvimento da Teoria Geral das Obrigações, ao pregar a igualdade

165 Orlando Gomes. *Obrigações*. Rio de Janeiro: Forense, 2002, p. 90.

entre os homens, ainda que se mantivessem divididos em classes. Assim, se o devedor integrasse uma classe social inferior, quaisquer bens poderiam ser confiscados para a satisfação do débito. Se os contratantes pertencessem a uma classe social de maior importância e a obrigação contraída adotasse determinada formalidade, a recusa do pagamento provocaria apenas uma espécie de publicação nas igrejas.[166]

Posteriormente, com a inserção dos direitos fundamentais nos ordenamentos jurídicos, seguiu-se uma nova onda no direito obrigacional que adotou valores humanos como princípios norteadores das relações sociais. Entre estes, destaque deve ser dado a eticidade, a dignidade da pessoa humana e a solidariedade. Assim, com o objetivo de garantir os valores existenciais humanos, alguns bens foram considerados intangíveis, como os chamados *bens de família* (vide Lei nº. 8009/90) e a vedação de alguns procedimentos coercitivos, como a prisão civil por dívida, salvo nos casos pensão alimentícia, dada sua natureza alimentar, pautada pela exigência de solidariedade (e até pouco tempo atrás, do depositário infiel). Além disso, os Códigos também adotaram a imposição do reconhecimento da nulidade ou anulabilidade de alguns negócios jurídicos, se existentes alguns vícios em sua formação ou execução, como a coação, dolo, simulação, erro, fraude contra credores, lesão, estado de perigo ou abuso de direito. Também deixa de ser exigível a idéia de constrição do devedor com o próprio corpo, em prisão, se o pagamento de pensão alimentícia desfalca o alimentante do necessário ao seu próprio sustento, ou seja, vai além de suas reais possibilidades, como aduz o artigo 1695 do Código Civil.[167]

4.1.2 Quem deve pagar

Pela cabeça do artigo 304 do Código Civil, *qualquer interessado na extinção da dívida pode pagá-la, usando, se o credor se opuser, dos meios conducentes à exoneração do devedor.* Quem é o interessado a que este artigo se refere? Qualquer pessoa que possa ser juridicamente atingida em seu patrimônio pelo eventual inadimplemento, como fiadores, avalistas, herdeiros do devedor que devem pagar os débitos do *de cujus* com os bens por este deixados, sublocatários, promissários-cessionários, promissários-compradores (inclusive de imóvel sujeito às regras do Sistema Financeiro Habitacional) e quem deu

166 Paulo Nader. *Curso de Direito Civil - Obrigações.* Rio de Janeiro: Forense, 2008, p. 221.

167 Art. 1.695. São devidos os alimentos quando quem os pretende não tem bens suficientes, nem pode prover, pelo seu trabalho, à própria mantença, e aquele, de quem se reclamam, pode fornecê-los, sem desfalque do necessário ao seu sustento.

garantia hipotecária.[168] Ou seja, interessado, do ponto de vista jurídico, é todo e qualquer indivíduo que pode ser alcançado por uma demanda em que o credor busque em Juízo a satisfação do crédito.

A realização do cumprimento da obrigação (ou parte dele) por terceiro interessado, lhe confere o direito de sub-rogação na posição de credor como estabelece o artigo 346, III, do Código Civil. Se o credor se negar a receber, qualquer uma destas pessoas mencionadas no artigo 304 poderá consignar a importância ou bem devido. *O pagamento pelo devedor extingue a obrigação e o libera, enquanto o realizado por terceiro desfaz o laço contratual apenas entre credor e devedor, mas este passa a figurar como sujeito passivo na relação jurídica que se instaura e em que o terceiro é o credor.*[169]

Observe-se que o credor está autorizado a recusar o pagamento, ou melhor dizendo, o cumprimento de terceiro nos casos de obrigações *intuito personae* ou personalíssimas, em que a prestação pelo devedor é o objeto em si do negócio jurídico. A este tocante podemos mencionar como exemplos a encomenda de obra de arte a um renomado artista ou de um vestido a ser confeccionado por famoso estilista, assim como enuncia o artigo 247 do Código Civil. Demais disto, também se torna possível que no instante da contratação, uma prestação que não seja necessariamente personalíssima pode assim ser estabelecida e não autorizado o cumprimento ou o pagamento por terceiro interessado ou não. Também poderá haver a recusa se o terceiro for incapaz (vide no Código Civil o artigo 185, combinado com artigo 166, I, se absolutamente incapaz, ou com artigo 171, I, se relativamente incapaz).[170]

---

168 RECURSO ESPECIAL - EXECUÇÃO HIPOTECÁRIA DECORRENTE DE DÉBITO DE CONTRATO DE MÚTUO - SISTEMA FINANCEIRO DA HABITAÇÃO – PAGAMENTO EFETIVADO POR TERCEIRO INTERESSADO - PRETENDIDA AFRONTA AO ART. 4º, § 1º, DA LEI N. 5.741/71, QUE PREVÊ AS CONSEQUÊNCIAS EM VIRTUDE DO NÃO PAGAMENTO DA DÍVIDA - INOCORRÊNCIA - APLICAÇÃO DO ART. 930 DO CÓDIGO CIVIL (ATUAL ART. 304 DO CC) - RECURSO ESPECIAL NÃO CONHECIDO. - Da leitura do dispositivo legal tido por violado, verifica-se que a penhora, a nomeação de depositário (art. 4º), a expedição de mandado de desocupação contra a pessoa que estiver ocupando o imóvel (§ 1º) e, bem assim, a desocupação do próprio executado (§ 2º), deve ser observada no caso do não pagamento da dívida. - O proceder do interessado estava previsto no artigo 930 do Código Civil, atualmente disposto no artigo 304 do novo diploma civil: "Qualquer interessado na extinção da dívida pode pagá-la, usando, se o credor se opuser, dos meios conducentes à exoneração do devedor". De qualquer forma, poderia o terceiro, ainda que não interessado, efetuar o pagamento, "em nome e por conta do devedor" (parágrafo único, do art. 930, do CC). - Não há perder de enfoque que o eventual descumprimento do contrato, consubstanciado na possível venda do imóvel dado em garantia, não é o objeto da ação de execução hipotecária aforada pela instituição financeira. - Recurso especial não conhecido. (STJ – 2ª T. REsp 184577/SP. Rel.: Min. Franciulli Neto, DJ 04/08/2003 p. 247).

169 Paulo Nader. *Curso de Direito Civil - Obrigações*. Rio de Janeiro: Forense, 2008, p. 227.

170 Esta também é a explícita regra do Código Civil Argentino, senão vejamos: *Art.726.- Pueden hacer el pago todos los deudores que no se hallen en estado de ser tenidos como personas incapaces, y*

Entretanto, a sub-rogação do terceiro interessado que paga a dívida (do devedor principal) não se dá integralmente nos direitos do credor. Imagine-se o caso em que um fiador, por exemplo, cumpre a obrigação do devedor junto a uma instituição bancária. Não poderá aquele se sub-rogar nos direitos desta e cobrar os mesmos juros ou tarifas por não possuir autorização do Bacen para tanto. Nestes casos, o pagamento realizado por terceiro interessado escaparia de seu escopo soberano e idealizado pelo legislador, que é o cumprimento da obrigação, para se tornar uma espécie de enriquecimento sem causa, ou, uma forma de se violar disposição legal que coíbe a usura praticada pela pessoa física e permitir que o indivíduo tenha as mesmas prerrogativas de uma instituição financeira.

Pelo artigo 305 do Código Civil, *o terceiro não interessado, que paga a dívida em seu próprio nome, tem direito a reembolsar-se do que pagar; mas não se sub-roga nos direitos do credor.* Acrescenta o parágrafo único que *se pagar antes de vencida a dívida, só terá direito ao reembolso no vencimento.* O pagamento em seu próprio nome demonstra a clara intenção de obter o reembolso pela quantia paga.

Já o parágrafo único do artigo 304 do Código Civil salienta que *igual direito cabe ao terceiro não interessado, se o fizer em nome e à conta do devedor, salvo oposição deste.* Não interessado pode ser aquela pessoa que se sinta afetada moralmente pelo eventual inadimplemento, como os pais que não sendo fiadores, ainda assim arcam com as dívidas do filho maior e capaz, ou vice-versa, ou que tenha uma relação de afeto, carinho ou amizade muito grande, tal como a namorada que paga prestações do financiamento do veículo do namorado. Frise-se que estas pessoas não terão o seu patrimônio alcançado se ocorrer o inadimplemento, pois o credor não tem vínculo jurídico com estas.

Acerca da oposição mencionada no Código civil, acaso isto ocorra por parte do devedor, com vistas a impedir que o pagamento seja feito por terceiro não interessado, isto não tem o condão de proibir o credor de receber o seu crédito. Todavia, autoriza o credor ao não recebimento e retirar a legitimidade do terceiro para consignar, consubstanciando-se em justo motivo para a recusa. De outro vértice, a despeito de manifestada a oposição, regra geral, nada obsta que o credor aceite o pagamento no tempo, modo e lugar do pagamento se isto for de sua conveniência, pois a satisfação do crédito é um direito seu. Nada justifica que o devedor queira obstar que o credor receba de outrem a prestação, quando possível, e não cumpra com aquilo que já está obrigado. Não pode o credor experimentar prejuízos ou demorar para receber só por um capricho do devedor.

---

todos los que tengan algún interes em el cumplimiento de la obligación.

Se mesmo com a oposição ou desconhecimento do devedor, ainda assim ocorrer o pagamento por terceiro não interessado na dívida, não haverá a obrigação do reembolso se o devedor tinha meios para ilidir a ação ou pretensão do credor. Ou seja, se pudesse o devedor alegar a invalidade do ato negocial, inexistência do débito, direito de compensação, prescrição ou decadência, pagamento anterior, remissão, direito de retenção, perecimento do bem sem sua culpa, dentre outras hipóteses.

Mas qual é o procedimento cabível para a oposição do devedor com vistas ao não recebimento do pagamento pelo credor? Ante uma infinidade de possíveis terceiros não interessados no adimplemento da obrigação, o caminho a ser seguido pelo devedor é a comunicação inequívoca, ao credor, deste ato de vontade (contida no próprio instrumento contratual, por intermédio de carta com aviso de recebimento ou notificação extrajudicial). É pressuposto lógico que se oponha, mas ao tempo, modo e local promova o pagamento ou o cumprimento da obrigação. Não há que se falar em oposição e simplesmente incorrer em inadimplemento.

Outra hipótese que merece destaque é quando ocorrer o conhecimento da iniciativa de terceiro, no que tange ao cumprimento da prestação mas o devedor se mantiver inerte. O parágrafo único do artigo 299 do Código Civil dispõe que o silêncio deve ser interpretado como recusa,[171] mas isto quando se tratar de assunção de dívida. Neste caso, a inércia do devedor corresponde à sua concordância ou aquiescência.

Dispõe o artigo 307 do Código Civil que *só terá eficácia o pagamento que importar transmissão da propriedade, quando feito por quem possa alienar o objeto em que ele consistiu.* A interpretação mais clara deste dispositivo exige que para o pagamento ter eficácia, além da capacidade de fato, que o *solvens* tenha legitimidade para tanto. *Feita por quem não seja proprietário, a tradição não aliena a propriedade, exceto se a coisa, oferecida ao público, em leilão ou estabelecimento comercial, for transferida em circunstâncias tais que, ao adquirente de boa-fé, como a qualquer pessoa, o alienante se afigurar dono* (artigo 1.268 do Código Civil).[172] Pelo parágrafo único do artigo 307 do Código Civil, *se se der em pagamento coisa fungível, não se poderá mais reclamar do credor que, de boa-fé, a recebeu e consumiu, ainda que o solvente não tivesse o direito de aliená-la.*

Imagine-se o exemplo de devedor, sócio de um fino restaurante, que, pensando oferecer uma garrafa de vinho *Château Petrus* da safra de 1982, que

171 Art. 299. (...) Parágrafo único. Qualquer das partes pode assinar prazo ao credor para que consinta na assunção da dívida, interpretando-se o seu silêncio como recusa.

172 Art. 1.268. (...) § 1º Se o adquirente estiver de boa-fé e o alienante adquirir depois a propriedade, considera-se realizada a transferência desde o momento em que ocorreu a tradição.
§ 2º Não transfere a propriedade a tradição, quando tiver por título um negócio jurídico nulo.

vale cerca de R$ 10.000,00, como pagamento de uma dívida de igual valor, se equivoca e oferece uma garrafa da safra de 1947, que tem o valor quatro vezes maior e que era pertencente ao patrimônio individual de seu sócio, mas armazenada na mesma adega. O credor, apreciador de bons vinhos, aceita a proposta e consome a bebida. Alguns dias depois, percebendo o erro, o devedor tenta desfazer a quitação. A solução ao hipotético caso encontrar-se-á na intenção do credor: se agiu de boa-fé, não ciente do real valor da safra de 1947 ou se também não percebeu o equívoco, assim como o devedor, nada tem a restituir e o infeliz devedor deverá ressarcir seu sócio, real proprietário do precioso produto. Entretanto, se o credor agiu com má-fé, ciente do equívoco do devedor, deverá ressarci-lo pelo valor além da dívida ou substituir o produto consumido, considerando ineficaz o pagamento e permanecendo a dívida em sua integralidade, ou seja, retornando as partes e o vínculo ao *status quo ante.*

Desta forma, pode-se dizer que o parágrafo único do artigo 307 apresenta os seguintes requisitos: a) prestação a ser satisfeita; b) pagamento mediante bem fungível; c) indisponibilidade do bem por quem pagou; d) consumo da coisa pelo credor; e) boa-fé subjetiva do credor, que desconhecia o fato do devedor não ser proprietário do bem entregue a título de pagamento ou cumprimento da obrigação, como nos casos de dação em pagamento.

4.1.3 A quem se deve pagar

Como está no polo ativo da relação jurídica obrigacional, é o credor, ou pessoa por este designada, o legitimado ao recebimento do pagamento da prestação e a dar a respectiva quitação. É comum a confusão entre os termos *credor* e *accipiens.* Aquele é quem possui o crédito, e este quem tem a legitimidade para receber. Usualmente em contratos de locação de imóveis celebrados por intermédio de imobiliárias, estas possuem legitimidade para receber os aluguéis (*accipiens*), e o repassam, posteriormente, ao locador, proprietário do imóvel (*credor*). Neste exemplo, o pagamento do aluguel feito à empresa imobiliária é válido e eficaz por existir uma prévia autorização neste sentido, pois há previsão contratual de representação do locador (credor) pela empresa. Se não houver esta representação e mesmo assim ocorrer o recebimento dos aluguéis, estes somente serão convalidados se e depois de ratificados pelo credor. É o que dispõe o artigo 308 do Código Civil: *O pagamento deve ser feito ao credor ou a quem de direito o represente* [*accipiens*], *sob pena de só valer depois de por ele ratificado, ou tanto quanto reverter em seu proveito.* O Código Civil Espanhol possui também disposição neste sentido.Vejamos a redação de seu artigo 1.162: *El pago deberá hacerse a la persona em cuyo favor estuviese constituída la obligación, o a otra autorizada para recibir la em su nombre.* A segunda parte do artigo 1.163 o complementa com a seguinte disposição: *También será válido el pago hecho a um tercero encuanto se hubiera convertido em utilidad del acreedor.*

O nosso Código é permeado de diversos princípios, dentre os quais o da eticidade. Isto está a determinar que as partes contratantes ou de outra forma vinculadas juridicamente numa relação obrigacional devem agir com lealdade e boa-fé. Assim, quando movido por estes ideais o devedor efetuar o pagamento a credor putativo (em que se imagina ser o credor ou *accipiens* mas não o é), este deve ser considerado válido e eficaz. Esta é a disposição dada pelo artigo 309 do Código Civil: *o pagamento feito de boa-fé ao credor putativo é válido, ainda provado depois que não era credor.* No mesmo sentido é o Código Civil Espanhol que em seu artigo 1.164 dispõe: *El pago hecho de buena fe al que estuviere em posesión del crédito, liberará al deudor.*[173] No mesmo caso do pagamento dos aluguéis à imobiliária, se rescindido o contrato entre locador e imobiliária[174] e não fora dado conhecimento disto ao locatário, o pagamento diretamente efetuado por este ou o depósito em conta bancária daquela pessoa jurídica, se assim lhe fora facultado, deve ser considerado válido e eficaz pela presença da boa-fé do locatário.[175]

Todavia, se cientificado o locatário por qualquer meio, de que o pagamento deverá, a partir de determinada data, ser efetuado diretamente ao locador e não mais à imobiliária, e mesmo assim pagar a esta, o pagamento não terá eficácia em relação ao credor, o que dá origem à mora da prestação. O mesmo vale para o devedor intimado a pagar ao credor do credor, como no caso da penhora do crédito. É o que dispõe o artigo 312 do Código Civil: *Se o devedor pagar ao credor, apesar de intimado da penhora feita sobre o crédito, ou da impugnação a ele oposta por terceiros, o pagamento não valerá contra estes, que poderão constranger o devedor a pagar de novo, ficando-lhe ressalvado o regresso contra o credor.* No caso, vale o brocardo "quem paga errado paga dobrado." O Código Civil Argentino possui redação semelhante: *Art.736.- Si la deuda*

---

173 O Código Civil Italiano possui a seguinte redação: *Art. 1189: Il debitore chee segue il pagamento (2726) a chi appare legittimato a riceverlo in base a circostanze univoche, è liberato se prova di essere stato in buona fede. Chi ha ricevuto il pagamento è tenuto Allá restituzione verso il vero creditore, secondo le regolestabilite per la ripetizione dell'indebito (2033 e seguenti).*

174 Observe-se que se no contrato de locação celebrado entre locador e locatário por intermédio da imobiliária não constar a possibilidade de alteração unilateral de quem pode receber o pagamento dos aluguéis, existirá a necessidade de alteração contratual, com anuência do locatário; se existir a previsão de alteração unilateral, uma mera notificação ao locatário já basta para a convalidação do ato.

175 Outro exemplo não raro de *accipiens* é o pagamento efetuado ao advogado do credor. Neste caso, será necessário que o devedor tome o cuidado de verificar a existência de expressos poderes no instrumento de mandato. Se não existir esta previsão mandamental o pagamento será condicionado à ratificação pelo credor.

estuviese pignorada o embargada judicialmente, el pago hecho al acreedor no será válido. En este caso la nulidad del pago aprovechará solamente a los acreedores ejecutantes o demandantes, o a los que se hubiesen constituído la prenda, a quien es el deudor estará obligado a pagar de nuevo, salvo su derecho a repetir contra el acreedor a quien pagó.

A espontaneidade do pagamento efetuado pelo devedor ao credor do credor, sem a respectiva autorização deste, contudo, só terá validade se ratificado por ele, já que este poderia alegar alguma exceção contra o seu credor.

O artigo 311 do Código Civil traz a figura do credor putativo, com a seguinte redação: *Considera-se autorizado a receber o pagamento o portador da quitação, salvo se as circunstâncias contrariarem a presunção daí resultante.*[176]

Não basta a boa-fé subjetiva de que a pessoa a quem se paga seja efetivamente o credor ou seu preposto. É ainda necessário um *quid* de objetividade, alguma situação ou circunstância que explicite ou aparente que a pessoa está investida na condição de credor ou autorizada a receber o pagamento. É isto que convencerá o magistrado que o ato jurídico do pagamento ocorreu mediante circunstâncias em que qualquer pessoa de mediano juízo também o promoveria. Assim, uma vez citado judicialmente ou notificado o devedor para que proceda ao pagamento diretamente ao credor, se pagar a um terceiro, não poderá alegar as circunstâncias do artigo 311 ou mesmo a boa-fé descrita no artigo 309 do Código Civil.[177]

---

176 EMENTA: APELAÇÃO CÍVEL. AÇÃO DE COBRANÇA. PAGAMENTO FEITO A CREDORPUTATIVO. BOA FÉ DEMONSTRADA. VALIDADE. APLICAÇÃO DO ARTIGO 935 DO CÓDIGO CIVIL DE 1916. SENTENÇA MANTIDA. RECURSO DESPROVIDO. O pagamento de boa-fé ao credor putativo é valido, mesmo provado depois que não era credor. (TJPR - 4ª CC. Apelação Cível. Processo 0432001-2; nº do acórdão: 31534; Rel.: Des. Augusto Lopes Cortes. Julg.: 15.07.2008).

177 EMENTA: APELAÇÃO CÍVEL. AÇÃO DE COBRANÇA DE HONORÁRIOS ADVOCATÍCIOS COM PEDIDO DE TUTELA ANTECIPATÓRIA - CLIENTE QUE OUTORGA NOVA PROCURAÇÃO NOS AUTOS DE RECLAMATÓRIA TRABALHISTA, SEM RESSALVA DA ANTERIOR - PAGAMENTO DE HONORÁRIOS FEITO SOMENTE AO ÚLTIMO ADVOGADO CONSTITUÍDO, POSTERIORMENTE À CITAÇÃO NA PRESENTE AÇÃO - CREDOR PUTATIVO - INOCORRÊNCIA - REVOGAÇÃO TÁCITA DO MANDATO - NECESSIDADE DE ARBITRAMENTO DE HONORÁRIOS EM RELAÇÃO AOS SERVIÇOS PRESTADOS PELO CAUSÍDICO ANTERIORMENTE NOMEADO (EOAB, ART. 22, § 2° C/C CPC, ART. 475-C). Apelo provido. Recurso adesivo prejudicado. (...) Diante de tais elementos, não se pode vislumbrar a ocorrência de pagamento putativo (CC, art. 309), conforme entendeu o juízo singular. Isto porque, ciente da ação de cobrança manejada por RGN, ainda que supostamente tenha sido atendido apenas por Francisco Eduardo de Oliveira e reputando este o credor dos honorários convencionados, deveria CASV, agindo prudentemente, diligenciar no sentido de esclarecer a quem deveria ser paga a verba honorária, considerando-se o vínculo de Francisco ao escritório de Ronaldo; ou, ainda, caso não fosse possível, ajuizar ação de consignação (CPC, arts. 895 e 973, IV), depositando a quantia devida e requerendo a citação de ambos os advogados, possíveis credores. Desta forma, o pagamento feito posteriormente à citação, de per si, desnatura a reputada boa-fé do devedor,

Interessante questão se apresenta na análise conjunta dos artigos 308 e 310 do Código Civil e que aparentam uma contradição. Imagine-se um negócio que envolva um incapaz como credor, como na relação negocial de locação de imóvel em que o locador falece e deixa um único herdeiro, menor de 16 anos (artigo3º, I, do Código Civil). Pelo artigo 308, *o pagamento deve ser feito ao credor ou a quem de direito o represente, sob pena de só valer depois de por ele ratificado, ou tanto quanto reverter em seu proveito.* Já pelo artigo 310, *não vale o pagamento cientemente feito ao credor incapaz de quitar, se o devedor não provar que em benefício dele efetivamente reverteu.*[178] Como o credor é incapaz, a quitação deverá ser emitida por seu representante legal, assim como a ratificação, a não ser que este menor alcance a plena capacidade e ratifique com a regular quitação. Somente pode ratificar quem pode quitar, salvo nas hipóteses judiciais. No presente caso, o devedor deve tomar o máximo de precaução possível e pagar ao inventariante (artigo 1.991 do Código Civil),[179] ao tutor do credor, em certos casos ao curador ou a alguma das pessoas descritas no artigo 1.797 do Código Civil,[180] se for o caso.[181] A necessidade do locatário de provar que o pagamento se reverteu em benefício do credor incapaz poderia tornar-se algo dispendioso. Neste caso, importa mais o pagamento efetuado de boa-fé e com as precauções necessárias a qualquer indivíduo prudente, como a verificação de nomeação válida e eficaz de tutela ou curatela.

Havendo o temor de que a pessoa que se apresenta como representante do credor ou haja fundada suspeita de alguma irregularidade, o bom senso recomenda a consignação em pagamento (artigo 334 a 345 do Código Civil). Em

condição essencial para ter-se o credor como putativo. (TJPR ⊠ 12ª CC. Apelação Cível. Processo 0433935-7. Rel.: Des. Ivan Bortoleto. Julg. 27.02.2008).

178 Pelo art. 1190 do Código Civil Italiano, *Il pagamento fatto al creditore incapace di riceverlo (316, 320, 357, 374, 394, 424) non libera Il debitore, se questi non prova che ciòche fu pagato è stato rivolto a vantaggio dell'incapace (1443, 2726).* Já a primeira parte do art. 1163 do Código Civil Espanhol prevê: *El pago hecho a una persona incapacitada para administrar sus bienes será válido encuanto se hubiere convertido em su utilidad.*

179 Art. 1.991. Desde a assinatura do compromisso até a homologação da partilha, a administração da herança será exercida pelo inventariante.

180 Art. 1.797. Até o compromisso do inventariante, a administração da herança caberá, sucessivamente:
I - ao cônjuge ou companheiro, se com o outro convivia ao tempo da abertura da sucessão;
II - ao herdeiro que estiver na posse e administração dos bens, e, se houver mais de um nessas condições, ao mais velho;
III - ao testamenteiro;
IV - a pessoa de confiança do juiz, na falta ou escusa das indicadas nos incisos antecedentes, ou quando tiverem de ser afastadas por motivo grave levado ao conhecimento do juiz.

181 Art. 181 do Código Civil: *Ninguém pode reclamar o que, por uma obrigação anulada, pagou a um incapaz, se não provar que reverteu em proveito dele a importância paga.*

certos e determinados casos, o depósito na conta corrente ou de poupança do credor, seguida de comunicação inequívoca, pode ter efeito liberador, eis que o dinheiro, objeto do pagamento está à disposição do credor. Fica flagrante que a intenção do legislador, mais uma vez reside no fato da incapacidade para dar a devida quitação, com a proteção ao patrimônio do incapaz explicitada na parte geral do Código Civil, impedindo-o à prática de atos da vida civil por faltar o requisito do discernimento. Se o dinheiro está depositado em sua conta bancária, rendendo juros e correção monetária e só pode ser movimentado mediante a participação de uma pessoa capaz e em muitos casos somente mediante alvará judicial, então não se vislumbra óbices a tal modalidade de quitação. Veja-se que se o incapaz diuturna e paulatinamente saca o dinheiro mediante a utilização de um cartão magnético oferecido pelo estabelecimento bancário, nos limites diários para tal operação, não se pode dizer que a falta de idade seja motivo para a necessidade de se efetuar novamente o pagamento por parte do devedor. Ninguém pode se beneficiar com a própria torpeza, a ninguém é dado o enriquecimento ilícito e a má-fé é repelida pelo nosso ordenamento.

É bom lembrar que o pagamento feito a pessoa absolutamente incapaz importa em *nulidade* e se feito a relativamente incapaz[182] importa em sua *anulabilidade*. Se o devedor estiver ciente da incapacidade absoluta do credor e efetuar a ele o pagamento, por ser considerado nulo, deverá fazê-lo novamente, sem prejuízo de eventual propositura de ação de repetição do indébito. Se o incapaz empregou mal o pagamento recebido, com a compra de objetos desnecessários, por exemplo, estes serão colocados à disposição do devedor original, na impossibilidade de desfazimento do negócio. Casos existem em que foi dado em pagamento bem fungível ou o recebido já foi gasto ou consumido pelo incapaz. Não havendo a possibilidade de devolução o devedor deve arcar com o prejuízo, devido à sua displicência ou má-fé.

182 Art. 3º São absolutamente incapazes de exercer pessoalmente os atos da vida civil:
I - os menores de dezesseis anos;
II - os que, por enfermidade ou deficiência mental, não tiverem o necessário discernimento para a prática desses atos;
III - os que, mesmo por causa transitória, não puderem exprimir sua vontade.
Art. 4º São incapazes, relativamente a certos atos, ou à maneira de os exercer:
I - os maiores de dezesseis e menores de dezoito anos;
II - os ébrios habituais, os viciados em tóxicos, e os que, por deficiência mental, tenham o discernimento reduzido;
III - os excepcionais, sem desenvolvimento mental completo;
IV - os pródigos.
Parágrafo único. A capacidade dos índios será regulada por legislação especial.

4.1.4 Do objeto do pagamento

Já foi oportunamente explicitado que a constituição de uma obrigação recai sobre uma conduta humana (fazer ou não fazer) ou sobre um objeto (dar bem certo, incerto ou restituir), que deve ser lícito, possível e passível de avaliação econômica. Assim, o objeto do pagamento é o cumprimento da prestação obrigacional, que se dá com o fazer ou não fazer a conduta humana ou com a entrega ou restituição do bem objeto. O cumprimento da(s) prestação(ões) gera a liberação, *a priori*, do vínculo. Diz-se *a priori* porque existem casos de, mesmo com o cumprimento da prestação, em tese, o devedor assume uma responsabilidade pós-contratual, como a garantia da durabilidade e boa qualidade do produto ou serviço (§§ 1º e 2º do artigo 18 do Código de Defesa do Consumidor),[183] ou mesmo a responsabilidade decorrente da existência de vícios redibitórios (artigos 441 e seguintes do Código Civil), deveres colaterais.

Consoante dispõe o artigo 313 do Código Civil, *o credor não é obrigado a receber prestação diversa da que lhe é devida, ainda que mais valiosa.* Se o devedor se obrigou ao pagamento de R$ 100.000,00, não pode exigir que o credor aceite como pagamento a entrega de um imóvel (numa legítima dação em pagamento) mesmo que de valor de mercado superior ao da dívida. Existem circunstâncias em que o credor quer ou precisa do dinheiro. Ainda que o bem tenha valor de mercado superior ao débito, pode ocorrer que o credor não tenha o menor interesse em receber certo bem, pois além do fato da falta de liquidez, a dificuldade em aliená-lo oportunamente, as despesas de sua manutenção ou impostos podem afastar do credor esta idéia. Não se pode obrigar o credor a receber um bem nestas circunstâncias e foi assim que o legislador laborou.

A obrigação somente se considera quitada com o cumprimento do pactuado dentro dos exatos termos e limites do contrato, da declaração unilateral

183 Art. 18. Os fornecedores de produtos de consumo duráveis ou não duráveis respondem solidariamente pelos vícios de qualidade ou quantidade que os tornem impróprios ou inadequados ao consumo a que se destinam ou lhes diminuam o valor, assim como por aqueles decorrentes da disparidade, com as indicações constantes do recipiente, da embalagem, rotulagem ou mensagem publicitária, respeitadas as variações decorrentes de sua natureza, podendo o consumidor exigir a substituição das partes viciadas.

§ 1° Não sendo o vício sanado no prazo máximo de trinta dias, pode o consumidor exigir, alternativamente e à sua escolha:

I - a substituição do produto por outro da mesma espécie, em perfeitas condições de uso;

II - a restituição imediata da quantia paga, monetariamente atualizada, sem prejuízo de eventuais perdas e danos;

III - o abatimento proporcional do preço.

§ 2° Poderão as partes convencionar a redução ou ampliação do prazo previsto no parágrafo anterior, não podendo ser inferior a sete nem superior a cento e oitenta dias. Nos contratos de adesão, a cláusula de prazo deverá ser convencionada em separado, por meio de manifestação expressa do consumidor.

de vontade, da Lei, ou da decisão judicial ou administrativa.[184] Qualquer forma de pagamento ou cumprimento que tenha como prestação uma conduta humana ou objeto diverso do convencionado somente será válida se acordado pelas partes envolvidas.[185]

Em caminho inverso, também não poderá o credor exigir do devedor bem ou conduta diversa da pactuada, ainda que menos valiosa ou significativa. A intenção do analisado artigo 313 é a aplicação do princípio *pacta sunt servanda*, ou seja, a regra milenar de que os pactos devem ser cumpridos, salvo se contrários à Lei. Ainda que atenuado este princípio subsiste.

Não existem exceções à aplicação do artigo 313 do Código Civil. Corolário à regra da identidade do objeto apresentada no artigo 313 é o artigo 314 do Código Civil que determina que *ainda que a obrigação tenha por objeto prestação divisível, não pode o credor ser obrigado a receber, nem o devedor a pagar, por partes, se assim não se ajustou.* A leitura deste artigo combinada com a do caput e § 1º do artigo 745-A do Código de Processo Civil[186] (com a redação dada pela Lei nº. 11.382/2006) faz surgir uma aparente antinomia normativa. Mas apenas aparente, pois a regra processual não revoga a material, eis que esta se aplica aos casos que não estejam sob o procedimento executivo, mas sim à hipótese de adimplemento. O parcelamento imposto pelo procedimento executivo, no qual o credor sequer deve apresentar sua concordância ou não,

184 TRIBUTÁRIO E PROCESSUAL CIVIL. AÇÃO DE CONSIGNAÇÃO EM PAGAMENTO. PRETENSÃO DE SE CONSIGNAR COISA DIVERSA DA QUE CONSTITUI OBJETO DA PRESTAÇÃO. JUSTA RECUSA POR PARTE DO CREDOR. AÇÃO QUE SE MOSTRA INADEQUADA PARA O FIM PRETENDIDO PELO DEVEDOR, QUAL SEJA, O DEPÓSITO DE DOCUMENTOS PARA SEREM APRECIADOS PELO CREDOR. I – A ação de consignação em pagamento é o meio hábil para que o devedor possa exonerar-se da obrigação, obtendo, com o depósito da coisa devida, os efeitos do pagamento. É necessário, para se alcance tal fim, que a recusa do credor em receber seja injusta. II – No caso, o procedimento da ação de consignação em pagamento é inadequado para o fim visado pelo devedor, pois este pretende o depósito de documentos para que o credor venha a analisá-los e a reconhecer a alegada compensação de créditos. III – Recurso especial improvido. (STJ – 1ª T. REsp 708421/RS. Rel.: Min. Francisco Falcão. DJ 10.04.2006).

185 Na legislação comparada, diverso não é o que se encontra. No Código Civil Argentino, o art. 740 dispõe: *El deudo rdebe entregar al acreedor la misma cosa a cuya entrega se obligó. El acreedor no puede ser obligado a recibir una cosa por otra, aunque sea de igual o mayor valor.* O Código Civil Espanhol, por sua vez, assevera: *Art. 1166. El deudor de una cosa no puede obligar a su acreedor a que reciba otra diferente, auncuando fuere de igual o mayor valor que la debida. Tampoco em lãs obligaciones de hacer podrá ser sustituido um hecho por otro contra la voluntad del acreedor.*

186 Art. 745-A. No prazo para embargos, reconhecendo o crédito do exequente e comprovando o depósito de 30% (trinta por cento) do valor em execução, inclusive custas e honorários de advogado, poderá o executado requerer seja admitido a pagar o restante em até 6 (seis) parcelas mensais, acrescidas de correção monetária e juros de 1% (um por cento) ao mês.
§ 1º Sendo a proposta deferida pelo juiz, o exequente levantará a quantia depositada e serão suspensos os atos executivos; caso indeferida, seguir-se-ão os atos executivos, mantido o depósito.

traz uma regra aplicável ao demorado e agonizante processo de execução, que pressupõe um inadimplemento obrigacional e a consequente crise da relação jurídica instaurada e que exige a intervenção estatal para a garantia da ordem e segurança jurídica. Ao invés de antinomia normativa a regra processual em comento deve ser encarada como mera exceção ao princípio exposto no artigo 314, num específico caso para a resolução de um processo executivo. Além dela, o § 1º do artigo 22 do Dec. nº. 2.044/1908[187] também o excepciona.

Dívidas pecuniárias. A mais comum das obrigações é a dívida pecuniária. Esta é a forma mais importante, até pelo fato de que todas as demais espécies de prestação podem nela se converter. Álvaro Villaça de Azevedo[188] traz a classificação de tais dívidas em *dívida de dinheiro* e *dívida de valor*. A primeira é a que se representa pelo importe econômico nela consignado, ou seja, pela moeda considerada em seu valor nominal, como ocorre no contrato de mútuo, em que o mutuário se obriga a devolver em prazo determinado a quantia levantada ou entregue a credor seu. Já a segunda tem o dinheiro não como o objeto da prestação, mas como o que representa seu valor, como no caso do financiamento para aquisição de bens de consumo. Quando o consumidor financia a compra de determinado bem, toma-se de empréstimo da financiadora uma quantia em dinheiro que represente o valor da aquisição do produto de consumo, ao contrário do empréstimo bancário que tem como objeto a obtenção do dinheiro em si. Da mesma forma, na indenização por danos materiais de pequena monta provocados por acidente automobilístico, o valor haverá de ser suficiente para a sua reparação. Os exemplos típicos das dívidas de valor citados por Villaça são a pensão alimentícia e a indenização por desapropriação.

Prescreve o artigo 315 do Código Civil a regra geral de que *as dívidas em dinheiro deverão ser pagas no vencimento, em moeda corrente e pelo valor nominal, salvo o disposto nos artigos subsequentes.* Neste artigo se insere o preceito de que o pagamento deve ser feito no prazo estipulado, em moeda nacional e segundo o seu valor nominal.

O credor não pode exigir que o devedor faça o pagamento antecipado, salvo nos casos previstos no artigo 333 do Código Civil.[189] A propósito, o § 2º

187 Dec. n. 2.044/1908: Art. 22. (...) § 1º. O portador é obrigado a receber o pagamento parcial, ao tempo do vencimento.

188 *Curso de Direito Civil -Teoria Geral das Obrigações.* São Paulo: Revista dos Tribunais, 1998, p. 131 e 132.

189 Art. 333. Ao credor assistirá o direito de cobrar a dívida antes de vencido o prazo estipulado no contrato ou marcado neste Código:
I - no caso de falência do devedor, ou de concurso de credores;
II - se os bens, hipotecados ou empenhados, forem penhorados em execução por outro credor;
III - se cessarem, ou se se tornarem insuficientes, as garantias do débito, fidejussórias, ou reais, e o devedor, intimado, se negar a reforçá-las.

do artigo 53 do Código de Defesa do Consumidor assevera que *é assegurada ao consumidor a liquidação antecipada do débito, total ou parcialmente, mediante redução proporcional dos juros e demais acréscimos.*

Sobre a exigência do pagamento em moeda nacional, o § 1° do artigo 9° da Lei de Introdução às normas do Direito Brasileiro preceitua: *destinando-se a obrigação a ser executada no Brasil e dependendo de forma essencial, será esta observada, admitidas as peculiaridades da lei estrangeira quanto aos requisitos extrínsecos do ato.*

O artigo 318 do Código Civil também assevera que *são nulas as convenções de pagamento em ouro ou em moeda estrangeira, bem como para compensar a diferença entre o valor desta e o da moeda nacional, excetuados os casos previstos na legislação especial.* Este artigo segue o raciocínio apresentado no Decreto Lei nº. 857/69, que em seu artigo 1° dita a seguinte norma: *São nulos de pleno direito os contratos, títulos e quaisquer documentos, bem como as obrigações que exequíveis no Brasil, estipulem pagamento em ouro, em moeda estrangeira, ou, por alguma forma, restrinjam ou recusem, nos seus efeitos, o curso legal do cruzeiro.*

Mas é claro que existem exceções a esta regra, como o artigo 6º. da Lei nº. 8.880/1994, ao impor que: *É nula de pleno direito a contratação de reajuste vinculado à variação cambial, exceto quando expressamente autorizado por lei federal e nos contratos de arrendamento mercantil celebrados entre pessoas residentes e domiciliadas no País, com base em captação de recursos provenientes do exterior.* O mesmo Decreto Lei nº. 857/1969 assevera no artigo 2º. que *não se aplicam as disposições do artigo anterior: I - aos contratos e títulos referentes a importação ou exportação de mercadorias; II - aos contratos de financiamento ou de prestação de garantias relativos às operações de exportação de bens de produção nacional, vendidos a crédito para o exterior; III - aos contratos de compra e venda de câmbio em geral; IV - aos empréstimos e quaisquer outras obrigações cujo credor ou devedor seja pessoa residente e domiciliada no exterior, excetuados os contratos de locação de imóveis situados no território nacional; V - aos contratos que tenham por objeto a cessão, transferência, delegação, assunção ou modificação das obrigações referidas no item anterior, ainda que ambas as partes contratantes sejam pessoas residentes ou domiciliadas no país. Parágrafo único. Os contratos de locação de bens móveis que estipulem pagamento em moeda estrangeira ficam sujeitos, para sua validade a registro prévio no Banco Central do Brasil. Art. 3° No caso de rescisão judicial ou extrajudicial de contratos a que se refere o item I do artigo 2° dêste Decreto-lei, os pagamentos decorrentes do acêrto*

Parágrafo único. Nos casos deste artigo, se houver, no débito, solidariedade passiva, não se reputará vencido quanto aos outros devedores solventes.

entre as partes, ou de execução de sentença judicial, subordinam-se aos postulados da legislação de câmbio vigente. [190]

Por sua vez, o princípio nominalista, ou seja, a imperiosidade de se apresentar o valor nominal da quantia pecuniária a que refere a prestação, encontra respaldo no artigo 1º. da Lei n º. 10.192/2001, ao dispor que *as estipulações de pagamento de obrigações pecuniárias exequíveis no território nacional deverão ser feitas em Real, pelo seu valor nominal.*

Também se consideram válidas, sem ferir o artigo 318 do Código Civil, a estipulação de pagamento em sacas de cereais ou outras mercadorias, muito comum no interior do país, principalmente na celebração de contratos de compra e venda de bens móveis e imóveis.

Não obstante a regra geral do nominalismo explanada no retro-mencionado artigo 315 do Código Civil facilitar aos contraentes a previsão de quanto deverá ser o pagamento, os dois artigos seguintes apresentam ressalvas à sua aplicabilidade, sendo que o artigo 316 permite a convenção de cláusula de escala móvel e o artigo 317 expressa a teoria da imprevisão.

Pelos ditames do artigo 316, *é lícito convencionar aumento progressivo de prestações sucessivas.* Muito bem esclarece Paulo Nader[191] que *a regra permite, nas prestações divisíveis e a prazo, que as parcelas a pagar não sejam uniformes, mas de valor diversificado e aumento progressivo. A variação pode ser uma decorrência de simples interesse das partes em escalonar os valores ou de seu propósito de embutir juros e correção monetária. Esta liberdade, todavia, sofre limitação da Lei nº 10.192/01 que, por seu art. 2º, § 1º, dispõe que: "É nula de pleno direito qualquer estipulação de reajuste ou correção monetária de periodicidade inferior a um ano." Se a relação for de consumo, o caso precisa ser estudado mais acuradamente, pois a matéria é de ordem pública e deve-se evitar que eventual prática abusiva se acoberte sob o manto da Lei.*

A razão de existir da cláusula de escala móvel é a necessidade da manutenção do equilíbrio econômico financeiro dos contraentes de uma relação jurídica de longa duração, como a celebração de um contrato de trato sucessivo ou mesmo o dever do pagamento de pensão alimentícia. Para que não haja desequilíbrio na relação jurídica com o decorrer do tempo é facultada a adoção

190 A Lei n. 10.192/2001, pelo parágrafo único do seu art. 1º assegura sua aplicação, com a seguinte redação: *São vedadas, sob pena de nulidade, quaisquer estipulações de: I - pagamento expressas em, ou vinculadas a ouro ou moeda estrangeira, ressalvado o disposto nos arts. 2º e 3º do Decreto-Lei nº 857, de 11 de setembro de 1969, e na parte final do art. 6º da Lei nº 8.880, de 27 de maio de 1994; II - reajuste ou correção monetária expressas em, ou vinculadas a unidade monetária de conta de qualquer natureza; III - correção monetária ou de reajuste por índices de preços gerais, setoriais ou que reflitam a variação dos custos de produção ou dos insumos utilizados, ressalvado o disposto no artigo seguinte.*

191 *Curso de Direito Civil - Obrigações.* Rio de Janeiro: Forense, 2008, p. 243.

de reajustes da prestação que deve variar segundo os índices de custo de vida. Ressalte-se que a adoção desta cláusula deverá ser previamente estabelecida, durante a contratação e não após, eis que pode ensejar uma revisão do próprio negócio jurídico.

Entretanto, independentemente desta cláusula ter sido ou não adotada previamente no contrato, *quando, por motivos imprevisíveis, sobrevier desproporção manifesta entre o valor da prestação devida e o do momento de sua execução, poderá o juiz corrigi-lo, a pedido da parte, de modo que assegure, quanto possível, o valor real da prestação* (artigo 317 do Código Civil). Este dispositivo legal, ao expressar a teoria da imprevisão, também denominada de *instituto da superveniência*, permite que qualquer das partes requeira ao Juiz que corrija a desproporção sobrevinda entre o que foi ajustado por ocasião da celebração do contrato e o valor da prestação à época da sua execução. O magistrado não poderá recepcioná-la de ofício e a causa da desproporção deve ser considerada imprevisível. Seu objetivo é a eliminação do fator *surpresa* que distorce as condições contratuais, ocorrida, na maior parte das vezes, pelo caso fortuito, força maior ou fato do príncipe. Em relação a isto, não se há de confundir com a simples existência e aplicação destes *Acts of God*, eis que geram a impossibilidade temporária ou permanente de conclusão da prestação e, dependendo do caso, levam à extinção da obrigação por perecimento do bem, pela resolução ou resilição da relação jurídica, se não for o caso de sua deterioração (artigo 393, cabeça e parágrafo único, do Código Civil).

Para o instituto da superveniência, o que se verifica é a onerosidade nos vínculos contratuais a partir daqueles eventos.[192]Isto se harmoniza com os postulados da equidade, boa-fé objetiva e com a vedação do enriquecimento sem causa.

Para Paulo Nader,[193] (...) *as alterações devem ser imprevistas e imprevisíveis, ou seja, não podem estar no plano da consciência, nem ser acessíveis ao conhecimento das partes. Quando o pagamento se faz no ato de compra, por exemplo, não há que se cogitar sobre a cláusula. Esta somente é cabível quando, entre a celebração do negócio e a época de cumprimento da prestação, houver considerável lapso temporal, suficiente para que o quadro econômico se altere substancialmente. Aplica-se a teoria da imprevisão, portanto, nas obrigações a termo e naquelas que, embora não tenham uma data fixada para cumprimento, avançam no tempo. Passível de aplicação, portanto, nas obrigações subordinadas à condição suspensiva.*

---

192 Também não pode ser considerado vício de consentimento ou mesmo lesão negocial por não ser contemporâneo à formação da relação jurídica.

193 *Curso de Direito Civil - Obrigações*. Rio de Janeiro: Forense, 2008, p. 244.

Além disso, não podem existir quaisquer riscos inerentes ao negócio jurídico em si, como o investimento em bolsas de valores ou mercados de ações, em que é possível, mas não esperada, a perda de capital, ante a volatilidade do específico mercado. O investidor não pode alegar, por exemplo, que a crise econômica mundial, com início na falta de liquidez dos créditos imobiliários dos bancos norte-americanos e que causou pânico mundial em 2008 não era prevista e que por isto teve um prejuízo de 70% em sua carteira acionária. O risco da perda de capital é inerente à especulação financeira. Neste mesmo sentido, a jurisprudência do Superior Tribunal de Justiça também não vem admitindo o argumento do fator inflacionário como motivador da imprevisibilidade.[194]

Desta forma, são requisitos cumulativos para correção judicial do objeto da prestação, de acordo com o artigo 317 do Código Civil: a) requerimento do interessado; b) situação de equilíbrio econômico à época da celebração do contrato; c) lapso temporal significativo entre o momento da formação do contrato e o de sua execução;[195] d) relevantes alterações econômicas ao tempo da execução do contrato; e) grande desproporção que proporcione um signifi-

194 DIREITO ADMINISTRATIVO E PROCESSUAL CIVIL - LITIGÂNCIA DE MÁ-FÉ - ART. 18 DO CPC - LICITAÇÃO - CONTRATO - CONSTRUÇÃO DE HIDRELÉTRICA - PREJUÍZOS SOFRIDOS PELO LICITANTE DURANTE A EXECUÇÃO DO CONTRATO - INFLAÇÃO - PROPOSTA DO LICITANTE MAL CALCULADA - ÁLEA ORDINÁRIA, QUE NÃO PODE SER ATRIBUÍDA À ADMINISTRAÇÃO - TEORIA DA IMPREVISÃO - NÃO-APLICAÇÃO - DOUTRINA E JURISPRUDÊNCIA. (...) 4. Teoria da Imprevisão. Alegada violação dos arts. 478, 479 e 480 do novo Código Civil. De início, cumpre asseverar ser irrelevante o fato de que o contrato foi firmado antes da vigência do novo Código Civil para a análise da Teoria da Imprevisão. Questões principiológicas de que se valiam os intérpretes do próprio Código Beviláqua. 5. Não se mostra razoável o entendimento de que a inflação possa ser tomada, no Brasil, como álea extraordinária, de modo a possibilitar algum desequilíbrio na equação econômica do contrato, como há muito afirma a jurisprudência do STJ. 6. Não há como imputar as aludidas perdas a fatores imprevisíveis, já que decorrentes de má previsão das autoras, o que constitui álea ordinária não suportável pela Administração e não autorizadora da Teoria da Imprevisão. Caso se permitisse a revisão pretendida, estar-se-ia beneficiando as apeladas em detrimento dos demais licitantes que, agindo com cautela, apresentaram proposta coerente com os ditames do mercado e, talvez por terem incluído essa margem de segurança em suas propostas, não apresentaram valor mais atraente. Recurso especial conhecido em parte e improvido. (STJ-2ª T. REsp 744446/DF. Rel.: Min. Humberto Martins. DJe 05/05/2008).

195 CIVIL. CONTRATO. VENDA. SAFRA FUTURA. SOJA. COTAÇÃO. MUDANÇA. ALTERAÇÃO E RESOLUÇÃO DA AVENÇA. IMPOSSIBILIDADE. 1 - A venda de safra futura, a preço certo, em curto espaço de tempo, há de ser cumprida pelas partes contratantes. Alterações previsíveis na cotação do produto (soja) não rendem ensejo à modificação da avença ou à sua resolução. Precedentes deste Tribunal. 2 - Recurso especial não conhecido. (STJ-4ª T. REsp 809464/GO. Rel.: Min. Fernando Gonçalves. DJe 23/06/2008).

cativo abalo financeiro à parte requerente; f) inexistência de risco inerente ao negócio jurídico.[196]

Quanto à eventual existência de cláusula contratual que exclua o direito exposto no artigo 317 do Código Civil, esta se torna sem efeito e validade eis que contraria norma de ordem pública e caminha em sentido contrário aos princípios da boa-fé objetiva, equidade e vedação do enriquecimento sem causa.

Acerca da Teoria da Imprevisão, importa mencionar que ela é uma evolução da cláusula *rebus sic stantibus*, ou seja, o princípio que ordena que os contratos devem ser cumpridos, salvo nos casos expressamente previstos contratualmente. Pode-se dizer que esta é a regra e a imprevisibilidade dá azo à possibilidade de sua correção pela via judicial, sempre que por motivos imprevisíveis sobrevier manifesta desproporção entre o valor da prestação devida ao tempo da celebração do contrato e do momento de sua execução. O Código Civil também adotou outro instituto que é considerado como parte da evolução da teoria da imprevisão. Trata-se da *resolução por onerosidade excessiva* disposta nos artigos478 a 480,[197]em que a parte lesada em seu direito ao equilíbrio contratual, pleiteia a resolução judicial do contrato pelo advento de extrema vantagem para a outra parte, decorrente de acontecimentos extraordinários e imprevisíveis.[198] O que se busca é evitar a onerosidade excessiva na prestação e

196 PROCESSUAL CIVIL ADMINISTRATIVO. CONTRATO ADMINISTRATIVO. EXECUÇÃO DE OBRAS DE CONSTRUÇÃO CIVIL E TERRAPLENAGEM. PLANO REAL. CONVERSÃO EM URV. DISSÍDIO COLETIVO. AUMENTO DE SALÁRIO. EQUILÍBRIO ECONÔMICO-FINANCEIRO. TEORIA DA IMPREVISÃO. INAPLICABILIDADE AO CASO. DESPROVIMENTO DO RECURSO ESPECIAL. 1. A conversão da moeda em URV de que trata a Lei n. 8.880/94 não se apresenta como extorsiva ou exorbitante a justificar a excepcionalidade da Teoria da Imprevisão. 2. O aumento salarial a que está obrigada a contratada por força de dissídio coletivo não é fato imprevisível capaz de autorizar a revisão contratual de que trata o art. 65 da Lei n. 8.666/93. 3. Recurso especial improvido. (STJ-2ª T. REsp 650613/SP. Rel.: Min. João Otávio de Noronha. DJ 23/11/2007 p. 454).

197 Art. 478. Nos contratos de execução continuada ou diferida, se a prestação de uma das partes se tornar excessivamente onerosa, com extrema vantagem para a outra, em virtude de acontecimentos extraordinários e imprevisíveis, poderá o devedor pedir a resolução do contrato. Os efeitos da sentença que a decretar retroagirão à data da citação.

Art. 479. A resolução poderá ser evitada, oferecendo-se o réu a modificar equitativamente as condições do contrato.

Art. 480. Se no contrato as obrigações couberem a apenas uma das partes, poderá ela pleitear que a sua prestação seja reduzida, ou alterado o modo de executá-la, a fim de evitar a onerosidade excessiva.

198 Entretanto o Projeto de Lei n. 3.619/2008, do Sr. Dep. Fed. Carlos Bezerra, apresenta a seguinte proposta de alteração da redação do art. 478 do Código Civil: *Nos contratos de execução continuada ou diferida, se a prestação de uma das partes se tornar excessivamente onerosa, com extrema vantagem para a outra, em virtude de acontecimentos extraordinários poderá o devedor pedir a resolução do contrato. Os efeitos da sentença que a decretar retroagirão à data da citação.*

não necessariamente sua resolução. A prestação pode ser reduzida ou ter alterado o seu modo de execução. Ao aceitar modificar as condições contratuais de modo equitativo, poderá o réu evitar a resolução do contrato.[199]

4.1.5 Da prova do pagamento

Uma vez realizado o pagamento, tem o devedor direito à quitação e o credor tem a obrigação disto lhe fornecer, pois se trata da prova do cumprimento da avença, sendo considerada carta de alforria da relação jurídica a que estava vinculado o devedor.

Muito comum é encontrar o termo *quitação* como sinônimo de *recibo* de pagamento, o que não é verdade. Este é apenas uma das formas pelas quais se dá a quitação, que podem ser:

Recibo de pagamento ou declaração firmada por escrito pelo credor ou seu preposto de que houve o pagamento e liberação da prestação;

Comprovante de depósito ou transferência bancária;

Entrega do título de crédito, consoante os artigos 324 e 386 do Código Civil;[200]

Prova testemunhal, com a ressalva do artigo 227 do Código Civil;[201]

Pagamento em consignação pela forma judicial (artigo 334 e seguintes do Código Civil e artigo 890 e seguintes do Código de Processo Civil);

De nossa parte acreditamos ser merecedor de aplausos tal iniciativa, vez que se adéqua à linha de entendimento do Código de Defesa do Consumidor (arts. 6º, V, e 51, IV e § 1º, III). Segundo a própria justificativa do projeto, *Desnecessário, pois, que o fator de desequilíbrio, ocorrente durante o cumprimento do contrato, seja previsível ou não. Tem-se pois, que ocorrido um evento extraordinário que torne insuportável a contraprestação, impõe-se a revisão contratual.*

199 O próprio Enunciado n. 176 da III Jornada de Estudos do Código Civil promovida pelo Centro de Estudos Judiciários do Conselho da Justiça Federal direciona: *Em atenção ao princípio da conservação dos negócios jurídicos, o art. 478 do Código Civil de 2002 deverá conduzir, sempre que possível, à revisão judicial dos contratos e não à resolução contratual.*

200 Art. 324. A entrega do título ao devedor firma a presunção do pagamento.
Parágrafo único. Ficará sem efeito a quitação assim operada se o credor provar, em sessenta dias, a falta do pagamento.
Art. 386. A devolução voluntária do título da obrigação, quando por escrito particular, prova desoneração do devedor e seus co-obrigados, se o credor for capaz de alienar, e o devedor capaz de adquirir.

201 Art. 227. Salvo os casos expressos, a prova exclusivamente testemunhal só se admite nos negócios jurídicos cujo valor não ultrapasse o décuplo do maior salário mínimo vigente no País ao tempo em que foram celebrados.
Parágrafo único. Qualquer que seja o valor do negócio jurídico, a prova testemunhal é admissível como subsidiária ou complementar da prova por escrito.

Pagamento em consignação pela forma extrajudicial (§ 1° do artigo 890 do Código de Processo Civil).

É importante salientar que o ônus da prova do pagamento cabe ao devedor, daí ser seu direito a regular quitação e a sua possibilidade de reter o pagamento se houver a recusa do credor neste sentido.[202] É o que dispõe o artigo 319 do Código Civil, nos seguintes termos: *O devedor que paga tem direito a quitação regular, e pode reter o pagamento, enquanto não lhe seja dada.* A recusa no fornecimento da quitação inviabiliza o pagamento e incide o credor em mora, conforme prevê o artigo 394 do Código Civil.[203] Contudo, se o devedor não conseguir, por qualquer meio, provar o comportamento do credor na negativa do fornecimento da quitação, o que não é raro, deverá consignar o pagamento em juízo. Já ao credor cabe o ônus da prova da inautenticidade ou vício da forma de quitação.

O pagamento efetuado mediante cheque poderá liberar ou não o devedor. Explica-se: o artigo 13 da Lei nº. 7357/85 (Lei do Cheque) estabelece que *as obrigações contraídas no cheque são autônomas e independentes.* Assim, em princípio, o pagamento mediante referido título de crédito formaria uma nova relação jurídica, pois extinguiria aquela anterior obrigação (obrigação *pro soluto*). Mas numa relação extra-processual executiva se poderia dizer que não importa qual será a relação jurídica que irá preponderar, se a do contrato originário ou do título de crédito, não fosse a incidência, em tese, do lapso prescricional, pois o credor poderia tanto executar o contrato ou o cheque (mas não os dois cumulativamente).[204] Mas como é possível a incidência da prescrição, eis que a Lei determina prazos diferenciados, impõe ressalvar que se o pagamento se opera mediante cheque e no recibo constar esta circunstância com os dados da cártula ou se o verso desta constar tal finalidade, tem-se o chamado pagamento *pro solvendo*, pois só terá eficácia liberatória após ser pago ou compensado pelo estabelecimento bancário. Como o ônus da prova da inautenticidade

202 CIVIL - RETENÇÃO DE PAGAMENTO - RECUSA DE QUITAÇÃO. - A retenção de pagamento só pode ser dirigida à respectiva negativa de quitação (CC/16, Art. 939 e CC/02, Art. 319). (STJ-3ª T. REsp 655220/TO. Rel.: Min. Humberto Gomes de Barros. DJ 30/10/2006 p. 295).

203 Art. 394. Considera-se em mora o devedor que não efetuar o pagamento e o credor que não quiser recebê-lo no tempo, lugar e forma que a Lei ou a convenção estabelecer.

204 EMBARGOS DO DEVEDOR. EMISSÃO DE CHEQUES PARA PAGAMENTO DE DUPLICATAS VENCIDAS. DEVOLUÇÃO POR INSUFICIÊNCIA DE FUNDOS. AUTONOMIA. - Tanto os cheques quanto as duplicatas gozam de autonomia. O ora recorrente deveria ter adimplido com a obrigação originária; se emitiu cheques, títulos *pro solvendo*, para sua quitação, então o credor optará por executar tanto uns quanto outros. Poderá, ainda, executar ambos, em conjunto. - A execução - seja pelas duplicatas, seja pelos cheques – está aparelhada com título autônomo. O negócio jurídico precedente e a força executiva das duplicatas não retira, em absoluto, a dos cheques. (STJ-3ª T. REsp 1023648/ES. Rel.: Min. Humberto Gomes de Barros. DJe 13/05/2008).

da quitação é do credor, basta demonstrar a inexistência de fundos à cártula, para restituir o vínculo obrigacional com todos os seus efeitos daí decorrentes (juros de mora, correção monetária, cláusula penal pelo inadimplemento ou perdas e danos, se for o caso). Esta modalidade também ocorre quando em procedimento executivo judicial, o devedor quite o débito mediante título de crédito. Não havendo fundos, não haveria motivo de se iniciar um novo processo executivo ante a mesma causa. Seria carrear ao credor maiores despesas e ainda contribuir para o acúmulo de processos junto ao Poder Judiciário.

Contrariamente, se houver manifestação expressa de que a liberação do vínculo se dará independentemente da existência de fundos, ou se o pagamento mediante cheque se deu para o pagamento de outro título, opera-se o chamado pagamento *pro soluto*. Neste caso, o que ocorre em verdade é uma espécie de novação, eis que as partes assim consentem.

O artigo 320 do Código Civil estabelece os requisitos da prova do pagamento com a seguinte redação: *A quitação, que sempre poderá ser dada por instrumento particular, designará o valor e a espécie da dívida quitada, o nome do devedor, ou quem por este pagou, o tempo e o lugar do pagamento, com a assinatura do credor, ou do seu representante.* Destarte, exige-se para a validade e eficácia da quitação dada por instrumento particular, que se discrimine: a) o valor pago; b) a dívida referida; c) o nome de quem paga; d) data e lugar do pagamento; e) assinatura do *accipiens*.

É de se atentar para o fato de que, mesmo que tenha sido inserida cláusula que estipule o dever de quitação por instrumento público, se efetuada por instrumento particular também haverá validade, pois se embasa de acordo com a vontade de norma pública. Mesmo que no instrumento de quitação não conste todos os elementos exigidos, não se quer dizer que o pagamento será inválido, pois, segundo o parágrafo único do artigo analisado, *ainda sem os requisitos estabelecidos neste artigo valerá a quitação, se de seus termos ou das circunstâncias resultar haver sido paga a dívida.* Conforme a natureza contratual ou de seus meios, como no caso de contratos celebrados eletronicamente ou por internet, se pode perfeitamente entender que a dívida foi paga.[205]

205 *Em se tratado de dívida pecuniária, como se caracterizar o documento extraído de caixas eletrônicos e pela* internet, *quando se sabe que não apresentam assinatura? A rigor não caracterizam* quitação, *apenas elemento probatório a que, associado a outros, comprovam o pagamento. Se o boleto bancário apresenta* código de barras, *o comprovante emitido oferece os dados básicos da operação. A prova plena de pagamento,* in casu, *depende, ainda, de dois fatos: a) que a importância do pagamento tenha sido retirada da conta bancária do devedor; b) a entrada na conta bancária do credor da importância paga* (Paulo Nader, *Curso de Direito Civil - Obrigações.* Rio de Janeiro: Forense, 2008, p. 251). Já o Enunciado n. 18 da I Jornada de Estudos do Código Civil promovida pelo Centro de Estudos Judiciários do Conselho da Justiça Federal dispõe: *a "quitação regular" referida no art. 319 do novo Código Civil engloba a quitação dada por meios eletrônicos ou por quaisquer formas de 'co-*

É possível *revogar* a quitação dada por instrumento particular? Sim, desde que emitida sem cláusula de irrevogabilidade e, se o ato de revogabilidade for por instrumento particular, deverá ser registrado no Registro de Títulos e Documentos, com ciência aos interessados (devedor e terceiros garantidores do débito) com a exposição dos motivos que a fundamentam.

Como adiantado alhures, a quitação também se opera com a entrega do título constitutivo da obrigação ao devedor. É o que dispõe o artigo 324 do Código Civil: *A entrega do título ao devedor firma a presunção do pagamento.* Isto significa dizer que, se o credor devolve o cheque ou a nota promissória, por exemplo, ao devedor, presume-se que tenha recebido e por intermédio da devolução se tenha dado a quitação, eis que já não mais dispõe do documento que embase o protesto ou um futuro processo de execução Todavia, segundo o parágrafo único deste artigo, *ficará sem efeito a quitação assim operada se o credor provar, em sessenta dias, a falta do pagamento.*[206] Como o credor deve proceder para provar a falta do pagamento é uma incógnita que o legislador não se ocupou em resolver. Trata-se de prazo decadencial, pois está a determinar que a inércia do credor faz com que não mais se possa discutir em Juízo a obrigação em questão. Ainda que se venha a discutir posteriormente o enriquecimento sem causa, isto não se confunde com a quitação daquela obrigação, cuja presunção se operou. Daí, retornando ao âmago da questão, se o devedor substituiu o documento representativo do débito por outro, como um outro cheque, isto não se amolda ao parágrafo em questão, pois o credor ainda disporá de um suporte material para sua pretensão, seja dirigida ao próprio credor ou a terceiro se esta cártula é de emissão de outrem.

Outra situação reprovável se dá quando o devedor maliciosamente preenche envelope de depósito em caixa automático e o deposita sem inserir quantia em dinheiro ou cheque. Após, de posse do respectivo comprovante, o envia por meio de fax, ao credor e lhe solicita que entregue a um terceiro o título de crédito que prova a relação jurídica. Posteriormente, quando o credor toma conhecimento da inexistência do depósito pode ter como prova a declaração da instituição bancária de que aludido depósito não se perfez por falta de conteúdo no mencionado envelope. Destaque-se que do termo "maliciosamente" inserido no início do parágrafo, extrai-se a prova da má-fé e a partir de noti-

municação à distância", assim entendida aquela que permite ajustar negócios jurídicos e praticar atos jurídicos sem a presença corpórea simultânea das partes ou de seus representantes.

206 Direito civil. Recurso especial. Contrato de compra e venda de imóvel com pacto adjeto de retrovenda. Ações anulatória de escritura pública e de imissão de posse. Entrega do título. Presunção do pagamento. - A entrega do título ao devedor faz surgir a presunção do pagamento da dívida, que somente pode ser ilidida no prazo previsto no art. 324, § 1º, do CC/02. Recurso especial parcialmente conhecido e, nessa parte, provido. (STJ-3ª T. REsp 798003/PB. Rel.: Min. Nancy Andrighi. DJ 09/10/2006 p. 299).

ficação extrajudicial, o devedor é constituído em mora, que neste caso deve retroagir ao instante em que deveria ser cumprida a prestação e não a partir da notificação, ou seja, possuirá efeitos *ex tunc.*

Na possibilidade da perda do título pelo credor, a disposição do artigo 321 do Código Civil é de que *nos débitos, cuja quitação consista na devolução do título, perdido este, poderá o devedor exigir, retendo o pagamento, declaração do credor que inutilize o título desaparecido.* Observe-se que este artigo credita ao devedor o direito a uma diversa forma de quitação, que deve conter as características descritas no artigo 320 do Código Civil, também por instrumento particular, com o acréscimo da declaração de não utilização do título que desapareceu. Em se tratando de cheque, poderá o devedor sustá-lo. Mas pode o devedor se negar a pagar a dívida ante o desaparecimento do título? A leitura deste artigo requer a acuidade para o termo *poderá*. Ele não traz o termo *deverá*, o que significa que, com sua possível negativa ao pagamento, ao credor restará a propositura da ação de anulação e substituição de título ao portador, prevista nos artigos 907 a 913 do Código de Processo Civil.

Ademais, em não optando o devedor pela via do artigo 321, poderá consignar o pagamento em juízo ou pela via extrajudicial e alcançar os efeitos desvinculantes da obrigação ou prestação.

Com a crescente oferta de crédito, não é raro a aquisição de produtos e serviços dos mais variados gêneros sob a forma de pagamento parcelado em quotas sucessivas e periódicas. O artigo 322 do Código Civil dispõe que *quando o pagamento for em quotas periódicas, a quitação da última estabelece, até prova em contrário, a presunção de estarem solvidas as anteriores.*[207] Como esta presunção é *juris tantum*, à parte interessada no contrário é que cabe o ônus de sua prova, ou seja, ao credor. Disposição semelhante é encontrada no artigo 158 do Código Tributário Nacional.[208] Assim, é lícito a ele inserir no recibo de quitação da prestação a expressão equivalente de que *o pagamento desta parcela não implica no das anteriores*, comumente utilizado em boletos para pagamento de

207 O Código Civil Mexicano contém disposição semelhante: *Articulo 2089. Cuando la deuda es de pensiones que deben satisfacerse em periodos determinados, y se acredita por escrito el pago de la ultima, se presumen pagadas las anteriores, salvo pruebaen contrario.* No mesmo sentido é o Código Civil Argentino: *Art.746.- Cuando el pago deba ser hecho en prestaciones parciales, y en períodos determinados, el pago hecho por el último período hace presumir el pago de los anteriores, salvo la prueba en contrario.*

208 Art. 158. O pagamento de um crédito não importa em presunção de pagamento:
I - quando parcial, das prestações em que se decomponha;
II - quando total, de outros créditos referentes ao mesmo ou a outros tributos.

água, energia elétrica, telefone, condomínio,[209] entre outros.[210] Contudo, se os títulos são autônomos e independentes uns dos outros não se aplica esta regra, como no caso do pagamento efetuado pela emissão de cheques pré-datados, pois cada um deles possui autonomia em relação aos demais.

No caso do pagamento de quantia que se tenha inserido no contrato a previsão de cobrança de juros ante o inadimplemento no prazo, a quitação que silenciar a falta de pagamento destes fará a presunção de que houve o pagamento integral e nada mais se deve. Contudo, se o credor ressalvar que não os recebeu, persistirá a obrigação em relação à prestação consistente em pagar os juros, como se parcelada fosse a quitação, consoante apregoa o artigo 323 do Código Civil: *Sendo a quitação do capital sem reserva dos juros, estes presumem-se pagos.*[211] Disposição semelhante se encontra no artigo 785º do Código Civil Português: *1. Quando, além do capital, o devedor estiver obrigado a pagar despesas ou juros, ou a indemnizar o credor em consequência da mora, a prestação que não chegue para cobrir tudo o que é devido presume-se feita por conta, sucessivamente, das despesas, da indemnização, dos juros e do capital. 2. A imputação no capital só pode fazer-se em último lugar, salvo se o credor concordar em que se*

209 CIVIL E PROCESSUAL. COBRANÇA DE COTA CONDOMINIAL EM ATRASO. ÔNUS DA PROVA. CONDÔMINO. PRECEDENTE. A jurisprudência desta Corte já se firmou no sentido de que "as cotas condominiais são imprescindíveis à manutenção do condomínio, que sobrevive da contribuição de todos em benefício da propriedade comum que usufruem, e representam os gastos efetuados mês a mês, de sorte que gozam de autonomia umas das outras, não prevalecendo a presunção contida no art. 943 do Código Civil, de que a mais antiga parcela estaria paga se as subsequentes o estiverem". Destarte, é do condômino o ônus de provar que o pagamento das cotas em atraso foram efetuadas. Recurso especial provido. (STJ-3ª T. REsp 852417/SP. Rel.: Min. Castro Filho. DJ 18/12/2006 p. 394).

210 ADMINISTRATIVO. TRIBUTÁRIO. IPVA. PAGAMENTO. PROVA. CERTIFICADO DE REGISTRO E LICENCIAMENTO DE VEÍCULO. QUITAÇÃO DAS PARCELAS SUBSEQUENTES. IRRELEVÂNCIA. 1. A expedição de certificado de registro e licenciamento de veículo, embora condicionada à quitação de tributos incidentes sobre a propriedade de veículo automotor, não é dotada de qualquer eficácia liberatória de obrigação fiscal (REspsnºs 627.675/RS, DJ de 25/10/2004, e 511.480/RS, DJ de 04/08/2003, Rel. Min. Luiz Fux). 2. A quitação de tributos se promove via Documento de Arrecadação Fiscal - DARF, com recibo emitido pela instituição financeira credenciada ao recebimento dos valores recolhidos a esse título, não se prestando a esse mister certificado lavrado por terceiro estranho à relação tributária, mesmo que órgão público, vinculado ao Estado credor (Precedentes: REsp 590.461/RS, Ministro Castro Meira, Segunda Turma, DJ 25.08.2006; REsp 688.649/RS, Ministro José Delgado, Primeira Turma, DJ 11.04.2005). 3. No Direito Tributário, a quitação de parcelas subsequentes não cria a presunção de pagamento das anteriores. Inteligência do art. 158 do CTN. 4. Recurso especial provido. (STJ-1ª T. REsp 776570/RS. Rel.: Min. Luiz Fux. DJ 02/04/2007 p. 239).

211 A regra contida no art. 323 do Código Civil de 2002 – "sendo a quitação do capital sem reserva dos juros, estes presumem-se pagos" – não contempla a correção monetária que, por não constituir um *plus*, objetiva tão-somente a reposição do valor real da moeda. (STJ-2ª T. REsp 911046/GO. Rel.: Min. João Otávio de Noronha. DJ 02/08/2007 p. 448).

faça antes. O artigo seguinte do Código lusitano apresenta, de forma mais ordenada que o nosso, todas as presunções de pagamento: *Artigo 786º (presunções de pagamento) 1. Se o credor der quitação do capital sem reserva dos juros ou de outras prestações acessórias, presume-se que estão pagos os juros ou prestações. 2. Sendo devidos juros ou outras prestações periódicas e dando o credor quitação, sem reserva, de uma dessas prestações, presumem-se realizadas as prestações anteriores. 3. A entrega voluntária, feita pelo credor ao devedor, do título original do crédito faz presumir a liberação do devedor e dos seus condevedores, solidários ou conjuntos, bem como do fiador e do devedor principal, se o título é entregue a algum destes.*

Existem diversos casos em que se estabelece, como em débitos decorrentes de cartão de crédito por exemplo, que os juros, a multa e a correção monetária decorrentes do pagamento feito em atraso, serão inseridas na fatura posterior.

Não raras vezes, o cumprimento da obrigação importa em despesas de transporte e armazenamento, que geralmente constam do pacto celebrado acerca da responsabilidade deste ônus. Havendo o silêncio deste, há a presunção que tais despesas ficarão a cargo do devedor. Mas se durante o contrato o credor der causa para o aumento dos custos, é este quem os suportará. Se for o devedor o causador, a mesma regra se aplica. Exemplo disto ocorre com a alteração de domicílio (tanto do credor como do devedor), o que implica aumento da distância anteriormente calculada para o transporte. No caso de despesas com o cancelamento do protesto após a quitação, estas ficam a cargo do devedor.[212] É a isso que se refere o artigo 325 do Código Civil: *Presumem-se a cargo do devedor as despesas com o pagamento e a quitação; se ocorrer aumento por fato do credor, suportará este a despesa acrescida.*

Em alguns casos, os contratantes silenciam quais padrões (como medida e peso) devem ser utilizados, se existentes mais de um em relação ao objeto do contrato. Pela regra do artigo 326 do Código Civil, a solução a ser adotada é por aquela do lugar da execução.[213] Embora de rara aplicação, considerados os dados fornecidos na própria matrícula do imóvel, o clássico exemplo doutrinário é o da diferença entre *alqueire paulista* (com área de 24.200 m²) e *alqueire mineiro* (com área de 48.400 m²) e *alqueire do norte* (com área de 27.225 m²).

212 RECURSO ESPECIAL. DIREITO CIVIL. PROTESTO REALIZADO NO EXERCÍCIO REGULAR DE DIREITO. CANCELAMENTO APÓS A QUITAÇÃO DA DÍVIDA. INCUMBÊNCIA DO DEVEDOR. ART. 26, §§ 1º E 2º, DA LEI N. 9.294/97. Protestado o título pelo credor, em exercício regular de direito, incumbe ao devedor, principal interessado, promover o cancelamento do protesto após a quitação da dívida. Recurso especial não conhecido. (STJ-4ª T. REsp 842092/MG. Rel.: Min. Cesar Asfor Rocha. DJ 28/05/2007 p. 360).

213 Art. 326. Se o pagamento se houver de fazer por medida, ou peso, entender-se-á, no silêncio das partes, que aceitaram os do lugar da execução.

4.1.6 Lugar do pagamento

Quando não previsto em Lei ou da natureza ou circunstâncias da obrigação, as partes contratantes também devem acordar acerca do lugar do pagamento, que nada mais é do que o espaço físico onde a obrigação deve ser executada. No silêncio a este respeito, o artigo 327 do Código Civil adverte que o critério a ser adotado é o do domicílio do devedor, nos seguintes termos: *Efetuar-se-á o pagamento no domicílio do devedor, salvo se as partes convencionarem diversamente, ou se o contrário resultar da lei, da natureza da obrigação ou das circunstâncias.*[214] Quase idêntico é o disposto na primeira parte do artigo

214 Interessante e curiosa decisão submetida ao crivo do Superior Tribunal de Justiça merece destaque: PROCESSO CIVIL E INTERNACIONAL - RECURSO ORDINÁRIO -COMPETÊNCIA DO STJ - ESTADO ESTRANGEIRO - PROMESSA DE RECOMPENSA - CIDADÃO BRASILEIRO - PARANORMALIDADE - AÇÃO ORDINÁRIA VISANDO AO RECEBIMENTO DA GRATIFICAÇÃO - COMPETÊNCIA CONCORRENTE DA JUSTIÇA BRASILEIRA - IMUNIDADES DE JURISDIÇÃO E EXECUÇÃO - POSSIBILIDADE DE RENÚNCIA - CITAÇÃO/NOTIFICAÇÃO DO ESTADO RÉU - NECESSIDADE - EXTINÇÃO DO PROCESSO SEM JULGAMENTO DO MÉRITO - AFASTAMENTO - RECURSO PROVIDO. 1 - Competência ordinária deste Colegiado para o julgamento da presente via recursal, porquanto integrada por "Estado estrangeiro (...), de um lado, e, do outro, (...) pessoa residente ou domiciliada no País" (art. 105, II, "c", da CF/88). 2 - Recurso Ordinário interposto contra r. sentença que, concluindo pela incompetência da Justiça pátria, extinguiu, sem exame de mérito, Ação Ordinária proposta por cidadão brasileiro contra ESTADOS UNIDOS DA AMÉRICA - EUA, sob alegação de constituir-se em credor da promessa de recompensa publicamente efetivada pelo Estado recorrido, equivalente a US$ 25.000.000,00 (vinte e cinco milhões de dólares norte-americanos), porquanto, possuindo o dom da premonição, teria indicado o esconderijo do ex-ditador iraquiano Saddam Hussein, capturado aos 14.12.2003. 3 - Conquanto o local de constituição/cumprimento da obrigação unilateral decorrente da promessa de recompensa não sirva à determinação da competência judiciária nacional (art. 88, II, do CPC), o local em que supostamente praticado o fato do qual deriva a presente ação (ou seja, em que remetidas as cartas indicativas do paradeiro do ex-ditador), é dizer, o território brasileiro, mediante a qual se busca justamente provar o adimplemento das condições impostas pelo Estado ofertante, a fim de que lá se possa buscar a recompensa prometida, configura a competência das autoridades judiciárias pátrias (art. 88, III, do CPC), não obstante, como assinalado, em concorrência à competência das autoridades jurisdicionais norte-americanas. 4 - Contudo, em hipóteses como a vertente, a jurisdição nacional não pode ser reconhecida com fulcro, exclusivamente, em regras interiores ao ordenamento jurídico pátrio; ao revés, a atividade jurisdicional também encontra limitação externa, advinda de normas de Direito Internacional, consubstanciado aludido limite, basicamente, na designada "teoria da imunidade de jurisdição soberana" ou "doutrina da imunidade estatal à jurisdição estrangeira". 5 - *In casu*, seja com fulcro na distinção entre atos de império e gestão, seja com lastro na comparação das praxes enumeradas em Leis internas de diversas Nações como excludentes do privilégio da imunidade, inviável considerar-se o litígio, disponente sobre o recebimento, por cidadão brasileiro, de recompensa prometida por Estado estrangeiro (EUA) enquanto participante de conflito bélico, como afeto à jurisdição nacional. Em outros termos, na hipótese, tal manifestação unilateral de vontade não evidenciou caráter meramente comercial ou expressou relação rotineira entre o Estado promitente e os cidadãos brasileiros, consubstanciando, ao revés, expressão de soberania estatal, revestindo-se de oficialidade, sendo motivada, de forma atípica, pela deflagração de guerra entre o Estado ofertante (EUA) e Nação diversa (Iraque), e consequente per-

2.082 do Código Civil Mexicano: *Por regla general el pago debe hacerse en el domicilio del deudor, salvo que las partes convinieren otra cosa, o que lo contrario se desprenda de las circunstancias, de la naturaleza de la obligacion o de la ley.*Este artigo adotou como regra a dívida *querable*, isto é, o credor é quem deve se dirigir ao devedor para receber o objeto da prestação.[215] Já a exceção, ou seja, em que o devedor é quem procura o credor em seu domicílio para o cumprimento

secução, por aquele, de desfecho vitorioso; por outro lado, não se inclui a promessa de recompensa, despida de índole negocial, entre as exceções habitualmente aceitas pelos costumes internacionais à regra da imunidade de jurisdição, quais sejam, ações imobiliárias e sucessórias, lides comerciais e marítimas, trabalhistas ou concernentes à responsabilidade civil extracontratual, pelo que de rigor a incidência da imunidade à jurisdição brasileira. 6 - Ademais, releva consignar a previsão, em princípio, no tocante ao Estado estrangeiro, do privilégio da imunidade à execução forçada de bens de sua propriedade, eventualmente localizados em território pátrio, não obstante traduzindo-se tal argumento em mera corroboração à imunidade de jurisdição já reconhecida, porquanto "o privilégio resultante da imunidade de execução não inibe a justiça brasileira de exercer jurisdição nos processos de conhecimento instaurados contra Estados estrangeiros" (STF, AgRg RE nº 222.368-4/PE, Rel. Ministro CELSO DE MELLO, DJU 14.02.2003). 7 - Mesmo vislumbrando-se, em tese, a incidência ao réu, Estado estrangeiro, das imunidades de jurisdição e execução a obstaculizar o exercício da atividade jurisdicional pelo Estado brasileiro, cumpre não olvidar a prerrogativa soberana dos Estados de renúncia a mencionados privilégios. 8 - Recurso Ordinário conhecido e provido para, reconhecendo-se a competência concorrente da autoridade judiciária brasileira, nos termos do art. 88, III, do CPC e, simultaneamente, as imunidades de jurisdição e execução ao Estado estrangeiro, determinar o prosseguimento do feito, com a notificação ou citação do Estado demandado, a fim de que exerça o direito à imunidade jurisdicional ou submeta-se voluntariamente à jurisdição pátria. (STJ-4ª T. RO 39/MG. Rel.: Min. Jorge Scartezzini. DJ 06/03/2006 p. 387).

215 Processo civil. Questão nova surgida no julgamento da apelação. Necessidade de prequestionamento. Civil. Arras. Ausência de convenção a respeito do lugar do pagamento. Dívida quesível ("*queráble*"), paga no domicílio do devedor, por presunção legal do art. 950 do Código Civil. Credor que não diligenciou a cobrança da dívida no domicílio do devedor, ausente qualquer notificação. Inércia do credor que afasta a mora do devedor (mora *debitoris*) e a mora de pagar (mora *solvendi*), ainda que a dívida estivesse vencida no termo (mora *ex re*) porque imprescindível prévia diligência do credor para constituição do devedor em mora. Insuficiência do prazo fixado para vencimento da dívida e da existência de cláusula resolutiva expressa. - É assente que a questão de direito surgida no acórdão recorrido, ainda que verse nulidade processual, se submete ao pressuposto recursal específico do prequestionamento, para viabilizar o processamento do recurso especial. - O Código Civil de 1916 estabeleceu como regra geral a mora *ex re* (em razão do fato ou da coisa), mas para que se considere o vencimento da obrigação e para que se torne exigível a dívida sendo esta quesível, é indispensável que o credor demonstre que diligenciou a recepção do seu crédito, pois deve buscá-lo no domicílio do devedor. Sem o atendimento dessa formalidade, quanto ao lugar do pagamento, não se tem a dívida como vencida. - A existência de previsão contratual de pagamento do restante do débito em data certa não transforma a dívida antes quesível em "*portable*" (portável); continua sendo obrigação do credor diligenciar o pagamento da dívida no domicílio do devedor, ainda que domiciliados na mesma cidade. - Na dívida quesível não é necessária, embora aconselhável, a oferta do devedor, pois deve ele aguardar a presença de cobrança do credor, só lhe sendo exigido que esteja pronto para pagar quando provocado pelo credor. (STJ-3ª T. REsp 363614/SC. Min.: Nancy Andrighi. DJ 22/04/2002 p. 203).

da prestação ou da obrigação, recebe a denominação de dívida *portable*.[216]Esta diferenciação entre dívidas *querable* e *portable* possui importância para a definição da mora, pois se a dívida é quesível e o credor não procurar o devedor para receber o pagamento, é aquele quem ficará em mora, e não este, que poderá ajuizar consignação em pagamento.[217]

As quatro exceções à aplicação deste artigo podem assim ser resumidas:

a) a *convenção das partes*, que não merece maiores comentários pela sua singeleza;

b) em relação à *definição legal do lugar do pagamento* é mais comum a ocorrência em casos de títulos de crédito, tais como o cheque (artigo 2° da Lei 7357/85),[218] a nota promissária e a letra de câmbio (artigo 20, cabeça e § 1°, e § 2° do artigo 54 do Dec. 2044/1908).[219] O artigo 328 do Código Civil que será analisado posteriormente também é um exemplo de imposição legal do lugar do pagamento;

---

216 Muito comum a confusão entre os termos *querable* e *portable*, principalmente em relação a alunos de graduação. Como "macete" para sua lembrança, indicamos que é o credor quem <u>quer</u> receber, daí ele quem procura o devedor em seu domicílio para o pagamento (*querable*); e na *portable*, é o devedor quem <u>porta</u> o pagamento até o domicílio do credor.

217 O Código Civil Espanhol é mais simples ao definir o lugar do pagamento, quando em seu art. 1.171 aduz: *El pago deberá ejecutarse en el lugar que hubiese designado la obligación. No habiéndose expresado y tratándose de entregar una cosa determinada, deberá hacerse el pago donde ésta existía en el momento de constituirse la obligación. En cualquier otro caso, el lugar del pago será el del domicilio del deudor.* Já o italiano apregoa: *Art. 1182 (Luogo dell'adempimento). Se il luogo nel quale la prestazione deve essere eseguita non è determinato dalla convenzione o dagli usi e non può desumersi dalla natura della prestazione (Cod. Civ. 1774) o da altre circostanze, si osservano le norme che seguono (att. Cod. Civ. 159). L'obbligazione di consegnare una cosa certa e determinata deve essere adempiuta nel luogo in cui si trovava la cosa quando l'obbligazione è sorta (1510). L'obbligazione avente per oggetto una somma di danaro deve essere adempiuta al domicilio (43) che il creditore ha al tempo della scadenza (1209, 1219, 1498). Se tale domicilio è diverso da quello che il creditore aveva quando è sorta l'obbligazione è ciò rende più gravoso l'adempimento, il debitore, previa dichiarazione al creditore, ha diritto di eseguire il pagamento al proprio domicilio. Negli altri casi l'obbligazione deve essere adempiuta al domicilio che il debitore ha al tempo della scadenza (att. 159).*

218 Art . 2° O título, a que falte qualquer dos requisitos enumerados no artigo precedente não vale como cheque, salvo nos casos determinados a seguir:
I - na falta de indicação especial, é considerado lugar de pagamento o lugar designado junto ao nome do sacado; se designados vários lugares, o cheque é pagável no primeiro deles; não existindo qualquer indicação, o cheque é pagável no lugar de sua emissão;
II - não indicado o lugar de emissão, considera-se emitido o cheque no lugar indicado junto ao nome do emitente.

219 Art. 20. A letra deve ser apresentada ao sacado ou ao aceitante para o pagamento, no lugar designado e no dia do vencimento ou, sendo este dia feriado por Lei, no primeiro dia útil imediato, sob pena de perder o portador o direito de regresso contra o sacador, endossadores e avalistas.
§ 1° Será pagável à vista a letra que não indicar a época do vencimento. Será pagável, no lugar mencionado ao pé do nome do sacado, a letra que não indicar o lugar do pagamento.

c) a *natureza da obrigação*: se a obrigação consistir num fazer, como a limpeza de uma caldeira, não poderia ser em local diverso senão onde esta se encontrar;

d) *as circunstâncias da obrigação* dependerão do caso específico a ser analisado, como a impossibilidade temporária devido a caso fortuito, força maior, fato do príncipe ou lugar perigoso ou de difícil acesso superveniente à celebração do contrato. Exemplo de caso fortuito ou força maior é o de fortes e torrenciais chuvas que impedem a entrega de mercadorias no lugar estabelecido. A hipótese de fato do príncipe (decisão administrativa) é exemplificada quando o estabelecimento comercial em que deva ocorrer a prestação de determinado serviço encontre-se fechado devido à cassação de alvará de funcionamento pela autoridade competente. Lugar perigoso é aquele cuja proximidade ou continuidade seja dominada por invasores ou grupos de marginais armados, com frequente troca de tiros com policiais e que exigem uma atenção e zelo maior do que o habitual. Local de difícil acesso é aquele que exige grande esforço físico ou equipamentos especiais, como subida em morros íngremes ou a travessa de rios em que o credor não tenha experiência ou logística para tanto. Imagine-se uma pessoa física contratada para levar a mobília do contratante para certa localidade e ao chegar lá se depara com um morro em que o caminhão não pode subir, seja por íngreme o caminho ou por estreita demais a passagem. Poderia ainda ser o caso de um local controlado por marginais e o medo de ser assaltado lhe pudesse eximir do dever de entregar os bens naquele local específico. Deveria o credor receber a mercadoria em outro seguro local mais próximo possível e por sua conta e risco providenciar o transporte até o seu imóvel.

Mas se houver a designação de dois ou mais lugares para o pagamento, é o credor quem tem o direito de escolha, se disposição contrária não houver, conforme dita o parágrafo único do artigo 327 do Código Civil: *Designados dois ou mais lugares, cabe ao credor escolher entre eles.*

Não se deve olvidar que o local do pagamento da obrigação ou da prestação se distingue do local para o ajuizamento da ação (competência territorial), pois este, por estar contido no Código de Processo Civil a partir de seu artigo 94, não se trata de norma pública de caráter supletivo da vontade das partes como ocorre com o artigo 327 do Código Civil.

É facultada a indicação alternativa de lugares de pagamento, tendo o portador direito de opção. A letra pode ser sacada sobre uma pessoa, para ser paga no domicílio de outra, indicada pelo sacador ou pelo aceitante.

Art. 54 (...)§ 2º Será pagável à vista a nota promissória que não indicar a época do vencimento. Será pagável no domicílio do emitente a nota promissória que não indicar o lugar do pagamento.

É facultada a indicação alternativa de lugar de pagamento, tendo o portador direito de opção.

Pelo artigo 329 do Código Civil, *ocorrendo motivo grave para que se não efetue o pagamento no lugar determinado, poderá o devedor fazê-lo em outro, sem prejuízo para o credor.* Entretanto, é necessário saber quem deu motivo à ocorrência do motivo grave, pois este é quem deve suportar os eventuais gastos com a alteração do lugar do pagamento, ainda que seja o credor o responsável por esta ocorrência. Havendo caso fortuito ou força maior, como no caso da obrigação de cabeças de gado em determinado local que se impossibilita pela queda de ponte existente no único trajeto, motivada por fortes chuvas que leva até a fazenda destinada, aplica-se o artigo 393 do Código Civil[220] para se verificar de quem é a responsabilidade pelos prejuízos daí resultantes. Locais perigosos ou de difícil acesso também comportam a aplicação deste artigo.

Por sua vez, o artigo 328 do Código Civil dispõe que *se o pagamento consistir na tradição de um imóvel, ou em prestações relativas a imóvel, far-se-á no lugar onde situado o bem. In casu,* saliente-se que *tradição* se faz mediante o registro no Registro de Imóveis competente, segundo o artigo 1227 do Código Civil,[221] ademais, a regra constante no artigo 1.245, propriedade somente se transfere mediante registro no registro de imóveis, e, pelo artigo 169 da Lei nº. 6015/73, deverá se efetuar na serventia competente da situação do imóvel.[222] Ademais, a segunda parte do artigo em comento, ao dispor sobre *prestação relativas a imóvel* abrange as obrigações de prestação de fazer, tanto do imóvel como de suas pertenças. Em se tratando de obrigações decorrentes de relação locatícia, esta regra não deve ser amplamente observada, pois os aluguéis podem ser pagos noutra localidade ou pela via bancária. Nos mesmos moldes o financiamento de imóveis.

---

220 Art. 393. O devedor não responde pelos prejuízos resultantes de caso fortuito ou força maior, se expressamente não se houver por eles responsabilizado.
Parágrafo único. O caso fortuito ou de força maior verifica-se no fato necessário, cujos efeitos não era possível evitar ou impedir.

221 Art. 1.226. Os direitos reais sobre coisas móveis, quando constituídos, ou transmitidos por atos entre vivos, só se adquirem com a tradição.
Art. 1.227. Os direitos reais sobre imóveis constituídos, ou transmitidos por atos entre vivos, só se adquirem com o registro no Cartório de Registro de Imóveis dos referidos títulos (arts. 1.245 a 1.247), salvo os casos expressos neste Código.

222 Art. 169 - Todos os atos enumerados no art. 167 são obrigatórios e efetuar-se-ão no Cartório da situação do imóvel, salvo:
I - as averbações, que serão efetuadas na matrícula ou à margem do registro a que se referirem, ainda que o imóvel tenha passado a pertencer a outra circunscrição;
II – os registros relativos a imóveis situados em comarcas ou circunscrições limítrofes, que serão feitos em todas elas, devendo os Registros de Imóveis fazer constar dos registros tal ocorrência.
III - o registro previsto no n° 3 do inciso I do art. 167, e a averbação prevista no n° 16 do inciso II do art. 167 serão efetuados no cartório onde o imóvel esteja matriculado mediante apresentação de qualquer das vias do contrato, assinado pelas partes e subscrito por duas testemunhas, bastando a coincidência entre o nome de um dos proprietários e o locador.

Em relação ao lugar, e também ao modo do pagamento, é muito comum que as partes convencionem uma coisa e reiteradamente façam outra, o que faz presumir a renúncia do credor ao previsto no contrato. Assevera o artigo 330 do Código Civil que *o pagamento reiteradamente feito em outro local faz presumir renúncia do credor relativamente ao previsto no contrato.* É comum a ocorrência da estipulação do pagamento de aluguéis no domicílio do credor ou no local por ele indicado, porém as partes adquirem a habitualidade de ser feito o pagamento via depósito em conta corrente ou na própria residência do devedor, que não deverá ser considerado inválido ou ineficaz.

4.1.7 Tempo do pagamento

O lapso de tempo previamente explicitado na Lei ou no contrato é capaz de criar, modificar ou extinguir direitos. Isto dá o compasso das relações sociais e jurídicas ao estabelecer noções de prescrição extintiva, aquisitiva ou decadência.

Existem regras que determinam que o pagamento deve ocorrer no mesmo instante da formação da relação jurídica de cunho obrigacional, como é o caso da venda e compra com pagamento à vista. Certos pagamentos ocorrem devido a um fato passado, como a reparação de um dano material em um bem ou a compensação por dano moral. Outras vezes o pagamento é pactuado e se projeta para o futuro, como a compra de um produto em forma parcelada ou o financiamento de um veículo, de um imóvel ou de um semovente.

Não obstante o artigo 132 do Código Civil[223] orientar sobre a contagem do tempo, a regra é a determinação para o cumprimento da obrigação. Pelo artigo 331 do Código Civil, *salvo disposição legal em contrário, não tendo sido ajustada época para o pagamento, pode o credor exigi-lo imediatamente.* Disto advém que, se exigida pelo credor, a negativa pelo devedor do seu cumprimento importará em sua mora, conforme advém da cabeça do artigo 397 do Código Civil.[224] O parágrafo único deste artigo também explica como deve proceder o

223 Art. 132. Salvo disposição legal ou convencional em contrário, computam-se os prazos, excluído o dia do começo, e incluído o do vencimento.

§ 1º Se o dia do vencimento cair em feriado, considerar-se-á prorrogado o prazo até o seguinte dia útil.

§ 2º Meado considera-se, em qualquer mês, o seu décimo quinto dia.

§ 3º Os prazos de meses e anos expiram no dia de igual número do de início, ou no imediato, se faltar exata correspondência.

§ 4º Os prazos fixados por hora contar-se-ão de minuto a minuto.

224 Art. 397. O inadimplemento da obrigação, positiva e líquida, no seu termo, constitui de pleno direito em mora o devedor.

credor para a constituição do devedor em mora no caso de não haver termo para o cumprimento da obrigação: por interpelação judicial ou extrajudicial.

Por sua vez, as disposições legais em contrário devem ser entendidas como o caso do artigo 592 do Código Civil,[225] que trata da não estipulação de prazo nos contratos de mútuo e das condições suspensivas ou resolutivas do negócio ou da relação jurídica (artigo 121 e seguintes do Código Civil). Pelo artigo 332 do Código Civil, *as obrigações condicionais cumprem-se na data do implemento da condição, cabendo ao credor a prova de que deste teve ciência o devedor.* A ressalva que se faz, é que servem quaisquer meios de prova em Direito admitidos, exigindo, não raras vezes, a notificação extrajudicial para tanto, sendo desnecessário noutras, como na aplicação do artigo 334 do Código de Processo Civil, que adverte: *Não dependem de prova os fatos: I - notórios; II - afirmados por uma parte e confessados pela parte contrária; III - admitidos, no processo, como incontroversos; IV - em cujo favor milita presunção legal de existência ou de veracidade.*

Em alguns casos é permitida a antecipação do cumprimento da obrigação. Em favor do devedor o Código de Defesa do Consumidor permite tal prática no § 2º do artigo 52 ao dispor que *é assegurado ao consumidor a liquidação antecipada do débito, total ou parcialmente, mediante redução proporcional dos juros e demais acréscimos,* quando se tratar de fornecimento de produtos ou serviços que envolva outorga de crédito ou concessão de financiamento ao consumidor. Em favor do credor o Código Civil assegura, em seu artigo 333, que *ao credor assistirá o direito de cobrar a dívida antes de vencido o prazo estipulado no contrato ou marcado neste Código: I - no caso de falência do devedor, ou de concurso de credores; II - se os bens, hipotecados ou empenhados, forem penhorados em execução por outro credor; III - se cessarem, ou se se tornarem insuficientes, as garantias do débito, fidejussórias, ou reais, e o devedor, intimado, se negar a reforçá-las.* Todavia não se trata de uma regra absoluta, pois se houver solidariedade passiva, aos demais co-devedores não surtirá efeito, tal como apregoa o seu parágrafo único: *Nos casos deste artigo, se houver, no débito, solidariedade passiva, não se reputará vencido quanto aos outros devedores solventes.*

Parágrafo único. Não havendo termo, a mora se constitui mediante interpelação judicial ou extrajudicial.

225 Art. 592. Não se tendo convencionado expressamente, o prazo do mútuo será:

I - até a próxima colheita, se o mútuo for de produtos agrícolas, assim para o consumo, como para semeadura;

II - de trinta dias, pelo menos, se for de dinheiro;

III - do espaço de tempo que declarar o mutuante, se for de qualquer outra coisa fungível.

No caso de falência do devedor pessoa jurídica veja-se o artigo 77 da Lei nº. 11.101/2005[226].Em se tratando de pessoa física, a insolvência é regulada pelos artigos 955 do Código Civil[227] e 711 a 713 e 751 do Código de Processo Civil[228].

Reforça esta regra geral, o específico mandamento acerca do penhor, anticrese e hipoteca contido no artigo 1.425 do Código Civil: *A dívida considera-se vencida: II – se o devedor cair em insolvência ou falir.* Em relação à penhora em execução por outro credor de bens hipotecados ou empenhados, o artigo 1.422 do Código Civil[229] dá ao credor hipotecário e pignoratício preferência em relação a outros credores, observados os artigos 958 a 961 e 1.493 do mesmo Código.[230]

---

226 Art. 77. A decretação da falência determina o vencimento antecipado das dívidas do devedor e dos sócios ilimitada e solidariamente responsáveis, com o abatimento proporcional dos juros, e converte todos os créditos em moeda estrangeira para a moeda do País, pelo câmbio do dia da decisão judicial, para todos os efeitos desta Lei.

227 Art. 955. Procede-se à declaração de insolvência toda vez que as dívidas excedam à importância dos bens do devedor.

228 Art. 711. Concorrendo vários credores, o dinheiro ser-lhes-á distribuído e entregue consoante a ordem das respectivas prelações; não havendo título legal à preferência, receberá em primeiro lugar o credor que promoveu a execução, cabendo aos demais concorrentes direito sobre a importância restante, observada a anterioridade de cada penhora.
Art. 712. Os credores formularão as suas pretensões, requerendo as provas que irão produzir em audiência; mas a disputa entre eles versará unicamente sobre o direito de preferência e a anterioridade da penhora.
Art. 713. Findo o debate, o juiz decidirá.
Art. 751. A declaração de insolvência do devedor produz:
I - o vencimento antecipado das suas dívidas;
II - a arrecadação de todos os seus bens suscetíveis de penhora, quer os atuais, quer os adquiridos no curso do processo;
III - a execução por concurso universal dos seus credores.

229 Art. 1.422. O credor hipotecário e o pignoratício têm o direito de excutir a coisa hipotecada ou empenhada, e preferir, no pagamento, a outros credores, observada, quanto à hipoteca, a prioridade no registro.
Parágrafo único. Excetuam-se da regra estabelecida neste artigo as dívidas que, em virtude de outras Leis, devam ser pagas precipuamente a quaisquer outros créditos.

230 Art. 958. Os títulos legais de preferência são os privilégios e os direitos reais.
Art. 959. Conservam seus respectivos direitos os credores, hipotecários ou privilegiados:
I - sobre o preço do seguro da coisa gravada com hipoteca ou privilégio, ou sobre a indenização devida, havendo responsável pela perda ou danificação da coisa;
II - sobre o valor da indenização, se a coisa obrigada a hipoteca ou privilégio for desapropriada.
Art. 960. Nos casos a que se refere o artigo antecedente, o devedor do seguro, ou da indenização, exonera-se pagando sem oposição dos credores hipotecários ou privilegiados.
Art. 961. O crédito real prefere ao pessoal de qualquer espécie; o crédito pessoal privilegiado, ao simples; e o privilégio especial, ao geral.
Art. 1.493. Os registros e averbações seguirão a ordem em que forem requeridas, verificando-se ela pela da sua numeração sucessiva no protocolo.

O problema consiste, entretanto, na terceira hipótese de vencimento antecipado: quem pode decidir se as garantias do débito se tornaram insuficientes? Salvo no caso de expressa e inequívoca previsão contratual, se a interpretação for favorável ao credor, tem-se uma permissão a uma cláusula potestativa, o que é vedado pela segunda parte do artigo 122 do Código Civil: *São lícitas, em geral, todas as condições não contrárias à Lei, à ordem pública ou aos bons costumes; entre as condições defesas se incluem as que privarem de todo efeito o negócio jurídico, ou o sujeitarem ao puro arbítrio de uma das partes.*

Somente com a intervenção judicial ou arbitral, dependendo do caso, é possível se obter eficácia do inciso III do artigo 333 do Código Civil, por intermédio da análise pontual da questão *sub judice*, observado os princípios do contraditório e da ampla defesa.

Destarte, fora destas hipóteses em que o credor cobrar ou demandar a dívida antes de seu vencimento, ficará obrigado a esperar o tempo que lhe faltava, a descontar os juros correspondentes, embora estipulados, e a pagar as custas em dobro. É o que dispõe o artigo 939 do Código Civil.[231]

4.1.8 Da imputação em pagamento

A imputação do pagamento, conforme encontrada em nosso Código Civil entre os artigos 352 e 355, não é modalidade de extinção da obrigação, mas é tratada como ato de escolha de qual dívida será paga, dentre várias possíveis, desde que líquidas e vencidas, que sejam de mesma natureza e com identidade dos titulares do crédito e do débito. É oriunda da regra de Direito Romano: *Quoties quis debitor ex pluribus causis unum solvit debitum, est in arbitrio solventis diceri quod potius voluerit solutum*, isto é, o devedor tem o direito de escolher, entre as dívidas que possui, qual está a cumprir. Esta é a disposição do artigo 352 do Código Civil: *A pessoa obrigada por dois ou mais débitos da mesma natureza, a um só credor, tem o direito de indicar a qual deles oferece pagamento, se todos forem líquidos e vencidos.*

Entenda-se que a expressão *mesma natureza* do artigo 352 deve ser compreendida como aquelas prestações fungíveis e de igual espécie, tais como as dívidas pecuniárias e as de entrega de certa quantidade de determinado cereal, *ex vi* 500 sacas de 60 quilos de feijão carioca. Com isto se quer dizer também que quando se tratar de obrigação consistente na entrega de bens infungíveis ou

---

Parágrafo único. O número de ordem determina a prioridade, e esta a preferência entre as hipotecas.

231 Art. 939. O credor que demandar o devedor antes de vencida a dívida, fora dos casos em que a Lei o permita, ficará obrigado a esperar o tempo que faltava para o vencimento, a descontar os juros correspondentes, embora estipulados, e a pagar as custas em dobro.

indivisíveis não se há de falar em imputação do pagamento, tampouco quando se tratar de prestações negativas.

Observe o leitor que se pressupõe ainda a *não integralidade* de todos os pagamentos que devem ser efetuados. Se o pagamento for integral a todos os débitos, não há que se falar em sua imputação, mas na extinção da dívida e sua prestação vencida pelo seu adimplemento. A imputação só ocorre havendo parte do pagamento de cada dívida se assim ajustarem o credor e o devedor, de acordo com o disposto no artigo 314 do Código Civil.[232]

Ainda acerca da natureza dos débitos, imagine-se o caso de sujeito que é condenado civilmente ao pagamento de quantias certas por danos morais, danos materiais, lucros cessantes, ressarcimento de custas processuais já adiantadas pelo credor, honorários advocatícios e multa do artigo 475-J do Código de Processo Civil, que totalizam R$ 100.000,00. Tais débitos possuem natureza diferente uns dos outros, ainda que dispostos num único título executivo, no caso a sentença judicial. Tem-se assim uma única dívida ou várias dívidas? Aplica-se a imputação de pagamento neste caso se o devedor não possuir quantia suficiente para o pagamento integral? Tendo-se em vista que existem várias prestações a serem cumpridas para com o credor, vencedor da demanda judicial, é possível que ocorra a imputação do pagamento de parte das dívidas vencidas e não pagas pelo devedor.[233] A este exemplo somente se ressalva os honorários advocatícios que constituem obrigação autônoma, tal como determina o artigo 23 da Lei nº. 8.906/1994 (Estatuto da Advocacia).[234]

A liquidez do débito pressupõe que o caráter ou estado da obrigação seja certo quanto à sua existência e determinado quanto ao seu objeto. Por dívida vencida se compreende aquela que se torna exequível pelos seguintes motivos:

verificação do termo final do prazo de cumprimento da obrigação;

exigibilidade imediata pelo credor por não se ajustar a época do pagamento, conforme preceitua o artigo 134 do Código Civil: *Os negócios jurídicos entre vivos, sem prazo, são exequíveis desde logo, salvo se a execução tiver de ser feita em lugar diverso ou depender de tempo.* No mesmo sentido é a disposição

232 Art. 314. Ainda que a obrigação tenha por objeto prestação divisível, não pode o credor ser obrigado a receber, nem o devedor a pagar, por partes, se assim não se ajustou.

233 Note-se que embora as prestações sejam de natureza jurídica diversa (dano moral possui uma natureza jurídica diversa do dano material e da multa), todas são prestações civis. Ademais, este termo *natureza* não deve ser interpretado ao pé da letra, merecendo uma maior flexibilidade interpretativa.

234 Art. 23. Os honorários incluídos na condenação, por arbitramento ou sucumbência, pertencem ao advogado, tendo este direito autônomo para executar a sentença nesta parte, podendo requerer que o precatório, quando necessário, seja expedido em seu favor.

do artigo 331 deste Código: *Salvo disposição legal em contrário, não tendo sido ajustada época para o pagamento, pode o credor exigi-lo imediatamente;*

implemento de condição suspensiva de eficácia da obrigação, consoante se depreende do artigo 332 do Código Civil: *As obrigações condicionais cumprem-se na data do implemento da condição, cabendo ao credor a prova de que deste teve ciência o devedor;*

ocorrência de fato que justifique o vencimento antecipado, tais como as previstas no artigo 333 do Código Civil: *Ao credor assistirá o direito de cobrar a dívida antes de vencido o prazo estipulado no contrato ou marcado neste Código: I - no caso de falência do devedor, ou de concurso de credores; II - se os bens, hipotecados ou empenhados, forem penhorados em execução por outro credor; III - se cessarem, ou se se tornarem insuficientes, as garantias do débito, fidejussórias, ou reais, e o devedor, intimado, se negar a reforçá-las.*

Também é necessário que credor e devedor sejam os mesmos nas respectivas prestações ou obrigações. Na hipótese de numa obrigação líquida e vencida em que se tem como devedor apenas o sujeito A e noutra obrigação também líquida e vencida se tem como devedor o mesmo sujeito A, mas em solidariedade com B, haverá imputação apenas se o pagamento for efetuado por A. Se B efetuar o pagamento, este recairá, logicamente, sobre sua dívida solidária, eis que não faz parte da outra relação jurídica.

De outra senda, se o devedor possui uma dívida com A e outra com B, ambas do mesmo valor e com vencimento no mesmo dia, havendo recursos apenas para o pagamento de uma delas, não cabe a imputação do pagamento, mas apenas a escolha de qual débito será quitado, pois os sujeitos são diferenciados. O instituto da imputação explicita que credor e devedor são os mesmos, diversos são os débitos.

Além disso, outro requisito necessário para a caracterização da imputação do pagamento é o próprio cumprimento da prestação, seja ele pela forma convencionada originariamente, ou por dação em pagamento, consignação em pagamento, novação ou compensação.

Como o artigo 352 dispõe, cabe ao devedor a indicação ou atribuição de qual dívida efetua o pagamento. Se não o fizer, é ao credor que cabe o direito de declarar qual dívida está por receber e dar a respectiva quitação. Ao aceitar o devedor a quitação, tem-se por finalizada a operação e não poderá reclamar da indicação do pagamento pelo credor. É esta a disposição do artigo 353 do Código Civil: *Não tendo o devedor declarado em qual das dívidas líquidas e vencidas quer imputar o pagamento, se aceitar a quitação de uma delas, não terá direito a reclamar contra a imputação feita pelo credor, salvo provando haver ele cometido violência ou dolo.*

O problema deste artigo reside justamente na hipótese do devedor não aceitar a quitação da prestação pretendida pelo credor se não havia imputado o pagamento. Há uma lacuna legislativa para esta hipótese, visto que não há prazo decadencial específico estabelecido no Código nem procedimentos disponibilizados ao devedor. Por esta sua omissão no artigo 352 não lhe restaria qualquer reclamação, até porque persistiria sua responsabilidade em quitar todas as prestações pontualmente. Dispor maiores procedimentos e prerrogativas é dar importância ao devedor inadimplente e tumultuar a relação jurídica já em crise pelo inadimplemento.

Ademais, porque se limitar apenas aos atos de violência ou dolo praticados pelo credor, conforme preceitua a parte final do artigo mencionado? Porque não estender também aos demais defeitos do negócio jurídico, como o erro ou ignorância, a fraude contra credores e a simulação? A interpretação deste artigo pressupõe a extensão a estes vícios ou defeitos do negócio jurídico, embora a imputação do pagamento, como mera extensão do cumprimento da prestação, ou seja, como ato de escolha de qual prestação se adimple dentre várias possíveis, não tenha natureza negocial.

Por outro lado, se nem devedor e nem credor imputarem o pagamento a quais prestações se trata o pagamento ofertado, dispõe o artigo 355 do Código Civil que: *Se o devedor não fizer a indicação do art. 352, e a quitação for omissa quanto à imputação, esta se fará nas dívidas líquidas e vencidas em primeiro lugar. Se as dívidas forem todas líquidas e vencidas ao mesmo tempo, a imputação far-se-á na mais onerosa.* Assim, o primeiro critério de atribuição do pagamento é o da *antiguidade do vencimento* e o segundo é o da *maior onerosidade*, consistente naquela de maior valor, seguida de maior taxa de juros, cláusula penal, etc.

É possível que a regra da imputação do pagamento decorra previamente da estipulação em contrato ou convenção entre as partes e alterem a disposição inicial do artigo 352? Não, pois se trata de regra dispositiva, de norma de ordem pública e que não pode ser invertida para que a escolha caiba ao credor, salvo normas especiais, como o Ato Normativo BNH 81, de 15.12.1969.[235]

O Código Tributário Nacional também regulamenta hipóteses de imputação do pagamento na redação de seu artigo 163: *Existindo simultaneamente*

235 O Ato Normativo BNH 81, de 15.12.1969, determina que, na apuração do saldo devedor a ser coberto pelo FCVS, sejam consideradas como pagas pontualmente as prestações contratuais. Sobre tais prestações, estatui que se compõem "de quotas de juros e de amortização". Em cada prestação, "a diferença entre a prestação do PES e a quota de juros (...) constituirá a quota de amortização". Há, portanto, norma especial a determinar a imputação dos pagamentos mensais, quando insuficientes à quitação integral da parcela, primeiramente aos juros, e só depois, pelo saldo, ao principal. (STJ-1ª T. REsp 710.183/PR, Rel. Min.: José Delgado, Rel. p/ Acórdão Min.: Teori Albino Zavascki, DJ 02/05/2006, p. 254).

dois ou mais débitos vencidos do mesmo sujeito passivo para com a mesma pessoa jurídica de direito público, relativos ao mesmo ou a diferentes tributos ou provenientes de penalidade pecuniária ou juros de mora, a autoridade administrativa competente para receber o pagamento determinará a respectiva imputação, obedecidas as seguintes regras, na ordem em que enumeradas: I - em primeiro lugar, aos débitos por obrigação própria, e em segundo lugar aos decorrentes de responsabilidade tributária; II - primeiramente, às contribuições de melhoria, depois às taxas e por fim aos impostos; III - na ordem crescente dos prazos de prescrição; IV - na ordem decrescente dos montantes.

Assim, se permite defender que nestes casos, se a manifestação de vontade do devedor inexiste, é nula ou anulada, quem delimita a incidência de quais prestações ou obrigações são adimplidas é a Lei.

Veja-se a exemplo disto as obrigações contraídas com instituições bancárias. Num contrato de fornecimento de crédito em conta corrente é possível que se faça por meio dele o débito automático de várias outras prestações relativas a outras relações jurídicas entre as partes, como mútuos, seguros e financiamentos diversos. Ao devedor é muito mais cômodo garantir o saldo em sua conta corrente para o imediato desconto das parcelas, que se darão por imputação do pagamento, tudo de acordo com o estabelecido *contratualmente*, ainda que por adesão. Mesmo assim, nesta hipótese vigora a regra disposta no artigo 354 do Código Civil, que nada mais é do que uma forma de limitação ao exercício do direito descrito no artigo 352: *Havendo capital e juros, o pagamento imputar-se-á primeiro nos juros vencidos, e depois no capital, salvo estipulação em contrário, ou se o credor passar a quitação por conta do capital.*

Com isto se quer dizer que a regra geral é a imputação do pagamento feita pelo devedor (artigo 352 do Código Civil). A ausência desta manifestação de vontade não viciada, faz passar ao credor o exercício do direito de escolha de quais prestação são cumpridas (artigo 353 do Código Civil). Se este também não imputar o pagamento, aplicam-se as regras do artigo 355 do Código Civil.

4.2 DO PAGAMENTO EM CONSIGNAÇÃO

Adauto de Almeida Tomaszewski
Celito De Bona

4.2.1 Nomenclatura

Consignação em pagamento, consignação de pagamento, consignação do pagamento, pagamento em consignação, pagamento por consignação, pagamento consignado. Todos estes termos são encontrados na doutrina, na jurisprudência e também em textos legais. Adotar-se-á nesta obra o termo *pagamento em consignação* por ser aquele utilizado pelo Código Civil e porque *ação de consignação em pagamento* é a nomenclatura adotada pelo Código de Processo Civil.

4.2.2 Generalidades

O pagamento em consignação tem sua matéria disciplinada no Código Civil (artigos 334 a 345) no que tange à substância e efeitos e também no Código de Processo Civil (artigos 890 a 900) pois prevê as modalidades da consignação, judicial ou extrajudicial, bem como a sequência de atos processuais para esta última. Apesar disso, também há legislação especial que trata do assunto para casos específicos, como é o artigo 67 da Lei nº. 8245/91 (Lei do Inquilinato);[236] o artigo 164 do Código Tributário Nacional;[237] o Decreto Lei

236 Art. 67. Na ação que objetivar o pagamento dos aluguéis e acessórios da locação mediante consignação, será observado o seguinte:
I - a petição inicial, além dos requisitos exigidos pelo art. 282 do Código de Processo Civil, deverá especificar os aluguéis e acessórios da locação com indicação dos respectivos valores;
II - determinada a citação do réu, o autor será intimado a, no prazo de vinte e quatro horas, efetuar o depósito judicial da importância indicada na petição inicial, sob pena de ser extinto o processo;
III - o pedido envolverá a quitação das obrigações que vencerem durante a tramitação do feito e até ser prolatada a sentença de primeira instância, devendo o autor promover os depósitos nos respectivos vencimentos;
IV - não sendo oferecida a contestação, ou se o locador receber os valores depositados, o juiz acolherá o pedido, declarando quitadas as obrigações, condenando o réu ao pagamento das custas e honorários de vinte por cento do valor dos depósitos;
V - a contestação do locador, além da defesa de direito que possa caber, ficará adstrita, quanto à matéria de fato, a:
a) não ter havido recusa ou mora em receber a quantia devida;
b) ter sido justa a recusa;
c) não ter sido efetuado o depósito no prazo ou no lugar do pagamento;
d) não ter sido o depósito integral;
VI - além de contestar, o réu poderá, em reconvenção, pedir o despejo e a cobrança dos valores objeto da consignatória ou da diferença do depósito inicial, na hipótese de ter sido alegado não ser o mesmo integral;
VII - o autor poderá complementar o depósito inicial, no prazo de cinco dias contados da ciência do oferecimento da resposta, com acréscimo de dez por cento sobre o valor da diferença. Se tal ocorrer, o juiz declarará quitadas as obrigações, elidindo a rescisão da locação, mas imporá ao autor-reconvindo a responsabilidade pelas custas e honorários advocatícios de vinte por cento sobre o valor dos depósitos;
VIII - havendo, na reconvenção, cumulação dos pedidos de rescisão da locação e cobrança dos valores objeto da consignatória, a execução desta somente poderá ter início após obtida a desocupação do imóvel, caso ambos tenham sido acolhidos.
Parágrafo único. O réu poderá levantar a qualquer momento as importâncias depositadas sobre as quais não penda controvérsia.

237 Art. 164. A importância de crédito tributário pode ser consignada judicialmente pelo sujeito passivo, nos casos:

nº. 3365/1941, que dispõe sobre as desapropriações por utilidade pública; o Dec. Lei nº. 58/1937, que dispõe sobre o loteamento e a venda de terrenos para pagamento em prestações;[238] a Lei nº. 492/1937, que regula o penhor rural e a cédula pignoratícia;[239] e o Decreto Lei nº. 1.344/1939.

Considerada em regra como uma forma excepcional de extinção da relação jurídica obrigacional pelo adimplemento indireto, a consignação em pagamento é o ato jurídico pelo qual o devedor extingue a prestação ou a obrigação que se comprometera, com o depósito judicial ou em estabelecimento bancário[240] da *res debita* diante: a) da recusa ou impossibilidade do credor no seu recebimento ou em dar a correspondente quitação (ou pela perda do título de crédito); b) se for pessoa incerta, indeterminada ou incapaz de receber (ou haja fundado receio da irregularidade de sua representação); c) esteja o credor em local incerto ou não sabido ou de difícil acesso superveniente à formação do vínculo (e a obrigação seja *portable*);[241] ou, d) haver litígio sobre o objeto da obrigação.

I - de recusa de recebimento, ou subordinação deste ao pagamento de outro tributo ou de penalidade, ou ao cumprimento de obrigação acessória;

II - de subordinação do recebimento ao cumprimento de exigências administrativas sem fundamento legal;

III - de exigência, por mais de uma pessoa jurídica de direito público, de tributo idêntico sobre um mesmo fato gerador.

§ 1º A consignação só pode versar sobre o crédito que o consignante se propõe pagar.

§ 2º Julgada procedente a consignação, o pagamento se reputa efetuado e a importância consignada é convertida em renda; julgada improcedente a consignação no todo ou em parte, cobra-se o crédito acrescido de juros de mora, sem prejuízo das penalidades cabíveis.

238 Art. 17. Pagas todas as prestações do preço, é lícito ao compromitente requerer a intimação judicial do compromissário para, no prazo de trinta dias, que correrá em cartório, receber a escritura de compra e venda.
Parágrafo único. Não sendo assinada a escritura nesse prazo, depositar-se-á o lote comprometido por conta e risco do compromissário, respondendo êste pelas despesas judiciais e custas do depósito.

239 Art. 19. É a cédula rural pignoratícia a resgatável a qualquer tempo, desde que se efetue o pagamento de sua importância, mais os juros devidos até ao dia da liquidação; e em caso de recusa por parte do endossatário constante do registro, pode o devedor fazer a consignação judicial da importância total da dívida capital e juros até ao dia do depósito, citado aquele e notificado o oficial do registo imobiliário competente para o cancelamento da transcrição e anotação no verso da folha do talão arquivando a respectiva contra fé, de que constará o teor do têrmo de depósito.
Parágrafo único. A consignação judicial libera os bens ou animais empenhados, sub-rogando-se o vínculo real pignoratício quantia depositada.
Art. 21. Cancela-se a transcrição do penhor rural: (...) III - pela consignação judicial da importância total da dívida. capital e juros, até ao dia do depósito;

240 Somente para dívidas em dinheiro. Mas alguns códigos civis não apresentam esta possibilidade, apenas facultando a consignação judicial, como é o caso do argentino, que dispõe: *Art.756.- Págase por consignación, haciéndose depósito judicial de la suma que se debe.*

241 Pois se a dívida for *querable*, haverá mora do credor.

Estas considerações estão em consonância com a redação do artigo 334 do Código Civil: *Considera-se pagamento, e extingue a obrigação, o depósito judicial ou em estabelecimento bancário da coisa devida, nos casos e forma legais.* O Código Civil Mexicano apregoa em seu artigo 2098 que *si el acreedor rehusare sin justa causa recibir la prestacion debida, o dar el documento justificativo de pago, o si fuere persona incierta o incapaz de recibir, podra el deudor librarse de la obligacion haciendo consignacion de la cosa.*

Por sua vez, o Código Civil Espanhol prevê em seu artigo 1176: *Si el acreedor a quien se hiciere el ofrecimiento de pago se negare sin razón a admitirlo, el deudor quedará libre de responsabilidad mediante la consignación de la cosa debida. La consignación por sí sola producirá el mismo efecto cuando se haga estando el acreedor ausente o cuando esté incapacitado para recibir el pago en el momento en que deba hacerse, y cuando varias personas pretendan tener derecho a cobrar, o se haya extraviado el título de la obligación.*

Entretanto podem existir situações em que a consignação em pagamento não extingue a relação jurídica obrigacional, mas tão-somente uma ou mais das prestações, seja ela acessória ou principal. É o caso, por exemplo, de ação de consignação em pagamento em que, apesar de objetivar a extinção da prestação, por parte do devedor, o credor a impugna e discute seu mérito. Uma eventual sentença que declara sua procedência e reconhece a *mora accipiens*, pode ressalvar o direito do devedor, autor da ação, ao recebimento da multa diária devida pelo credor que tenha se negado ao recebimento ou à quitação, o que daria causa ao cumprimento forçado desta disposição contratual. [242]

É fácil encontrar na doutrina e também na jurisprudência, entendimentos de que o pagamento em consignação tem natureza facultativa. Contudo, casos existem em que esta é a melhor, senão a única maneira de que o devedor deposite, com efeito de pagamento, o valor a que está obrigado se exonere dos efeitos do inadimplemento e ainda, em certos casos se obtenha os benéficos efeitos do adimplemento.

Em certos casos, serve para que o devedor entregue em juízo um bem e se exima dos riscos que podem pender sobre este, pois conquanto esteja sob o seu poder, a responsabilidade pela conservação é sua.

---

242 RECURSO ESPECIAL. ACORDO. OBRIGAÇÃO DE RECEBER PRESTAÇÕES. MULTA PELO DESCUMPRIMENTO. INADIMPLÊNCIA DO CREDOR. CONSIGNATÓRIA AJUIZADA PELO DEVEDOR. -. A inadimplência do credor que se recusa a receber prestação nos termos de acordo firmado não cessa com a consignação em pagamento, pelo devedor, do valor recusado. - A consignação não purga a *mora accipiendi*. - A inércia do credor justifica a cobrança da multa por inadimplemento, prevista no contrato. - A cláusula penal, ainda que nominada multa diária por descumprimento do contrato, não pode exceder ao máximo da obrigação principal (Art. 920 do Código Civil/1916). (STJ-3ª T. REsp 796714/MG, Rel.: Min. Humberto Gomes de Barros, DJ 14/05/2007 p. 286).

A demonstração da lealdade e da boa-fé contratual também pode ser interpretada e extraída a partir do pagamento consignado ou do depósito judicial do bem, mesmo que a obrigação seja *querable*.

Como a consignação importa em prejuízo para aquele que lhe deu causa, sendo o credor considerado o culpado e, portanto, perdente da demanda, a ele cabe arcar com as despesas daí advindas. Contudo, este procedimento pressupõe a certeza de seu *quantum* e, se a ação judicial for improcedente por considerar o depósito insuficiente ou feito fora do prazo,[243] não produzirá efeitos liberatórios do vínculo e não acarretará qualquer prejuízo ao réu (credor), tanto que este é o regulamento do artigo 343 do Código Civil: *As despesas com o depósito, quando julgado procedente, correrão à conta do credor, e, no caso contrário, à conta do devedor.*

Os custos desta providência judicial iniciada pelo devedor serão arcados pelo credor em caso de procedência. A recusa do credor em receber ou dar a devida quitação, quando injusta, impõe sanção de natureza patrimonial no âmbito processual.

Não obstante o pagamento em consignação não seja obrigatório, como dantes afirmado, muitas vezes é a única forma do devedor adimplir com sua prestação. É o exemplo do compromissário adquirente de imóvel mediante o pagamento em várias parcelas e que, faltando poucas para sua total quitação, vê o credor, promitente vendedor fechar as portas de seu estabelecimento. Ocorrendo isto é necessário que se faça o pagamento consignado das parcelas faltantes para que o adquirente consiga a propriedade do imóvel (que se dá pela transcrição no Registro de Imóveis competente), via adjudicação judicial. Outro caminho para adquirir a propriedade talvez fosse pela via da ação de usucapião, mas cujo interregno processual, pela sua própria natureza, pode demorar muito e não ser interessante para este adquirente. Perceba o leitor que nesta última hipótese a prestação não seria cumprida.

O pagamento consignado deve conter todos os requisitos exigidos para o pagamento dito *normal*, tanto que o artigo 336 do Código Civil dispõe que *para que a consignação tenha força de pagamento, será mister concorram, em relação às pessoas, ao objeto, modo e tempo, todos os requisitos sem os quais não é válido o pagamento.* Cabe a advertência de que em relação ao objeto consignado, este tem cabimento apenas em relação às obrigações de dar ou restituir,

243 Apesar do Código de Processo Civil dispor, em seu art. 892 que *tratando-se de prestações periódicas, uma vez consignada a primeira, pode o devedor continuar a consignar, no mesmo processo e sem mais formalidades, as que se forem vencendo, desde que os depósitos sejam efetuados até 5 (cinco) dias, contados da data do vencimento,* os Tribunais entendem que o depósito feito a destempo, nessa hipótese, não inibe a procedência da ação de consignação.

pois improvável a estipulação de consignação de alguma obrigação de fazer ou não fazer.

Não obstante a isso, o artigo 335 do Código Civil regula o cabimento da consignação em pagamento, ao disciplinar:

A consignação tem lugar:

I - se o credor não puder, ou, sem justa causa, recusar receber o pagamento, ou dar quitação na devida forma;

Neste primeiro caso de cabimento existem variadas hipóteses práticas, pois a impossibilidade do credor pode ocorrer inclusive quando este estiver incapacitado juridicamente de praticar o ato de recebimento, desaparecido ainda não declarado ausente, ou por não se encontrar em seu domicílio e não tenha deixado representante para receber e dar quitação. O caso do credor que se encontra em coma se enquadra tanto no inciso I como no III. Quanto à recusa injusta do pagamento, significa dizer que o credor não tem motivos para não querer receber o que lhe está sendo ofertado ou pretensamente entregue.As hipóteses em que o credor está autorizado a se recusar ao recebimento, podem se apresentar quando o devedor lhe oferta objeto para pagamento diverso do avençado, em qualidade ou quantidade que não corresponda, irregularidade de qualquer regra estabelecida no ato negocial, como o local de pagamento. Nestes casos o devedor não terá direito a consignar o pagamento, pois a recusa é justa. Se o credor se negar a dar a quitação, ou se perdeu do título de crédito, também justificada é a consignação.

II - se o credor não for, nem mandar receber a coisa no lugar, tempo e condição devidos. Este caso trata da desídia do credor quando se tratar de obrigações *querables.*

III - se o credor for incapaz de receber, for desconhecido, declarado ausente, ou residir em lugar incerto ou de acesso perigoso ou difícil. Sendo o credor incapaz, a consignação é facultada pela não observância das regras expressas nos artigos 308 a 310 do Código Civil. Havendo credor declarado ausente, se faz necessária a prova de tal alegação com a declaração judicial de ausência, tal como dispõe o artigo 22 do Código Civil. Neste caso, haverá nomeação de curador e a este é quem se deve pagar e que terá poderes para dar a quitação, o que não justifica por si só a redação como se encontra deste inciso. Não havendo esta declaração judicial,[244] ou seu curador não puder ou se recusar a receber o pagamento, o fundamento para a consignação deve ser o inciso I. Se o local

244 Há quem defenda que a consignação suporta a ausência não declarada, o estado de fato de ausente, o que veementemente repudiamos, pois esta situação jurídica é mero desconhecimento de seu paradeiro, confundindo-se com a hipótese do inciso I. Mantemos, portanto, a crítica quanto à existência do termo declarado ausente no corpo do inciso III.

de pagamento for de difícil ou perigoso acesso, é dever observar as regras atinentes ao artigo 329 do Código Civil.

IV - se ocorrer dúvida sobre quem deva legitimamente receber o objeto do pagamento. Quando se tratar, por exemplo, de pagamento de contribuições sindicais, e houver mais de uma instituição que se apresente como credora. O pagamento de indenização pela seguradora se houver ex-esposa e companheira que se apresentam como beneficiárias, ou a promessa de recompensa em que mais de uma pessoa se coloca como merecedora são outras hipóteses. Em todos estes casos a consignação libera o devedor e deixa a cargo do Poder Judiciário a decisão de quem será considerado credor. A dúvida sobre a identidade do credor difere do *credor desconhecido* expresso no inciso III por, neste, não haver quem se apresente como tal, enquanto no inciso IV há uma pluralidade de eventuais credores.

V - se pender litígio sobre o objeto do pagamento. Nesta hipótese, é necessária uma análise conjunta com os artigos 344 e 345 do Código Civil, que aduzem: *Art. 344. O devedor de obrigação litigiosa exonerar-se-á mediante consignação, mas, se pagar a qualquer dos pretendidos credores, tendo conhecimento do litígio, assumirá o risco do pagamento. Art. 345. Se a dívida se vencer, pendendo litígio entre credores que se pretendem mutuamente excluir, poderá qualquer deles requerer a consignação.* É fácil a constatação de que o inciso e os artigos em comento se referem a um litígio entre o credor e um terceiro, em que este busca a satisfação de um pretenso débito (de outra relação jurídica) do credor para com este e assim receber a *res debita* do devedor agora consignante. Se ocorrer a penhora de crédito, representada por letra de câmbio, nota promissória, duplicata, cheque ou outros títulos, o devedor somente se exonerará da obrigação, se depositar em juízo a importância da dívida, conforme determina o § 2º do artigo 672 do Código de Processo Civil.[245]

Esclareça-se que a doutrina diverge em relação a este rol ser meramente exemplificativo ou taxativo. Paulo Nader o considera taxativo[246] enquanto Carlos Roberto Gonçalves,[247] Sílvio de Salvo Venosa,[248] Pablo Stolze Gagliano

245 Art. 672. A penhora de crédito, representada por letra de câmbio, nota promissória, duplicata, cheque ou outros títulos, far-se-á pela apreensão do documento, esteja ou não em poder do devedor.
§ 1º Se o título não for apreendido, mas o terceiro confessar a dívida, será havido como depositário da importância.
§ 2º O terceiro só se exonerará da obrigação, depositando em juízo a importância da dívida.

246 *Curso de Direito Civil - Obrigações.* Rio de Janeiro: Forense, 2008, p. 271.

247 *Direito Civil Brasileiro - volume 2: teoria geral das obrigações.* São Paulo: Saraiva, 2004, p. 275.

248 *Direito Civil: Teoria Geral das Obrigações e Teoria Geral dos Contratos.* São Paulo: Atlas, 2003, p. 269.

e Rodolfo Pamplona Filho[249] o consideram exemplificativo. O melhor entendimento está realmente com a maioria, eis que o próprio Código Civil traz outras situações específicas, como o artigo 1.478,[250] além da legislação extravagante anteriormente citada.[251]

249 *Novo curso de Direito Civil, volume II: obrigações*. São Paulo: Saraiva, 2008, p. 138.

250 Art. 1.478. Se o devedor da obrigação garantida pela primeira hipoteca não se oferecer, no vencimento, para pagá-la, o credor da segunda pode promover-lhe a extinção, consignando a importância e citando o primeiro credor para recebê-la e o devedor para pagá-la; se este não pagar, o segundo credor, efetuando o pagamento, se sub-rogará nos direitos da hipoteca anterior, sem prejuízo dos que lhe competirem contra o devedor comum.

251 PROCESSUAL CIVIL. NEGATIVA DE PRESTAÇÃO JURISDICIONAL NÃO CONFIGURADA. TAXA SELIC. FUNDAMENTO INATACADO. SÚMULA 283/STF. AÇÃO DE CONSIGNAÇÃO EM PAGAMENTO. NATUREZA E FINALIDADE. UTILIZAÇÃO PARA OBTER PROVIMENTO DE CARÁTER CONSTITUTIVO, MODIFICATIVO DO PRAZO DA OBRIGAÇÃO. IMPOSSIBILIDADE. TRIBUTÁRIO. CONFISSÃO DA DÍVIDA. PARCELAMENTO DO DÉBITO. DENÚNCIA ESPONTÂNEA NÃO CONFIGURADA. EXCLUSÃO DA MULTA MORATÓRIA. IMPOSSIBILIDADE. 1. Não viola o artigo 535 do CPC, nem importa negativa de prestação jurisdicional o acórdão que adota fundamentação suficiente para decidir de modo integral a controvérsia posta. 2. Não pode ser conhecido o recurso especial que não ataca fundamento que, por si só, é apto a sustentar o juízo emitido pelo acórdão recorrido. Aplicação analógica da Súmula 283/STF. 3. O depósito em consignação é modo de extinção da obrigação, com força de pagamento, e a correspondente ação consignatória tem por finalidade ver atendido o direito – material – do devedor de liberar-se da obrigação e de obter quitação. Trata-se de ação eminentemente declaratória: declara-se que o depósito oferecido liberou o autor da respectiva obrigação. 4. Sendo a intenção do devedor, no caso concreto, não a de pagar o tributo, no montante que entende devido, mas, sim, a de obter moratória, por meio de parcelamento em 120 meses, é inviável a utilização da via consignatória, que não se presta à obtenção de provimento constitutivo, modificador de um dos elementos conformadores da obrigação (prazo). Precedentes: AgRg no Ag 724.727/RS, Ministro Luiz Fux, Primeira Turma, julgado em 23.05.2006, DJ 08.06.2006; REsp 750.593/RS, Ministra Eliana Calmon, Segunda Turma, DJ 30.05.2006. 5. Firmou-se na 1ª Seção o entendimento no sentido de que a simples confissão de dívida, seguida de pedido de parcelamento, não caracteriza a denúncia espontânea prevista no art. 138 do CTN. Precedentes: AgRg no RESP 683453/RS, 1ª Turma, Min. Luiz Fux, DJ de 20.06.2005; RESP 724227/PR, 2ª Turma, Min. Eliana Calmon, DJ de 20.06.2005. 6. Recurso especial parcialmente conhecido e, nessa parte, improvido. (STJ-1ª T. REsp 886757/RS. Rel.: Min. Teori Albino Zavascki. DJ 26/03/2007 p. 214).No mesmo sentido: PROCESSUAL CIVIL. RECURSO ESPECIAL. AUSÊNCIA DE PREQUESTIONAMENTO. SÚMULA 282/STF. TRIBUTÁRIO. AÇÃO DE CONSIGNAÇÃO EM PAGAMENTO. NATUREZA E FINALIDADE. UTILIZAÇÃO PARA OBTER PROVIMENTO DE CARÁTER CONSTITUTIVO, MODIFICATIVO DO PRAZO DA OBRIGAÇÃO. IMPOSSIBILIDADE. 1. A ausência de debate, na instância recorrida, dos dispositivos legais cuja violação se alega no recurso especial atrai a incidência da Súmula 282 do STF. 2. O depósito em consignação é modo de extinção da obrigação, com força de pagamento, e a correspondente ação consignatória tem por finalidade ver atendido o direito ⊠ material ⊠ do devedor de liberar-se da obrigação e de obter quitação. Trata-se de ação eminentemente declaratória: declara-se que o depósito oferecido liberou o autor da respectiva obrigação. 3. Sendo a intenção do devedor, no caso concreto, não a de pagar o tributo, no montante que entende devido, mas sim a de obter moratória, por meio de parcelamento em 180 meses, é inviável a utilização da via consignatória, que não se presta à obtenção de provimento constitutivo, modificador de um dos elementos

Em caso de prestações periódicas, o artigo 892 do Código de Processo Civil determina que *uma vez consignada a primeira, pode o devedor continuar a consignar, no mesmo processo e sem mais formalidades, as que se forem vencendo, desde que os depósitos sejam efetuados até 5 (cinco) dias, contados da data do vencimento.* Tal disposição não pode ser dissociada do artigo 290 do mesmo diploma, visto que *quando a obrigação consistir em prestações periódicas, considerar-se-ão elas incluídas no pedido, independentemente de declaração expressa do autor; se o devedor, no curso do processo, deixar de pagá-las ou de consigná-las, a sentença as incluirá na condenação, enquanto durar a obrigação.*

Não se deve olvidar que em se tratando de relações locatícias, se aplica o disposto no artigo 67 da Lei nº. 8245/91 de que *na ação que objetivar o pagamento dos aluguéis e acessórios da locação mediante consignação, será observado o seguinte: (...) III - o pedido envolverá a quitação das obrigações que vencerem durante a tramitação do feito e até ser prolatada a sentença de primeira instância, devendo o autor promover os depósitos nos respectivos vencimentos.*

4.2.3 Lugar

No pagamento em consignação não se aplica o artigo 100, IV, "d" do Código de Processo Civil,[252] que trata do ajuizamento da ação no foro do domicílio do réu. A regra a ser seguida é que o lugar para o seu procedimento é o de cumprimento da obrigação ou prestação. Dita o artigo 337 do Código Civil que *o depósito requerer-se-á no lugar do pagamento, cessando, tanto que se efetue, para o depositante, os juros da dívida e os riscos, salvo se for julgado improcedente.* Ocorrendo a consignação em local diverso do estabelecido para o cumprimento da obrigação, haverá validade? Se o credor levantar a quantia depositada, não se questionará a validade e tampouco os efeitos daí provenientes. Mas a negativa, fundamentada em local diverso do avençado importará em justificativa plausível, tanto que é uma das alegações previstas no artigo 896 do Código de Processo Civil para a contestação. Senão vejamos: *Na contestação, o réu poderá alegar que: (...) III - o depósito não se efetuou no prazo ou no lugar do pagamento,* mesmo que este local seja o de seu domicílio, por se tratar de norma cogente.

conformadores da obrigação (prazo). 4. Recurso especial a que se nega provimento. (STJ-1ª T. REsp 694856/RS. Rel.: Min. Teori Albino Zavascki. DJ 07/03/2005 p. 171).

252 Art. 100. É competente o foro: (...) IV - do lugar: (...) d) onde a obrigação deve ser satisfeita, para a ação em que se Ihe exigir o cumprimento;

4.2.4 Modalidades de depósito

Como já antecipado quando dos comentários ao artigo 334 do Código Civil, existem dois modos de se consignar: pelo *depósito bancário* e pela *via judicial*. A primeira modalidade vem prevista, além do citado artigo civilista, no § 1º do artigo 890 do Código de Processo Civil, que teve a redação alterada pelo advento da Lei nº. 8951/1994, nos seguintes termos: *Tratando-se de obrigação em dinheiro, poderá o devedor ou terceiro optar pelo depósito da quantia devida, em estabelecimento bancário, oficial onde houver, situado no lugar do pagamento, em conta com correção monetária, cientificando-se o credor por carta com aviso de recepção, assinado o prazo de 10 (dez) dias para a manifestação de recusa*. Esta alteração na Lei processual civil teve como principal característica o intuito de desburocratização e diminuição do formalismo do procedimento do pagamento consignado.

Esta modalidade somente é admitida para o pagamento em dinheiro, pois não existe estrutura para a consignação extrajudicial relacionada à entrega de bens.

Não há necessidade de petição dirigida ao gerente ou preposto de agência bancária para que se efetue o pagamento em consignação, pois existem formulários próprios das instituições para tanto. Todavia, recomenda-se, para uma maior agilidade, que o próprio autor proceda com a citação do credor via postagem com aviso de recebimento. A Resolução nº. 2814/2001, do Banco Central do Brasil regulamenta o procedimento do pagamento em consignação pela forma bancária. Senão vejamos:

O BANCO CENTRAL DO BRASIL na forma do art. 9º da Lei nº 4.595, de 31 de dezembro de 1964, torna público que o CONSELHO MONETÁRIO NACIONAL, em sessão realizada em 24 de janeiro de 2001, com base no art. 4º, incisos VIII e IX, da referida Lei, e tendo em vista o disposto no art. 1º da Lei nº 8.951, de 13 de dezembro de 1994, que alterou o art. 890 da Lei nº 5.869, de 11 de janeiro de 1973, R E S O L V E U:

Art. 1º Estabelecer que é obrigatório o acolhimento de depósitos de consignação em pagamento de que trata a Lei nº 8.951, de 13 de dezembro de 1994, por parte de instituições financeiras públicas.

Parágrafo 1º Para os efeitos da Lei nº 8.951, de 1994, as instituições financeiras públicas definidas como estabelecimentos bancários oficiais são os bancos múltiplos com carteira comercial e os bancos comerciais, federais e estaduais, e a Caixa Econômica Federal.

Parágrafo 2º Em se tratando de município desassistido de dependência das instituições referidas no parágrafo anterior, o acolhimento de depósitos de consignação em pagamento caberá aos bancos múltiplos com carteira comercial e bancos comerciais, privados, bem como às cooperativas de crédito que recebam depósitos à vista, no caso de a dívida relativa ao depósito em consignação envolver depositante e credor associados, instalados na localidade.

Parágrafo 3º Na hipótese de inexistência, na localidade onde é devido o pagamento da dívida, de instituição financeira autorizada a receber os depósitos de que trata esta Resolução, o acolhimento caberá às instituições localizadas em municípios próximos, observando-se as demais condições estabelecidas neste artigo.

Parágrafo 4º À instituição financeira é vedado o acolhimento de depósitos de consignação em pagamento relativos a obrigações em que ela mesma seja credora.

Art. 2º As instituições financeiras devem exigir do depositante, no ato de abertura da respectiva conta de depósitos de consignação em pagamento, e do credor, quando este efetuar a retirada dos depósitos, as informações cadastrais previstas na Resolução nº 2.025, de 24 de novembro de 1993, e regulamentação posterior.

Parágrafo 1º No caso de depósitos realizados por mandatários ou prepostos, a instituição financeira deve exigir a apresentação de procuração ou carta de preposição, além das identificações do representante e da pessoa representada, nos termos da regulamentação citada no caput.

Parágrafo 2º No caso de depósitos realizados por terceiros, interessados ou não, a instituição financeira deve realizar os procedimentos estabelecidos pela regulamentação citada no caput em relação ao depositante, cabendo a este último o fornecimento dos dados de identificação do devedor, bem como a responsabilidade pela veracidade desses dados.

Parágrafo 3º A conta de depósitos de consignação em pagamento somente pode acolher recursos com essa finalidade, devendo o depositante declarar, no termo de abertura da conta, o objeto da dívida a que se refere e o credor da mesma, identificando esse último mediante fornecimento, no mínimo, de nome completo, número de inscrição no Cadastro de Pessoas Físicas (CPF) ou Cadastro Nacional da Pessoa Jurídica (CNPJ) e endereço para envio da notificação a que se refere o art. 4º.

Parágrafo 4º O acolhimento de sucessivos depósitos de consignação em pagamento, referentes a dívidas de prestações periódicas relativas a um mesmo contrato entre credor e devedor, pode ser realizado mediante um único procedimento de identificação das partes interessadas, devendo cada um dos referidos depósitos ser objeto de identificação clara da prestação a que se refere e de tratamento específico para os fins desta Resolução e dos correspondentes efeitos legais.

Art. 3º Acolhido o depósito de consignação em pagamento, este fica à exclusiva disposição:

I - do credor, caso não seja recebida, pela instituição financeira, a recusa formal referida no art. 4º, parágrafo único, inciso II, alínea "a";

II - do depositante, após recebida, pela instituição financeira, a recusa formal referida no inciso anterior;

III - do juízo competente, após proposta a ação de consignação em pagamento referida no art. 6º, prevista pela legislação em vigor.

Parágrafo único. As retiradas de depósitos de consignação em pagamento devem ser realizadas pelo valor integral, em espécie, cheque administrativo ou transferência para outra conta de depósitos, registrando-se a operação e o destino dos recursos no caso de transferência, no histórico da conta-origem, vedado o fornecimento de talonários de cheques.

Art. 4º A instituição financeira, quando do recebimento de depósitos de consignação em pagamento, deve expedir, dentro de dois dias úteis, a correspondente notificação ao credor, cujo aviso de recepção deve ser assinado pessoalmente pelo destinatário e conservado pela instituição para os fins previstos em Lei.

Parágrafo único. A notificação a que se refere o caput deve ser efetuada em formulário apropriado, a ser confeccionado e fornecido pela instituição financeira, do qual constem, no mínimo:

I - identificação da finalidade da notificação, da pessoa do devedor e da dívida objeto do depósito;

II - informação em destaque, de que, nos termos do art. 890, Parágrafo 2º, da Lei nº 5.869, de 11 de janeiro de 1973, o devedor será considerado liberado da obrigação objeto da dívida indicada, na ocorrência de uma das seguintes hipóteses:

a) o credor não apresentar à instituição financeira depositária, no prazo de dez dias contados da data de recebimento da notificação, manifestação de recusa formal da totalidade do valor depositado, permanecendo referidos recursos, nesse caso, à sua disposição, para retirada a qualquer tempo;

b) o credor proceder à retirada dos recursos antes do término do prazo mencionado na alínea anterior;

III - espaço destinado à eventual manifestação de recusa por parte do credor, onde este poderá incluir as razões para tanto, que deve ser efetuada por escrito no próprio formulário;

IV - instruções para o envio da formalização de recusa à instituição financeira, por via postal ou entrega direta, respeitado o prazo mencionado no inciso II, alínea "a", com aviso de recebimento a ser autenticado e assinado por funcionário da instituição;

V - advertência de que o depósito refere-se ao valor total da dívida indicada, não se admitindo aceitação e consequente recebimento realizados com ressalvas;

VI - outras informações que esclareçam o credor quanto aos direitos, obrigações, procedimentos, providências a serem tomadas e respectivas consequências jurídicas e administrativas, conforme estabelecido na legislação e regulamentação em vigor, e advertência de que a assinatura do aviso de recebimento implica ciência das informações constantes da notificação.

Art. 5º Após o decurso do prazo legal estabelecido para a formalização de recusa por parte do credor, sem que a mesma tenha sido realizada, ou na hipótese de esse último vir a retirar o valor depositado, a instituição financeira deve fornecer declaração, a pedido do depositante, onde constem o objeto e a data da consignação, a data da juntada do aviso de recepção assinado pelo credor e a ausência de recusa formal desse último até a data da declaração, ou, na hipótese da retirada dos recursos por parte do credor, a data dessa retirada.

Art. 6º Ocorrendo a formalização de recusa por parte do credor, a instituição financeira deve expedir notificação ao depositante, no prazo de um dia útil, com aviso de recepção, para que o mesmo possa, nos termos da Lei, fazer uso da prerrogativa de proposição de ação de consignação em pagamento prevista na legislação em vigor.

Parágrafo único. Os depósitos de que trata esta Resolução passam a ser tratados pela instituição financeira como depósitos judiciais, uma vez proposta a ação de consignação em pagamento referida no caput, cabendo ao depositante comprovar o fato perante a instituição depositária.

Art. 7º Os depósitos de consignação em pagamento devem ser atualizados, no mínimo, nas mesmas condições da remuneração básica dos depósitos de poupança, observando-se, após a eventual instauração da ação referida no art. 6º, a legislação em vigor referente aos depósitos judiciais.

Art. 8º É facultado à instituição financeira ressarcir-se, perante o depositante, de despesas de postagem, elaboração de documentos e outras incorridas na realização dos procedimentos determinados nos termos desta Resolução.

Parágrafo 1º A instituição financeira poderá cobrar tarifa relativa à manutenção de conta de depósitos, não superior à estabelecida para contas de depósitos à vista, debitando-a diretamente à conta que acolheu o depósito de consignação em pagamento e até o limite dos recursos nela existentes, decorridos, no mínimo, sessenta dias após o prazo referido no art. 4º, parágrafo único, inciso II, alínea "a", desde que não tenha sido proposta a ação de consignação em pagamento referida no art. 6º e de que os recursos não tenham sido retirados por quem de direito.

Parágrafo 2º Cabe à instituição financeira esclarecer às partes interessadas sobre as condições relativas à cobrança de ressarcimentos e tarifas tratadas neste artigo, conforme praticados pela instituição, exigindo ciência formal do devedor e do credor sobre o assunto.

Parágrafo 3º No caso de depósitos de consignação em pagamento referentes a dívidas de prestações periódicas relativas a um mesmo contrato entre credor e devedor, a instituição financeira somente poderá cobrar do titular dos recursos, observadas as condições estabelecidas neste artigo, uma única tarifa mensal referente a manutenção de conta de depósitos, independentemente do número de prestações depositadas e eventualmente não retiradas.

Parágrafo 4º Nos extratos mensais a serem enviados pela instituição financeira à pessoa habilitada a realizar a correspondente retirada, devem constar, quando for o caso, informação sobre o débito de tarifa periódica e recomendação de retirada dos recursos visando o encerramento da conta.

Art. 9º As instituições mencionadas no art. 1º terão prazo, até 2 de abril de 2001, para o atendimento do disposto nesta Resolução.

Art. 10. Fica o Banco Central do Brasil autorizado a baixar as normas e a adotar as medidas julgadas necessárias à execução do disposto nesta Resolução.

Art. 11. Esta Resolução entra em vigor na data de sua publicação.

Advirta-se que *estabelecimento bancário oficial*, tal como descrito no § 1º do artigo 890 do Código de Processo Civil não é sinônimo de *estabelecimento bancário de banco público*. É comum o equívoco pelo desconhecimento da mencionada Resolução 2814/2001, do Banco Central do Brasil, que no § 1º do seu artigo 1º dispõe: *Para os efeitos da Lei nº. 8.951, de 1994, as instituições financeiras públicas definidas como estabelecimentos bancários oficiais são os bancos múltiplos com carteira comercial e os bancos comerciais, federais e estaduais, e a Caixa Econômica Federal.*

Também é necessário que o depósito seja feito em conta com correção monetária que garanta, no mínimo, as mesmas condições da remuneração básica dos depósitos de poupança (vide artigo 7º. da Resolução 2814/2001, do Banco Central do Brasil), pois seus rendimentos devem evitar a perda de seu poder aquisitivo, com o desgaste da moeda pelo decurso do tempo.

Pelo § 2º. do artigo 890 do Código de Processo Civil,[253] decorrido o prazo preclusivo de 10 dias, contado da data em que o credor foi efetivamente cientificado, não da consignação e nem do retorno do aviso de recebimento, sem que haja manifestação de recusa, reputar-se-á liberado o devedor do vínculo obrigacional.

253 § 2º Decorrido o prazo referido no parágrafo anterior, sem a manifestação de recusa, reputar-se-á o devedor liberado da obrigação, ficando à disposição do credor a quantia depositada.

Por conseguinte, o § 3º. do citado artigo menciona que *ocorrendo a recusa, manifestada por escrito ao estabelecimento bancário, o devedor ou terceiro poderá propor, dentro de 30 (trinta) dias, a ação de consignação, instruindo a inicial com a prova do depósito e da recusa.* Mas esta recusa pode ser formulada diretamente ao consignante com aviso de recebimento? Não, pois não possuirá a eficácia desejada, visto que o procedimento é específico ao mencionar que a recusa deve ser formalizada ao estabelecimento bancário. Embora o intuito do legislador fora de evitar a burocracia então existente acerca do pagamento em consignado, apenas houve a sua diminuição. Resquícios burocráticos ainda existem e devem ser respeitados.

Com a prova da recusa terá o consignante o prazo de 30 (trinta) dias para a propositura de ação de consignação em pagamento. Ressalte-se que este prazo não é de todo preclusivo, eis que se não observado o débito ainda persistirá e enquanto houver débito há possibilidade de se consignar. Não proposta a ação neste prazo, contudo, não haverá a total impossibilidade do pagamento em consignação, haja vista que o que se altera são apenas seus efeitos. O § 4º. do artigo 890 dispõe que: *Não proposta a ação no prazo do parágrafo anterior, ficará sem efeito o depósito, podendo levantá-lo o depositante.* O termo *sem efeito*, constante neste parágrafo, demonstra a intenção legislativa apenas de liberar o devedor do vínculo obrigacional desde a data da consignação extrajudicial se houvesse a propositura da ação, ou seja, seus efeitos liberatórios seriam *ex tunc*, pois retroagiriam até aquela data. Desta forma, se o consignante ficar inerte pelo prazo trintídio, os efeitos da consignação não retroagem àquela data, mas à data da eventual, posterior e efetiva consignação judicial incidindo juros moratórios, correção monetária e cláusula penal, se houver, determinadas a partir do inadimplemento. Diz a expressão *sem efeito*, destarte, que não há liberação do vínculo e a situação perdura como se inadimplemento houvesse. Há o restabelecimento do estado de inadimplemento anterior, o que faz caracterizar sua mora.

Poderá o consignante, todavia, levantar a quantia consignada antes do prazo de 30 (trinta) dias? Sim, como se fosse uma renúncia aos efeitos da ação de consignação de pagamento proposta no prazo legal ou mera desistência da consignação.[254] Ademais, assim dispõe o artigo 338 do Código Civil: *Enquanto*

254 Processual civil. Recurso especial. Ação de consignação em pagamento. Ausência de contestação. Homologação do pedido de desistência formulado pelo autor. Extinção do processo sem julgamento do mérito. Levantamento do depósito pelo autor. Possibilidade. - Em razão da extinção do processo sem julgamento do mérito, decorrente da homologação do pedido de desistência da ação de consignação em pagamento formulado pelo autor, na qual não houve contestação, tem ele o direito ao levantamento das quantias depositadas em juízo, posto que a obrigação junto ao réu subsiste para todas as consequências de direito. Recurso especial não conhecido. (STJ-3ª T. REsp 583354/GO. Rel.: Min. Nancy Andrighi. DJ 01/02/2005 p. 545).

o credor não declarar que aceita o depósito, ou não o impugnar, poderá o devedor requerer o levantamento, pagando as respectivas despesas, e subsistindo a obrigação para todas as consequências de direito.

A seguir se apresenta um organograma para o melhor entendimento do pagamento em consignação por depósito bancário:

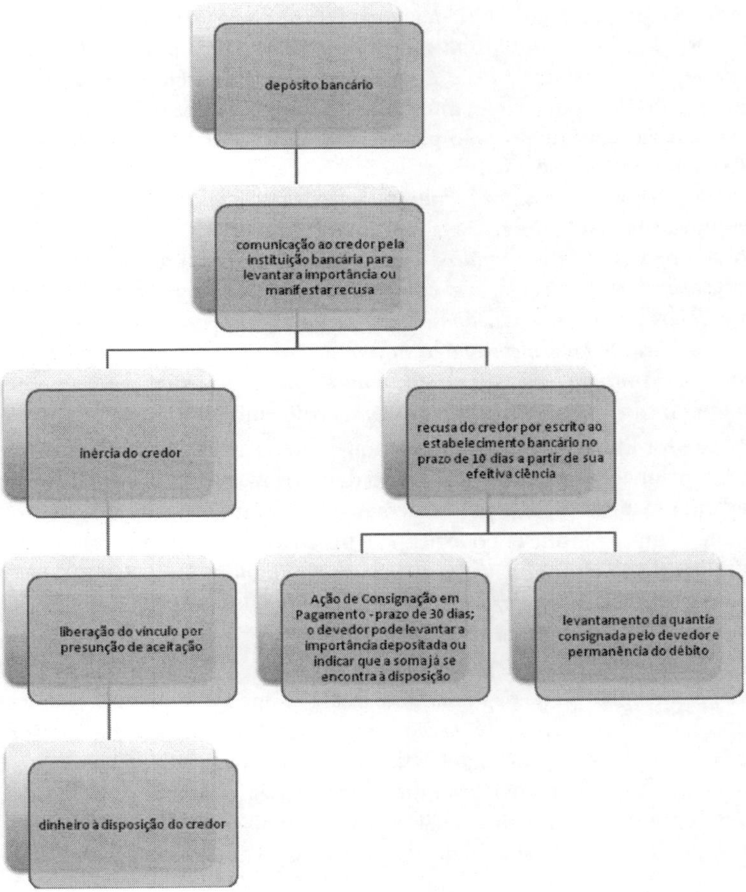

Alguns casos, entretanto, não são permitidos pela via extrajudicial, exigindo-se, destarte, a intervenção judicial, como é o caso do pagamento consignado de tributos e o do inciso IV do artigo 335 do Código Civil (que necessariamente deve se proceder pela via judicial). Sendo recusado pelo credor o pagamento em consignação pela via bancária, ao devedor resta, juntando a prova da recusa, propor ação de consignação em pagamento.

Caso não tenha efetuado, ou se o consignante levantou o depósito bancário recusado, o requerente deverá depositar o valor ou o(s) bem(ns) devido(s) no prazo de 5 (cinco) dias, contado do deferimento judicial. Preceitua o artigo 893 do Código de Processo Civil que *o autor, na petição inicial, requererá: I - o depósito da quantia ou da coisa devida, a ser efetivado no prazo de 5 (cinco) dias contados do deferimento, ressalvada a hipótese do § 3º do art. 890; II - a citação do réu para levantar o depósito ou oferecer resposta.* Havendo dúvida sobre quem é o credor, por serem múltiplos ou vários os pretendentes ao crédito, todos deverão constar no polo passivo da ação, consoante prevê o artigo 895 do Código de Processo Civil: *Se ocorrer dúvida sobre quem deva legitimamente receber o pagamento, o autor requererá o depósito e a citação dos que o disputam para provarem o seu direito.* Pela regra consubstanciada no artigo 898 do Código de Processo Civil, *quando a consignação se fundar em dúvida sobre quem deva legitimamente receber, não comparecendo nenhum pretendente, converter-se-á o depósito em arrecadação de bens de ausentes; comparecendo apenas um, o juiz decidirá de plano; comparecendo mais de um, o juiz declarará efetuado o depósito e extinta a obrigação, continuando o processo a correr unicamente entre os credores; caso em que se observará o procedimento ordinário.*

Se for litigiosa a relação entre aqueles que se dizem credores da obrigação, a consignação se impõe para que o devedor não corra o risco de promover o pagamento a um deles, e posteriormente ser chamado a pagar àquele que realmente comprovar que era o legítimo e único credor. Assim preceitua o artigo 344 do Código Civil: *O devedor de obrigação litigiosa exonerar-se-á mediante consignação, mas, se pagar a qualquer dos pretendidos credores, tendo conhecimento do litígio, assumirá o risco do pagamento.*

Destaca-se que o devedor nem sempre será o autor numa ação que importe na consignação de pagamento. É possível que num litígio pendente entre credores, ou entre o credor e terceiro, qualquer destes requeira a consignação. Dispõe o artigo 345 do Código Civil, que *se a dívida se vencer, pendendo litígio entre credores que se pretendem mutuamente excluir, poderá qualquer deles requerer a consignação.* Lembre o leitor uma vez mais que se o devedor assim não o fizer, poder-se-á aplicar a disposição do artigo 312 do Código Civil.[255]

255 Art. 312. Se o devedor pagar ao credor, apesar de intimado da penhora feita sobre o crédito, ou da impugnação a ele oposta por terceiros, o pagamento não valerá contra estes, que poderão constranger o devedor a pagar de novo, ficando-lhe ressalvado o regresso contra o credor.

Os requisitos gerais da petição inicial de consignação devem seguir as indicações do artigo 282 do Código de Processo Civil.[256] Também é necessária a observância de alguns requisitos específicos que se amoldam de acordo com o caso em concreto, como por exemplo a prova do depósito extrajudicial e sua recusa. Também pode ocorrer a hipótese de obrigação de entrega de objeto incerto ou indeterminado em que a escolha caiba ao credor. Neste caso o artigo 342 do Código Civil dispõe que *se a escolha da coisa indeterminada competir ao credor, será ele citado para esse fim, sob cominação de perder o direito e de ser depositada a coisa que o devedor escolher; feita a escolha pelo devedor, proceder-se-á como no artigo antecedente*. Redação análoga é a do artigo 894 do Código de Processo Civil: *Se o objeto da prestação for coisa indeterminada e a escolha couber ao credor, será este citado para exercer o direito dentro de 5 (cinco) dias, se outro prazo não constar de Lei ou do contrato, ou para aceitar que o devedor o faça, devendo o juiz, ao despachar a petição inicial, fixar lugar, dia e hora em que se fará a entrega, sob pena de depósito.*[257]

Nos termos do artigo 341 do Código Civil, *se a coisa devida for imóvel ou corpo certo que deva ser entregue no mesmo lugar onde está, poderá o devedor citar o credor para vir ou mandar recebê-la, sob pena de ser depositada*. O devedor tem a opção de antes de propor a ação notificar o credor extrajudicialmente. O texto legal menciona *citar*, o que explicita a já ocorrência da propositura da ação de consignação, situação que pode determinar a mais rápida extinção da lide ou, a diminuição das despesas processuais. É que com isto não se teria, se o credor fosse buscar o bem, despesas do nomeado depositário para a guarda e a conservação do bem objeto depositado.

A contestação do credor requerido está adstrita a um rol limitado de possíveis alegações. O artigo 896 do Código de Processo Civil[258] as

256 Art. 282. A petição inicial indicará:
I - o juiz ou tribunal, a que é dirigida;
II - os nomes, prenomes, estado civil, profissão, domicílio e residência do autor e do réu;
III - o fato e os fundamentos jurídicos do pedido;
IV - o pedido, com as suas especificações;
V - o valor da causa;
VI - as provas com que o autor pretende demonstrar a verdade dos fatos alegados;
VII - o requerimento para a citação do réu.

257 O termo *sob pena de depósito* deve ser entendido apenas quando possível ou cabível. Na sua impossibilidade, como no caso da entrega de bovinos, o *depósito* pode ser convertido em indenização diária ou periódica pelo atraso em seu recebimento.

258 Art. 896. Na contestação, o réu poderá alegar que:
I - não houve recusa ou mora em receber a quantia ou coisa devida;
II - foi justa a recusa;
III - o depósito não se efetuou no prazo ou no lugar do pagamento;
IV - o depósito não é integral.

prevê: a) *Que não houve recusa ou mora em receber a quantia ou coisa devida; b) a recusa foi justa.* Pode alegar, por exemplo, prestação diversa da convencionada (artigo 313 do Código Civil), incapacidade para receber (artigo 310 do Código Civil) ou ainda que inexiste vínculo obrigacional; c) *que o depósito não se efetuou no prazo ou no lugar do pagamento,* com fundamento nos artigos 327 e seguintes (lugar) ou artigos 331 e seguintes (tempo), todos do Código Civil; e *d) que o depósito não é integral,* pelo fundamento no artigo 314 do Código Civil, mas neste caso o réu deverá indicar o montante que entende devido para a alegação ser admitida, de acordo com o parágrafo único do mencionado artigo 896.

Na ocorrência desta última alegação, poderá o consignante completá-lo no prazo de dez dias, salvo se corresponder a prestação, cujo inadimplemento acarrete a rescisão contratual, a teor da cabeça do artigo 899 do Código de Processo Civil. Não obstante a isso, pelo seu § 1º, uma vez *alegada a insuficiência do depósito, poderá o réu levantar, desde logo, a quantia ou a coisa depositada, com a consequente liberação parcial do autor, prosseguindo o processo quanto à parcela controvertida.* Desta forma, se a sentença concluir pela insuficiência do depósito deverá determinar o montante devido, válido como título executivo, facultado ao credor promover-lhe a execução nos mesmos autos. Não sendo isto possível, dever-se-á proceder a liquidação de sentença. É isto o que dispõe o § 2º do artigo em comento.

De um modo geral, pelo artigo 340 do Código Civil, *o credor que, depois de contestar a lide ou aceitar o depósito, aquiescer no levantamento, perderá a preferência e a garantia que lhe competiam com respeito à coisa consignada, ficando para logo desobrigados os co-devedores e fiadores que não tenham anuído.* Não há motivos para, uma vez levantada a quantia consignada, por exemplo, ainda se manter o registro da hipoteca no registro do imóvel dado como garantia para o cumprimento da obrigação, ou a mantença dos garantidores nesta relação litigiosa com o (ao menos parcial) adimplemento obrigacional. Porém, a preferência e a garantia permanecem em relação ao *quantum* aindacontroverso.

Contudo, se a contestação não for apresentada e reconhecidos os efeitos da revelia ou se o credor receber e der quitação, dispõe o artigo 897 do Código de Processo Civil que (...) *o juiz julgará procedente o pedido, declarará extinta a obrigação e condenará o réu nas custas e honorários advocatícios.*

Por fim, pelo artigo 339 do Código Civil, *julgado procedente o depósito, o devedor já não poderá levantá-lo, embora o credor consinta, senão de acordo com os outros devedores e fiadores.* Esta impossibilidade de levantamento da quantia

---

Parágrafo único. No caso do inciso IV, a alegação será admissível se o réu indicar o montante que entende devido.

pelo devedor se dá pelo fato de que se concretizou o adimplemento, não surtindo qualquer efeito todo o procedimento se facultado o contrário. A exceção fica por conta das obrigações com prestações divididas, divisíveis ou indivisíveis com múltiplos sujeitos no polo passivo negocial, para fins de um cumprir de maneira diversa a prestação consignada pelo outro e de modo mais proveitoso ao credor, sempre com o consentimento de todos os envolvidos.

4.3 Do Pagamento com Sub-rogação

A palavra sub-rogação vem do latim *subrogare* e é composta pelo prefixo *sub + rogare. Sub* quer dizer o movimento de baixo para cima, que parte de uma posição inferior para uma superior. *Rogar,* em qualquer de suas formas de verbos transitivo direto e indireto, bitransitivo indireto e intransitivo, traz a idéia de suplicar, pedir. Assim, entende-se que o pagamento com sub-rogação é o ato pelo qual terceiro cumpre uma obrigação junto a credor *rogando* a este que lhe transfira os direitos de que possuía junto ao devedor, ou seja, substituindo-o naquilo que lhe for possível, pois, como se verá adiante, nem todos os direitos creditícios poderão ser transferidos ao terceiro sub-rogante.

É possível haver a substituição da titularidade do crédito com a manutenção da relação jurídica obrigacional. Isto já foi tratado quando abordada a cessão de crédito. No pagamento com sub-rogação ocorre o mesmo. A diferença entre um e outro é que na cessão não há adimplemento, apenas mera alteração do polo ativo. Neste instituto, como o próprio nome já diz, o cumprimento da obrigação se efetiva, porém não pelo devedor originário, mas por terceiro, salvo se este emprestar quantia necessária ao devedor para solver a dívida. Note-se que o adimplemento se opera apenas em relação ao primitivo credor, visto que nem a relação jurídica e nem a obrigação, em regra, se extinguem, eis que a dívida ainda persiste em relação ao devedor.

Outra diferença entre os institutos, é que a *cessão de crédito* pode ser gratuita; o pagamento com sub-rogação pressupõe a onerosidade. Diferem ainda pelo fato de que a cessão se baseia numa declaração de vontade, enquanto a sub-rogação se ampara no pagamento. Mas as diferenças não se findam aí. A cessão de crédito possui natureza negocial. Aliás, pressupõe a prática de um negócio jurídico, pelo qual o credor *declara* transferir a titularidade do crédito. A sub-rogação surge, *a priori*, como ato jurídico com *efeito legal* do pagamento, ao menos para o primitivo credor, eis que já recebeu a prestação que lhe era devida, porque não há liberação do vínculo jurídico pelo devedor. Há extinção (ou diminuição) da garantia de cumprimento da obrigação. É uma verdadeira alteração ou mudança interna na relação jurídica, mas não externa, a ponto de se ter uma nova relação, como se dá nos casos de novação. O novo credor poderá ter o mesmo apetite voraz na exigibilidade da prestação devida pelo devedor, porém algumas vezes munido de menores garantias, pois o fiador que a paga a dívida do devedor principal e se sub-roga nos direitos e ações creditícias não possuirá a garantia da fiança que o primitivo credor possuía. Aquele que financia o pagamento de dívida, contudo, e que por ela não era garantidor se sub-roga nas mesmas garantias existentes.

O pagamento com sub-rogação também se diferencia da *novação subjetiva ativa* (artigo 360, III, do Código Civil) porque nesta há um acordo de vontades entre as partes, do qual a antiga obrigação dá lugar a uma outra, com extinção da anterior relação jurídica para todos os envolvidos. Na sub-rogação o devedor ainda permanece na relação jurídica, porém com a substituição do credor primitivo por um terceiro, que efetua o pagamento e se volta contra o devedor para o recebimento da prestação.

Vários são os benefícios da sub-rogação. O credor originário, que é o sub-rogante ou sub-rogador, tem a vantagem de receber prontamente a obrigação que lhe é devida. O sub-rogado, que é o terceiro que paga a dívida (ou a financia), sendo o fiador ou o avalista por exemplo, tem a vantagem de livrar-se dos efeitos de um eventual inadimplemento do devedor e ver seu próprio crédito restringido ante o protesto do título ou mesmo de ações ou execuções pendentes ou iminentes, além de liberar seus bens hipotecados ou penhorados dados em garantia do cumprimento obrigacional, se a isto se comprometeu. Por estar sub-rogado nos direitos creditícios, poderá exercitar, no momento oportuno, aquilo que lhe assegura o ato negocial ou a Lei. Por outra senda, o devedor em nada perde com a sub-rogação. Apenas observa a substituição de seu credor pelo terceiro e continua com a obrigação do adimplemento.

Muito comum é encontrar a sub-rogação como sinônimo de *substituição*. O Código Civil traz em vários artigos, referido termo equivalente à substituição do objeto da prestação, também chamada de sub-rogação *real* ou *objetiva*, como nos seguintes casos: artigo 39;[259] § 1º do artigo 1.425;[260] artigo 1.446;[261]

259 Art. 39. Regressando o ausente nos dez anos seguintes à abertura da sucessão definitiva, ou algum de seus descendentes ou ascendentes, aquele ou estes haverão só os bens existentes no estado em que se acharem, os sub-rogados em seu lugar, ou o preço que os herdeiros e demais interessados houverem recebido pelos bens alienados depois daquele tempo.

260 Art. 1.425. (...) § 1º Nos casos de perecimento da coisa dada em garantia, esta se sub-rogará na indenização do seguro, ou no ressarcimento do dano, em benefício do credor, a quem assistirá sobre ela preferência até seu completo reembolso.

261 Art. 1.446. Os animais da mesma espécie, comprados para substituir os mortos, ficam sub-rogados no penhor.

artigo 1.449;[262] artigo 1.455;[263] artigo 1.659, inc. I e II;[264] artigo 1.668, inc. I;[265] artigo 1.674, inc. I;[266] artigo 1.719;[267] e § 2º do artigo 1.848.[268] Esta modalidade não nos interessa neste momento, pois o pagamento com sub-rogação não equivale à substituição do objeto obrigacional, que pode se dar pela novação objetiva ou mesmo com a dação em pagamento, dependendo das circunstâncias.

No instituto em análise, o que ocorre é a substituição (em caso de adimplemento total) do sujeito ativo da relação jurídica obrigacional (*pessoal* ou *subjetiva*), ou seja, do credor por terceiro, interessado ou não, em razão do cumprimento da obrigação ou prestação. A mera sub-rogação subjetiva sem adimplemento também não nos interessa por ora, eis que é uma forma maquiada da novação subjetiva ativa ou mera assunção de dívida, seja por expromissão ou delegação.

Vejamos o gráfico a seguir para melhor compreensão:

262 Art. 1.449. O devedor não pode, sem o consentimento por escrito do credor, alterar as coisas empenhadas ou mudar-lhes a situação, nem delas dispor. O devedor que, anuindo o credor, alienar as coisas empenhadas, deverá repor outros bens da mesma natureza, que ficarão sub-rogados no penhor.

263 Art. 1.455. Deverá o credor pignoratício cobrar o crédito empenhado, assim que se torne exigível. Se este consistir numa prestação pecuniária, depositará a importância recebida, de acordo com o devedor pignoratício, ou onde o juiz determinar; se consistir na entrega da coisa, nesta se sub-rogará o penhor.

264 Art. 1.659. Excluem-se da comunhão: I - os bens que cada cônjuge possuir ao casar, e os que lhe sobrevierem, na constância do casamento, por doação ou sucessão, e os sub-rogados em seu lugar; II - os bens adquiridos com valores exclusivamente pertencentes a um dos cônjuges em sub-rogação dos bens particulares.

265 Art. 1.668. São excluídos da comunhão: I - os bens doados ou herdados com a cláusula de incomunicabilidade e os sub-rogados em seu lugar.

266 Art. 1.674. Sobrevindo a dissolução da sociedade conjugal, apurar-se-á o montante dos aquestos, excluindo-se da soma dos patrimônios próprios: I - os bens anteriores ao casamento e os que em seu lugar se sub-rogaram.

267 Art. 1.719. Comprovada a impossibilidade da manutenção do bem de família nas condições em que foi instituído, poderá o juiz, a requerimento dos interessados, extingui-lo ou autorizar a sub-rogação dos bens que o constituem em outros, ouvidos o instituidor e o Ministério Público.

268 Art. 1.848. (...) § 2º Mediante autorização judicial e havendo justa causa, podem ser alienados os bens gravados, convertendo-se o produto em outros bens, que ficarão sub-rogados nos ônus dos primeiros.

4.3.1Requisitos

No pagamento com sub-rogaçãoé necessário que estejam presentes os seguintes requisitos: a) existência de uma relação jurídica com obrigação exigível; b) objeto obrigacional consistente na entrega de um bem ou na prestação de conduta humana não personalíssima; c) pagamento eficaz por terceiro; d) substituição do credor primitivo pelo terceiro que efetuou o pagamento.

Observe-se que a obrigação numa relação jurídica deve ser exigível, eis que se a relação jurídica se extinguiu, não há que se cogitar de substituição. Sua inexigibilidade pode ser, inclusive, um dos motivos da negativa ao adimplemento por parte do devedor. Ao contrário da cessão de crédito, o pagamento com sub-rogação comporta a alegação de qualquer defesa pessoal do devedor na formação da relação jurídica ao novo credor, como a coação, o dolo, o erro, a ignorância, o estado de perigo, a lesão e a simulação.

Acerca do objeto, este deve consistir naquilo que foi pactuado e se exigir uma qualidade especial do devedor e que não possa ser substituído por outrem, como uma apresentação artística, não é possível a sub-rogação. Da mesma forma, as obrigações de não fazer também não comportam o adimplemento por terceiro ante sua própria natureza.

O pagamento também deverá ser plenamente eficaz, eis que poderá se tornar sem efeito se consistente na entrega do título e o credor provar que não houve o adimplemento por parte de terceiro, tal como impõe o parágrafo único do artigo 324 do Código Civil. Se não houver o pagamento, por parte de terceiro, ao credor primitivo não há que se tratar de pagamento com sub-rogação. Observe-se que não há necessidade de se provar a sub-rogação, eis que se trata de mero efeito do pagamento realizado e a própria Lei ou convenção assim dispõem. A prova necessária é apenas a do pagamento realizado e eficaz, de acordo com o estatuído entre os artigos 212 e 232 do Código Civil.

Não havendo substituição do credor primitivo por terceiro não se configura o pagamento com sub-rogação, mas mero cumprimento da obrigação por terceiro interessado (artigo 304 do Código Civil) ou não interessado (artigo 305 do Código Civil), tanto que poderá não obrigar o devedor ao reembolso se feito sem o seu conhecimento ou com sua oposição, havendo meios para se ilidir a ação, tal como dispõe o artigo 306 do Código Civil.

4.3.2 Efeitos

O efeito principal do pagamento com sub-rogação é a substituição do credor primitivo pelo terceiro que paga a dívida ou financia a quantia suficiente para o seu pagamento, sob a condição expressa de ficar o mutuante sub-rogado nos direitos creditícios, se o pagamento ou empréstimo neste sentido for integral. É o que determina o artigo 349 do Código Civil: *A sub-rogação transfere ao novo credor todos os direitos, ações, privilégios e garantias do primitivo, em relação à dívida, contra o devedor principal e os fiadores.*

Caso seja parcial o adimplemento, permanecerá ainda o credor originário na relação jurídica, ao lado do sub-rogado.[269] Nesta hipótese, terá o primitivo credor, a preferência na cobrança em relação ao novo credor, o sub-rogado. Não se trata de solidariedade entre os credores, mas sim de obrigação de prestação divisível ou dividida (pelo Código Civil, obrigações divisíveis ou indivisíveis, respectivamente).

Ainda nesta hipótese, estabelecida está a preferência do credor originário para a cobrança da dívida restante e se a totalidade dos bens do devedor não alcançar a integralidade da dívida, perde o novo credor parcial. Neste sentido é o que dispõe o artigo 351 do Código Civil: *O credor originário, só em parte reembolsado, terá preferência ao sub-rogado, na cobrança da dívida restante, se os bens do devedor não chegarem para saldar inteiramente o que a um e outro dever.* Neste caso de pagamento parcial, cabe ao credor originário a decisão de aceitar ou não eventual proposta de dação em pagamento por parte do devedor e ao então co-credor, proceder a respectiva partilha, ainda que sua quota parte seja ínfima em relação a do outro.

Ocorrendo o pagamento, mister se faz a ciência do devedor de tal ato para que este saiba a quem pagar e, se a dívida for *portable,* onde deve fazê-lo. Ademais, sendo *portable* a dívida, com a alteração do endereço, necessário se faz saber se haverá ou não aumento nos custos, que serão por conta do novo credor. É o caso da entrega de um piano, em que o adquirente, antes da entrega, o aliena a terceiro. A alteração de endereço pode importar em aumento das despesas da entrega que, neste caso, correrão por conta do sub-rogado.

269 Não se olvidar que a fiança pode ser parcial, tal como dispõe a primeira parte do art. 823 do Código Civil.

Em se tratando de obrigação dividida em prestações periódicas, o estatuído no artigo 322 do Código Civil assevera a presunção *juris tantum* de que as parcelas anteriores foram quitadas, se paga a última sem qualquer ressalva. Contudo, se o pagamento da última parcela for efetuado por um terceiro que se sub-roga nos direitos creditícios, a indagação que se faz é quem se torna beneficiário da presunção: o devedor ou o terceiro? Ambos.

Além disso, sob o prisma processual, o sub-rogado poderá promover a execução da obrigação vencida e não cumprida ou nela prosseguir em face do devedor ou seus garantidores, conforme o caso concreto, a teor do disposto no artigo 567, inciso III, do Código de Processo Civil. Ainda no Processo Civil, segundo o artigo 673, *feita a penhora em direito e ação do devedor, e não tendo este oferecido embargos, ou sendo estes rejeitados, o credor fica sub-rogado nos direitos do devedor até a concorrência do seu crédito.*

A cabeça do artigo 673 do Código de Processo Civil também dispõe que *feita a penhora em direito e ação do devedor, e não tendo este oferecido embargos, ou sendo estes rejeitados, o credor fica sub-rogado nos direitos do devedor até a concorrência do seu crédito.*

4.3.3 Espécies

O pagamento com sub-rogação poderá consistir em duas espécies: a convencional e a legal. A ***sub-rogação legal*** é aquela em que a Lei impõe necessariamente a condição de credor sub-rogado, de maneira absoluta, de natureza não negocial. Suas hipóteses são taxativas, não se querendo dizer com isto que aquelas dispostas no artigo 346 do Código Civil são as únicas. A começar por estas, tem-se como hipóteses de sub-rogação legal:

I - do credor que paga a dívida do devedor comum. É o caso do codevedor que arca com a parte do coobrigado de obrigação de prestação indivisível, em que cada um é obrigado pela dívida toda, consoante a cabeça do artigo 259 do Código Civil e aquele que paga a dívida se sub-roga no direito do credor em relação aos outros co-obrigados (parágrafo único do artigo 259 do Código Civil).[270]

II - do adquirente do imóvel hipotecado, que paga a credor hipotecário, bem como do terceiro que efetiva o pagamento para não ser privado de

270 Art. 259. Se, havendo dois ou mais devedores, a prestação não for divisível, cada um será obrigado pela dívida toda.
Parágrafo único. O devedor, que paga a dívida, sub-roga-se no direito do credor em relação aos outros coobrigados.

direito sobre imóvel;[271] Veja-se a título exemplificativo desta hipótese as disposições contidas na cabeça do artigo 1.481 e seu § 4º: *Dentro em trinta dias, contados do registro do título aquisitivo, tem o adquirente do imóvel hipotecado o direito de remi-lo, citando os credores hipotecários e propondo importância não inferior ao preço por que o adquiriu.(...) § 4º Disporá de ação regressiva contra o vendedor o adquirente que ficar privado do imóvel em consequência de licitação ou penhora, o que pagar a hipoteca, o que, por causa de adjudicação ou licitação, desembolsar com o pagamento da hipoteca importância excedente à da compra e o que suportar custas e despesas judiciais.*

Não obstante a isso, importa mencionar que eventual convenção proibindo a venda de imóvel hipotecado não possui eficácia, de acordo com a previsão da cabeça do artigo 1475 do Código Civil. Isto porque a transferência do imóvel implica também na do gravame, eis que o credor poderá satisfazer seus interesses com quem for proprietário do imóvel. Porém, é possível a convenção da antecipação do vencimento da dívida em caso da alienação do imóvel, conforme determina o parágrafo único deste artigo.[272]

---

271 O Superior Tribunal de Justiça já decidiu reiteradas vezes que *o novo proprietário de imóvel rural sub-roga-se em todos os direitos do proprietário original, inclusive no direito à eventual indenização devida pelo Estado, pouco importando que a alienação do bem tenha se dado após ocorrência de desapossamento indireto pelo Poder Público (REsp 132.193/MG, REsp 149.528/SP, REsp 191.759/MG, REsp 142.696/MG).* (REsp 442.360/SP, 1ª Turma, Rel. Min. José Delgado, DJ de 24.3.2003). (STJ - 1ª T. REsp 1017892/SC, Rel.: Min. Denise Arruda, DJe 10/09/2008). De observar que não se trata de um exemplo do pagamento com sub-rogação, mas de mera sub-rogação na relação jurídica obrigacional. No mesmo sentido: PROCESSUAL CIVIL E ADMINISTRATIVO - SISTEMA FINANCEIRO DE HABITAÇÃO - "CONTRATO DE GAVETA" - LEI 10.150/2000 - LEGITIMIDADE ATIVA DO CESSIONÁRIO - DUPLO FINANCIAMENTO - COBERTURA PELO FCVS - QUITAÇÃO DE SALDO DEVEDOR - POSSIBILIDADE - RESPEITO AO PRINCÍPIO DA IRRETROATIVIDADE DAS LEIS - HONORÁRIOS ADVOCATÍCIOS - CAUSA SEM CONDENAÇÃO - FIXAÇÃO NOS TERMOS DO ART. 20, § 4º, DO CPC - OBSERVÂNCIA DOS LIMITES PERCENTUAIS ESTABELECIDOS PELO ART. 20, § 3º, DO CPC - DESNECESSIDADE - PRECEDENTES DESTA CORTE. 1. A Lei 8.004/90, no seu art. 1º, previu expressamente que a transferência dos contratos de financiamento pelo Sistema Financeiro de Habitação somente poderia ocorrer com a anuência do agente financeiro. 2. Entretanto, com o advento da Lei 10.150/2000, o legislador permitiu que os "contratos de gaveta" firmados até 25/10/96 sem a intervenção do mutuante fossem regularizados (art. 20), reconhecendo ainda o direito à sub-rogação dos direitos e obrigações do contrato primitivo. Por isso, o cessionário, nessas condições, tem legitimidade para discutir e demandar em juízo questões pertinentes às obrigações assumidas e aos direitos adquiridos. 3. A disposição contida no art. 9º da Lei. 4.380/64 não afasta a possibilidade de quitação de um segundo imóvel financiado pelo mutuário, situado na mesma localidade, utilizando-se os recursos do FCVS, mas apenas impõe o vencimento antecipado de um dos financiamentos. (...) (STJ - 2ª T. REsp 824.919/RS, Rel. Min.: Eliana Calmon, DJe 23/09/2008).

272 Art. 1.475. É nula a cláusula que proíbe ao proprietário alienar imóvel hipotecado.
Parágrafo único. Pode convencionar-se que vencerá o crédito hipotecário, se o imóvel for alienado.

Entendemos que nesta hipótese também se concentra o caso do artigo 1.478 do Código Civil, que determina: *Se o devedor da obrigação garantida pela primeira hipoteca não se oferecer, no vencimento, para pagá-la, o credor da segunda pode promover-lhe a extinção, consignando a importância e citando o primeiro credor para recebê-la e o devedor para pagá-la; se este não pagar, o segundo credor, efetuando o pagamento, se sub-rogará nos direitos da hipoteca anterior, sem prejuízo dos que lhe competirem contra o devedor comum.*

III - do terceiro interessado, que paga a dívida pela qual era ou podia ser obrigado, no todo ou em parte. É o que ocorre com os fiadores que garantem o cumprimento de obrigação. Poderão adimplir para evitar as consequências de um possível protesto ou inscrição de seus dados em órgãos de proteção ao crédito ou mesmo para prevenir futuras demandas judiciais. Tal permissão vem contida no artigo 831 do Código Civil, que dispõe: *O fiador que pagar integralmente a dívida fica sub-rogado nos direitos do credor; mas só poderá demandar a cada um dos outros fiadores pela respectiva quota.* Já o artigo 786 do mesmo Código apresenta o caso do segurador que se sub-roga nos direitos e ações que competirem ao segurado contra o autor do dano até os limites da indenização paga.[273] Enquadra-se nesta hipótese ainda o herdeiro ou sucessor que remir o penhor ou a hipoteca, sub-rogando-se *nos direitos do credor pelas quotas que houver satisfeito*, consoante dispõe o parágrafo único do artigo 1.429 do Código Civil.

Outro caso de sub-rogação legal, não previsto no artigo 346 do Código Civil é aquele expresso no artigo 1.368 do mesmo estatuto, acerca da alienação fiduciária de bens móveis, em que *o terceiro, interessado ou não, que pagar a dívida, se sub-rogará de pleno direito no crédito e na propriedade fiduciária.*

Alguns autores[274] mencionam ainda a possibilidade de outras hipóteses legais, alegando que o artigo 346 do Código Civil não esgota as possibilidades de sub-rogação e que outros casos legais são previstas neste *codex* e noutros estatutos, como: a) Sub-rogação em benefício do nu-proprietário nos direitos decorrentes de seguro feito por usufrutuário, a teor do contido nos artigos 1.407 e 1.409 do Código Civil;[275] b) Sub-rogação na relação locatícia em caso de

273 Art. 786. Paga a indenização, o segurador sub-roga-se, nos limites do valor respectivo, nos direitos e ações que competirem ao segurado contra o autor do dano.

274 Como Paulo Nader, *in Curso de Direito Civil - Vol. 2 - Obrigações.* Rio de Janeiro: Forense, 2008, p. 300.

275 Art. 1.407. Se a coisa estiver segurada, incumbe ao usufrutuário pagar, durante o usufruto, as contribuições do seguro.
§ 1º Se o usufrutuário fizer o seguro, ao proprietário caberá o direito dele resultante contra o segurador.
§ 2º Em qualquer hipótese, o direito do usufrutuário fica sub-rogado no valor da indenização do seguro.

separação de fato, judicial, divórcio ou dissolução de união estável. Este caso é arrolado na Lei do Inquilinato (Lei nº. 8.245/90), mais especificamente em seu artigo 12;[276] c) Sub-rogação de créditos tributários na pessoa do adquirente de propriedade, domínio útil ou posse de bem imóvel, que tenham sido fato gerador de tributos, salvo se do título constar prova de sua quitação, tudo de acordo com o artigo 130 do Código Tributário Nacional. *Data vênia* a balizada posição doutrinária acerca do assunto, não podemos concordar que tais exemplos sejam de pagamento com sub-rogação. Cremos que são, na essência, meros casos de substituição subjetiva na relação jurídica, ou seja, sub-rogação subjetiva sem adimplemento como já comentado, eis que não existe o pagamento da dívida correspondente ao credor originário.

A mesma inexistência de pagamento com sub-rogação se pode destacar do parágrafo único do artigo 13 do Código de Defesa do Consumidor,[277] em que há mero direito de regresso, e da sub-rogação atribuída ao adquirente de estabelecimento comercial nos contratos estipulados para a sua exploração, conforme regulamenta o artigo 1.148 do Código Civil.[278]

Mister ressaltar que nos casos legais de pagamento com sub-rogação, aplica-se o disposto no artigo 350 do Código Civil, que possui a seguinte redação: *Na sub-rogação legal o sub-rogado não poderá exercer os direitos e as ações do credor, senão até à soma que tiver desembolsado para desobrigar o devedor.*[279]Isto quer dizer que o sub-rogado, em havendo pagamento parcial da dívida encontra limites para o exercício de seu direito, evitando-se, assim, eventual enriquecimento sem causa.

Art. 1.409. Também fica sub-rogada no ônus do usufruto, em lugar do prédio, a indenização paga, se ele for desapropriado, ou a importância do dano, ressarcido pelo terceiro responsável no caso de danificação ou perda.

276 Art. 12. Em casos de separação de fato, separação judicial, divórcio ou dissolução da sociedade concubinária, a locação prosseguirá automaticamente com o cônjuge ou companheiro que permanecer no imóvel.
Parágrafo único. Nas hipóteses previstas neste artigo, a sub - rogação será comunicada por escrito ao locador, o qual terá o direito de exigir, no prazo de trinta dias, a substituição do fiador ou o oferecimento de qualquer das garantias previstas nesta Lei.

277 Art. 13 (...) Parágrafo único. Aquele que efetivar o pagamento ao prejudicado poderá exercer o direito de regresso contra os demais responsáveis, segundo sua participação na causação do evento danoso.

278 Art. 1.148. Salvo disposição em contrário, a transferência importa a sub-rogação do adquirente nos contratos estipulados para exploração do estabelecimento, se não tiverem caráter pessoal, podendo os terceiros rescindir o contrato em noventa dias a contar da publicação da transferência, se ocorrer justa causa, ressalvada, neste caso, a responsabilidade do alienante.

279 Acerca deste artigo, pertinente é a crítica tecida à disposição do mesmo, eis que se encontra umbilicalmente ligado ao art. 346, deveria constar como um parágrafo único deste e não como um artigo autônomo, gerando, assim, uma falha de técnica legislativa.

De outra senda, a forma ***convencional*** do pagamento com sub-rogação é considerada aquela em que se necessita de uma disposição expressa no instrumento contratual para que surjam os efeitos almejados, cujas hipóteses encontram-se dispostas no artigo 347 do Código Civil. Esta modalidade pressupõe um acordo de vontades (daí sua natureza negocial, ao contrário da espécie legal) firmada entre terceiro e o credor, ou entre terceiro e o devedor. Observe-se que este terceiro necessariamente deve ser desinteressado, pois caso contrário estar-se-ia diante de um caso de sub-rogação legal, a teor do artigo 346, III, do Código Civil. Destarte, para esta forma, a substituição de credor na relação jurídica obrigacional sempre nascerá de um contrato.

Quando é o credor quem transfere seus direitos ao terceiro, o negócio se assemelha ao de *compra e venda*. Se for o terceiro quem empresta a quantia para que o devedor pague a dívida, a semelhança é com o contrato de *mútuo*. Em ambos os casos, se não houver *estipulação expressa* da sub-rogação pelo terceiro ou mesmo se os termos não forem claros ou pairarem dúvidas quanto ao efeito do pagamento haverá tão-somente extinção da obrigação e direito ao reembolso. Eis os casos previstos no artigo 347 do Código Civil:

I - quando o credor recebe o pagamento de terceiro e expressamente lhe transfere todos os seus direitos; Nesta hipótese são exigidos os seguintes requisitos: a) acordo de vontade entre o credor e terceiro não interessado para o pagamento da dívida com a consequente transferência dos direitos creditícios no mesmo instante; b) declaração expressa e inequívoca de sub-rogação de todos os direitos de credor, pois se o pagamento for puro e simples, restará ao terceiro não interessado apenas o direito ao reembolso, disciplinado no artigo 305 do Código Civil. Ressalte-se que o artigo 348 do Código Civil[280] estabelece que neste caso de ato negocial entre credor e terceiro vigora o disposto quanto à cessão de crédito.[281]

II - quando terceira pessoa empresta ao devedor a quantia precisa para solver a dívida, sob a condição expressa de ficar o mutuante sub-rogado nos direitos do credor satisfeito. Esta modalidade é um exemplo de que o adimplemento de uma prestação não é, em regra, sinônimo de extinção da relação jurídica. Quando o terceiro empresta ou financia os recursos necessários para solver a integralidade da dívida, tem-se que o devedor recebe a quitação do credor após seu regular e efetivo pagamento. Com isto ocorre a extinção da prestação junto ao credor originário. Digamos ainda que neste mesmo exemplo haja uma garantia hipotecária. Mesmo com a quitação pelo credor originário da dívida,

280 Art. 348. Na hipótese do inciso I do artigo antecedente, vigorará o disposto quanto à cessão do crédito.

281 A mesma crítica de imprecisão técnica legislativa tecida ao art. 350 se faz aqui, pois o art. 348 é atrelado ao art. 347 e dele deveria constar como parágrafo único.

não se deve proceder à baixa daquela averbação na matrícula do imóvel. Seria possível a existência também de um segundo registro de garantia hipotecária em segundo grau em favor de uma quarta pessoa. Se aquela quitação extinguisse por completo a relação jurídica, seria necessário o cancelamento da primeira anotação matricular e o grau preferido seria o subsequente, ficando o terceiro mutuante sem a garantia de grau privilegiado. É este resquício da obrigação que não permite que a relação jurídica se esvaia por completo.

Para que esta espécie de pagamento com sub-rogação alcance seus efeitos, são necessários os seguintes requisitos: a) a pendência de uma dívida; b) empréstimo por terceiro ao devedor para efetuar o pagamento; c) acordo de vontades expresso e inequívoco entre o devedor e o terceiro para que este assuma o polo ativo da relação com todos os direitos creditícios atinentes; d) efetivação do pagamento.

4.3.4 Casos de impossibilidade de sub-rogação

O próprio Código Civil traz alguns casos de impossibilidade de sub-rogação. O primeiro deles é o do já analisado artigo 305, em que *o terceiro não interessado, que paga a dívida em seu próprio nome, tem direito a reembolsar-se do que pagar; mas não se sub-roga nos direitos do credor.*

Apesar de o *caput* do artigo 786 dispor a regra de que *paga a indenização, o segurador sub-roga-se, nos limites do valor respectivo, nos direitos e ações que competirem ao segurado contra o autor do dano,* seu § 1º apresenta uma exceção: *Salvo dolo, a sub-rogação não tem lugar se o dano foi causado pelo cônjuge do segurado, seus descendentes ou ascendentes, consanguíneos ou afins.* Além disso, pelo artigo 800, *nos seguros de pessoas, o segurador não pode sub-rogar-se nos direitos e ações do segurado, ou do beneficiário, contra o causador do sinistro.*

Outro caso de exceção à possibilidade de sub-rogação trazido pelo Código Civil é o enunciado pelo artigo 1.148, ao dispor acerca da transferência do estabelecimento empresarial, em que: *Salvo disposição em contrário, a transferência importa a sub-rogação do adquirente nos contratos estipulados para exploração do estabelecimento, se não tiverem caráter pessoal, podendo os terceiros rescindir o contrato em noventa dias a contar da publicação da transferência, se ocorrer justa causa, ressalvada, neste caso, a responsabilidade do alienante.*

Além do Código Civilista, o Código Tributário Nacional também dispõe acerca da sub-rogação, como nos casos dos artigos 120,[282] e 130 (cabeça e parágrafo único).[283]

4.4 DAÇÃO EM PAGAMENTO

É também possível a alteração da estrutura da relação jurídica de maneira objetiva, ou seja, do objeto obrigacional que não necessariamente extinguirá o vínculo. Tais alterações poderão ocorrer pela dação em pagamento e também pela novação objetiva.

A dação em pagamento consiste num ato jurídico bilateral que visa o adimplemento de uma ou mais prestações de maneira diversa do originariamente pactuado. Não se confunde com obrigação alternativa, pois esta possibilidade não estava inicialmente prevista no contrato. É bilateral, pois pressupõe a concordância de credor e devedor (ou do terceiro que paga e se sub-roga nos direitos creditícios). Se uma das partes discordar da proposta de adimplemento da outra não haverá dação. Além disso, o conhecimento do novo objeto e suas nuances deve ser inequívoco sob pena de anulação, se realizada com vício social ou de consentimento.

Não se pode admitir sua *natureza jurídica* como negocial pelos mesmos motivos apresentados à natureza do pagamento. Não obstante a isso, possui efeitos semelhantes ao negócio, com a advertência de que ele não se formará, mas, em tese, se extinguirá, ainda que parcialmente. Reitera-se o já mencionado acerca da natureza jurídica do pagamento, por não se conceber a elaboração de um novo negócio apenas para a conclusão de outro, mesmo que de categoria diversa. O ânimo das partes se concentra na extinção da prestação com a troca do objeto prestacional. Ainda que se tenha mencionado a expressão *partes*, terceiro interessado ou não, também poderá propor a dação em pagamento com a consequente sub-rogação nos direitos creditícios.

Entretanto, alguns atos não dispensam de algumas formalidades, o que também não lhes garante a natureza negocial, como a transferência de imóveis, de acordo com a cabeça do artigo 1245 do Código Civil, que estabelece:

282 Art. 120. Salvo disposição de Lei em contrário, a pessoa jurídica de direito público, que se constituir pelo desmembramento territorial de outra, sub-roga-se nos direitos desta, cuja legislação tributária aplicará até que entre em vigor a sua própria.

283 Art. 130. Os créditos tributários relativos a impostos cujo fato gerador seja a propriedade, o domínio útil ou a posse de bens imóveis, e bem assim os relativos a taxas pela prestação de serviços referentes a tais bens, ou a contribuições de melhoria, sub-rogam-se na pessoa dos respectivos adquirentes, salvo quando conste do título a prova de sua quitação.
Parágrafo único. No caso de arrematação em hasta pública, a sub-rogação ocorre sobre o respectivo preço.

Transfere-se entre vivos a propriedade mediante o registro do título translativo no Registro de Imóveis. Da mesma forma, o artigo 1.227 do aludido estatuto dispõe que *os direitos reais sobre imóveis constituídos, ou transmitidos por atos entre vivos, só se adquirem com o registro no Cartório de Registro de Imóveis dos referidos títulos (arts. 1.245 a 1.247), salvo os casos expressos neste Código.*

Em se tratando de móveis e semoventes, o artigo 1.226 do Código Civil determina que *os direitos reais sobre coisas móveis, quando constituídos, ou transmitidos por atos entre vivos, só se adquirem com a tradição.*

O artigo 356 do Código Civil dispõe que *o credor pode consentir em receber prestação diversa da que lhe é devida.* Esta regra exige o consentimento do credor e é plenamente compatível com o artigo 313 do mesmo Código.[284] No (raríssimo) caso de solidariedade ativa, havendo discordância entre os credores solidários acerca da aceitação da dação em pagamento, esta se torna possível com a advertência da aplicação analógica do disposto no artigo 272 do Código Civil,[285] no sentido de que o credor que consentiu com a dação responda ao outro pela parte que lhe caiba ou que lhe tenha prejudicado.

A dação em pagamento possui *efeitos de adimplemento* da prestação avençada e pode ser *total* ou *parcial*, subsistindo as demais se for obrigação com múltiplas prestações, ou se esta possui um valor maior que o bem ou serviço dado em pagamento. É o caso do devedor que proponha como pagamento a entrega de um veículo no valor de mercado de R$20.000,00 como parte do pagamento de uma dívida de R$30.000,00, fracionada contratualmente em 6 parcelas mensais, permanecendo o restante da dívida para pagamento posterior. Além de aceitar, deverá o credor fornecer regular quitação de quantas e a quais prestações se refere o pagamento.

É claro que em algumas situações o objeto dado em pagamento é inferior ao valor da prestação devida e o credor entende como razoável aceitá-lo assim mesmo, para ver satisfeita a obrigação e extinguir a relação jurídica daquela forma. Esta escolha, não raro, se torna melhor do que perdurar uma situação de inadimplência por prazo indeterminado. Outras vezes o objeto dado em pagamento tem valor superior à prestação. Neste caso o credor pode desembolsar certa quantia visando a um equilíbrio econômico considerado justo pelas partes para que também se perfaça a extinção da obrigação sem enriquecimento sem causa por sua parte. Não são raros os casos em que o objeto dado em pagamento apresenta valor superior ao da obrigação, mas sem que isto importe em lesão, nos termos do artigo 157 do Código Civil, as partes podem ajustar que não

284 Art. 313. O credor não é obrigado a receber prestação diversa da que lhe é devida, ainda que mais valiosa.

285 Art. 272. O credor que tiver remitido a dívida ou recebido o pagamento responderá aos outros pela parte que lhes caiba.

haverá devolução de valores por parte do credor. A prática tem demonstrado situações em que o devedor oferece um veículo automotor como pagamento, com valor de tabela de usados um pouco superior ao da dívida. Todavia, dado o enorme número de veículos à disposição para venda, isto pode causar para o credor um transtorno, inclusive com a demora e a possibilidade de ter que vender o bem por valor inferior à tabela ou ao crédito. Então, se a diferença a maior não se consubstanciar em abuso, vale perfeitamente o ato de dação.

Este instituto também é considerado como um meio de recuperação extrajudicial da empresa, consoante preconiza a Lei nº. 11.101/2005: *Art. 50. Constituem meios de recuperação judicial, observada a legislação pertinente a cada caso, dentre outros: (...) IX – dação em pagamento ou novação de dívidas do passivo, com ou sem constituição de garantia própria ou de terceiro.*

O *objeto* dado em pagamento deve ser *diverso do pactuado*. Exemplifica-se: a) uma prestação de dar por outra de dar: um veículo,utilitário ou não, por um trator; b) uma obrigação de dar por uma de fazer: determinado número de livros por uma palestra ou a propositura e o acompanhamento de uma ação por um advogado; c) uma obrigação de dar por uma de não fazer: uma importância em dinheiro pelo compromisso de encerrar suas atividades comerciais em determinado nicho de mercado.

Observe o leitor que pelo fato da dação em pagamento poder extinguir total ou parcialmente a prestação ou a obrigação, *não extinguirá necessariamente o vínculo jurídico entre as partes*. Tomemos o exemplo de um contrato bancário de concessão de crédito em conta corrente. É possível que o correntista que tomou vultosa soma de crédito não tenha condições de arcar com o débito e ofereça determinado imóvel como adimplemento total de sua prestação. Aceitando a instituição financeira o imóvel e dando quitação à prestação, a relação jurídica entre ambos ainda se mantém com a continuidade do contrato de conta corrente, podendo novamente o correntista tomar crédito da mesma instituição, nos termos contratuais avençados. Outro exemplo é o do locatário que oferece a prestação de serviços advocatícios ao locador como forma de pagamento de determinado número de aluguéis de imóvel locado. A relação jurídica locatícia também não se extinguirá pela dação em pagamento, perdurando o tempo que as partes considerarem conveniente.

Para corroborar o entendimento de que a dação em pagamento extingue a prestação e não a relação jurídica em si, o Código Tributário Nacional, em seu artigo 156, inciso XI, apresenta o instituto como uma das modalidades de extinção do crédito tributário, senão vejamos: *Art. 156. Extinguem o crédito tributário: (...) XI – a dação em pagamento em bens imóveis, na forma e condições estabelecidas em Lei.* Neste caso o que se extingue é o crédito tributário. A relação jurídica tributária, se continuar havendo fato gerador, permanece intacta entre as partes.

Também é mister mencionar que *a prestação não necessita estar vencida* para que se realize a dação em pagamento. É plenamente possível que, antes de vencida a prestação, se ofereça e se aceite outro bem, diverso do convencionado, como regular adimplemento da prestação por mera conveniência ou para evitar os efeitos decorrentes do inadimplemento como cláusula penal, juros moratórios e correção monetária.

Não existe espeque no texto legal que dê entendimento diverso a que a dação não seja uma forma de alteração do contrato. Exige-se consenso, não pode sujeitar-se a dação a um evento futuro e incerto e nem se admite encargo. É ato jurídico cujos efeitos já estão previstos na Lei: extinguir a prestação.

Nada impede que na dação em pagamento se *mesclem outros institutos civis*, como a cessão de outro crédito. Neste caso, ilustra-se com o seguinte exemplo: determinada cooperativa agrícola é credora de vários cooperados a título de insumos e defensivos agrícolas expressos em CCR (Cédula de Crédito Rural) com garantia imobiliária. Ao mesmo tempo, é devedora de instituição bancária. Para cumprir com suas obrigações junto a esta, ao invés do normal adimplemento, dá em pagamento referidos títulos, pela forma de cessão de crédito com todas as suas exigências para sua plena eficácia. Vislumbra-se, então, uma dação em pagamento formalizada pela cessão de crédito. Neste caso, o artigo 358 do Código Civil estabelece que *se for título de crédito a coisa dada em pagamento, a transferência importará em cessão*, aplicando-se, destarte, as disposições elencadas nos artigos 286 a 298 do Código Civil.

Nesta ocorrência, salvo convenção expressa em contrário, a dação de título é feita *pro solvendo* e não *pro soluto*, não extinguindo destarte a relação originária que formou o ato de transmissão do título. O cedente continua vinculado ao adimplemento e por este é responsabilizado. Este raciocínio se compatibiliza com a solução apresentada no caso de evicção do bem dado em pagamento, conforme o disposto no artigo 359 do Código Civil, que possui a seguinte redação: *Se o credor for evicto da coisa recebida em pagamento, restabelecer-se-á a obrigação primitiva, ficando sem efeito a quitação dada, ressalvados os direitos de terceiros.* Quanto aos terceiros, esclareça-se que são aqueles dotados de boa-fé contratual, numa interpretação condizente com os princípios informadores do Código Civil.

Contudo, ocorrida a evicção e restabelecida a obrigação primitiva, esta não se restabelece com todos os seus efeitos originários, eis que o fiador não se responsabilizará por escolhas mal feitas pelos contratantes. É o que dispõe o artigo 838do Código Civil: *O fiador, ainda que solidário, ficará desobrigado: (...) III - se o credor, em pagamento da dívida, aceitar amigavelmente do devedor objeto diverso do que este era obrigado a lhe dar, ainda que depois venha a perdê-lo por evicção.*

O artigo 357 do Código Civil estabelece que *determinado o preço da coisa dada em pagamento, as relações entre as partes regular-se-ão pelas normas do contrato de compra e venda.* A compra e venda está regulada entre os artigos 481 a 532 do Código Civil, e isto quer significar que as despesas de documentação e transferência, em regra ficam a cargo do credor adquirente do bem se diversamente não se avençou. Se o bem dado como pagamento for um imóvel, então a escritura pública, nos termos do artigo 108 do Código Civil, e as despesas de registro em registro de imóveis devem ser suportadas pelo credor que o recebeu, ressalvada expressa disposição em contrário no ajuste entre as partes.

A dação em pagamento, finalmente, se difere da novação por, nesta, não existir o pagamento. Há a extinção de uma obrigação e a formação de outra. Veja-se o caso do contrato de concessão de crédito em conta corrente. Para saldar o débito existente o correntista elabora outro contrato de mútuo ou empréstimo bancário para pagamento parcelado em vários meses, com condições e ônus diferentes, como taxas de juros menores, etc. Ainda que tenha como peculiaridade o débito automático da prestação no vencimento, este *novo contrato* de mútuo bancário é uma relação jurídica autônoma, com novas prestações e novos direitos, que vai extinguir uma prestação, mas não a relação jurídica em si. Para elucidar ainda mais a questão, tomemos o exemplo dos chamados contratos de refinanciamento de veículos. O adquirente de veículo via financiamento que já quitou várias parcelas pode oferecer os direitos adquiridos sobre o veículo financiado (pagamento parcial) e conseguir novo financiamento junto à instituição bancária. Com isto assume novos encargos, põe fim àquela relação jurídica e assume outra, ou seja, substitui uma obrigação por outra, de mesmo objeto. No primeiro caso não há extinção da relação jurídica obrigacional enquanto no segundo, há, embora em ambos os casos se extinga uma prestação e se cria outra. É a isto que se denomina a novação objetiva: a criação de nova(s) modalidade(s) de prestação(ões) com a extinção de outra(s).[286] Enquanto uma visa criar nova obrigação ou prestação, a outra tem por escopo dar fim a ela.

Tendo-se em vista que foi mencionado parcialmente o instituto da novação, então passemos de pronto para sua análise.

4.5 NOVAÇÃO

A palavra novação vem do latim *novatio, onis* e significa renovação de obrigação anteriormente contraída.

286 Com se verá posteriormente, esta é apenas uma espécie de novação, a qual se denomina objetiva.

A novação, conforme suas peculiaridades, é um modo especial de extinção de obrigação ou de prestação que, como os demais, não possui o condão necessário de extinguir a relação jurídica obrigacional. Em certos e determinados casos, apenas extingue a prestação ou prestações a que as partes estavam vinculadas alterando-se o objeto. Noutros, exclui uma ou ambas as partes, com a respectiva substituição que, como se verá, poderá ter ou não efeito liberatório do primitivo devedor ou do credor. Diferentemente do Código Civil chileno, o nosso Código Civil não apresenta um conceito legal deste instituto. Esta é a redação do artigo 1628daquele documento legal: *La novación es la substitución de una nueva obligación a otra anterior, la cual queda por tanto extinguida.*

A novação apresenta os seguintes efeitos: a) extintivo: para que se produza a novação é essencial que se extinga a dívida antiga. Se não existir este efeito, mesmo que as partes tiveram a intenção de novar, esta não existirá; b) substitutivo: é indispensável que se crie uma nova obrigação que substitua a originária.

É de se observar que o efeito extintivo pressupõe a celebração, ao menos *a priori*, de um novo contrato neste sentido, o que não importa afirmar que se extinguirá a relação jurídica. Esta persiste mesmo se extinguindo um contrato pela substituição de outro, pois ainda que não haja a substituição contratual (mas sua mera extinção), é possível que ainda se conservem efeitos obrigacionais da relação jurídica (como a responsabilidade pós-contratual).

Também se exige que a obrigação não seja personalíssima, pois não se admite que outrem preste um serviço que apenas o devedor poderá fazê-lo, tal como analisado nas referências das obrigações com prestação de fazer.

4.5.1 *Animus novandi*

Não se concebe a novação se não há a intenção ou o ânimo das partes neste sentido, eis que esta não se presume. A intenção de novar não dispensa manifestação de modo certo e inequívoco neste sentido por ambos os pólos da relação. Deve revelar pela parte do credor a vontade de extinguir a antiga obrigação sem total adimplemento e constituir uma nova obrigação, ou liberar o devedor da obrigação anterior e aceitar a sua substituição por terceiro. Ainda pela parte do credor, o *animus* também se revela quando aceita ser substituído por terceiro, no caso da novação subjetiva ativa.

Por parte do novo devedor, em caso de novação subjetiva passiva, seja delegatória ou expromitente, este demonstra sua vontade inequívoca ao assumir o encargo daquele que substitui. Poderá alegar vícios de consentimento ou qualquer outra exceção pessoal por ocasião deste ato. Não poderá alegar exceções pessoais na formação da obrigação da relação jurídica primitiva, pois o novo negócio convalida tais vícios e defeitos. Atente o leitor que eventuais vícios ou ilegalidades em contratos anteriores poderão ser discutidos no caso da novação objetiva,[287] tanto que assim enuncia a Súmula nº. 286 do Superior Tribunal de Justiça: A renegociação de contrato bancário ou a confissão da dívida não impede a possibilidade de discussão sobre eventuais ilegalidades dos contratos anteriores.

Acerca da vontade de celebrar a novação, dispõe o artigo 361 do Código Civil que não havendo ânimo de novar, expresso ou tácito mas inequívoco, a segunda obrigação confirma simplesmente a primeira.Carece atenção o termo expresso neste artigo, eis que não é sinônimo de escrito. Assim, é possível que o ânimo se dê de forma verbal. Não obstante a isso, o animus novandi tacitamente se revela quando houver provas evidentes, certas e inequívocas da vontade das partes de se extinguir a dívida antiga e se comportam com tal intuito. Mesmo escrito, mas sem menção expressa da vontade de novar, pode se configurar esta intenção das partes, dependendo de cada caso.

4.5.2 Existência e validade de uma obrigação anterior que se extingue

Para que a novação seja válida, é imperioso que uma obrigação anterior exista juridicamente e seja válida, ao menos naturalmente. Disto se infere que se a obrigação primitiva derivar de um ato nulo absoluto ou relativamente deverá ser ao menos naturalmente válida. É o caso das obrigações contraídas por pessoas relativamente incapazes e aquelas em que faltam as solenidades exigidas por Lei, que poderão ser ratificadas num momento posterior. Esta ratificação poderá se dar com a novação. As obrigações inexigíveis ante a não ocorrência de uma condição suspensiva também poderão ser novadas.

Contudo, sendo as obrigações extintas devido a uma condição resolutiva ou nulas de pleno Direito carecem da possibilidade de se novar. Neste sentido é o disposto no artigo 367 do Código Civil: Salvo as obrigações simplesmente anuláveis, não podem ser objeto de novação obrigações nulas ou extintas. Contudo, eventual nova celebração contratual poderá ser admitida, desde que obedecidas as diretrizes legais de sua exigibilidade e validade (vide artigos 104

287 CONTRATO BANCÁRIO. NOVAÇÃO. REVISÃO. - A renegociação ou novação da dívida não veda a possibilidade de revisão dos contratos anteriores. Incide a Súmula 286. - A não juntada dos contratos anteriores pelo credor, apesar de devidamente intimado para tanto, acarreta a extinção do processo executivo sem julgamento do mérito. (STJ-3ªT. AgRg no Ag 801.930/SC, Rel. Min.: Humberto Gomes de Barros, DJ 14/12/2007 p. 401).

e 166 do Código Civil)[288]. Mas não se terá, assim, novação, porém, apenas novo contrato, puro e simples.

4.5.3 Espécies

O artigo 360 do Código Civil apresenta as possibilidades em que se dá a novação e em seu bojo se depreende duas espécies: uma objetiva e outra subjetiva, que pode ser passiva ou ativa. Eis a sua redação: Dá-se a novação: I - quando o devedor contrai com o credor nova dívida para extinguir e substituir a anterior; II - quando novo devedor sucede ao antigo, ficando este quite com o credor; III - quando, em virtude de obrigação nova, outro credor é substituído ao antigo, ficando o devedor quite com este.

Para facilitar a compreensão, vide os próximos sub-itens.

4.5.3.1 Novação objetiva ou real

O mencionado artigo 360, inciso I, apresenta esta espécie quando as partes contraem nova dívida que subsistirá a anterior. Note-se que ela difere da dação em pagamento porque nesta há a extinção da obrigação ou da prestação pelo adimplemento. Com a novação objetiva, ocorre a extinção da obrigação original sem o seu cumprimento e com a substituição do seu objeto por outro, sem que as partes mudem.

Este objeto pode ter ou não outra natureza. Imagine uma relação locatícia de veraneio em que o imóvel objeto do contrato é situado na cidade de Porto Seguro. Contudo, sobrevindo interesse do locador na venda deste imóvel, propõe a locação de outra casa de seu patrimônio situado na cidade de Salvador. Configura-se a novação objetiva quando o locatário manifesta inequivocamente a sua concordância com a proposta.

---

288 Art. 104. A validade do negócio jurídico requer:
I - agente capaz;
II - objeto lícito, possível, determinado ou determinável;
III - forma prescrita ou não defesa em Lei.
Art. 166. É nulo o negócio jurídico quando:
I - celebrado por pessoa absolutamente incapaz;
II - for ilícito, impossível ou indeterminável o seu objeto;
III - o motivo determinante, comum a ambas as partes, for ilícito;
IV - não revestir a forma prescrita em Lei;
V - for preterida alguma solenidade que a Lei considere essencial para a sua validade;
VI - tiver por objetivo fraudar Lei imperativa;
VII - a Lei taxativamente o declarar nulo, ou proibir-lhe a prática, sem cominar sanção.

Assim, é possível que uma obrigação de dar seja substituída por uma obrigação de não fazer ou mesmo que uma dívida bancária, consistente no pagamento de determinada quantia a título de tomada de crédito em cheque especial seja extinta mediante a celebração de novo contrato de empréstimo entre as partes com termos e condições diferentes, como a estipulação de taxa de juros menores e prazo de pagamento mais dilatado, desde que haja uma revisão da *essência* do contrato. A simples alteração no prazo para o cumprimento da obrigação ou a taxação de juros não pode ser entendida como hipótese de novação, mas sim mera alteração de cláusula contratual a estes particulares.

A possibilidade de apenas alterar o contrato com um mero aditamento não faz com que ocorra a novação. A confissão de dívida que muitas vezes vem no bojo de um contrato de novação raramente é necessária, pois já se funda noutro contrato anterior. Se num contrato de locação estava pactuada a data limite de pagamento de aluguéis todo dia 30 de cada mês, a alteração para o dia 10 deve se dar via *aditamento contratual* e não via novação, eis que dispensável a anuência dos fiadores para isto.

É possível a novação de uma prestação sem a extinção contratual?Sim, mas apenas com a *substituição da prestação.*

4.5.3.2 Novação Subjetiva

A novação subjetiva pode ocorrer de duas maneiras: pela passiva e pela ativa. A primeira ficou caracterizada no artigo 360, inciso II, *quando novo devedor sucede ao antigo, ficando este quite com o credor.* Neste caso pode-se dar com ou sem o consentimento do devedor, por delegação ou por expromissão, como se verá adiante. De qualquer forma deverá haver o consentimento do credor e do novo devedor.

Quando ocorre o consentimento e a participação do antigo devedor, tem-se o caso de *delegação novatória* ou *perfeita*. Em contraponto existe a *delegação imperfeita*, eis que a delegação é instituto autônomo que nem sempre implica em novação. Ausente o efeito novatório, na delegação imperfeita não há o condão de extinguir a obrigação do delegante (primitivo devedor), pois o delegado (novo devedor) permanece no polo passivo da relação jurídica obrigacional juntamente com aquele. São agora dois devedores e não ocorreu a novação.

Na delegação perfeita *há o consentimento do novo devedor* em assumir o lugar do anterior na obrigação junto ao credor. Se este aceitar, constitui-se uma nova obrigação com a conseqüente extinção daquela existente com o primeiro devedor.

Não se quer com isto afirmar que a eventual relação jurídica de cunho obrigacional entre devedor primitivo e novo devedor será extinta por este ato. Um exemplo é o do devedor "A", Alberto, que vende imóvel e no contrato de compra e venda é estabelecida cláusula de que o comprador "B", Belletti, deverá pagar determinada quantia a um credor de Alberto, o indivíduo chamado Carlos por conta de dívida junto a este e que se encontra com garantia hipotecária do próprio imóvel. Digamos que esta hipoteca corresponda à metade do valor do contrato celebrado entre Alberto e Belletti. Se o adquirente do imóvel e novo devedor (Belletti) estabelecer outro contrato com o credor Carlos e conseguir um parcelamento deste débito e a transferência da garantia até então ofertada, que recaia sobre um veículo, por exemplo, com o intuito de novar, opera-se a extinção da obrigação ou prestação anterior e haverá a novação por delegação. Mas ainda persistirá uma prestação do novo devedor Belletti para com o antigo, Alberto, consistente no dever de pagamento da outra metade.

Caso este novo devedor, "B", não renegocie a sua dívida com o credor, "C", mas simplesmente pague a dívida existente do primitivo devedor, "A", poderá fazê-lo como sub-rogante (artigo 346, II do Código Civil) ou como terceiro interessado (artigo 304, cabeça, do Código Civil), tal como já abordado. Mas de qualquer sorte, nesta hipótese novação não haverá.

Assim, se um sujeito é arrendatário de um imóvel rural e posteriormente adquire a propriedade de seu arrendador, mediante a celebração de um contrato de compra e venda em pagamento parcelado, tem-se aí um típico contrato de *novação objetiva*, em que há a formalização de novo contrato e extinção automática do anterior. Se neste mesmo contrato, o adquirente assume o compromisso de pagar uma hipoteca sobre este mesmo imóvel, se o fizer diretamente não haverá novação, mas pagamento com sub-rogação, nos termos do artigo 346, II, do Código Civil. Se elaborar com ele uma renegociação da dívida sob outros patamares, haverá novação. Haverá, assim, por esta renegociação, um contrato que, se totalmente adimplido, extinguirá duas obrigações: do adquirente para com o antigo proprietário do imóvel e deste para com seu credor.

Contudo, há casos em que poderá *não existir o consentimento do devedor*, hipótese na qual a novação mesmo assim será constituída. É o que dispõe o artigo 362 do Código Civil: *A novação por substituição do devedor pode ser efetuada independentemente de consentimento deste.* Aqui se tem a configuração da chamada *expromissão*, que é o negócio jurídico pelo qual um terceiro, denominado de expromissor, assume espontaneamente o débito do devedor originário, sem a manifestação de consentimento deste. Contudo, se faz imperioso que haja a concordância do credor, denominado de *expromitente*, para que se opere a substituição. É a situação, por exemplo, de parente do devedor que assume o débito deste para que o nome da família mantenha-se honrado pelo adimplemento junto ao credor.

A expromissão ainda poderá ser liberatória ou cumulativa. A primeira ocorre quando o credor ou expromitente libera o antigo devedor da prestação pactuada, apenas podendo exercer a pretensão da obtenção do adimplemento obrigacional junto ao novo devedor ou expromissor. A segunda acontece quando o expromitente não libera o antigo devedor da prestação, cumula os encargos e cria uma verdadeira solidariedade passiva da relação jurídica obrigacional.[289] Daí a importância da manifestação do *animus* do credor na liberação do devedor primitivo. Em seu silêncio, reputa-se como ocorrida uma expromissão cumulativa, salvo se a proposta de expromissão pelo expromissor contiver a condição liberatória. Sua aceitação pelo expromitente induz a este sentido.

Há uma diferença muito tênue entre a novação subjetiva passiva da assunção de dívida. Sustentar que esta mantém incólume o vínculo enquanto aquela o dissolve com o surgimento de outro é uma posição por vezes encontrada na doutrina tradicional, entretanto, a partir de uma análise mais detalhada tal posição não pode prevalecer. É que a diferença básica entre os dois institutos será encontrada mais nos *efeitos* que ambos produzem. Imagine-se um contrato celebrado consistente na tomada de um crédito pessoal e cujo pagamento se dará em 12 parcelas fixas e mensais. Se o devedor encontra-se inadimplente em5 parcelas e um terceiro assumir seu lugar e ocupar o estado de inadimplência em relação àquelas prestações vencidas, tem-se lugar à assunção de dívida. Porém, se o terceiro ocupar a posição passiva desta relação jurídica e o credor aceitar uma proposta de renegociação das parcelas não quitadas, como o parcelamento desta quantia total (geralmente acrescida de juros, cláusula penal e demais encargos provenientes do inadimplemento) em 3 parcelas mensais, com a tomada de mais crédito, ter-se-á a novação, eis que consta um elemento modificativo em sua essência, ou seja, a tomada de mais crédito.

Observe o leitor que em se tratando de expromissão, tanto na assunção de dívida como na novação subjetiva, desde que ambas sejam cumulativas, ou seja, sem efeito liberatório do primitivo devedor, poderão apresentar uma mesma conseqüência prescricional: o da diferenciação deste prazo para os sujeitos passivos da relação jurídica pela interrupção daquele. Com a assunção ou novação desta espécie, de dívida já vencida, não havendo a participação do primitivo devedor em ato que importe o reconhecimento da dívida, o prazo prescricional, para ele, continuará o mesmo, eis que não pode ser prejudicado por ato de terceiro, que interromperá a prescrição e trará benefícios desta ordem apenas ao credor, de acordo com a disposição do artigo 202, VI, do Có-

289 Se a assunção da dívida por terceiro não é aceita pelo credor, está-se diante da figura da *adpromissão*e não se produz novação.

digo Civil.[290] Assim, se de uma dívida vencida no dia 5 de janeiro e não paga, no dia 5 de julho daquele ano advier a renegociação ou assunção por terceiro nos casos ora alinhavados, ter-se-á um prazo prescricional diferenciado para o credor exercer a pretensão de sua cobrança ou indenização, com data limite diferente para os co-devedores. Poderá, então o credor, pelo transcurso do tempo, mesmo que seus efeitos sejam cumulativos, apenas propor a ação cabível ao novo devedor, e não ao primitivo, eis que prescrita tal pretensão.[291] Mas isto, ressalte-se, em caráter apenas excepcional.

Não obstante a isso, também é crível que a novação subjetiva tenha como efeito restringir o polo passivo, ao contrário do que ocorre com a espécie via delegação perfeita ou expromissão cumulativa, que tem o condão de acrescentar ou mesmo cumular as possibilidades de cumprimento da obrigação estipulada. Assim, se o credor novar apenas com um dos devedores solidários, apenas sobre os bens deste subsistirão as preferências e garantias do crédito novado, ficando os demais devedores solidários exonerados por este fato. É o que determina o artigo 365 do Código Civil: *Operada a novação entre o credor e um dos devedores solidários, somente sobre os bens do que contrair a nova obrigação subsistem as preferências e garantias do crédito novado. Os outros devedores solidários ficam por esse fato exonerados.* Contudo, se a obrigação consistir em obrigação dividida e a novação se der por toda a obrigação, e abranger a dívida dos demais, aplica-se o disposto no artigo 362 do Código Civil.

No caso da novação subjetiva por expromissão, em sendo o novo devedor insolvente ou em vias de insolvência (o mesmo se pode sustentar acerca da falência), não terá o credor ação regressiva contra o primitivo devedor, salvo comprovada má-fé na constituição deste vínculo. É neste sentido a disposição do artigo 363 do Código Civil: *Se o novo devedor for insolvente, não tem o credor, que o aceitou, ação regressiva contra o primeiro, salvo se este obteve por má-fé a substituição.*

Também poderá ocorrer da novação subjetiva se dar no polo ativo da relação jurídica. Neste caso, quem é excluído do vínculo para a conseqüente substituição por outro é o <u>credor</u>. Determina o artigo 360, III, do Código Civil que: *quando, em virtude de obrigação nova, outro credor é substituído ao antigo, ficando o devedor quite com este.* Na prática, vislumbra-se o caso do locatário que se depara com a venda, para terceiro, do imóvel que habita, sem a possibilidade ou interesse de exercer o direito de preferência. Se tal negócio fosse

290 Art. 202. A interrupção da prescrição, que somente poderá ocorrer uma vez, dar-se-á: (...) VI - por qualquer ato inequívoco, ainda que extrajudicial, que importe reconhecimento do direito pelo devedor.

291 Não obstante a isso, ainda poderá o credor propor ação monitória em face do primitivo devedor, mas desde que também prescrita a pretensão em relação ao novo devedor.

por prazo indeterminado, o novo contrato de locação celebrado, ainda que nos mesmos termos e condições, constituiria a espécie de novação ora analisada e que não cria tantas implicações quanto a subjetiva passiva.

Diferencia-se ainda esta modalidade da cessão de crédito, justamente pelo fato da prescrição. Na cessão de crédito, não há alteração do prazo prescricional. Com a novação subjetiva ativa há sua interrupção, se a prestação encontra-se vencida, pois se tem o reconhecimento inequívoco do direito creditício de sua satisfação. No exemplo anterior, da relação locatícia, se houvessem aluguéis em atraso e se convencionasse que o pagamento deles se dariam ao novo locador, haveria a interrupção do prazo prescricional. Se deste débito decorresse sua cessão, em que o devedor devesse paga-lo a um terceiro, apenas credor do locador, não haveria de se falar em alteração do prazo, salvo convenção neste sentido.

Também não se há de confundir a novação subjetiva ativa com a penhora de créditos e de outros direitos patrimoniais dispostos no Código de Processo Civil, consoante o artigo 655, XI, e entre os artigos 671 e 676. Neste caso se trata de ordem judicial, de maneira forçada e coercitiva pela sua própria natureza, de índole eminentemente processual, inexiste aí a tratativa negocial exigida pelo instituto civil na novação. Lembre o leitor que há necessidade do *animus novandi* do credor para sua configuração.

Não obstante a isso, embora o Código Civil disso não trate, é plenamente impossível de se rejeitar a existência de outra espécie de novação, além da objetiva e da subjetiva, que se trata de um *tertium genus*, denominada de novação mista ao congregaras duas mencionadas (alteração do objeto contratual e de uma das partes ao mesmo tempo). Também é possível que haja uma novação subjetiva mista, em que o novo contrato é elaborado com novo devedor e novo credor.

O gráfico a seguir demonstra as espécies e subespécies de novação:

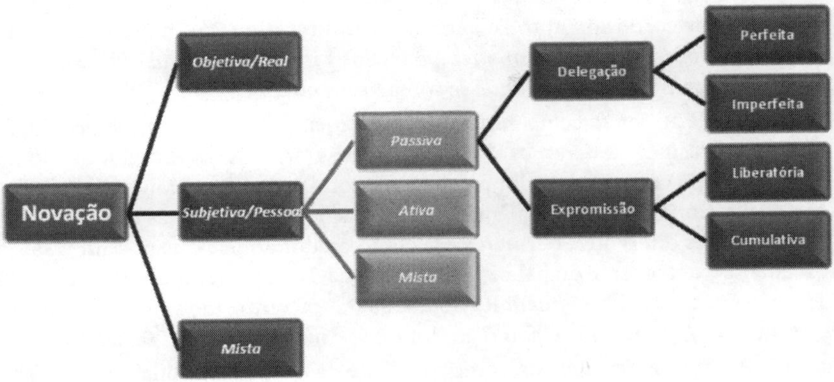

4.5.4 Dos efeitos da novação

Embora alguns efeitos das espécies de novação e também de suas subespécies já tenham sido discorridos, existe a necessidade de se abordar ainda aqueles acerca dos acessórios e das garantias da obrigação anterior. Com a novação, a manutenção destes exigirá estipulação neste sentido, eis que sem a qual se extinguirão. Mas se as garantias consistirem em penhor, hipoteca ou anticrese e pertencerem a terceiro, este deverá, necessariamente tomar parte da novação para ratificar sua participação garantidora da obrigação. É neste sentido a determinação do artigo 364 do Código Civil: *A novação extingue os acessórios e garantias da dívida, sempre que não houver estipulação em contrário. Não aproveitará, contudo, ao credor ressalvar o penhor, a hipoteca ou a anticrese, se os bens dados em garantia pertencerem a terceiro que não foi parte na novação.*

A fiança também será extinta se o fiador não consentir com a novação. É o que dispõe o artigo 366 do Código Civil: *Importa exoneração do fiador a novação feita sem seu consenso com o devedor principal.*

4.6 COMPENSAÇÃO

De acordo com a legislação contemporânea existem basicamente três sistemas básicos pelos quais a compensação ocorre: a) o Francês, em que a composição se opera de pleno direito por força de Lei, mesmo sem a vontade de um dos credores; b) o Inglês, em que somente se efetua por ato judicial; e c) o Alemão, que requer ato do interessado que, judicial ou extrajudicialmente, autoriza a compensação.

Nosso ordenamento jurídico adotou todos os sistemas, sendo que o princípio básico do instituto se acha inscrito no artigo 368 do Código Civil: *Se duas pessoas forem ao mesmo tempo credor e devedor uma da outra, as duas obrigações extinguem-se, até onde se compensarem.*

Para Pothier, *la compensación es la extinción de lãs deudas de dos personas de dos recíprocos derechos.*[292] Pela compensação, se dois indivíduos são ao mesmo tempo credor e devedor mútua e concomitantemente, solver-se-á a relação obrigacional até a concorrência das prestações devidas. Se as dívidas forem de montantes diferentes, permanecerá como credor aquele que possuir o saldo excedente e decorrente do balanço. Desta forma, se um sujeito "A" deve a "B" R$ 150.000,00, e este deve àquele R$ 130.000,00, por outro motivo, compensa-se este valor e "A" permanece como credor de "B" no valor de R$ 20.000,00.

A natureza jurídica da compensação é de ato jurídico bilateral de efeito extintivo, ou seja, extinguir duas ou mais prestações em relações jurídicas autônomas e com as mesmas partes, num mesmo ato.

Seu objetivo é evitar um conjunto de ações dispensáveis, em vista da *praticidade*, em que a exclusão mútua das dívidas exclui o duplo esforço para pagar e receber, e da *segurança*, em que as partes não correm o risco de não receber seus créditos.

De acordo com Paulo Nader, *o instituto constitui importante instrumento de simplificação das operações financeiras, sobretudo nas práticas comerciais. Tomem-se por exemplo as compensações que a rede bancária efetua ao final do expediente diário. Em vez de cada instituição pagar às demais o correspondente aos cheques e outros papéis de sua responsabilidade e, em contrapartida, receber de cada qual o equivalente ao volume de títulos em seu poder, compensam-se os débitos em câmaras de compensação (as Clearing Houses) e com base em valores globais.*[293]

Outra vantagem proporcionada pela compensação, de acordo com o artigo 122 da Lei nº. 11.101/2005,[294] é dar preferência ao credor-devedor do falido

292 POTHIER, Joseph Robert. *Tratado de las Obligaciones.* Buenos Aires-AR: Heliasta, 1993, p. 389.

293 NADER, Paulo. *Curso de Direito Civil - Obrigações.* Rio de Janeiro: Forense, 2008, p. 348.

294 Art. 122. Compensam-se, com preferência sobre todos os demais credores, as dívidas do devedor vencidas até o dia da decretação da falência, provenha o vencimento da sentença de falência ou não, obedecidos os requisitos da legislação civil.
Parágrafo único. Não se compensam:
I - os créditos transferidos após a decretação da falência, salvo em caso de sucessão por fusão, incorporação, cisão ou morte; ou

sobre todos os demais credores nas dívidas vencidas até o dia da decretação da falência. Também terão preferência as dívidas com o vencimento antecipado do débito pela sentença de decretação da falência (vide artigo 333 do Código Civil).[295] Também o artigo 170 do Código Tributário Nacional dispõe que *a Lei pode, nas condições e sob as garantias que estipular, ou cuja estipulação em cada caso atribuir à autoridade administrativa, autorizar a compensação de créditos tributários com créditos líquidos e certos, vencidos ou vincendos, do sujeito passivo contra a Fazenda pública.*[296]Entretanto, o art. 170-A deste mesmo Código veda *a compensação mediante o aproveitamento de tributo, objeto de contestação judicial pelo sujeito passivo, antes do trânsito em julgado da respectiva decisão judicial.*[297]

4.6.1 Espécies de Compensação

Compensação legal. É involuntária e se opera automaticamente, embora não se confunda com a compensação automática, eis que independe da vontade e prevalece ainda contra ela. Deve preencher certos requisitos, como o da liquidez e fungibilidade dos débitos. Também não depende da capacidade das partes e ao juiz não é dado declarar a compensação de ofício, devendo sempre a parte interessada provocar a apreciação da matéria.

II - os créditos, ainda que vencidos anteriormente, transferidos quando já conhecido o estado de crise econômico-financeira do devedor ou cuja transferência se operou com fraude ou dolo.

295 Art. 333. Ao credor assistirá o direito de cobrar a dívida antes de vencido o prazo estipulado no contrato ou marcado neste Código: I - no caso de falência do devedor, ou de concurso de credores.

296 COMPENSAÇÃO TRIBUTÁRIA. RECURSO DE INCONFORMIDADE. ART. 74, §11, DA LEI 9.430/96. SUSPENSÃO DA EXIGIBILIDADE TRIBUTÁRIA. ARTIGO 151, III, DO CTN. COMPENSAÇÃO COM CRÉDITOS DE TERCEIROS. IMPOSSIBILIDADE. I - Os artigos 151, III, do CTN e 74, § 11, da Lei nº 9.430/96, que determinam a suspensão da exigibilidade tributária quando houver manifestação de inconformidade do contribuinte, não se aplicam na hipótese de utilização de créditos tributários de terceiros, haja vista que as Leis reguladoras do processo tributário não autorizam tal aproveitamento. Precedentes: REsp nº 653.553/MG, Rel. Min. Denise Arruda, DJ de 13.09.2007 e REsp nº 677.874/PR, Rel. Min. Eliana Calmon, DJ de 24.04.2006. II - "O art. 74 da Lei n. 9.430, de 1996, redação da Lei n. 10.037, de 2002, determina que os créditos apurados perante a Secretaria de Receita Federal só poderão ser utilizados na compensação de débitos próprios e não de terceiros". (REsp nº 939.651/RS, Rel. Min. José Delgado, DJ de 27.02.2008). III - O artigo 170 do CTN está plasmado no sentido de somente admitir que se proceda ao encontro de contas entre créditos fiscais com créditos do próprio sujeito passivo, não fazendo qualquer alusão à possibilidade do aproveitamento de créditos de terceiros na compensação tributária. IV - Recurso especial provido. (STJ-1ª T. REsp 1068830/RS, Rel. Min.: Francisco Falcão, DJe 25/08/2008).

297 Firmou-se a orientação desta Corte no sentido de que o art. 170-A do CTN, inserido pela Lei Complementar 104/2001, não é aplicável aos pedidos de compensação formulados antes da sua vigência. (STJ-1ª T. REsp 1003765/SP, Rel. Min.: Denise Arruda, DJe 01/10/2008).

Desta espécie compensatória, advém uma subespécie denominada *judicial* ou *processual*, em que se dá em situações especialíssimas, devendo decorrer, necessariamente, de uma relação processual. O maior exemplo é o do artigo 21 do Código de Processo Civil,[298] que disciplina a compensação de honorários e despesas processuais, entre as partes, quando cada litigante for em parte vencido e vencedor.[299]

Outra subespécie é a *compensação automática* ou a *compensação legal irregular*. Existem previsões especialíssimas de compensação na legislação civil, sem que sejam atendidos os requisitos gerais de Lei, dispensando-se o quantitativo do débito e a homogeneidade entre as prestações. Exigem-se os requisitos especiais de cada caso. São exemplos desta subespécie os artigos 606,[300] 1221,[301] 1435, I,[302] e 1.506,[303] todos do Código Civil.

298 Art. 21. Se cada litigante for em parte vencedor e vencido, serão recíproca e proporcionalmente distribuídos e compensados entre eles os honorários e as despesas.
Parágrafo único. Se um litigante decair de parte mínima do pedido, o outro responderá, por inteiro, pelas despesas e honorários.

299 PROCESSUAL CIVIL. RECURSO ESPECIAL. INTELIGÊNCIA DA SÚMULA 283/STF. SUCUMBÊNCIA RECÍPROCA - COMPENSAÇÃO IMEDIATA - HONORÁRIOS ADVOCATÍCIOS - ART. 21 DO CPC - JUSTIÇA GRATUITA. - É inadmissível o recurso especial, quando a decisão recorrida assenta em mais de um fundamento suficiente e o recurso não abrange todos eles. - Em caso de sucumbência recíproca é cabível a compensação imediata, ainda que uma das partes seja beneficiária da justiça gratuita (CPC, Art. 21 c/c Lei 1.060/50, Art. 12). PROCESSO CIVIL. AUSÊNCIA DE OFENSA AO ARTIGO 535 DO CPC. PLANO DE SAÚDE. LIMITAÇÃO DA COBERTURA. CLÁUSULA EXPRESSA. POSSIBILIDADE. EXIGÊNCIA DE CHEQUE-CAUÇÃO. DANO MORAL. INEXISTÊNCIA. - Não há ofensa ao Art. 535 do CPC se, embora rejeitando os embargos de declaração, o acórdão recorrido examinou todas as questões pertinentes. - Em sendo expressa e de entendimento imediato, não é abusiva a cláusula que limita a cobertura contratual. - A exigência de cheque-caução para o pagamento de despesas hospitalares não gera, por si só, danos morais. (STJ-3ª T. REsp 853.850/RS, Rel. Min.: Humberto Gomes de Barros, DJe 05/03/2008).

300 Art. 606. Se o serviço for prestado por quem não possua título de habilitação, ou não satisfaça requisitos outros estabelecidos em Lei, não poderá quem os prestou cobrar a retribuição normalmente correspondente ao trabalho executado. Mas se deste resultar benefício para a outra parte, o juiz atribuirá a quem o prestou uma compensação razoável, desde que tenha agido com boa-fé.
Parágrafo único. Não se aplica a segunda parte deste artigo, quando a proibição da prestação de serviço resultar de Lei de ordem pública.

301 Art. 1.221. As benfeitorias compensam-se com os danos, e só obrigam ao ressarcimento se ao tempo da evicção ainda existirem.

302 Art. 1.435. O credor pignoratício é obrigado: I - à custódia da coisa, como depositário, e a ressarcir ao dono a perda ou deterioração de que for culpado, podendo ser compensada na dívida, até a concorrente quantia, a importância da responsabilidade.

303 Art. 1.506. Pode o devedor ou outrem por ele, com a entrega do imóvel ao credor, ceder-lhe o direito de perceber, em compensação da dívida, os frutos e rendimentos.

Por questão de nomenclatura e efeitos didáticos, as hipóteses de compensação legal que não compreenderem a subespécie judicial ou a automática, serão denominadas de *compensação legal regular.*

Compensação voluntária é verificada quando os que possuem débito e crédito entre si, convencionam a supressão de uma dívida pela outra.Dadas as suas características, consubstancia-se em um típico negócio jurídico. A doutrina[304] entende que, como as partes envolvidas dispõem de ampla liberdade de contratar, não ficam adstritas aos requisitos específicos fixados em Lei a respeito da compensação, podendo portanto convencionar a compensação de prestações de natureza diversa. Como exemplo pode ser citado o devedor de entrega de bem certo que compense sua dívida com o crédito de uma obrigação de fazer ou de restituir. De observar que, como se analisará adiante, lhe falta o requisito da fungibilidade entre si das prestações, razão pela qual a compensação se dará pela utilização complementar da dação em pagamento.

Compensação facultativa. Contém aspectos da compensação legal e da convencional. Ocorre quando a parte, que poderia impugnar o pleito de compensação, deixa de fazê-lo e aceita a extinção das dívidas, não obstante o crédito do requerente não preencha todos os requisitos previstos e exigidos para a compensação legal. Esta modalidade se caracteriza pelos possíveis exemplos: concordância do credor de uma obrigação civil e devedor de uma obrigação natural e compensação de um crédito emanado de uma obrigação civil válida com uma dívida oriunda de obrigação anulável.

O gráfico a seguir demonstra como são e se subdividem as espécies de compensação para uma melhor compreensão didática:

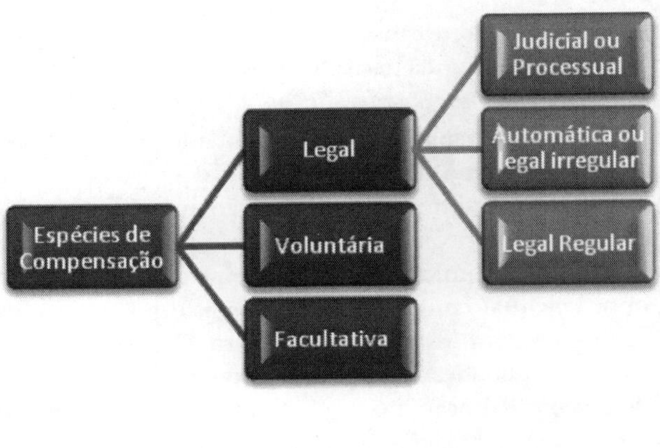

304 Paulo Nader, *Curso de Direito Civil - Obrigações.* Rio de Janeiro: Forense, 2008, p. 351.

4.6.2 Requisitos

A *compensação voluntária*, como ato jurídico de cunho negocial que é exige que as partes sejam capazes e, dependendo do caso, que sejam elas legitimadas a assim proceder. Da mesma forma ocorre com a *facultativa*. Na *compensação judicial*, a Lei processual estabelecerá as condições de aplicabilidade. A *automática* exige os requisitos especiais em cada caso. Contudo, o Código Civil atribui alguns requisitos da compensação legal, cuja operação se dá espontaneamente. São eles:

1 - *Reciprocidade de créditos e débitos.*É necessário que as partes sejam credor e devedor um do outro e ao mesmo tempo. É neste sentido que dispõe a primeira parte do artigo 371 do Código Civil: *O devedor somente pode compensar com o credor o que este lhe dever.* Pressupõe-se, então, duas ou mais relações jurídicas distintas entre as partes e que nelas se alternem nos polos ativo e passivo as pessoas do credor(es) e do(s) devedor(es).

Tem-se como conseqüências daí advindas:

Se terceiro não interessado quiser pagar a dívida do devedor, não poderá alegar a compensação com eventual débito que o credor tenha para com ele, por expressa vedação do artigo 376 do Código Civil: *Obrigando-se por terceiro uma pessoa, não pode compensar essa dívida com a que o credor dele lhe dever.* Isto se deve porque não faz parte daquela relação jurídica, ou seja, lhe falta legitimidade para o ato. Contudo poderá adimplir a prestação sob outra forma, que não a compensação. Poderá fazê-lo como terceiro não interessado (artigo 304, parágrafo único, do Código Civil), se o fizer em nome e por conta do devedor, salvo oposição deste.

Se o terceiro for fiador e quiser pagar a dívida de que é o garantidor do cumprimento, a regra da segunda parte do artigo 371 do Código Civil estabelece que:*o fiador pode compensar sua dívida com a de seu credor ao afiançado.*

Se um dos devedores solidários for demandado pelo total da dívida, não poderá alegar a compensação do débito que o credor possui exclusivamente com o outro co-devedor. Assim, se uma instituição financeira é credora de uma dívida em que duas empresas são solidariamente responsáveis pelo cumprimento, ao ser demandada unicamente a primeira pela totalidade do débito, não poderá opor eventual compensação de crédito que a segunda empresa possua para com a credora instituição financeira. O motivo para isso é que também lhe falta legitimidade. O artigo 1020 do Código Civil de 1916 previa a possibilidade de compensação, no presente caso, até o equivalente da parte da dívida em comum. Sua redação era: *O devedor solidário só pode compensar com o credor o que este deve ao seu coobrigado, até ao equivalente da parte deste na dívida comum.* Este artigo não foi recepcionado pelo atual Código Civil, o que se entende louvável, visto que numa obrigação solidária, em sua essência, os co-devedores são responsáveis por toda a dívida, de forma que a prestação é indivisível. Se a dívida for divisível, ter-se-á uma obrigação de prestação divisível ou mesmo dividida, se já estipulada a quota de cada devedor. Quanto a este tema, se recomenda a(re)leitura do capítulo atinente às obrigações solidárias.

Se, havendo notificação do credor ao devedor, este não se opõe em prazo hábil à cessão de créditos feita a terceiros, não poderá suscitar a compensação ao cessionário, que poderia fazer antes da cessão ao credor, pelo mesmo motivo da ausência de legitimidade e da "preclusão temporal". Mas se a cessão não for notificada ao devedor, este poderá opor ao cessionário a compensação que tinha antes contra o cedente, tal como dispõe o artigo 377 do Código Civil.[305]

2 - Liquidez das dívidas. Pelo artigo 369 do Código Civil, *a compensação efetua-se entre dívidas líquidas, vencidas e de coisas fungíveis.*[306] As dívidas devem ser certas quanto à existência e determinadas quanto ao objeto. Não haverá condição técnica para a compensação se as dívidas não forem líquidas.

3 - Exigibilidade dos débitos. As prestações devem ser vencidas, mas não prescritas ou inexigíveis. A compensação é um pagamento recíproco que as

305 Art. 377. O devedor que, notificado, nada opõe à cessão que o credor faz a terceiros dos seus direitos, não pode opor ao cessionário a compensação, que antes da cessão teria podido opor ao cedente. Se, porém, a cessão lhe não tiver sido notificada, poderá opor ao cessionário compensação do crédito que antes tinha contra o cedente.

306 CIVIL. PROCESSO CIVIL. SEGURO DE VEÍCULO. EXECUÇÃO CONTRA O CAUSADOR DO DANO. PERDA TOTAL. CONSERTO DO BEM PELA SEGURADORA E VENDA A TERCEIRO. EMBARGOS À EXECUÇÃO. COMPENSAÇÃO. ART. 741, VI, DO CPC. INADMISSIBILIDADE. I. O pretenso crédito decorrente do efetivo custo de reparo do veículo sinistrado, que voltou à circulação, poderá ser mensurado em processo futuro, mas atualmente carece de liquidez e exigibilidade necessários para permitir, no âmbito do processo executivo contra o devedor, a compensação, conforme dispõe o art. 741, VI, combinado com o art. 369 do Código Civil (antigo art. 1.010 do Código de 1916). II. Recurso especial não conhecido. (STJ-4ª T. REsp 769.950/RO, Rel. Min.: Aldir Passarinho Junior, DJ 05/03/2007 p. 291). No mesmo sentido: PROCESSO CIVIL. AGRAVO REGIMENTAL NO RECURSO ESPECIAL. CONTRATO BANCÁRIO. CAPITALIZAÇÃO MENSAL DE JUROS. AUSÊNCIA DE PREVISÃO CONTRATUAL. REEXAME DE MATÉRIA FÁTICA. IMPOSSIBILIDADE. INCIDÊNCIA DOS ENUNCIADOS Nº 5 E 7 DA SÚMULA DESTA CORTE. REPETIÇÃO DO INDÉBITO E/OU COMPENSAÇÃO DE VALORES. POSSIBILIDADE INDEPENDENTEMENTE DE COMPROVAÇÃO DO ERRO. AGRAVO REGIMENTAL IMPROVIDO. 1. A jurisprudência desta Corte Superior consolidou posicionamento no sentido de que, nos contratos firmados por instituições financeiras posteriormente à edição da MP 1.963-17, de 31/3/2000, é possível a incidência de capitalização mensal dos juros, desde que expressamente pactuada. 2. O d. Tribunal de origem, após detida análise do material fático-probatório constante dos autos, concluiu pela inexistência de pactuação da capitalização mensal dos juros remuneratórios. Dessarte, a pretendida reforma do aresto encontra óbice nos Enunciados nº 5 e 7 da Súmula desta Corte Superior. 3. É assente neste Sodalício que a compensação de valores e a repetição de indébito são cabíveis sempre que verificado o pagamento indevido, em repúdio ao enriquecimento ilícito de quem o receber, independentemente da comprovação do erro. 4. Agravo regimental improvido (STJ-4ª T. AgRg no REsp 783.678/RS, Rel. Min.: Hélio Quaglia Barbosa, DJ 30/10/2006 p. 321).

partes se fazem. Assim, o devedor da dívida não vencida, não estando obrigado a pagar, não está ainda obrigado a admitir a compensação contra seu crédito. Ocorrendo a compensação de uma dívida não vencida, ocorrerá por consentimento do devedor. Neste caso, haverá uma compensação *facultativa*. Se a dívida estiver prescrita, inexigível é a sua compensação. Se o devedor assim o fizer, o fará pelo cumprimento de uma obrigação natural e a compensação também será *facultativa*. Outras obrigações meramente morais ou mesmo naturais, como dívidas de jogo, não comportam a compensação legal, eis que também inexigíveis juridicamente.

Situação interessante é aquela oriunda da concessão do *prazo de favor*, em que o credor concede prazo ao endividado além do previsto para o pagamento diante de dificuldades do devedor em adimplir sua obrigação e que equivale ao ato estatal da moratória de dívidas tributárias. Neste caso, se aquele que concedeu o prazo de favor, for cobrado por uma dívida pelo favorecido, poderá opor a compensação das prestações ainda que o tempo adicional concedido não tenha se esgotado, por questão de equidade.

4 - Fungibilidade das dívidas. Não basta que as prestações sejam de bens fungíveis. É mister que sejam fungíveis entre si, ou seja, homogêneas. Se um agricultor deve implementos e instrumentos agrícolas a uma cooperativa e, posteriormente, esta se torna devedora daquele agricultor em sementes de soja, vencidas as dívidas, impossível se dar a compensação legal. Mas nada se veda que ocorra a compensação voluntária que se dá pela forma de dação em pagamento, pois as prestações são heterogêneas, isto é, não fungíveis entre si.[307]

---

307 PROCESSUAL CIVIL E TRIBUTÁRIO. AGRAVO REGIMENTAL. COMPENSAÇÃO DE DÉBITO DE ICMS COM CRÉDITOS ALIMENTARES HABILITADOS EM PRECATÓRIOS. TRIBUTOS DISTINTOS. PESSOAS JURÍDICAS DIVERSAS. IMPOSSIBILIDADE. PRECEDENTES. 1. *Incasu*, não se cuida de nomeação à penhora de créditos decorrentes de precatórios. Trata-se compensação de precatório vencido com dívida (ICMS) da empresa. Ou seja, a pretensão é para reconhecer o direito à compensação de débitos fiscais de ICMS com créditos de precatórios.2. Encontra-se assentado neste Tribunal o entendimento de que a dívida apresentada pelo precatório é do IPERGS, autarquia previdenciária com autonomia administrativa e financeira. No caso, tem-se débito tributário para com o Fisco Estadual, não havendo correspondência entre credor e devedor, ou seja, trata-se de pessoas distintas, não se mostrando possível a postulada compensação. 3. É indevida a pretensão de se compensar débitos de ICMS com créditos alimentares vencidos, habilitados em precatórios judiciais, adquiridos por cessão de direitos, ou seja, de outra pessoa jurídica, no caso o IPERGS. A compensação tributária somente é permitida entre tributos e contribuições da mesma natureza, sendo proibida a compensação de créditos entre pessoas jurídicas distintas. 4. O ICMS constitui tributo sujeito a lançamento por homologação, ou autolançamento, que ocorre na forma do art. 150 do CTN. Dessa forma, a inscrição do crédito em dívida ativa, em face da inadimplência da obrigação no tempo devido, não compromete a liquidez e exigibilidade do título executivo, pois dispensável a homologação formal, sendo o tributo exigível independentemente de procedimento administrativo fiscal. 5. Agravo regimental não-provido. (AgRg nos EDcl no REsp 962.583/RS, Rel. Ministro JOSÉ DELGADO, PRIMEIRA TURMA, julgado em 06/12/2007, DJ 01/02/2008 p. 459).

Requer-se ainda que as coisas fungíveis a serem compensadas sejam da mesma espécie e qualidade, tal como determina o artigo 370 do Código Civil: *Embora sejam do mesmo gênero as coisas fungíveis, objeto das duas prestações, não se compensarão, verificando-se que diferem na qualidade, quando especificada no contrato.*

5 - Intangibilidade do direito de terceiros. Um dos princípios que regem o Código Civil é o da boa-fé. Assim, em nenhuma espécie de contrato ou mesmo em qualquer momento contratual é admitido o prejuízo a terceiros. Desta forma, segundo o artigo 380 do Código Civil: *Não se admite a compensação em prejuízo de direito de terceiro. O devedor que se torne credor do seu credor, depois de penhorado o crédito deste, não pode opor ao exeqüente a compensação, de que contra o próprio credor disporia.*

6 - Inexistência de causa de impedimento. Não se exige uma identidade de causa debendi entre as prestações compensáveis. Contudo, impede a compensação os seguintes motivos, dispostos no artigo 373 do Código Civil:[308]

Se as prestações são provenientes de ato ilícito, como o esbulho, furto ou roubo (inciso I);

Se ao menos uma delas se originar de comodato, depósito ou alimentos (inciso II). Em relação ao depósito, o artigo 638 do Código Civil[309] também o veda expressamente. Tanto o comodato como, em princípio, o depósito, por serem institutos gratuitos,[310] baseiam-se na mútua confiança entre os interessados, e o pagamento se efetua com a restituição dobem infungível emprestada ou depositada. Se uma das dívidas for de natureza alimentar, não se há como compensar, pois a pessoa que recebe os alimentos os destina à sua subsistência, eis que imprescindíveis à existência. Admitir a compensação seria privar o sujeito dos alimentos e permiti-lo a viver de uma forma não condizente com a dignidade humana;[311]

---

308 Art. 373. A diferença de causa nas dívidas não impede a compensação, exceto:
I - se provier de esbulho, furto ou roubo;
II - se uma se originar de comodato, depósito ou alimentos;
III - se uma for de coisa não suscetível de penhora.

309 Art. 638. Salvo os casos previstos nos arts. 633 e 634, não poderá o depositário furtar-se à restituição do depósito, alegando não pertencer a coisa ao depositante, ou opondo compensação, exceto se noutro depósito se fundar.

310 Art. 579. O comodato é o empréstimo gratuito de coisas não fungíveis. Perfaz-se com a tradição do objeto.
Art. 628. O contrato de depósito é gratuito, exceto se houver convenção em contrário, se resultante de atividade negocial ou se o depositário o praticar por profissão.

311 PROCESSUAL CIVIL E TRIBUTÁRIO. AGRAVO REGIMENTAL. COMPENSAÇÃO DE DÉBITO DE ICMS COM CRÉDITOS ALIMENTARES HABILITADOS EM PRECATÓRIOS. TRIBUTOS DISTINTOS. PESSOAS JURÍDICAS DIVERSAS. IMPOSSIBILIDADE. PRECEDEN-

Se ao menos uma das prestações for de coisa insuscetível de penhora (inciso III). Por ser impenhorável, não poderá ser cobrada judicialmente e, portanto, inexigível.

7- Ausência de estipulação entre as partes, excluindo a possibilidade de compensação, tal como disciplina a primeira parte do artigo 375 do Código Civil: *Não haverá compensação quando as partes, por mútuo acordo, a excluírem*. Esta disposição evidencia os princípios da autonomia da vontade e da liberdade contratual.

8- Falta de renúncia prévia de um dos devedores. Disciplinada na segunda parte do artigo 375 do Código Civil, a renúncia antecipada pode ser expressa ou tácita. A primeira ocorre quando houver uma declaração que afaste a possibilidade de compensação. A segunda se dá quando o devedor, credor do seu credor, espontaneamente venha a solver o débito.

9 - Dedução das despesas necessárias ao cumprimento da prestação se as dívidas não forem pagáveis no mesmo lugar. Pelo artigo 378 do Código Civil, *quando as duas dívidas não são pagáveis no mesmo lugar, não se podem compensar sem dedução das despesas necessárias à operação*. Esta regra encontra-se em sintonia com os artigos 325 e 327 do Código Civil[312] e com o princípio da vedação do enriquecimento sem causa. Observe-se que a compensação não estará proibida, apenas se tem uma garantia do ressarcimento das despesas de transporte e outras decorrentes da alteração do local de cumprimento. Além

TES. 1. *Incasu*, não se cuida de nomeação à penhora de créditos decorrentes de precatórios. Trata-se compensação de precatório vencido com dívida (ICMS) da empresa. Ou seja, a pretensão é para reconhecer o direito à compensação de débitos fiscais de ICMS com créditos de precatórios. 2. Encontra-se assentado neste Tribunal o entendimento de que a dívida apresentada pelo precatório é do IPERGS, autarquia previdenciária com autonomia administrativa e financeira. No caso, tem-se débito tributário para com o Fisco Estadual, não havendo correspondência entre credor e devedor, ou seja, trata-se de pessoas distintas, não se mostrando possível a postulada compensação. 3. É indevida a pretensão de se compensar débitos de ICMS com créditos alimentares vencidos, habilitados em precatórios judiciais, adquiridos por cessão de direitos, ou seja, de outra pessoa jurídica, no caso o IPERGS. A compensação tributária somente é permitida entre tributos e contribuições da mesma natureza, sendo proibida a compensação de créditos entre pessoas jurídicas distintas. 4. O ICMS constitui tributo sujeito a lançamento por homologação, ou autolançamento, que ocorre na forma do art. 150 do CTN. Dessa forma, a inscrição do crédito em dívida ativa, em face da inadimplência da obrigação no tempo devido, não compromete a liquidez e exigibilidade do título executivo, pois dispensável a homologação formal, sendo o tributo exigível independentemente de procedimento administrativo fiscal. 5. Agravo regimental não-provido. (STJ-1ª T. AgRg nos EDcl no REsp 962.583/RS, Rel. Min.: José Delgado, DJ 01/02/2008 p. 459).

312 Art. 325. Presumem-se a cargo do devedor as despesas com o pagamento e a quitação; se ocorrer aumento por fato do credor, suportará este a despesa acrescida.
Art. 327. Efetuar-se-á o pagamento no domicílio do devedor, salvo se as partes convencionarem diversamente, ou se o contrário resultar da Lei, da natureza da obrigação ou das circunstâncias.

disso, é possível que o contraente renuncie tais valores para que se viabilize a compensação.

10 - Observância das normas sobre imputação do pagamento, quando o mesmo devedor for responsável por vários débitos compensáveis, tudo de acordo com o estipulado no artigo 379 do Código Civil: *Sendo a mesma pessoa obrigada por várias dívidas compensáveis, serão observadas, no compensá-las, as regras estabelecidas quanto à imputação do pagamento.*[313]

4.7 CONFUSÃO

O instituto da confusão no atual Código Civil manteve os textos anteriores sobre a matéria nos artigos 381 a 384, inclusive com os mesmos erros e omissões, razão pela qual as críticas ao Código anterior também são mantidas. Por ser de aplicação prática muito limitada não recebe a devida atenção dos estudiosos do Direito, tanto que os mesmos problemas e exemplos são tratados por diversos doutrinadores.

Confundir significa misturar, reunir, não distinguir, fundir. A palavra confusão provém do latim *confusio, confusionis*, que significa mistura, fusão. Por sua vez, *confusio* provém do verbo *confundo, is*(misturar, reunir), e que é o resultado da união de *cum* (com) e o verbo *fundo, ere* (derramar). Percebe-se aí a ideia de mistura de líquidos ou outros materiais em que não se pode mais separar, como disposto nos casos dos artigos 1.272 a 1.274 do Código Civil.

Pelo artigo 381 do Código Civil, *extingue-se a obrigação, desde que na mesma pessoa se confundam as qualidades de credor e devedor.* Para que se configure o instituto da confusão, à luz da moderna tendência do Direito privado, não se faz necessário o estabelecimento de uma relação jurídica assim considerada. Isto significa dizer que pode ocorrer a confusão em decorrência de um fato jurídico e não necessariamente de um ato ou de um negócio jurídico.

Um exemplo de confusão neste sentido e que vem se tornando comum pelo grande número de casos nos mais diversos Tribunais de Justiça do país e

---

313 TRIBUTÁRIO. INTERPRETAÇÃO DO ART. 163 DO CTN. PRETENSÃO DE, NA COMPENSAÇÃO TRIBUTÁRIA, APLICAREM-SE AS REGRAS DO CÓDIGO CIVIL SOBRE IMPUTAÇÃO DO PAGAMENTO. 1. As regras dos arts. 374 e 379 do CC de 2002 não se aplicam às compensações tributárias. 2. Impossível juridicamente o acolhimento de pretensão no sentido de que, primeiramente, na compensação, sejam os juros devidos considerados em primeiro lugar como pagamento e, em seguida, o principal. 3. O art. 163 do CTN regula, exaustivamente, a imputação do pagamento nas relações jurídicas tributárias. 4. A compensação tributária deve ser feita de acordo com as regras específicas estabelecidas para regular tal forma de extinção do débito. Não aplicabilidade do sistema adotado pelo Código Civil. 5. Não-aplicação de analogia para decidir litígio tributário quando a questão enfrentada recebe decisão explícita pelo CTN. 6. Recurso especial conhecido e não-provido. (STJ-1ª T. REsp 973.386/RS, Rel. Min.: José Delgado, DJe 12/05/2008).

também no Superior Tribunal de Justiça é o da fixação de honorários advocatícios em favor da Defensoria Pública dos estados quando atua contra o respectivo Estado federativo e obtém a condenação deste. Isto porque as figuras do credor e do devedor dos honorários advocatícios se confundem na mesma pessoa, eis que a Defensoria Pública, no caso, é órgão do próprio Estado e a fixação de tais honorários não se revela conveniente.[314] É bem verdade que podem até os Defensores se supeditar no Estatuto da OAB e alegar que os honorários são devidos a estes e não ao órgão que representam.

Muito comum, até mesmo com base na nossa legislação, encontrar na doutrina o conceito de confusão como sendo a *extinção de uma obrigação* pela reunião indistinguível em uma só pessoa de credor e devedor, decorrente de um fato jurídico. Mas a confusão extingue a obrigação ou a relação jurídica? Esta resposta merece alguns comentários preliminares, para se ter a exata noção do instituto e somente então responder a contento a presente problemática.

Assim sendo, é mister esclarecer importante questão sobre a confusão: trata-se realmente de uma extinção ou de uma mera paralisação ou suspensão da dívida? Esta dúvida é pertinente de acordo com a redação disposta no artigo

---

314 ADMINISTRATIVO. RESPONSABILIDADE CIVIL DO ESTADO. CONSTRUÇÃO DE PRESÍDIOS. AUSÊNCIA DE DOTAÇÃO ORÇAMENTÁRIA. SÚMULA Nº 7/STJ. INCIDÊNCIA. FIXAÇÃO DE HONORÁRIOS. DEFENSORIA PÚBLICA. IMPOSSIBILIDADE. CONFUSÃO. 1. A verificação, na espécie, se o Estado possui ou não dotação orçamentária para a construção de presídios ou se houve negligência do agente estatal na ocorrência do evento danoso, obrigaria a análise do conjunto fático, o que não se autoriza em recurso especial. 2. Não se revela possível a fixação de honorários sucumbenciais, em favor da Defensoria Pública, decorrentes de condenação contra a Fazenda Pública Estadual em virtude de confusão entre a pessoa do credor e a do devedor, consoante o entendimento uniformizado pela eg. Primeira Seção desta Corte Superior de Justiça no julgamento do REsp 596.836/RS - relator para acórdão - Ministro Luiz Fux. 3. Recurso especial conhecido em parte e, nessa extensão, Provido. (STJ-2ª T. REsp 872.322/MS, Rel. Min. Carlos Fernando Mathias - Juiz Convocado do TRF 1ª Região, DJe 19/06/2008). No mesmo sentido: PROCESSUAL CIVIL E TRIBUTÁRIO. EXECUÇÃO FISCAL AJUIZADA CONTRA EMPRESA E SÓCIO-GERENTE. PRESUNÇÃO DE CERTEZA E LIQUIDEZ DA CDA. FIXAÇÃO DE HONORÁRIOS. DEFENSORIA PÚBLICA. ÓRGÃO DO ESTADO. IMPOSSIBILIDADE. 1. *Incasu*, o ajuizamento da execução fiscal deu-se contra a pessoa jurídica e seu sócio-gerente, amparada em certidão de dívida ativa na qual consta o nome de ambos. 2. Consoante o entendimento pacífico deste STJ, constando na CDA o nome do sócio-gerente e proposta a execução fiscal simultaneamente contra a pessoa jurídica e esse sócio, caberá a ele demonstrar que não se faz presente quaisquer das hipóteses autorizativas do art. 135 do CTN, ante a presunção relativa de liquidez e certeza de que goza a Certidão de Dívida Ativa (q. v., verbi gratia: EREsp 702.232/RS, 1ª Seção, Min. Castro Meira, DJ de 26.09.2005). 3. Não se revela possível a fixação de honorários sucumbenciais, em favor da Defensoria Pública, decorrentes de condenação contra a Fazenda Pública Estadual em virtude de confusão entre a pessoa do credor e a do devedor, consoante o entendimento uniformizado pela eg. Primeira Seção desta Corte Superior de Justiça no julgamento do REsp 596.836/RS - relator para acórdão - Ministro Luiz Fux. 4. Recurso especial a que se dá provimento. (STJ-2ª T. REsp 796.360/MS, Rel. Min. Carlos Fernando Mathias - Juiz Convocado do TRF 1ª Região, DJe 12/05/2008).

384 do Código Civil: *Cessando a confusão, para logo se restabelece, com todos os seus acessórios, a obrigação anterior.*

O exemplo clássico trazido e repetido pela doutrina neste caso é o do devedor de um estabelecimento e que o adquire antes do vencimento da dívida, e, ato contínuo, o aliena a terceiro. A discussão gira em torno do restabelecimento ou não da obrigação, principalmente em relação às suas garantias, como a fiança ou mesmo hipotecas, anticreses ou penhores.

Tem-se que, durante este interregno de tempo, ao se alienar o estabelecimento, como em qualquer negócio do gênero, a prudência indica fazer o levantamento do ativo e do passivo para se alcançar o valor negocial da empresa. Necessariamente se avaliará os débitos e os créditos existentes. Não se pode esquecer que o sujeito pode não optar por cancelar o registro da hipoteca, por exemplo, devido ao fato de que pretende negociar o grau de prioridade e aumentar a garantia do negócio.

Caso não seja cancelado o registro da hipoteca na matrícula imobiliária junto à Serventia do Registro do Imóvel, ou junto à Serventia de Registro de Títulos e Documentos, em se tratado de penhor, por se tratar de bens móveis, considera-se que a dívida ainda não vencida seja parte do acervo patrimonial da empresa e deva ser levada em consideração. Isto faz valer o contido no artigo 384 do Código Civil, apesar da regra do artigo 1.436 do Código Civil não se aplicar neste caso hipotético: *Extingue-se o penhor: (...) IV - confundindo-se na mesma pessoa as qualidades de credor e de dono da coisa.*

Se por acaso a dívida estiver garantida por fiança, se houver a garantia hipotecária, anticrética ou pignoratícia, a mesma regra do parágrafo anterior se aplica. Contudo, se isto não ocorrer, é certo que existe uma presunção de que a obrigação se extingue ocorrendo a confusão, mas não se pode afirmar que ela seja definitiva. É exigível, então, a ratificação, pelo fiador, de sua continuidade na posição garantidora da obrigação se esta se restabelecer?[315] Se aplicarmos a regra de que o acessório segue o principal, então não. Apenas é necessário que

315 O Código Civil Português foi muito mais eficiente que o brasileiro ao apresentar a eficácia da confusão em relação a terceiros em seu art. 871º, com as seguintes diretrizes:
1. A confusão não prejudica os direitos de terceiro.
2. Se houver, a favor de terceiro, direitos de usufruto ou de penhor sobre o crédito, este subsiste, não obstante a confusão, na medida em que o exija o interesse do usufrutuário ou do credor pignoratício.
3. Se na mesma pessoa se reunirem as qualidades de devedor e fiador, fica extinta a fiança, excepto se o credor tiver legítimo interesse na subsistência da garantia.
4. A reunião na mesma pessoa das qualidades de credor e de proprietário da coisa hipotecada ou empenhada não impede que a hipoteca ou o penhor se mantenha, se o credor nisso tiver interesse e na medida em que esse interesse se justifique.

seja ele notificado desta circunstância, para que se prepare para eventual débito de que se lhe busque a responsabilidade.

Ao se defender e responder positivamente à questão retro, argumenta-se que em favor do fiador, milita a idéia de que para que a simples garantia da dívida também se restabeleça, se exigiria expressamente ratificar sua posição neste sentido, sob pena de gerar uma infindável relação jurídica, sem a certeza e segurança jurídica, pois, para ele, a obrigação se extinguira com a ocorrência da confusão, por aplicação do artigo 381 do Código Civil, visto que a natureza jurídica da confusão é a de *pagamento fictício* ou *presumido.*[316]

Não se pode negar que a alienação da empresa com a dívida outrora alcançada pela confusão e que por este novo negócio jurídico restabelecida ao mundo da exigibilidade se trata justamente de um novo ato negocial e, como tal, dependeria da vontade das partes e também do fiador e seu cônjuge, dependendo do caso. Esta opção também seria a mais correta segundo os ditames do Direito Civil italiano, pois o artigo 1253 de seu Código Civil libera expressamente os terceiros garantidores, nestes termos: *Quando le qualità di creditore e di debitore si riuniscono (470, 490) nella stessa persona, l'obbligazione si estingue, e i terzi che hanno prestato garanzia per il debitore sono liberati.*[317]No mesmo sentido é o Código Civil Português, em que seu artigo 873º assim dispõe: *1. Se a confusão se desfizer, renasce a obrigação com os seus acessórios, mesmo em relação a terceiro, quando o facto que a destrói seja anterior à própria confusão. 2. Quando a cessação da confusão for imputável ao credor, não renascem as garantias prestadas por terceiro, salvo se este conhecia o vício na data em que teve notícia da confusão.*

Todavia, embora este entendimento contenha grandes traços de lucidez, não é o mais prudente a ser defendido, com base em nosso ordenamento, que desta forma não o contemplou. Não se deve olvidar que a alienação da empresa com todos os seus ativos, vez que o acessório segue o principal, em especial da dívida então confundida, se equivale à cessão de crédito e, destarte, aplica-se o disposto nos artigos 287 e 290 do Código Civil.[318] Por este último

316 O Leitor encontrará na doutrina as mais diversas posições acerca da natureza jurídica, como o de *extinção da obrigação*, por decorrência da interpretação literal do art. 381 do Código Civil; *neutralização do direito*, visto que a confusão pode ser reversível, de acordo com o art. 384 do Código Civil; *liberação do devedor*, pois a confusão provoca efetivamente a extinção da obrigação, eis que sua sobrevivência não pode ser exigida (neste sentido, ver Caio Mário da Silva Pereira, *Instituições de Direito Civil*, vol. II. Rio de Janeiro: Forense, 2000). De qualquer sorte, importa afirmar que não se poderá falar em confusão ocorrendo o pagamento.

317 "Quando as qualidades de credor e devedor se reunirem na mesma pessoa, a obrigação se extingue, e os terceiros que prestaram garantia para o devedor são liberados."

318 Art. 287. Salvo disposição em contrário, na cessão de um crédito abrangem-se todos os seus acessórios.

artigo, exige-se, neste sentido, a *notificação do fiador* para a eficácia quanto a este, pois também ele pode *vir a ser* devedor (e o é se assumiu o compromisso em forma solidária ao devedor). Corrobora este entendimento a necessidade de uma conduta eivada da mais pura e lídima boa-fé, e um de seus corolários é o dever de informar, que se aplica na presente hipótese. Se notificado o fiador não se opuser à continuidade da garantia, ainda que alegue apenas a presunção da extinção da dívida pela confusão, crê-se que ela se convalide ante sua mera omissão.[319]

Também não se pode deixar de abordar o tema acerca da possibilidade da confusão no débito ser total ou parcial, tal como previsto no artigo 382 do Código Civil: *A confusão pode verificar-se a respeito de toda a dívida, ou só de parte dela.*[320] Exemplos de casos de confusão total não são raros, como naquele dos honorários advocatícios em favor da Defensoria Pública Estadual que obteve êxito na condenação judicial do respectivo Estado a uma determinada prestação. Contudo, se na demanda judicial houve a condenação do Estado e também de um determinado Município, em obrigação de prestações divisíveis ou indivisíveis, por certo que haverá a condenação proporcional de honorários advocatícios. Ao Estado se impossibilitará a fixação de honorários por ocasião da confusão, mas em relação ao Município isto não ocorre.[321]

Outros exemplos mais utilizados pela doutrina são os casos de confusão decorrentes de *causa mortis*, em que sendo o único herdeiro devedor de uma dívida na quantia de R$ 50.000,00, em que o *de cujus*, seu pai, viúvo, possuía um patrimônio avaliado em R$ 200.000,00, ocorrerá a confusão total daquele montante. Já se este credor suceder juntamente com seu irmão, aquela quantia devida se confunde parcialmente. Fica o devedor obrigado pela metade da dívida em favor de seu irmão, na exata proporção de seu quinhão hereditário. De

Art. 290. A cessão do crédito não tem eficácia em relação ao devedor, senão quando a este notificada; mas por notificado se tem o devedor que, em escrito público ou particular, se declarou ciente da cessão feita.

319 Talvez esta não seja a solução mais louvável dada ao caso, entretanto é aquela pela qual se depreende do atual Código Civil. Quiçá uma reformulação do texto civil no que se refere à confusão, aproximando-o do modelo português, muito mais eficaz que o nosso neste tema.

320 O § 2º do art. 1436 do Código Civil também dispõe acerca da confusão parcial, neste sentido: Operando-se a confusão tão-somente quanto a parte da dívida pignoratícia, subsistirá inteiro o penhor quanto ao resto.

321 PROCESSUAL CIVIL E TRIBUTÁRIO. FORNECIMENTO DE MEDICAMENTO. DEFENSORIA PÚBLICA. LITIGÂNCIA CONTRA O MUNICÍPIO. HONORÁRIOS ADVOCATÍCIOS. CABIMENTO. 1. São devidos honorários advocatícios quando restar vencedora em demanda contra o Município, e não o Estado, parte representada por defensor público, não havendo que se falar no instituto da confusão, previsto no artigo 381, do Código Civil de 2002, uma vez que é aquele e não este que figura como devedor da verba honorária. 2. Recurso especial a que se dá provimento (STJ-1ª T. REsp 1046495/RJ, Rel. Min. Teori Albino Zavascki, DJe 30/06/2008).

observar que no caso de herança, somente se operará a confusão após a partilha, pois antes deste ato ainda há formalmente a separação de patrimônios.

Em sede de confusão nos casos de credor ou devedor solidário, a prestação será extinta na respectiva proporção que lhe caiba no crédito ou débito. Num momento posterior, se for o caso, se buscará o direito de regresso. É esta a determinação do artigo 383: *A confusão operada na pessoa do credor ou devedor solidário só extingue a obrigação até a concorrência da respectiva parte no crédito, ou na dívida, subsistindo quanto ao mais a solidariedade.* Observe o leitor que este artigo prevê a confusão parcial e limitada à parte no débito ou crédito.

Um ponto importante a se destacar é a necessária diferenciação entre a confusão e a compensação. Pela primeira, existe apenas uma relação jurídica e o sujeito de um dos pólos, por evento superveniente assume também o outro polo, extinguindo-se a obrigação ou a relação jurídica ou mesmo apenas paralisando sua exigibilidade. Já a compensação exige a existência de duas relações jurídicas, em que uma anulará a outra até os limites daquela que possuir o menor valor, se de quantias diferenciadas. Além disso, esta exige, *a priori*, que as dívidas estejam vencidas, enquanto não ocorre esta exigência na confusão.

Diante do que se constatou até este momento, pode-se inferir que as fontes da confusão são: a) *transmissão universal*, que pode se dar por ato entre vivos, a exemplo da aquisição de uma empresa pelas suas mais variadas formas, ou por *causa mortis*, em que a confusão ocorre pela herança deixada ao devedor; b) *título singular*, em que alguém tem uma dívida com outrem que lhe faz o legado de crédito; c) *decisão judicial*, como no caso mencionado do Estado condenado ao pagamento de honorários advocatícios à sua Defensoria Pública.

Também se pode inferir que os requisitos para a confusão sejam: a) que haja *unidade da sujeição da relação jurídica obrigacional*;[322] b) que ocorra um *fato jurídico* que cause a confusão; c) que deste fato jurídico se *consolidem* crédito e débito em *uma só pessoa*; e d) que não haja distinção de patrimônios.[323]

Finalmente, ante todos estes argumentos, se acredita que a este instante se tenha a aptidão para resolver a problemática apontada no início deste tópico e que agora se denota com demasiada simplicidade: a confusão extingue a

322 Veja-se que podem ocorrer hipóteses em que devedor e credor também o sejam em várias relações jurídicas, como sendo numa relação locatícia, numa venda de automóvel, num direito de regresso, numa relação de empréstimo, etc. O que importa mencionar é que o devedor esteja sempre no pólo passivo de todas as relações jurídicas e o credor em todos os pólos ativos das relações, evitando-se que ocorra de qualquer forma alguma compensação. E mesmo que esta ocorra de alguma forma, a confusão poderá ocorrer com o saldo remanescente.

323 É importante se ter a idéia de que o patrimônio pessoal do sócio-proprietário não se confunde com o da empresa, por exemplo, e que os patrimônios do herdeiro e do espólio, enquanto não ocorrida a partilha, são distintos, eis que ainda não aconteceu a confusão de débito e crédito.

obrigação ou a relação jurídica? Depende do caso. Se a hipótese for de confusão total e impossível de cessá-la, como a morte do ascendente que deixa acervo patrimonial para um único herdeiro e seu devedor, ter-se-á, de fato, a extinção da relação jurídica e, conseqüentemente, da obrigação. Se a confusão for parcial, extingue-se parte da prestação, se for o caso, existindo ainda a obrigação[324] e também a relação jurídica.[325] Sendo a confusão reversível, a relação jurídica sai do estado latente ou do coma em que se encontra e a obrigação se torna novamente exigível.

4.8 REMISSÃO

4.8.1 A Remissão no Direito Romano

No Direito Romano a remissão das dívidas era considerada um negócio jurídico bilateral pois dependia da anuência do devedor. Havia duas espécies de remissão: a *acceptilatio* e o *pactum de non petendo.* A primeira tinha a forma de um pagamento fictício, em que o credor mantinha um diálogo com o devedor, liberando-o pela declaração de quitação, mesmo que não ocorresse o pagamento. O devedor perguntava: *Quod ego tibi habes ne acceptum?* (O que te dou tens como recebido?) E o credor respondia: *habeo* (tenho). O leitor não pode se olvidar da acentuada carga de formalismo e solenidade que marcava o Direito Romano. Como era uma cultura que, não obstante extremamente desenvolvida, não dispunha de meios para que todos os atos e negócios fossem escritos e passíveis de documentação para a prova, dada inclusive as limitações da época, era este conjunto de regras costumeiras é que determinava a publicidade e a segurança do ato ou negócio. Nem todos dispunham de uma maneira para escrever e no futuro provar o ocorrido, como temos hoje com o recibo de quitação. Então, estas condutas em público davam o ideal de conhecimento e o eventual necessário testemunho.

Ao seu turno, o *pactum de non petendo* possuía um caráter de perdão da dívida, em que as partes firmavam um acordo, pelo qual o credor se comprometia a não exigir do devedor o pagamento num período determinado ou em definitivo. Esta espécie se diferenciava pelo fato da impossibilidade de exigência da dívida pelo credor, como se fosse uma obrigação natural em que, se o devedor ou terceiro o pagasse, não poderia exigir a repetição do débito, ao

324 Vale aqui fazer uma referência à diferenciação entre obrigação e prestação, explicado em momento anterior.

325 Ainda que haja a morte do credor, existindo demais herdeiros, estes tomarão sua posição no pólo ativo da relação jurídica, subsistindo esta.

contrário da primeira espécie, em que, uma vez efetuada, alcançava também terceiros interessados.

O *pactum de non petendo* era *in personan*, e não atingia a figura dos codevedores e nem do fiador, que poderiam ser demandados.[326]

4.8.2 Conceito, natureza jurídica e generalidades

Remissão é o ato espontâneo do credor de liberar o devedor da prestação sem o seu cumprimento e com a aceitação pelo devedor.

Observe-se que ela não se confunde com a renúncia, eis que esta é um ato jurídico unilateral, que independe da aceitação do devedor. A remissão, justamente por possuir a aceitação do devedor como um de seus requisitos, possui natureza bilateral. É isto que se abstrai da leitura do artigo 385 do Código Civil: *A remissão da dívida, aceita pelo devedor, extingue a obrigação, mas sem prejuízo de terceiro* (grifos não constantes no original).

Nesta mesma senda, o Código Civil Argentino adota determinações diferenciadas para a renúncia dos direitos do credor (artigos 868 a 875) e para a remissão da dívida (artigos 876 a 887). Já o Código Napoleônico não exige a aceitação do devedor, como se depreende de seu artigo 1.282: *La remise volontaire du titre original sous signature privée, par le créancier au débiteur, fait preuve de la libération.*[327]

No entanto, não é difícil encontrar Códigos que têm a remissão como sinônimo de renúncia, a exemplo do Uruguaio,[328] ou mesmo de perdão, como é o Código da Espanha (artigos1187 a 1191)[329].O Código Civil Português, apresenta a remissão como instituto jurídico cuja natureza jurídica é de contrato e assim dispõe: *Artigo 863º (Natureza contratual da remissão): 1. O credor pode remitir a dívida por contrato com o devedor. 2. Quando tiver o carácter de liberalidade, a remissão por negócio entre vivos é havida como doação, na conformidade dos artigos 940º e seguintes.* Disto se depreende que serão aplicados,

326 Justamente por não parecer justo que o Código Civil Venezuelano determina expressamente o contrário deste entendimento em seu art. 328º: "La remisión o quita concedida al deudor principal aprovecha a sus fiadores; pero la otorgada a éstos no aprovecha a aquel."

327 A remissão voluntaria do título original em escritura privada, pelo credor ao devedor, constituirá prova da liberação.

328 Art. 1515. La remisión de la deuda es la renuncia del acreedor a los derechos que le pertenecen contra el deudor.

329 Art. 1.187. La condonación podrá hacerse expresa o tácitamente. Una y outra estarán sometidas a los preceptos que rigen lãs donaciones inoficiosas. La condonación expresa deberá, además, ajustarse a las formas de la donación.

pela legislação lusitana, os dispositivos atinentes à doação quando se tratar de negócio entre vivos e a remissão tiver caráter de liberalidade.

Outros países, entretanto, adotam um sistema diferente, em que se exige apenas uma notificação da remissão ao devedor, que poderá se manifestar contrariamente, optando em não dela se aproveitar, como faz o Código Civil Boliviano,[330] com idêntica redação do Código Civil Italiano.[331]

Não obstante a estes textos legais, tem-se que a remissão não deve ser entendida como de natureza contratual, como entende a legislação lusitana, visto que ela é mero *ato jurídico*, equivalente à quitação do débito. Somente se difere desta pelo não cumprimento da prestação, eis que se trata de um "perdão aceito" da dívida. O fato de que a remissão seja ato jurídico bilateral, porquanto dependa de consentimento não lhe dá o caráter negocial ou de contrato. De forma diversa, se no texto do contrato houver expressa disposição a estabelecer que em ocorrendo determinada condição suspensiva a remissão é sua conseqüência, então esta circunstância assume relevo contratual. Porém, não de forma autônoma.

O que poderia dificultar a concretização da remissão é no que tange à forma de sua aceitação pelo devedor, pois a Lei Civil não atribui um prazo ou mesmo forma para que isto ocorra. Os Códigos Civis boliviano e italiano fazem menção a um prazo "razoável" e assim deixam a questão em aberto para a interpretação pelos operadores jurídicos. Entende-se, contudo, que, como o credor é o maior interessado nesta questão, poderá ele aquiescer com o recebimento do débito num momento posterior, como ocorre com as dívidas prescritas, pelo fato de serem obrigações ou prestações naturais.

Uma vez aceita a remissão, entretanto, por qualquer forma, ocorre a impossibilidade de arrependimento, ou seja, a torna irrevogável. O Código Civil Paraguaio adota expressamente a irrevogabilidade da remissão após sua aceitação pelo devedor.[332] Assim, para maior garantia do devedor, torna-se prudente que este se cerque de alguns procedimentos, como a manifestação expressa do credor – e por qualquer meio – de que houve sua aceitação. Disto resulta dizer que não poderá aquele, em momento posterior, e agindo contra a boa-fé, ale-

330 Código Civil Boliviano. Art. 358.- (REMISION O CONDONACION EXPRESA). La declaración del acreedor de remitir o condonar la deuda extingue la obligación y libera al deudor, desde que ha sido comunicada a este último. Sin embargo, el deudor, puede manifestar, dentro de un término razonable, que no quiere aprovecharse de ella.

331 *Art. 1236 Dichiarazione di remissione del debito.* La dichiarazione del creditore di rimettere il debito estingue l'obbligazione quando è comunicata al debitore (1334), salvo che questi dichiari in un congruo termine di non volerne profittare.

332 Art.610.- La obligación se extingue cuando el acreedor conviene en remitir gratuitamente la deuda. La remisión puede ser expresa o tácita. La aceptación del deudor hace irrevocable la remisión.

gar a não efetivação da remissão e exigir cláusulas penais, juros moratórios e demais prestações acessórias decorrentes do inadimplemento do contrato no tempo, forma ou local avençado. Isto porque, por ser a remissão ato definitivo, em que não comporta arrependimento, deverá ser também um ato jurídico perfeito, com a ocorrência de todos os seus requisitos legais.

A remissão ainda deve ser diferenciada da *remição*, cujo verbo no infinitivo é *remir, resgatar*, ao passo que o da remissão é *remitir, perdoar*. Aquela é um instituto processual, disposto no artigo 651 do Código de Processo Civil, em que o devedor ou seu herdeiro procede com o pagamento ou consignação do valor atualizado da dívida, mais juros, custas e honorários advocatícios e obtém o cancelamento da penhora sobre os seus bens.[333] É, pois, um resgate da disponibilidade de seu patrimônio.

A remissão deverá ser gratuita. A imposição de algum ônus ou condição para que a remissão ocorra poderá caracterizar novação ou dação em pagamento, de acordo como se apresentar, embora existam posicionamentos contrários, como Caio Mário da Silva Pereira[334] e Judith Martins-Costa.[335] Em que pese a opinião de renomados doutrinadores, ainda assim se reafirma o entendimento esposado em não admitir a remissão condicional por desvirtuar a essência do ato remissivo.

Importa mencionar também que a remissão não se confunde com a desistência processual, eis que esta é prevista como uma espécie de extinção do processo sem resolução de mérito (artigo 267, VIII, do Código de Processo Civil). Destaque-se que esta desistência somente poderá ocorrer, se já verificada a citação, se o requerido assim consentir (§ 4º do artigo 267 do Código de Processo Civil).Percebe-se assim a relativa similitude com a remissão em relação à bilateralidade do ato. Contudo os pontos em comum cessam aí, vez que a parte desistente poderá renovar seu pedido judicialmente, conforme prevê o artigo 268 do aludido Código. Demais disto, a desistência somente produzirá efeitos depois de homologada por sentença (parágrafo único do artigo 158 do Código de Processo Civil).[336]

---

333 Art. 651. Antes de adjudicados ou alienados os bens, pode o executado, a todo tempo, remir a execução, pagando ou consignando a importância atualizada da dívida, mais juros, custas e honorários advocatícios. (Redação dada pela Lei nº 11.382, de 2006).

334 *A remissão pode sujeitar-se à condição ou termo, o que logo de plano se verifica compatível com a liberalidade. A remissão não se desfigura; nem por ser ato gracioso a repele* (*Instituições de Direito Civil*, vol. II, p. 182).

335 *Nada impede que a remissão seja condicionada (condição suspensiva), ou sujeita a termo inicial* (*Comentários ao Novo Código Civil*, vol. V, tomo I, 1ª Ed. Rio de Janeiro: Forense, 2003, p. 656).

336 Art. 158. Os atos das partes, consistentes em declarações unilaterais ou bilaterais de vontade, produzem imediatamente a constituição, a modificação ou a extinção de direitos processuais.

A renúncia processual, disposta no artigo 269, V, do Código de Processo Civil,[337]espécie de extinção do processo com resolução de mérito, também não é sinônimo de remissão. Observe o leitor que neste caso não será necessário o consentimento do réu neste caso, o que prejudica a exigência de bilateralidade da remissão. Por haver resolução de mérito, não se poderá intentar nova ação em momento posterior fundado neste mesmo direito renunciado.[338] Vale lembrar que o pedido de renúncia do direito requer poderes especiais concedidos pela parte ao seu procurador. Todavia, nada obsta que a remissão ocorra por termo conjunto no processo, mediante petição assinada pelo credor e devedor, autor e réu, dirigida ao Juízo para que produza os fins desejados, o que neste caso se consubstanciaria em um misto de remissão e renúncia sobre o direito em que se funda a ação.

A remissão também poderá ocorrer tanto nas prestações principais quanto nas acessórias. A concessão de prazos de favor não pode ser considerada uma espécie de remissão de prestações acessórias, como os juros moratórios e a cláusula penal, eis que não extinguem as prestações e apenas prorrogam o prazo para o cumprimento prestacional.

4.8.3 Requisitos

O primeiro requisito da remissão é a *intenção do credor em perdoar a dívida* existente. Deve ser encarada como um benefício que este dá ao devedor pelos mais diversos motivos e razões. Não poderá, entretanto, exigir uma contrapartida ou contraprestação do devedor por não se tratar de uma transação ou mesmo compensação.

Como é decorrente de um negócio jurídico, deve conter os elementos essenciais para sua formação e alteração, como a *capacidade e legitimidade para o ato*, de acordo com o artigo 104, I, do Código Civil, tanto para os atos de remitir como para aceitar o perdão. Observe-se que a capacidade para a remis-

---

Parágrafo único. A desistência da ação só produzirá efeito depois de homologada por sentença.

Art. 267. Extingue-se o processo, sem resolução de mérito: (...) VIII - quando o autor desistir da ação;

§ 4º Depois de decorrido o prazo para a resposta, o autor não poderá, sem o consentimento do réu, desistir da ação.

Art. 268. Salvo o disposto no art. 267, V, a extinção do processo não obsta a que o autor intente de novo a ação. A petição inicial, todavia, não será despachada sem a prova do pagamento ou do depósito das custas e dos honorários de advogado.

337 Art. 269. Haverá resolução de mérito: (...) V - quando o autor renunciar ao direito sobre que se funda a ação.

338 Segundo o art. 329 do Código Processual, Ocorrendo qualquer das hipóteses previstas nos arts. 267 e 269, II a V, o juiz declarará extinto o processo.

são deverá ser aferida no momento deste ato e não quando da constituição da relação jurídica obrigacional, pois isto pode ter se alterado, como é o caso da interdição posterior ao negócio. A remissão também não poderá estar proibida pela Lei, como é o caso do tutor ou curador, impossibilitados de remitir obrigação da qual o tutelado ou curatelado é o credor. Outro exemplo é a pensão alimentícia não alcançada pela prescrição, devida a menores e constituída por sentença.

A aceitação do devedor é outro requisito da remissão, que poderá ser expressa ou tácita. Aquela se realiza por escrito ou oralmente. Esta, por sua vez, acontece pela conduta ou atitude que deixa inequívoca a intenção do devedor, como a sua ausência de impugnação do ato remissivo. Tem-se, portanto, a presunção de aceite da remissão em caso de não manifestação do devedor em sentido contrário ou pela ausência de consignação do valor que entende devido. A remissão tácita deverá ser diferenciada, entretanto, da presunção de remissão, que se dá pela mera inércia ou tolerância do credor ao inadimplemento contumaz do devedor em prestações sucessivas ou periódicas.[339]

A remissão também não poderá ser admitida se existir algum vício social (fraude contra credores) ou vício de consentimento (erro, dolo, coação, estado de necessidade ou lesão). A ausência de prejuízo de terceiro, requisito legal expresso no próprio artigo 385 do Código Civil, não pode ser separada da disposição contida no artigo 158 e seguintes do mesmo Código.

Como principal efeito da remissão, tem-se a *liberação de pagamento da obrigação ou prestação* do devedor, que não poderá ser exigida posteriormente.

4.8.4 Espécies

A remissão poderá ser total ou parcial. A primeira ocorrerá quando o credor conceder o perdão de todas as prestações estipuladas pelas partes. A outra ocorrerá quando apenas parte da dívida for perdoada pelo credor, como na hipótese em que instituição privada de ensino superior remite duas de cinco parcelas devidas pelo aluno então inadimplente para facilitar a mantença do vínculo, evitar a evasão e possibilitar a continuidade dos estudos.

É de se destacar ainda que a remissão não extinguirá necessariamente a obrigação, muito embora seja esta a disposição do artigo 385 do Código Civil. Isto porque a remissão poderá extinguir tão somente algumas prestações de uma obrigação, ou seja, ser parcial. Assim, é de fácil percepção que também ela

339 Judith Martins-Costa, entretanto, possui entendimento contrário, não admitindo a remissão tácita, em sua obra *Comentários ao Novo Código Civil*, vol. V, tomo I, 1ª Ed. Rio de Janeiro: Forense, 2003, p. 655.

não extinguirá a relação jurídica obrigacional, eis que esta pode se manter em relação a outras prestações.

Outra espécie colacionada pela doutrina e possível de ser admitida é a que se dá mortis causa. Isto reclama que se dê por intermédio de testamento válido ou inequívoca disposição em legado. Como todo ato remissivo, exige a aceitação do perdão devedor, que poderá rejeitá-lo e ao oferecer pagamento beneficiar os herdeiros.

A remissão também poderá ocorrer tanto das prestações principais quanto das acessórias. A concessão de prazos de favor é uma espécie de remissão de prestações acessórias, como os juros moratórios e a cláusula penal.

Em matéria tributária a remissão é prevista no artigo 172 do Código Tributário Nacional com a seguinte disposição: *A lei pode autorizar a autoridade administrativa a conceder, por despacho fundamentado, remissão total ou parcial do crédito tributário, atendendo: I - à situação econômica do sujeito passivo; II - ao erro ou ignorância excusáveis do sujeito passivo, quanto a matéria de fato; III - à diminuta importância do crédito tributário; IV - a considerações de eqüidade, em relação com as características pessoais ou materiais do caso; V - a condições peculiares a determinada região do território da entidade tributante.* Segundo o seu parágrafo único, *o despacho referido neste artigo não gera direito adquirido, aplicando-se, quando cabível, o disposto no artigo 155.*[340]

4.8.5 Entrega voluntária do título da obrigação

Segundo o artigo 386 do Código Civil, *a devolução voluntária do título da obrigação, quando por escrito particular, prova desoneração do devedor e seus co-obrigados, se o credor for capaz de alienar, e o devedor capaz de adquirir.* Esta regra vem corroborar o disposto no artigo 324 do Código Civil[341] e denota a "presunção de remissão" com a entrega do título. Contudo, esta presunção deve ser relativa e não absoluta. A razão disto se encontra no parágrafo único do mencionado artigo 324 do Código Civil, pois *ficará sem efeito a quitação assim operada se o credor provar, em sessenta dias, a falta do pagamento.* Desta forma,

340 Art. 155. A concessão da moratória em caráter individual não gera direito adquirido e será revogado de ofício, sempre que se apure que o beneficiado não satisfazia ou deixou de satisfazer as condições ou não cumprira ou deixou de cumprir os requisitos para a concessão do favor, cobrando-se o crédito acrescido de juros de mora: I - com imposição da penalidade cabível, nos casos de dolo ou simulação do beneficiado, ou de terceiro em benefício daquele; II - sem imposição de penalidade, nos demais casos.
Parágrafo único. No caso do inciso I deste artigo, o tempo decorrido entre a concessão da moratória e sua revogação não se computa para efeito da prescrição do direito à cobrança do crédito; no caso do inciso II deste artigo, a revogação só pode ocorrer antes de prescrito o referido direito.

341 Art. 324. A entrega do título ao devedor firma a presunção do pagamento.

não havendo a confirmação da remissão pelo credor ou mesmo a ratificação do ato, poderá aquele ilidir a presunção alegando a ausência de pagamento. Daí a impossibilidade plena em se afirmar que a entrega do título é uma forma de remissão tácita.

4.8.6 Renúncia à garantia real

Segundo o artigo 387 do Código Civil, *a restituição voluntária do objeto empenhado prova a renúncia do credor à garantia real, não a extinção da dívida.* Se uma dívida estiver garantida com penhor e ocorrera voluntária restituição do objeto empenhado, isto não enseja a extinção da dívida por presunção de remissão. A liberação de uma garantia do cumprimento da dívida pelo credor não extingue a relação jurídica ou mesmo a obrigação. Apenas faz entender que se extinguiu a garantia e não a obrigação.

Corrobora com isto o contido na redação do artigo 1436 do Código Civil: *Extingue-se o penhor: (...) V - dando-se a adjudicação judicial, a remissão ou a venda da coisa empenhada, feita pelo credor ou por ele autorizada.* Ora, a remissão faz com que o penhor não mais tenha cabimento, mas a simples devolução do bem móvel não é por si só ato de remissão. No caso dos objetos que ficam em posse ou poder do proprietário (parágrafo único do artigo 1431 do Código Civil)[342], deverá ser observado o disposto no artigo 1437 do mesmo código: *Produz efeitos a extinção do penhor depois de averbado o cancelamento do registro, à vista da respectiva prova.*

4.8.7 Remissão e obrigações com múltiplos devedores

É possível que o credor remita a dívida de apenas um dos devedores, mantendo-se a solidariedade ou divisibilidade da obrigação em relação aos demais co-obrigados. Neste caso, se aplica a regra constante do artigo 388 do Código Civil: *A remissão concedida a um dos co-devedores extingue a dívida na parte a ele correspondente; de modo que, ainda reservando o credor a solidariedade contra os outros, já lhes não pode cobrar o débito sem dedução da parte remitida.*[343]

342 Art. 1.431. Constitui-se o penhor pela transferência efetiva da posse que, em garantia do débito ao credor ou a quem o represente, faz o devedor, ou alguém por ele, de uma coisa móvel, suscetível de alienação.

Parágrafo único. No penhor rural, industrial, mercantil e de veículos, as coisas empenhadas continuam em poder do devedor, que as deve guardar e conservar.

343 Na solidariedade passiva o credor tem a faculdade de exigir e receber, de qualquer dos codevedores, parcial ou totalmente, a dívida comum. Havendo pagamento parcial, todos os demais

Não se olvide o leitor que esta regra está em consonância ao conteúdo do artigo 277 do Código Civil, em que: *O pagamento parcial feito por um dos devedores e a remissão por ele obtida não aproveitam aos outros devedores, senão até à concorrência da quantia paga ou relevada.*

Entretanto, a remissão não ilide o devedor exonerado pelo credor em participar do rateio, ao lado dos demais coobrigados solidários, referente à porção incumbida a co-devedor que se torne insolvente. É assim que dispõe o artigo 284 do Código Civil: *No caso de rateio entre os co-devedores, contribuirão também os exonerados da solidariedade pelo credor, pela parte que na obrigação incumbia ao insolvente.*

Tabela ilustrativa acerca dos efeitos das obrigações e as hipóteses de adimplemento direito e indireto

	NA CESSÃO DE CRÉDITO	NA ASSUNÇÃO DE DÍVIDA	NO PAGAMENTO COM SUB-ROGAÇÃO	NA DAÇÃO EM PAGAMENTO	NA NOVAÇÃO OBJETIVA	NA NOVAÇÃO SUBJETIVA
A Obrigação:	Permanece	Permanece	Permanece para o devedor. Extingue para o credor originário	Extingue	Extingue e cria uma nova	Extingue e cria uma nova
O Objeto	Permanece	Permanece	Permanece	Altera	Altera	Permanece
O Polo ativo	Altera	Permanece	Altera	Permanece	Permanece	Ativa: altera
O Polo passivo	Permanece	Altera	Permanece	Permanece	Permanece	Passiva: altera
O Pagamento	Não ocorre	Não ocorre	Ocorre para o credor originário	Ocorre	Não ocorre	Não ocorre

co-devedores continuam obrigados solidariamente pelo valor remanescente. O pagamento parcial efetivado por um dos co-devedores e a remissão a ele concedida, não alcança os demais, senão até a concorrência da quantia paga ou relevada (STJ-3ª T. AgRg no REsp 1091654/PR, Rel.: Min. Nancy Andrighi, DJe 25/03/2009).

5 DESCUMPRIMENTO OBRIGACIONAL

Adauto de Almeida Tomaszewski

5.1 DO INADIMPLEMENTO ABSOLUTO E RELATIVO DA OBRIGAÇÃO

A regra no Direito obrigacional é de que as obrigações devem ser cumpridas. A não execução daquilo que se convencionou representa um rompimento da harmonia social que enseja a reação da parte prejudicada no sentido de alcançar a satisfação de seu crédito pela via judicial, ou protestando o título, se for o caso.

Pode-se afirmar que todo aquele que descumprir culposamente sua obrigação irá responder pelos prejuízos que causar. O descumprimento da obrigação pode ser absoluto ou relativo. Será relativo quando a obrigação não foi cumprida nos moldes determinados, mas ainda poderá ser cumprida de forma proveitosa, restando ao prejudicado o interesse de que seja adimplida, podendo exigir uma compensação em razão do atraso ocasionado, denominado como "mora". Esta pode ser causada tanto pelo credor como pelo devedor.

Quando, porém, a obrigação não foi cumprida, nem havendo possibilidade de sê-la de forma proveitosa para o credor, tem-se o inadimplemento absoluto.

O ordenamento jurídico não fica indiferente ao atraso ou ao não cumprimento total das obrigações, sendo que destes atos decorrem efeitos que a ordem jurídica imputa àquele que descumpriu com a obrigação pactuada.

Há elementos de semelhança e também diferenciadores da mora e do inadimplemento absoluto.

Como elementos de semelhança, pode-se citar que ambos geram consequências de igual natureza, segundo se lê nos artigos 389 e 395 do Código

Civil. Tanto num caso como no outro, determina a Lei que o devedor assumirá responsabilidade pelos danos que causar.

No caso do inadimplemento absoluto, o devedor, segundo o artigo 389 do Código Civil, responde por perdas e danos. Já na hipótese de ser moroso o contratante, o inadimplente responde pelos prejuízos a que a sua mora der causa (artigo 395 do Código Civil). Anote-se que a responsabilidade somente subsistirá se caracterizada a culpa do inadimplente em ambos os casos, eis que se obrigação for descumprida por força maior ou caso fortuito, não subsistirá a responsabilidade de reparação dos danos.

A principal diferença entre o inadimplemento absoluto e a mora (inadimplemento relativo) está na possibilidade ou não do cumprimento proveitoso da obrigação para o credor. Como já mencionado, no caso da mora, é possível que determinada obrigação que ainda não tenha sido cumprida de forma proveitosa para o credor, o possa ser, o que não ocorre no inadimplemento absoluto.

5.2 DA MORA (INADIMPLEMENTO RELATIVO)

5.2.1Conceito de mora

O vocábulo *mora* expressa delonga, demora, atraso, retardamento. Daí se extrai o conceito jurídico deste instituto que ainda inclui a inexecução, o inadimplemento, o descumprimento de determinada obrigação.

O atraso pode ocorrer com ou sem culpa do devedor. Ocorrendo por sua culpa, fica sujeito à reparação dos prejuízos a que deu causa, o que não ocorre se o atraso se deu por caso fortuito ou força maior.

Há os que preferem definir mora como *impontualidade culposa,*[344] aduzindo que se verifica quando o devedor não efetua o pagamento dentro do prazo estabelecido em razão de algum fato, ou omissão, que lhe seja imputável. Ora, o instituto da mora está endereçado apenas nos casos não escusáveis, ou seja, de alguma maneira, devedor, credor ou ambos são responsáveis pelo atraso ou descumprimento.

Tem-se a culpa como *aspecto subjetivo* da mora, que é imprescindível na sua conceituação. Se o fato que ensejou o atraso não se deu por omissão do devedor, não se configurando a culpa, não há que se falar em mora (artigo 396 do Código Civil). A prova da ausência de culpa é do devedor, tendo em vista que o atraso cria uma presunção de culpa.

344 Gomes, Orlando. Obrigações. Rio de Janeiro. Forense: 2007, p. 201/202.

Já o *aspecto objetivo* é o atraso. Lembre-se que de acordo com a redação do artigo 394 do Código Civil, este não está relacionado apenas à ideia de tempo, mas também pressupõe a hipótese de que quando o devedor não cumpre a obrigação no lugar devido ou na forma convencionada, incorre em suas consequências. Com efeito, o artigo mencionado assim dispõe: *considera-se em mora o devedor que não efetuar o pagamento e o credor que não quiser recebê-lo no tempo, lugar e forma que a lei ou a convenção estabelecer.*

Existe crítica acerca de se convencionar que o não cumprimento da obrigação no lugar e modo devido também se caracterize como mora,[345] preferindo o vocábulo para designar apenas a demora, atraso, violação do dever de cumprir a obrigação no tempo devido. Das infrações relacionadas ao lugar e forma de pagamento também pode decorrer a responsabilidade do devedor, mas não configuram necessariamente mora.

O Código Civil anterior dispunha que a mora consistia no *retardamento culposo ao pagar o que se deve, ou a receber o que é devido.* No entanto, a atual codificação civil determina caráter mais abrangente ao conceito de mora, tendo o legislador acrescentado a ideia de cumprimento em lugar que não aquele que se convencionou cumprir a obrigação, e de forma diferente da acordada pelas partes.

É válido observar que na prática a mora mais comum é a que ocorre pelo atraso no pagamento ou no cumprimento da obrigação.

Contudo, além do inadimplemento absoluto e do relativo, também existe outra forma de descumprimento da obrigação, que é a *violação positiva do contrato.* Esta consiste na infração de deveres anexos ou colaterais do contrato, como os deveres de proteção, informação e cooperação, corolários da boa-fé contratual. Isto provoca o inadimplemento e o "nascimento de uma pretensão reparatória ou o direito potestativo à resolução do contrato."[346] Trata-se do cumprimento defeituoso da obrigação.

Possui entre seus elementos configurativos:[347]

a) Que tenha havido a prestação;

b) Que o cumprimento da prestação tenha sido defeituoso (desconformidade entre o que foi prestado e o que deveria sê-lo);

c) Que não haja regulamentação do cumprimento defeituoso pelas regras sobre vícios;

345 Gomes, Orlando. Op. Cit., p. 202.

346 FARIAS, Cristiano Chaves; ROSENVALD, Nelson. *Direito das Obrigações.* Rio de Janeiro: Lumen Juris, 2009, p. 484.

347 NERY JÚNIOR, Nelson; NERY, Rosa Maria de Andrade. *Código Civil Comentado.* São Paulo: RT, 2008, p. 469.

d) Que existam danos típicos (não comuns à mora e à impossibilidade).

Cristiano Chaves de Farias e Nelson Rosenvald apresentam os seguintes exemplos: "a) médico realiza tratamento e alcança a cura do paciente. Porém, a técnica empregada é extremamente dolorosa, quando existiam meios alternativos na ciência para se alcançar idêntico resultado sem que isto implicasse sofrimento para o paciente; b) uma empresa contrata com agência de publicidade a colocação de *outdoors* pela cidade para a exibição de um novo produto. Todos os anúncios são colocados em locais de difícil acesso e iluminação, em que poucas pessoas tenham a possibilidade de visualizar a propaganda; c) proprietário de haras adquire valioso cavalo e, em razão de falha no transporte, o animal chega em seu novo endereço magro e fragilizado." [348]

Já dentre os exemplos colacionados pelo Superior Tribunal de Justiça, tem-se: a) Caso do gás impróprio para consumo (Agravo de Instrumento n. 1.341.063-RJ, de Relatoria do Min. Sidnei Beneti);[349] b) Caso do mármore com defeito de fabricação (Agravo de Instrumento n. 1.213.464-SP, de Relatoria da Min. Nancy Andrighi)[350]; c) Caso do acidente com empilhadeira no interior de

348 Ob. Cit., p. 486.

349 Do recurso se extrai a seguinte lavra: *De acordo com as fotos anexadas aos autos às fls. 23, verifica-se que os referidos botijões estão em condições imprestáveis ao consumo, o que de forma inconteste inviabiliza o negócio dos Autores que é revender para terceiros, destinatários finais do produto. Além disso, as notas fiscais de fls. 14/21 demonstram que alguns dos botijões entregues pela Ré apresentaram defeitos tão graves que necessitaram ser trocados, o que não foi refutado pela empresa Ré nas correspondências de fls. 24/25. Ademais, os aludidos botijões foram reprovados no teste realizado por amostragem (fls. 31.) Dessa forma, mesmo que seja verdadeira a assertiva de que os produtos objeto do contrato celebrado entre as partes passaram nos testes realizados pela ANP, fato é que os que foram entregues aos Autores eram imprestáveis ao consumo, afetando diretamente o comércio realizado pelos mesmos, causando-lhes prejuízos materiais. Inequívoco que houve o inadimplemento contratual por parte da Ré, denominado corretamente pela doutrina como adimplemento imperfeito ou violação positiva do contrato, caracterizados nos casos de ação positiva do devedor que não satisfaz o interesse do credor, como na espécie, em que a Ré entregou os botijões de gás contratados, mas de forma imprópria ao consumo, obstando o exercício da atividade comercial realizada pelos Autores, o que sem sombra de dúvidas causou insatisfação e frustração aos demais.*

350 Dali se extrai a seguinte alusão à decisão recorrida: "*O laudo pericial de fs. 228/254 deixou assentado que o serviço prestado pela apelada é defeituoso: faltou homogeneidade ao material, com "péssimo" resultado estético, divergente*

estabelecimento comercial, aque atinge consumidor (Agravo de Instrumento n. 1.107.361-SP, de Relatoria da Min. Nancy Andrighi).[351]

5.2.2 Pressupostos da mora

Para que se caracterize o instituto da "mora", é necessária a presença dos seguintes requisitos: a) vencimento da dívida; b) culpa do devedor, e, c) viabilidade do cumprimento tardio.

O primeiro é pressuposto lógico, eis que a existência da mora está ligada ao crédito vencido, que pode ser exigido judicialmente. Para se saber a partir de quando o devedor incorre em seus efeitos, necessário saber quando ocorre o vencimento. Mas, às vezes, torna-se necessária a manifestação do credor com o propósito de cobrar a dívida, seja ao vencer, seja depois de vencida, ou para o início da contagem de um prazo conferido ao devedor, para aquelas obrigações sujeitas à condição suspensiva. É o que comumente ocorre com o segurado de veículo sinistrado, que deve notificar a ocorrência à seguradora para que haja ciência inequívoca do sinistro e o início da contagem do prazo para a indenização.

No caso de obrigações que têm dia certo para serem saldadas, entende-se como dispensável a interpelação, eis que o credor presume que o devedor tenha interesse em que o pagamento se realize na data aprazada para se eximir dos efeitos que decorrem do inadimplemento.

---

dos locais em que o serviço foi feito satisfatoriamente, e sem conclusão (fs. 231). Acrescentou que massa plástica usada para preenchimento e, ao concluir, afirma a deficiência na prestação do serviço em face do uso de material não homogêneo e mal empregado na obra (fs. 235/236)."

351 Desta decisão se extrai a seguinte decisão: "*Danos morais, estéticos e materiais. Responsabilidade civil. Indenização. Empilhadeira existente no interior do estabelecimento comercial do apelado que provocou lesões corporais na autora. Responsabilidade objetiva caracterizada pelo acidente de consumo e violação positiva do contrato. Serviço que não ofereceu a segurança esperada pelo consumidor ao permitir o apelado que uma empilhadeira circulasse livremente pelos corredores do supermercado, causando danos à apelante. Danos morais 'in re ipsa' que englobam os danos estéticos pleiteados por decorrência da violação do direito à integridade física. Danos materiais não comprovados. Circunstância fática que justifica a fixação do quantum indenizatório em R$ 20.000,00 atualizada do evento danoso. Recurso parcialmente provido.*"

O Código Civil admite a constituição automática da mora, ao dispor que esta se opera no caso de inadimplemento da obrigação positiva e líquida, nos termos do artigo 394.

Quanto à viabilidade do pagamento tardio, este diz respeito à impossibilidade transitória na efetivação do pagamento. Se a impossibilidade fosse definitiva, não seria caso de mora, mas descumprimento da prestação que, não mais podendo ser cumprida de forma satisfatória para o credor, acarretaria ao devedor o pagamento de perdas e danos. Assim, para haver mora é preciso que seja possível o cumprimento tardio da obrigação.

5.2.3 Caracterização da mora

Neste item, é válido fazer algumas considerações acerca do parágrafo único do artigo 397 do Código Civil, que determina o seguinte: *não havendo termo, a mora se constitui mediante interpelação judicial ou extrajudicial.* É a denominada mora *ex persona.*

Obrigação a termo é aquela que tem data fixada para seu cumprimento, sendo desnecessária a interpelação judicial para que o devedor seja constituído em mora, eis que *dias interpelat pro homine.* Neste caso tem-se a denominação como mora *ex re.*

Mas quando não houver prazo assinado na Lei ou no contrato para o cumprimento da obrigação, é necessário constituir o devedor em mora por intermédio da notificação, interpelação ou protesto, seja judicial, seja extrajudicial. Se o credor não tiver interpelado ou notificado o devedor, sua constituição em mora poderá se dar pela citação na ação judicial, já que, segundo o disposto no artigo 219 do Código de Processo Civil, um dos efeitos materiais da citação é a constituição do devedor em mora. Neste caso, admite-se a emenda da mora se o caso permitir, não tendo havido inadimplemento absoluto, porque neste caso, a purgação da mora seria imprestável ao credor.

Entenda-se que a purgação ou emenda da mora nada mais é do que o ato de cumprir a prestação convencionada e inadimplida, com os acréscimos devidos. É, portanto, o ato de corrigir, reparar, indenizar os efeitos legais e contratuais decorrentes do inadimplemento.

Também se caracteriza a mora pelo cumprimento defeituoso da prestação, se o devedor oferece bem diverso daquilo que fora contratado ou se o pagamento é parcial, caso em que o credor poderá rejeitar o pretendido adimplemento incompleto, consoante preceituam os artigos 313 e 314 do Código Civil. Também incide em mora a execução do contrato em local diverso do avençado, como o estabelecimento comercial que vende um sofá e se compromete a entregá-lo na residência do adquirente, localizada no vigésimo andar de um edifício e, se deparando com a impossibilidade de transportá-lo por elevador, ante a fadiga no esforço físico exigível dos prepostos, o coloca no *hall* de entrada do prédio.

5.2.4 Espécies de mora

No próprio conceito estão delineadas suas espécies, quais sejam: mora do credor e mora do devedor.

Denomina-se *mora solvendi* (mora de pagar) a mora do devedor, que ocorre quando este deixa de efetuar o pagamento na forma, tempo e lugar devidos (artigo 394 do Código Civil).

A mora do credor é chamada de *mora accipiendi* (mora de receber), e se dá quando o credor se nega a receber o pagamento, sem justificativa para tanto. Não raras vezes o credor não tem condições de armazenar o bem que deve ser entregue e se nega a recebê-lo no tempo convencionado gerando despesas em sua manutenção. O devedor não pode, destarte, arcar com tais ônus por simplesmente cumprir a obrigação estipulada no tempo, modo e lugar estipulado, tampouco poderá deixar perecer o bem que ainda está em seu domínio. De tal forma, sendo necessárias despesas para a conservação do bem (§ 3º do artigo 96 do Código Civil), deverá o credor em mora ressarcir as despesas feitas pelo devedor, conforme dispõe a primeira parte do artigo 400 do Código Civil, além de eventuais perdas e danos daí decorrentes. Note-se que o parágrafo único do artigo 395 do Código Civil dispõe sobre a indenização destas apenas pela mora do devedor e não existe disposição específica acerca da indenização por perdas e danos pela mora do credor, o que é considerado falho. Contudo, assim ocorrendo, o credor não estará imune de responsabilidade e poderá ser impelido ao seu ressarcimento de acordo com as regras gerais expressas nos artigos 186, 187 e 927 do Código Civil.

No caso das obrigações negativas, o devedor constitui-se em mora desde o dia em que executar ou der início ao ato de que devia se abster. Para obrigação negativa não existe mora, pois uma vez descumprida ou iniciado o descumprimento da obrigação, há o inadimplemento absoluto, sem a possibilidade de desfazer o ato, como no caso da proibição de inserir o nome do devedor nos órgãos de proteção ao crédito enquanto a dívida for discutida judicialmente. Uma vez inserido o nome, já se configura o inadimplemento total da obrigação negativa. Descumprimento este que não é relativo, pois se pressupõe a possibilidade de adimplemento da obrigação, ainda que fora do prazo. Naquele caso, embora a obrigação negativa possa ser desfeita (retirada do nome do devedor do referido órgão), o dano, indevida inscrição no cadastro dos inadimplentes, ocorreu, e gera o legítimo direito de receber as *astreintes* ou a reparação pelos danos morais ou perdas e danos do ato decorrentes. Existem convenções condominiais em que não se permite a construção de muros nos lindes das propriedades. Uma vez iniciada a construção o condômino já é tido como descumpridor do seu dever de abstenção e não se exige a completa edificação para que este seja considerado em mora.

No caso de contratos de seguro, o segurador deve emitir a apólice (artigos 758 e 759, ambos do Código Civil), devendo pagar em dinheiro o prejuízo resultante do sinistro na data convencionada com o segurado. Caso não o faça, incidirá em mora e haverá acréscimo de correção monetária e juros moratórios, segundo disposição contida no artigo 722 do Código Civil, salvo se as partes convencionaram e se possível a reposição dobem se o sinistro ocorra durante determinado prazo (artigo 776 do Código Civil), o que é comum nos contratos de seguro de automóvel.

O segurado deve comunicar ao segurador, tão logo tome conhecimento de todo incidente suscetível de agravar consideravelmente o risco coberto. Se for provado que tinha conhecimento e de má-fé se manteve silente (artigo 769, *caput* do Código Civil), perde o direito à garantia. O segurador, por sua vez, possui prazo de quinze dias, a contar do recebimento do aviso do risco sem culpa do segurado, para dar-lhe ciência da decisão de resolver o contrato, o que deve fazer por escrito, segundo disposição contida no artigo 769, § 1.° do Código Civil. O parágrafo segundo deste artigo determina que a resolução será eficaz apenas 30 (trinta) após a notificação, devendo ser restituída pelo segurador a diferença do prêmio.

O artigo 399 do Código Civil aduz que o devedor em mora responde pela impossibilidade da prestação, embora essa impossibilidade resulte de caso fortuito ou de força maior, se estes ocorrerem durante o atraso; salvo se provar isenção de culpa, ou que o dano sobreviria ainda quando a obrigação fosse oportunamente desempenhada. Daí se extrai que se o devedor estiver em mora, em ocorrendo o perecimento do objeto por caso fortuito ou força maior, será responsabilizado. No entanto, caso prove que o atraso não se deu por sua culpa, ou ainda, se provar que o dano ainda ocorreria mesmo que a obrigação fosse cumprida em tempo, lugar e forma previstos, fica isento de culpa e seus efeitos.

5.2.5 Efeitos da Mora

O principal efeito da mora é a responsabilidade, por parte do devedor, de arcar com o pagamento dos prejuízos a que der causa. Em ocorrendo a impontualidade, o credor tem a prerrogativa de exigir a prestação devida, bem como a indenização do dano que sofreu em razão do atraso no cumprimento da obrigação. Esta cumulação somente poderá ocorrer em caso de a prestação ainda poder ser cumprida, eis que, caso contrário, a mora será equivalente ao descumprimento definitivo da prestação. Fica o devedor obrigado ao pagamento de indenização pela não execução da obrigação.

A apuração dos prejuízos se dá em conformidade com as regras da "liquidação das perdas e danos", conforme disposição dos artigos 402 a 405 do Código Civil e, se for o caso, na fase processual da liquidação de sentença, disposta entre os artigos 475-A a 475-H do Código de Processo Civil.

Deve-se observar que há casos em que, mesmo tendo sido descumprida a obrigação ela ainda seria útil ao credor, podendo responsabilizar o devedor pelos prejuízos decorrentes da mora, incluindo indenização por lucros cessantes e obrigação de reembolsar as despesas efetuadas também em decorrência do atraso.

Outro efeito da mora, não menos importante, é a *perpetuatio obligationes*, ou seja, a obrigação se perpetua para significar que o devedor responde, por caso fortuito, durante o período em que estiver em mora.

Caso o bem que o devedor se obrigou a entregar seja destruído sem sua culpa, enquanto ainda estiver em mora, obrigado está ao pagamento da indenização correspondente, o que se justifica em razão de ter havido inexecução culposa. Se este tivesse cumprido a obrigação em tempo, não teria ocorrido o perecimento do bem e a obrigação não se tornaria impossível. Não responderá por caso fortuito se conseguir demonstrar que o bem pereceria ainda que se desse o cumprimento pontual da obrigação e este estivesse nas mãos do credor, nos termos do artigo 399 do Código Civil.

No caso das dívidas pecuniárias, além dos juros de mora o devedor está obrigado a arcar com a atualização monetária, as custas processuais e honorários de advogado, bem como pena convencional se houver estipulação neste sentido.

5.2.6 Mora do credor

Em regra a mora do credor independe de aferição de culpa. Pode ocorrer que o credor tenha avençado ir até o domicílio do devedor para receber o cumprimento da obrigação (obrigação *querable*) e não seja o único responsável pelo não comparecimento. Não se lhe imporá os ônus daí decorrentes, mas o ônus da prova de sua escusabilidade lhe compete.

Esta espécie de mora também se materializa no momento em que o credor se recusa a receber o objeto da prestação ou fornecer o devido recibo para comprovar o pagamento.

A recusa do credor é essencial para que sua mora se concretize. Tal recusa deve ser injustificada, bem como embaraçar o pagamento do débito líquido e certo. O credor pode se recusar ao recebimento da prestação se isto estiver em desacordo com o inicialmente avençado, o que caracteriza uma justa recusa.

Faz-se necessário, contudo, que o devedor tenha demonstrado sua intenção de pagar, o que deve acontecer de forma inequívoca. Se esta intenção não for exteriorizada não haverá como se comprovar que intentou pagar a dívida, pelo que não ocorrerá a mora do credor.

A recusa não justificada pelo credor em receber a dívida, permite ao devedor ingressar com ação de consignação em pagamento, que se inicia com o depósito inicial do bem.

Se o devedor não agir com dolo, ante a mora do credor, fica isento da responsabilidade pela conservação do objeto do pagamento. É do credor a obrigação de arcar com o ressarcimento das despesas realizadas para a conservação do bem. A redação do artigo 400 do Código Civil, ainda ressalva que, em havendo oscilação do valor do bem devido, entre a época do contrato e a do pagamento, o credor será obrigado a recebê-lo pela estimação mais favorável ao devedor. São as consequências advindas da mora do credor.

5.2.7 Mora do devedor

A culpa é pressuposto indispensável para se caracterizar a mora do devedor. O artigo 396 do Código Civil determina que *não havendo fato ou omissão imputável ao devedor, não incorre este em mora*. A culpa é o aspecto que a distingue do simples retardamento.

Para a configuração da mora, é necessário que exista um débito, do qual o devedor esteja ciente de quando e o quanto deve pagar.

O artigo 397 do Código Civil determina que o inadimplemento da obrigação, positiva e líquida, no seu termo, constitui de pleno direito em mora o devedor.

Em regra, como consequência do inadimplemento por parte do devedor, este responderá pelos prejuízos a que sua mora der causa, nos termos do que dispõe o artigo 395 do Código Civil. Mas outras duas consequências podem decorrer. A primeira delas é o que está previsto no parágrafo único do artigo 395 do Código Civil. Neste artigo vemos que se a prestação se tornar inútil ao credor, por causa da mora, este poderá enjeitá-la e exigir a satisfação das perdas e danos. A alternativa de escolha cabe ao credor, assim como o ônus da prova da inutilidade da prestação. A segunda consequência é encontrada no texto do artigo 399 do Código Civil, pois assevera que o *devedor em mora responde pela impossibilidade da prestação, embora essa impossibilidade resulte de caso fortuito ou de força maior, se estes ocorrerem durante o atraso*. Contudo o devedor se exime se provar a isenção de culpa, ou que o dano sobreviria ainda quando a obrigação fosse cumprida. Exemplo desta situação é a hipótese de em que, mesmo que constituído em mora na entrega de determinado bem, o devedor e credor têm suas casas tomadas por enchente ou são destruídas por desmoronamento de encostas e o objeto vem a perecer. Ainda que a obrigação fosse cumprida e o bem estivesse de posse do credor o dano sobreviria o que gera a isenção de responsabilidade do devedor. É o que se depreende da parte final do artigo 399 do Código Civil: (...) *salvo se provar isenção de culpa, ou que o dano sobreviria ainda quando a obrigação fosse oportunamente desempenhada*. Não obstante o respeito ao trabalho do legislador neste sentido, não podemos manifestar resignação, pois o credor, ao receber o que lhe era devido, poderia perfeitamente promover o seguro do bem, agora em sua posse, e se ver indenizado em ocorrendo o sinistro. Este dispositivo legal retira do credor a possibilidade de, sendo diligente, manter o seu patrimônio e não perder o bem, ou o valor equivalente, por expressa determinação legal.

5.2.8 Da purgação da mora

Purgar a mora é o procedimento por meio do qual se efetua o pagamento de obrigação descumprida, para evitar a ocorrência de danos mais gravosos. Trata-se de procedimento espontâneo por meio do qual o contratante moroso se prontifica a corrigir a situação a que deu causa, sujeitando-se aos efeitos dela decorrentes.

Duas hipóteses são contempladas no artigo 401 do Código Civil quanto à purgação da mora, conforme seja a mora do devedor (inciso I) ou do credor (inciso II). Para o devedor purgar a mora, ele deve cumprir a prestação atrasada, mais a importância dos prejuízos existentes até o dia da oferta. Já no caso do credor, oferecendo-se a receber o pagamento e suportar os efeitos de seu atraso até a data que efetivamente se dispuser a receber a prestação, sem juros, correção monetária e eventualmente compensar o devedor pelos prejuízos decorrentes de sua própria conduta, como as despesas pela guarda e conservação do bem objeto do negócio.

Mas até quando a mora pode ser purgada? Uma solução apresentada no Anteprojeto de Código de Obrigações de 1941 admitia a purgação da mora até o momento da propositura da ação. Entendia-se que o devedor que foi negligente ao ponto de permitir o ajuizamento da ação, deveria sofrer as consequências de sua desídia e não poderia remediar a situação.

Outra solução admite a purgação da mora mesmo que já tenha havido ajuizamento da ação, sendo possível purgar a mora em qualquer tempo, com a ressalva de que não cause dano à outra parte. Permite, contudo, a purgação da mora até a contestação. Tal hipótese parece-nos a posição mais adequada, pois, em havendo purgação da mora neste momento (da contestação em ação judicial), o devedor arcará com os prejuízos existentes até o dia da oferta, inclusive das custas processuais e honorários advocatícios, cumprindo o que determina o inciso I do artigo 401 do Código Civil.

5.2.9 Da extinção da mora

A extinção da mora pode se dar mediante a ocorrência das seguintes situações: 1) se o devedor cumpre a obrigação com todos os sectários, inclusive os decorrentes do atraso; 2) se o dever de prestar cessa em consequência da impossibilidade superveniente da prestação (supõe-se também nos casos em que o dano adviria ainda que a obrigação fosse satisfeita); 3) se há extinção da relação jurídica obrigacional como nos casos da remissão, confusão, dação em pagamento, impossibilidade superveniente do pagamento (perda do objeto sem culpa), ocorrência de condição resolutiva ou a inexigibilidade de seus efeitos, a exemplo da prescrição ou decadência, e; 4) se o credor renuncia os direitos decorrentes da mora ou da própria relação jurídica obrigacional.

5.3 DAS PERDAS E DANOS

Adauto de Almeida Tomaszewski
Agenor D. Lovato Cogo Jr.
Mauro Henrique Veltrini Ticianelli
Celito De Bona

5.3.1 Considerações iniciais

O tema a ser abordado no presente tópico está inserido no Capítulo III, do Título IV, do Código Civil vigente, que versa sobre o inadimplemento das obrigações, sendo regulado pelos artigos 402 a 405 de referido *codex*.

Na ocorrência do descumprimento de uma relação jurídica obrigacional, seja ele total ou apenas parcial, surge o dever de indenizar, que nada mais é senão a reparação ao credor do dano, do prejuízo por ele experimentado, com o objetivo de recompor o patrimônio lesado. Esta reparação consiste na diferença entre o valor atual desse patrimônio e aquele que teria se a relação obrigacional fosse adimplida na sua integralidade, no tempo, lugar e modo devidos.

Preliminarmente, mister se faz destacar que a utilização da expressão indenização, inserida no contexto das consequências do inadimplemento das obrigações, tem um sentido ambíguo. Por um vértice pode significar o conjunto dos consectários legais cabíveis à espécie, como perdas e danos, juros, correção monetária, honorários de advogado e multa convencional, todos previstos nas disposições gerais do artigo 389 do Código Civil). Neste caso, se nos apresenta em um sentido amplo, mas também pode se referir apenas a um deles, quando então deve ser compreendida em seu sentido restrito.

Assim, com o objetivo de se ter uma compreensão mais didática acerca do presente instituto, e para afastar referida ambigüidade, deve-se ter em linha de conta que a expressão *perdas e danos*, utilizada pelo legislador no artigo 402 do atual Código Civil[352], se trata de modalidade do vocábulo indenização em sentido limitado.

Ocorre, todavia, que o artigo 402 do atual Código Civil, assim como o seu correspondente no Código de 1916 (artigo 1.059), trata sob a mesma expressão de dois institutos distintos, os quais, segundo a tradição romana, sempre foram desmembrados em dano emergente (o que o credor efetivamente perdeu) e lucros cessantes (o que deixou razoavelmente de ganhar), os quais serão diferenciados no próximo item.

Aponta-se aqui, a razão de existir de fundada crítica, feita por boa parte da doutrina civilista pátria, dentre os quais se destacam Renan Lotufo e Fábio Ulhoa Coelho, no sentido de sustentar que a utilização da expressão *perdas e danos* pelo legislador, não seria a mais apropriada, vez que, segundo eles, se tratam de expressões sinônimas, sendo que o sentido do vocábulo está muito mais ligado apenas à idéia do primeiro conceito (dano emergente).

Melhor seria que o legislador tivesse se utilizado da expressão *danos e interesses*, a exemplo do que ocorre com o Código Civil Francês, muito mais conveniente e que distinguiria com mais propriedade institutos tão diferenciados.

Críticas à parte denota-se que a expressão adotada pelo legislador no artigo 402 do Código Civil, embora não seja a mais adequada sob a ótica de uma técnica legislativa mais acurada, auxilia na eliminação da ambigüidade do termo *indenização*, consoante visto alhures.

Digna de elogios, porém, a substituição da frase: *salvo as exceções previstas neste Código, de modo expresso...*, contida na dicção do artigo 1059 do Código Civil de 1916, pela atual expressão contida no artigo 402 do Código Civil vigente: *salvo as exceções expressamente previstas em Lei...*, vez que amplia e elastece a possibilidade das situações diferenciadas que antes eram somente aquelas previstas naquele Código Civil, pois agora também contemplam aquelas contidas em toda a legislação esparsa.

352 Art. 402: Salvo as exceções expressamente previstas em Lei, as perdas e danos devidas ao credor abrangem, além do que ele efetivamente perdeu, o que razoavelmente deixou de lucrar.

Acertou também o atual legislador ao suprimir o parágrafo único do artigo 1059 do Código Civil de 1916[353], que restringia, quando da fixação do valor dos prejuízos, a possibilidade de indenização por parte do devedor inadimplente, somente pelos lucros que forma ou podiam ser previstos na data da obrigação, tornando assim a reparação mais completa possível e, portanto, consentânea com os novos princípios adotados pelo Código Civil de 2002 (eticidade, sociabilidade e operabilidade).

5.3.2 Distinções entre dano emergente, lucro cessante, dano direito (imediato) e indireto (mediato)

O dano emergente *(damnum emergens)*, também chamado de dano positivo, consiste num desfalque real e efetivo ao patrimônio do credor de uma relação jurídica obrigacional. Isto causa diminuição em sua fortuna, seja por depreciação de seus ativos, ou por aumento de seu passivo, não sendo admitidos danos futuros, eventuais ou em potencial, devendo ser certos e atuais.

Nesta modalidade, a condenação do devedor ao ressarcimento do credor poderá ocorrer sob duas formas: a) o autor do dano será condenado a proceder a restauração do bem danificado, ou b) deverá pagar o valor das obras necessárias a essa reparação. (ex. conserto de um carro abalroado em acidente de trânsito).

Já o lucro cessante *(lucrum cessans)*, também conhecido como dano frustrado ou negativo, diz respeito à privação de um ganho pelo credor, ou seja, ao lucro que ele razoavelmente deixou de auferir em razão do descumprimento da relação jurídica obrigacional. É a frustração da expectativa de lucro, a perda de um ganho esperado. (ex. utilizando-se do mesmo exemplo acima, imagine que o veículo abalroado seja utilizado por um taxista profissional e que ficará parado por uma semana na oficina para o respectivo conserto, sem poder ser utilizado).

Deve-se salientar, que segundo a boa doutrina e a jurisprudência majoritária do Superior Tribunal de Justiça, a expressão *o que razoavelmente deixou de lucrar*, utilizada pelo artigo 402 do Código Civil vigente, deve ser interpretada no sentido de que, até prova em contrário, se admite que o credor haveria de lucrar o que o bom senso diz que lucraria, existindo a presunção de que os

353 Art. 1.059. (...) Parágrafo único: O devedor, porém, que não pagou no tempo e forma devidos, só responde pelos lucros, que foram ou podiam ser previstos na data da obrigação.

fatos se desenrolariam dentro de seu curso normal, tendo em vista seus antecedentes[354].

354 Shell consegue que seja revisto pela Justiça do RJ valor a ser pago a empresa de transporte. A Justiça fluminense terá de apurar os lucros que a Sulbraz Transportes e Terraplanagens Ltda. deixou de ganhar da Shell Brasil S/A. A Terceira Turma do Superior Tribunal de Justiça (STJ), seguindo o entendimento do Ministro Ari Pargendler, anulou, a partir da sentença, o processo que corre no Rio de Janeiro, para que outra decisão seja tomada diferenciando lucro de faturamento. Segundo os autos, a Sulbraz Transportes e Terraplanagens Ltda. e Transgama Transportes S/A, sucedida por Shell Brasil S/A, firmaram contrato de prestação de serviços de transportes rodoviários de derivados líquidos de petróleo e de álcool. Apesar da existência de cláusula de rescisão do contrato, que obriga notificação com a antecedência de trinta dias, a Shell Brasil deixou de utilizar os serviços contratados. O fato levou a Sulbraz Transportes a entrar com ação na Justiça requerendo indenização por perdas e danos. Em primeiro grau, o pedido foi julgado procedente em parte, condenando a Shell ao pagamento de indenização de R$ 307.937,50, bem como da multa contratual da ordem de R$ 47.375,00, totalizando, pois, R$ 355.312,50, quantia essa a ser atualizada desde o ajuizamento da ação e acrescida de juros de mora de 0,5% ao mês, contados da citação - mais honorários de advogado à base de '15% sobre o valor da condenação". A Shell entrou com recurso no tribunal estadual pedindo que, "alternativamente, em caráter subsidiário, seja reduzido o valor da indenização por lucros cessantes para, diferenciando-se lucro de faturamento, utilizando-se dos mesmos parâmetros adotados pela Receita Federal para verificação do lucro presumido, qual seja, 8% do faturamento, fixar a indenização com base em apenas um mês R$ 3.790,00, ou que seja adotado o raciocínio da sentença e a fixe em R$ 24.615,00". O Tribunal de Justiça do Estado do Rio de Janeiro (TJRJ) manteve a sentença. "Muito embora, na inicial, o pedido específico de lucros cessantes tenha sido quantificado em R$ 72.455,52, há pedido abrangente de perdas e danos, que engloba tanto os danos emergentes quanto os lucros cessantes", afirma a decisão. Entendeu, assim, ser a verba indenizatória razoável, tendo levado em conta a média de faturamento dos meses nos quais vigorou o contrato, atendendo à multa contratualmente ajustada. A decisão levou a Shell a recorrer ao STJ. Pretende, com o recurso especial, que seja esclarecida a confusão entre lucro e faturamento. Defende, ainda, ser impossível acumular-se cláusula penal e perdas e danos. No julgamento da questão na Terceira Turma, o relator, Ministro Castro Filho, afastava as alegações da empresa, entendendo que os R$ 72.455,52 referiam-se aos lucros cessantes mensais, que serviriam de base de cálculo do valor da condenação depois de fixada a data da rescisão contratual. Pelo voto do relator, a decisão da Justiça fluminense ficaria mantida. O Ministro Ari Pargendler, no entanto, apesar de concordar com esse ponto específico do voto do Ministro Castro Filho, entendeu que foi apreciada pelas instâncias ordinárias tanto a confusão entre lucro e faturamento quanto a questão da impossibilidade de cumulação da cláusula penal e de perdas e danos. "Adotando o faturamento para mensurar o lucro, o TJRJ suscita naturalmente questão emergente do artigo 1.059 do Código Civil, a de que as perdas e danos devidos ao credor abrangem, além do que ele efetivamente perdeu, o que razoavelmente deixou de lucrar; por outro lado, se condena o devedor ao pagamento de lucros cessantes e, concomitantemente, aplica a cláusula penal, pré-questionado está o artigo 918 do Código Civil, a cujo teor "quando se estipular cláusula penal para o caso de total inadimplemento da obrigação, esta converter-se-á em alternativa a benefício do credor"", explica o Ministro Pargendler. "Ora, não se pode confundir faturamento com lucr", destaca o ministro. "Como todo negócio empresarial, as prestadoras de serviços de transportes têm despesas operacionais (salários, equipamentos, impostos, depreciação do ativo, imobilizado etc), mais os riscos próprios do negócio (acidentes, consertos etc.). Só depois de deduzidos esses custos, pode-se falar em lucro propriamente como tal", continua. Assim, entende, a conclusão a que chegaram as instâncias ordinárias não pode ser mantida. O entendimento do Ministro Ari Pargendler foi o que prevaleceu no julgamento. (disponível em: www.http://mjcatalan.blogspot.com/, acesso em 26.02.2009).

Desta forma, o lucro cessante não pode ser presumido, nem tampouco imaginário, vez que necessita de sua efetiva comprovação. Nesse sentido está o artigo 403 do Código Civil[355], que traz também em seu bojo a idéia do dano direto ou imediato e do dano indireto ou mediato, cuja distinção faremos a seguir.

Referida distinção teve sua origem a partir do texto do artigo 1.223 do Código Civil Italiano, o qual, traduzido para nosso vernáculo significa que: "*o ressarcimento do dano, por inexecução ou por atraso, deve compreender, também, a perda sofrida pelo credor pela falta de ganho, desde que seja ela sua consequência imediata e direta.*"[356]

A locução "*conseqüência imediata e direta*", segundo os doutrinadores italianos, dentre os quais se destaca Francesco Messineo[357], tem por desiderato exprimir a idéia de que o dano indireto (mediato) não é passível de ser ressarcido, eis que extrapola a possibilidade de indenização, a qual contempla apenas o dano emergente (elemento positivo) e o lucro cessante (elemento negativo) como espécies passíveis de ressarcimento. (Ex. alegação feita por um credor, atingido pela rescisão de um contrato por falta de pagamento por parte do devedor, que diante da ausência do pagamento ajustado, poderia ser o ganhador de um prêmio da loteria, caso tivesse, com esse dinheiro, comprado um bilhete e este fosse o premiado).

Assim, o que se deve guardar para o momento é que para que possa ocorrer a indenização, sob a ótica do dano emergente e do lucro cessante, deve sempre se perquirir a existência do nexo de causalidade, ou seja, o liame, a ligação entre a ação e a omissão do agente com o evento ou resultado danoso decorrente do fato jurígeno, bem como a extensão de suas conseqüências.

Merece também destaque a inclusão da expressão: "*sem prejuízo do disposto na lei processual*", inserida pelo legislador reformista na parte final do artigo 403 do Código Civil vigente, a qual não constava em seu correspondente, da redação do artigo 1.060 do Código Civil de 1.916[358]. É que na apuração dos efetivos prejuízos experimentados pelo credor em razão do inadimplemento da relação jurídica obrigacional, agora devem ser incluídas as penalidades de

355 Art. 403. Ainda que a inexecução resulte de dolo do devedor, as perdas e danos só incluem os prejuízos efetivos e os lucros cessantes por efeito dela direito e imediato, sem prejuízo no disposto na Lei processual.

356 *Art. 1223. Il risarcimento del danno per l'inadempimento o per il ritardo deve comprendere così la perdita subita dal creditore come il mancato guadagno, in quanto ne siano conseguenza immediata e diretta.*

357 *Manuale di diritto civile e commerciale, Giuffrè, Milano, 1959, v.3, pp. 336-340.*

358 Art. 1.060. Ainda que a inexecução resulte de dolo do devedor, as perdas e danos só incluem os prejuízos efetivos e os lucros cessantes por efeito dela direto e imediato.

natureza processual porventura incidentes. A este exemplo, citamos aquelas previstas nos artigos 287 (pena pecuniária); 461 (cumprimento da obrigação de fazer ou não fazer); 633 (obrigação de fazer); 638 (obrigação personalíssima); 921, I (ação possessória); 936 (nunciação de obra nova), todos do Código de Processo Civil.

5.3.3 Dano patrimonial e dano moral

O patrimônio de um indivíduo é composto tanto pelos bens materiais (imóveis, móveis, semovente, quantia em dinheiro) quanto pelos imateriais (honra, vida, liberdade). No caso de violação decorrente de atitude nociva de outrem, surge, no âmbito do direito civil, uma conseqüência jurídica de caráter econômico, advinda desta conduta.

Portanto, se a violação disser respeito a um bem material, o dano correspondente será da mesma natureza (material), ou de caráter patrimonial. Se tratar de ataque à bem imaterial, o dano experimentado será considerado moral, ou imaterial.

No Direito brasileiro o que interessa é a perquirição da existência ou não de desdobramento ou repercussão econômica, que possa ser convertida em pecúnia (dinheiro). O dano patrimonial é indenizável economicamente por sua própria natureza (ex. destruição de um objeto alheio).

Na hipótese de ocorrência de dano moral, segundo as disposições de nosso ordenamento jurídico positivo, mister se faz que sejam lesados direitos inerentes à personalidade. Estes podem ser caracterizados com ou sem reflexos de perda patrimonial. (ex. uma revista lança uma série de acusações infundadas e de caráter difamatório a uma pessoa com o objetivo de vingança, e o ofendido é demitido em razão dessa difamação, pode ser condenada a indenizar pelos danos patrimoniais experimentados como pelos danos morais).

A partir da promulgação da Constituição Federal de 1.988, que em seu artigo 5°, inciso X[359], admitiu de forma expressa em nosso ordenamento jurídico a indenização por danos morais, restou superada a antiga discussão doutrinária e jurisprudencial acerca da possibilidade de reparação desta natureza no Brasil. Tal situação foi definitivamente consolidada com a entrada em vigor do artigo 186 do atual Código Civil em 10.01.2003.[360]

359 Art. 5°, inciso X da CF/88: São invioláveis a intimidade, a vida privada, a honra e a imagem das pessoas, assegurado o direito a indenização pelo dano material ou moral decorrente de sua violação.

360 Art. 186. Aquele que, por ação ou omissão voluntária, negligência ou imprudência, violar dano e causar dano a outrem, ainda que exclusivamente moral, comete ato ilícito.

Ao lecionar sobre o assunto, YUSSEF CAHALI ensina que: "*Na realidade, multifacetário o ser anímico, tudo aquilo que molesta gravemente a alma humana, ferindo-lhe gravemente os valores fundamentais inerentes à sua personalidade ou reconhecidos pela sociedade em que está integrado, qualifica-se, em linha de princípio, como dano moral; não há como enumerá-los exaustivamente, evidenciando-se, na dor, na angústia, no sofrimento, na tristeza pela ausência de um ente querido falecido; no desprestígio, na desconsideração social, no descrédito a reputação, na humilhação pública, no devassamento da privacidade; no desequilíbrio da normalidade psíquica, nos traumatismos emocionais, na depressão ou no desgaste psicológico, nas situações de constrangimento moral.*"[361]

O caráter não patrimonial do dano moral ensejou, durante muito tempo, rejeição à idéia de reparação pecuniária do bem lesado. Seria impossível, e mesmo imoral, estipular o "*preço da dor*" *(pretium doloris).*

É, porém, indubitável que o dinheiro, se não repõe a situação ao *status quo ante*, possibilita acesso a bens capazes de aliviar as conseqüências da lesão. Imoral, na realidade, é a rejeição da reparação do dano moral, admitindo a existência de atos lesivos isentos de sanção, com sérias conseqüências sociais.

A Súmula nº. 37 do STJ, por seu turno, ao admitir a cumulação das indenizações por dano moral e material, enaltece a natureza distinta de ambas[362] e sepulta a antiga polêmica, que, da negação da indenizabilidade do dano moral, transformou-se na recusa de sua cumulatividade.

Deve-se destacar que se aplica na seara dos danos morais, o princípio consagrado no campo da responsabilidade extracontratual, que determina que o julgador, no momento da fixação da indenização, não pode arbitrá-la em valor tão ínfimo, a ponto de nada reparar, nem de forma tão exagerada, a ponto de levar à penúria o causador do dano, criando para o ente estatal mais um problema social.

Desta forma, deve a indenização por danos morais ser a mais justa possível, a evitar exageros como aqueles já cometidos pela justiça norte-americana.[363]

---

361 CAHALI, Yussef Said. *Dano moral*. 2. ed. São Paulo: RT, 1994. p. 21.

362 Súmula nº 37 do STJ: São cumuláveis as indenizações por dano material e moral oriundos do mesmo fato.

363 Um breve parecer sobre a indústria das indenizações sofridas pelas Empresas brasileiras sob a ótica do direito norte-americano (Alberto Germano, especialista em Direito Empresarial, disponível em: http://www.boletimjuridico.com.br/doutrina/texto.asp?id=1953, acesso em 02.03.2009).

5.3.4 Perdas e danos sob a ótica civilista e aspectos processuais

Considerando que a indenização, na hipótese de reparação de um dano (patrimonial ou moral), deve ser a mais ampla e justa possível, sua liquidação tem por escopo fixar, de maneira certa e determinada, o montante da indenização referente às perdas e danos experimentados pela vítima.

Nesta seara, o artigo 404 do Código Civil, determina que: "*As perdas e danos, nas obrigações de pagamento em dinheiro, serão pagas com atualização monetária*[364] *segundo índices oficiais regularmente estabelecidos, abrangendo juros, custas e honorários de advogado, sem prejuízo da pena convencional.*"

O parágrafo único, agora acrescentado à antiga redação do artigo 1.061 do Código Civil de 1.916[365], estatui que: "*Provado que os juros da mora não cobrem o prejuízo, e não havendo pena convencional, pode o juiz conceder ao credor indenização suplementar.*"

O atual Código Civil cria assim a possibilidade da fixação da chamada indenização suplementar, desde que não exista previsão contratual de cláusula penal (espécie de pré-determinação das perdas e danos), e o credor logre comprovar a insuficiência dos juros moratórios. Neste caso, pode o juiz, de forma fundamentada, conceder ao credor uma indenização suplementar. Com isso, se busca que a reparação atinja seus objetivos, já delineados anteriormente.

Neste momento, se faz necessário tecer uma crítica ao legislador reformista, vez que a redação do parágrafo único retro citado, não obstante sua louvável e reta intenção (tornar a indenização a mais ampla e justa possível), pode e vem servindo de estímulo à criação de contrato leoninos, sem a previsão de pena convencional, objetivando os "*privilégios e benesses*" deste artigo, o que deve ser repelido em nosso ordenamento jurídico, vez que, a nosso ver, a Lei não deve facilitar a "*esperteza*".

De outro lado, ainda que de forma tímida, começam a surgir alguns posicionamentos na Justiça especializada do Trabalho, que consagram a possibilidade da fixação de indenização suplementar, fulcrada no parágrafo único do artigo 404 do Código Civil, visando reparar/indenizar os clientes dos valores cobrados por seus advogados a título de honorários contratuais, vez que no

364 Súmula 562 do STF: Na indenização de danos materiais decorrentes de ato ilícito cabe a atualização de seu valor, utilizando-se, para este fim, dentre outros critérios, dos índices de correção monetária.

365 Art. 1061. As perdas e danos, nas obrigações de pagamento em dinheiro, consistem nos juros de mora e custas, sem prejuízo da pena convencional.

âmbito daquela justiça especializada estes não são devidos, salvo as exceções legais[366] como honorários advocatícios sucumbenciais.[367]

Destacamos ainda o artigo 405 do Código Civil, ao verberar que: "*Contam-se os juros de mora desde a citação inicial*". Valendo ressaltar que esta regra refere-se, apenas e tão somente, às hipóteses de inadimplemento e responsabilidade contratual, vez que nas obrigações decorrentes de ato ilícito (responsabilidade extracontratual) têm incidência as disposições do artigo 398 do estatuto civil.[368]

Referido dispositivo, aliás, encontra perfeita harmonia com a regra processual insculpida no artigo 219 do Código de Processo Civil, segundo o qual a citação inicial, ainda que ordenada por juiz incompetente, constitui o devedor em mora.

---

366 Súmula nº 219 do TST: HONORÁRIOS ADVOCATÍCIOS. HIPÓTESE DE CABIMENTO. I - Na Justiça do Trabalho, a condenação ao pagamento de honorários advocatícios, nunca superiores a 15% (quinze por cento), não decorre pura e simplesmente da sucumbência, devendo a parte estar assistida por sindicato da categoria profissional e comprovar a percepção de salário inferior ao dobro do salário mínimo ou encontrar-se em situação econômica que não lhe permita demandar sem prejuízo do próprio sustento ou da respectiva família.

367 *Juiz do Trabalho manda empresa pagar advogado de trabalhador.* Sempre que ganha uma ação, o trabalhador que contratou advogado tem de dar 30% do valor ganho para o profissional. São os honorários advocatícios. Significa dizer que, se o empregado tinha direito a receber R$ 100 de verbas, dará R$ 30 ao advogado e ficará com R$ 70. Para o juiz Laércio Lopes da Silva, da Justiça do Trabalho de São Paulo, o trabalhador não tem de arcar com essa despesa. Quem tem de pagar o advogado contratado por ele é o empregador. Este foi o argumento usado ao condenar uma empresa a pagar 30% sobre o valor devido a um trabalhador, para que este possa pagar seu advogado sem ter prejuízos. Ou seja, de maneira indireta, fixou honorários de sucumbência, baseando-se no artigo 404 do Código Civil. O dispositivo determina: "as perdas e danos, nas obrigações de pagamento em dinheiro, serão pagas com atualização monetária segundo índices oficiais regularmente estabelecidos, abrangendo juros, custas e honorários de advogado, sem prejuízo da pena convencional". Para o juiz, este artigo justifica a fixação dos honorários, sem que isto se classifique como julgamento *extra petita*. "A regra é um instrumento de eqüidade e pode ser aplicada pelo juiz para equilibrar os prejuízos não cobertos pelos juros de mora. Instrumentos de eqüidade prescindem de pedido na petição inicial, eis que é dever do juiz aproximar a decisão o mais possível da Justiça em cada caso", explica. A decisão é inovadora. Na semana passada, a *Consultor Jurídico* publicou notícia sobre uma demanda na Justiça do Trabalho do Rio de Janeiro em que o juiz de primeira instância fixou honorários de sucumbência em causa trabalhista. No Tribunal Superior do Trabalho, existe jurisprudência no sentido de que a verba não é devida. "Na Justiça do Trabalho, a condenação ao pagamento de honorários advocatícios não decorre pura e simplesmente da sucumbência", diz a Súmula 219. Isso porque, nas causas trabalhistas, não é obrigatória a participação de advogados. A Anamatra — Associação Nacional dos Magistrados da Justiça do Trabalho ainda não tem um posicionamento formado sobre a questão. Para o vice-presidente da associação, Cláudio Montesso, a questão tem de ser analisada com cautela porque nada impede que o trabalhador perde a causa não seja obrigado a pagar a verba. "O ideal é que o sindicato ofereça advogado aos seus associados, como determina a Lei." (disponível em: http://www.conjur.com.br/ ,acesso em 02.03.2009).

368 Art. 398. Nas obrigações provenientes de ato ilícito, considera-se o devedor em mora, desde que o praticou.

Também merece destaque a supressão da expressão: "*nas obrigações ilíquidas*", que constava do parágrafo 2º. do artigo 1.536 do Código Civil de 1.916, elogiada do ponto de vista de síntese gramatical, mas criticada por ausência de clareza interpretativa. Isto porque, utilizando-se de uma interpretação puramente literal do artigo 405 do Código Civil de 2002, poder-se-ia entender, equivocadamente, que todas as obrigações (líquidas e ilíquidas) somente estariam sujeitas à incidência dos juros de mora a partir da citação, que só ocorre nos processos judiciais, o que não é verdade. Se assim o fosse, estaria se beneficiando injustificadamente o devedor que paga a dívida extrajudicialmente, revelando verdadeiro enriquecimento sem causa, vedado em nosso ordenamento jurídico.

Assim, a interpretação de referido artigo deve ser sistemática e integradora com os demais dispositivos legais pertinentes à espécie. Impende seja entendido como regra de natureza geral, excepcionando-se, pois, as hipóteses em que a mora se verifica antes da citação. Anunciamos como exemplos: o contido no *caput* do artigo 397 (mora da obrigação positiva e líquida, a qual incide desde o termo previsto); no seu parágrafo único (mora da obrigação positiva e líquida sem termo, a qual incide desde a interpelação judicial ou extrajudicial)[369]; em o artigo 398 (obrigações decorrentes de ato ilícito), todos do Código Civil vigente.

Além das exceções retro mencionadas, dignas de registro são também as Súmulas 163[370] e 255[371] do Supremo Tribunal Federal e a 54[372] e 204[373], do Superior Tribunal de Justiça, que versam, basicamente, sobre o termo inicial de fluência do prazo dos juros moratórios em face da Fazenda Pública, dependendo da modalidade da obrigação (líquida ou ilíquida, em caso de responsabilidade extracontratual, em benefícios previdenciários,). Estas, juntamente com as demais disposições específicas sobre o assunto contempladas na Lei nº. 4.414/64, que regula o pagamento de juros moratórios pela União, Estados, Distrito Federal, Municípios e autarquias, merecem destaque e estudo em

369 Art. 397. O inadimplemento da obrigação, positiva e líquida, no seu termo, constitui de pleno direito em mora o devedor.
Parágrafo único. Não havendo termo, a mora se constitui mediante interpelação judicial ou extrajudicial.

370 Súmula 163 do STF: Salvo contra a Fazenda Pública, sendo a obrigação ilíquida, contam-se os juros moratórios desde a citação inicial para a ação.

371 Súmula 255 do STF: Sendo ilíquida a obrigação, os juros moratórios contra a Fazenda Pública, incluídas as autarquias, são contados do trânsito em julgado da sentença de liquidação.

372 Súmula 54 do STJ: Os juros moratórios fluem a partir do evento danoso, em caso de responsabilidade extracontratual.

373 Súmula 204 do STJ: Os juros de mora nas ações relativas a benefícios previdenciários incidem a partir da citação válida.

separado, devido a importância e magnitude do tema. Todavia não o faremos neste trabalho.

5.3.5 Breves considerações acerca da teoria da perda de uma chance como decorrência do inadimplemento obrigacional

Adauto de Almeida Tomaszewski

O surgimento da teoria da perda de uma chance (*perte d'une chance*) deu-se na França, a partir da década de 60 e foi criada, primeiramente, com vistas à regulamentação da responsabilidade civil da atividade médica, em casos específicos. Esta teoria foi desenvolvida em função da difícil comprovação dos elementos formadores da responsabilidade dos profissionais da Medicina, sendo chamada de "teoria da perda de uma chance de cura ou de sobrevivência".

No Brasil é relativamente recente a introdução da aplicação desta teoria em nosso ordenamento jurídico. Vale ressaltar que a perda da chance está ligada à idéia de dano, como forma de aferição deste, para efeitos de ressarcimento decorrente do inadimplemento de uma prestação contida em uma obrigação. É considerada uma terceira espécie de dano patrimonial, vista como um intermediário entre o conceito de dano emergente e o de lucro cessante.

Assim, o dano patrimonial, para efeitos de indenização, deve ser atual e certo, de forma a facilitar o cálculo dos valores devidos a título de perdas e danos.

A perda da chance, contudo, é teoria utilizada para calcular a indenização por dano material quando há um dano atual, porém incerto, também denominado de "dano hipotético", o qual necessitará de um juízo de valor para a aferição do *quantum* devido a título de indenização. O que se analisa neste caso, é a potencialidade de uma perda, não o que a vítima realmente perdeu (dano emergente) ou efetivamente deixou de ganhar (lucro cessante). [374]

Insta ressaltar ainda, que, quando da indenização patrimonial sob o prisma da perda de oportunidade, o que se deve levar em conta para a fixação

374 BRASIL. Tribunal de Justiça do Estado do Rio de Janeiro (3. Câmara). Civil. Embargos infringentes. Responsabilidade civil de entidade hospitalar. Casa de saúde e maternidade. Óbito de recém nascido. Apnéia idiopática seguida de paradas cardiorrespiratórias. Demora no encaminhamento do paciente para unidade de terapia intensiva. Serviço hospitalar defeituoso. Fato do serviço caracterizado. Indenização. Danos material e moral. Responsabilidade civil objetiva. Teoria da "perda de uma chance". Recurso conhecido e provido. Embargos Infringentes nº 2002.005.00446. Relator: Desembargador Werson Rego. Rio de Janeiro, 3 de junho de 2003. Tribunal de Justiça do Estado do Rio de Janeiro, Rio de Janeiro. Disponível em: <http://www.tj.rj.gov.br>. Acesso em: 10 out. 2009.

do *quantum* é a chance em si, e não o que a vítima poderia ter recebido, vez que não se pode tencionar cobrir o eventual benefício perdido.[375]

Diversas críticas são tecidas pela doutrina quando se fala na possibilidade de indenização de um dano material hipotético, incerto, seja em função da fixação do *quantum* da reparação, ou justamente da incerteza de um dano caracterizado como "patrimonial".

Porém, Venosa (2003) já trazia exemplo de perda da chance que é, inclusive, indenizada hodiernamente, ao textualizar que *"Quando nossos tribunais indenizam a morte do filho menor com pensão para os pais até quando esse atingiria 25 anos de idade, por exemplo, é porque presumem que nessa idade se casaria, constituiria família própria e deixaria a casa paterna, não mais concorrendo para as despesas do lar. Essa modalidade de reparação de dano é aplicação da teoria da perda da chance"*.

Além da aplicação na área médica, temos também casos de responsabilização do advogado pela perda de uma chance, quando esta ocorrer em função de conduta culposa deste profissional. Ressalte-se que ambas são derivadas de um inadimplemento da seara obrigacional. É o caso, por exemplo, da perda do prazo para contestar a ação ou para interpor um recurso. Configura-se, aqui, obrigação de meio do defensor, que responderá se provada sua negligência como causa do ocorrido. Deve a parte prejudicada prová-la quando proferir sua acusação.[376]

375 BRASIL. Tribunal de Justiça do Rio Grande do Sul (5. Câmara). Civil. Responsabilidade civil. Falha do atendimento hospitalar. Paciente portador de pneumonia bilateral. Tratamento domiciliar ao invés de hospitalar. Perda de uma chance. 1. É responsável pelos danos, patrimoniais e morais, derivados da morte do paciente, o hospital, por ato de médico de seu corpo clinico que, após ter diagnosticado pneumonia dupla, recomenda tratamento domiciliar ao paciente, ao invés de interná-lo, pois, deste modo, privou-o da chance (perte d'une chance) de tratamento hospitalar, que talvez o tivesse salvo. 2. Apelação provida. Voto vencido. Apelação Cível nº 596070979. Relator: Desembargador Araken de Assis. Porto Alegre, 15 de agosto de 1996. *Tribunal de Justiça do Rio Grande do Sul*, Porto Alegre. Disponível em: <http://www.tj.rs.gov.br/site_php/jprud2/ementa.php>. Acesso em: 10 out. 2009.

376 Perda de prazo processual leva à condenação de advogados. Advogados devem indenizar cliente por ter perdido prazo para recorrer de sentença desfavorável a ela. Em decisão unânime, a 16ª Câmara Cível do TJRS confirmou sentença de 1º Grau, condenando os procuradores pelo prejuízo causado à parte. A reparação devida à perda de chance foi arbitrada em R$ 20 mil, corrigida desde a sentença. Os procuradores também deverão ressarcir Ótica e Relojoaria Leal Ltda. das despesas processuais que suportou em relação às ações cautelar e indenizatória movidas contra a empresa EpavisSis ⊠ Sistemas Informatizados de Segurança Ltda. Os valores serão corrigidos pelo IGP-M. Sobre as parcelas indenizatória também incidirão juros legais de 1% ao mês, contados da primeira citação. Apelação: No apelo interposto, os réus destacaram que não podem ser penalizados pelo fato de as demandas ajuizadas não terem obtido o sucesso almejado. Afirmaram que a condenação ultrapassa a pretensão da autora nessas ações. Alegaram que a mesma tinha apenas uma expectativa de direito e nunca o direito incontestável nos autos. Postularam pela improcedência da ação indenizatória da cliente. Para o relator do recurso, Desembargador Ergio Roque

Entretanto, pode o advogado ser responsabilizado pelo não cumprimento de uma obrigação de resultado, quando não entrega um parecer na data aprazada ou não leva ao registro um ato constitutivo e se obrigou a fazê-lo. Deve a vítima, ainda, provar a culpa de seu patrono, podendo este se eximir ao comprovar, por exemplo, que a parte não forneceu determinados elementos para tanto, quando se comprometeu a fornecê-los, ficando caracterizada sua culpa exclusiva para a ocorrência do incumprimento por parte do advogado.[377]

Desta forma, cabe ao interessado a comprovação da desídia do profissional no exercício da atividade pactuada para que haja dever de reparação pela perda da chance.

A doutrina, contudo, diverge quanto à possibilidade (ou não) de se indenizar a perda de uma chance, quando se tratar de prestação de serviços advocatícios.

Maria Helena Diniz e Carlos Roberto Gonçalves são favoráveis à indenização, pelo advogado, da perda da chance do cliente. A primeira, inclusive, ao listar os motivos pelos quais pode ser o patrono responsabilizado, estabelece em sua obra, a conduta culposa que vier a resultar na perda de uma chance.

Rui Stocco, contudo, mostrava-se contrário a esta forma de compensação de danos ao afirmar que *"Não há como admitir que outrem substitua o juiz natural da causa para perscrutar o íntimo de sua convicção e fazer um juízo de valor a destempo sobre a 'possibilidade' de qual seria a sua decisão, caso a ação*

Menine, ficou comprovado nos autos a contratação dos advogados demandados para patrocinar os interesses da autora em ações judiciais contra a EpavisSis. Houve propositura de uma cautelar e de outra indenizatória. A pretensão indenizatória foi julgada improcedente. A empresa demandante restou condenada ao pagamento de custas e despesas processuais, além de honorários de sucumbência. Salientou que a instrução do pedido indenizatório foi deficiente, além de ter ocorrido a perda de prazo para interpor apelação contra a sentença desfavorável à cliente. "Fulminando, assim, qualquer possibilidade da parte realizar o reexame da decisão judicial." Manteve, por fim, os valores arbitrados a título de prejuízo causados à apelada. Afirmou que os apelantes não fizeram impugnação específica em relação a essas quantias. Participaram do julgamento, no dia 28.02, os Desembargadores Paulo Augusto Monte Lopes e Ana Maria NedelScalzilli.

377 *Apelação cível. Responsabilidade civil. Advogado que atua em reclamatória trabalhista. Insucesso na demanda não gera o dever de indenizar. Dano moral não configurado. Recurso improvido. (TJRS. AP.Nº 70004631768. 2ª CC. REL. Des. Ney Wiedemann Neto). RESPONSABILIDADECIVIL. ADVOGADO. SENTENÇA DESFAVORÁVEL. OBRIGAÇÃO DE MEIO, NÃO DE RESULTADO. AUSÊNCIA DO CAUSÍDICO À AUDIÊNCIA. Para fixar-se a responsabilidade civil do advogado o juiz deve examinar a repercussão da omissão ou ato praticado e sua influência no resultado da demanda. Ainda, deve verificar as possibilidades de êxito do cliente. Confissão ficta aplicada em causa solvida em prova documental, exceto quanto à ocorrência de justa causa para a despedida. Todavia, é sabido que o depoimento pessoal, sem outros elementos, faz prova contra o depoente. Assim, conclui-se que a omissão do advogado não acarretou o decaimento. Não reconhecimento da responsabilidade civil. Recurso provido. (TJRS. AP. Nº 71000513929. 3ª trc-jec. REL. DES. MARIA JOSÉ SCHMITT SANTANNA).*

fosse julgada e chegasse ao seu termo. Ora, admitir a possibilidade de o cliente obter a reparação por perda de uma chance é o mesmo que aceitar ou presumir essa chance de ver a ação julgada conduzirá, obrigatoriamente, a uma decisão a ele favorável".

Ainda, em relação à crítica apresentada por Rui Stocco, de que não se poderia indenizar o dano referente à perda da chance, porque não há como se aferir o *quantum* que poderia ser fixado pelo juiz natural da causa, a título de reparação, pois sequer haveria como saber se o processo teria resultado diverso, se a parte tivesse esgotado as chances que possuía.

Vale esclarecer, neste momento, que o que se perquire não é a compensação de todos os valores que a parte ganharia se seu advogado houvesse se dedicado à ação, como que se tivesse certeza de que o prejudicado venceria a demanda; pune-se, isto sim, a desídia do advogado no trato com o cliente, ao desrespeitar o mandato que firmaram e as instruções que lhe foram passadas pelo mandante.[378]

Desta forma, a indenização não se calcula em função do valor da causa, por exemplo, que a parte receberia quando do sucesso de sua demanda; o *quantum* será fixado em função da perda da chance e da negligência do procurador da parte.

De acordo com fontes trazidas por Rafael Peteffi, a primeira decisão jurisprudencial acerca da perda de uma chance deu-se na Corte de Cassação Francesa, em 17 de julho de 1889, ainda no século XIX, quando a atuação culposa de um oficial ministerial extinguiu todas as chances de uma demandante lograr êxito num determinado processo e se entendeu que esse dano pela perda de uma oportunidade seria indenizável[379].

378 *Apelação Cível. Civil e Processual Civil. Responsabilidade civil. Dano material. Perda de uma chance. Ajuizamento de demanda trabalhista depois de transcorrido o prazo prescricional. Advogado indicado pelo sindicato. Culpa in eligendo. Tendo o associado perdido a chance de ver sua pretensão apreciada pela Justiça Obreira, em face do transcurso do prazo prescricional para o ajuizamento da ação, decorrente da desídia do profissional indicado pelo sindicato, deve a entidade de classe ser responsabilizada pelos prejuízos originados pela perda da chance experimentada pelo autor. Responde o sindicato por culpa in eligendo. Exegese do art. 1.521, inciso III, do CCB/1916. Ainda que não houvesse obrigatoriedade de aceitação, era dever do sindicato a fiscalização dos serviços prestados pelo advogado indicado. Apresentada a prova de que o profissional estava autorizado a prestar os serviços para o associado, era ônus do sindicato a prova quanto à existência de fato impeditivo, modificativo ou extintivo do direito do autor (art. 333, II, CPC). Valores buscados na demanda trabalhista, não-impugnados pelo requerido, que devem servir de base para o quantum indenizatório. APELO PROVIDO. AÇÃO JULGADA PROCEDENTE. (TJRS.AP. Nº 70006227599. 9ª cc. REL. Des. Adão Sergio do Nascimento Cassiano).*

379 PETEFFI DA SILVA, Rafael. *Responsabilidade Civil pela perda de uma chance: uma análise do direito comparado e brasileiro.* 2ª. ed. São Paulo: Atlas, 2009.

Já no *Common Law*, a teoria da perda de uma chance adentrou na jurisprudência em 1911, no caso *Chaplin v. Hicks*, em que o réu impediu a autora, uma das cinqüenta finalistas em um concurso de beleza, de participar da etapa final que consistia numa apresentação perante um júri onde concorreria a doze diferentes prêmios. Inclusive, um dos juízes argumentou que a autora teria a probabilidade de 25% de ganhar um dos prêmios[380].

O último autor referido conceitua a perda de uma chance como um acontecimento em que se paralisa um processo aleatório[381] por um ato imputável no qual o ofendido perderá a probabilidade de um evento favorável[382]. Ainda, para ele, deve haver uma seriedade mínima das chances reparáveis[383], isto é, perdas surreais não são indenizáveis.

Raimundo Simão de Melo[384] e Sergio Cavalieri Filho[385] incluem no conceito da teoria da perda de uma chance o desaparecimento da probabilidade de um evento que ocasionaria não só um benefício futuro para o ofendido como também a chance de se evitar um prejuízo.

Acerca da previsão legal para este tema, citamos Clóvis do Couto e Silva, que entendia que o artigo 159, do Código Civil de 1916 continha uma cláusula geral semelhante a do artigo 1.382 do Código Civil francês. No entanto, o desenvolvimento da teoria da perda de uma chance no Brasil restou engessado pelo fato de que a nossa legislação enumerava casuisticamente os bens protegidos (artigos 1.537 a 1.554 do Código de 1.916), o que limitou a criação de novas

---

380 FISCHER, David A. *Tort recovery for loss of a chance. Wake Forest Law Review*, Fall 2001, p. 608-609.

381 Sobre a aleatoriedade na perda de uma chance: CAVALIERI FILHO, Sérgio. *Programa de Responsabilidade Civil*, 2009, p. 75: "A chance perdida reparável deverá caracterizar um prejuízo material ou imaterial resultante de fato consumado, não hipotético. Em outras palavras, é preciso verificar em cada caso se o resultado favorável seria razoável ou se não passaria de mera possibilidade aleatória".

382 Nas suas palavras: "A chance representa uma expectativa necessariamente hipotética, materializada naquilo que se pode chamar de ganho final ou dano final, conforme o sucesso do processo aleatório. Entretanto, quando esse processo aleatório é paralisado por um ato imputável, a vítima experimentará a perda de uma probabilidade de um evento favorável. Esta probabilidade pode ser estatisticamente calculada, a ponto de lhe ser conferido um caráter de certeza", p. 13.

383 Obra Cit., p. 18.

384 Obra Cit.: "O sentido jurídico de chance ou oportunidades é a probabilidade de alguém obter um lucro ou evitar um prejuízo".

385 CAVALIERI FILHO, Sérgio. Obra Cit., p. 74-75: "Caracteriza-se essa perda de uma chance quando, em virtude da conduta de outrem, desaparece a probabilidade de um evento que possibilitaria um benefício futuro para a vítima, como progredir na carreira artística ou militar, arrumar um melhor emprego, deixar de recorrer de uma sentença desfavorável pela falha do advogado, e assim por diante. Deve-se, pois, entender por *chance* a probabilidade de se obter um lucro ou de se evitar uma perda".

espécies de reparação[386] e seria um entrave ao reconhecimento da aplicação da perda de uma oportunidade.

Atualmente, a Constituição da República Federativa do Brasil, datada de 1988 e o Código Civil de 2002 contêm dispositivos que efetivamente abrigam a perda de uma chance, são eles: artigo 5º, V, da CF e artigos 186, 402, 927, 948 e 949, do CC. A análise de tais enunciados nos leva a concluir que se fixou uma "cláusula geral de responsabilidade pela indenização de qualquer espécie de dano"[387], o que confirma a tese de que a perda de uma chance nada mais é do que uma derivação do conceito de dano.

5.3.5.1 Casuística acerca da perda de uma chance

Passa-se à análise do caso da desvalorização das ações, o qual teve sua indenização fixada de forma louvável pelo Tribunal de Justiça do Estado do Rio Grande do Sul.

Trata-se de apelação interposta por Cora Brum Coelho em face do Banco Santander Meridional. O relatório diz que, de acordo com a inicial, a autora era proprietária de ações, as quais tinham como origem o Banco Meridional do Brasil S.A., do qual o banco réu foi o sucessor. Tais ações estavam livres. Contudo ao tentar vendê-las, a autora tomou conhecimento que o banco efetuara o bloqueio de 44.281 ações PN. Pediu administrativamente o desbloqueio, sem êxito. Ingressou em juízo, para tal, ação esta que foi julgada procedente, cuja sentença transitou em julgado em 11/05/2009. A autora pôde então vender as aludidas ações em 14/05/2009[388].

Entretanto, a autora suportou um prejuízo, com o bloqueio injustificado das ações, consubstanciado em perda de uma chance, pois quando teve interesse na venda das ações, em fevereiro de 2008, receberia R$ 10.502,14 (dez mil quinhentos e dois reais e quatorze centavos), em virtude do bloqueio indevido, com a venda ocorrida em maio de 2009, recebeu apenas R$ 5.728,44 (cinco mil setecentos e vinte e oito reais e quarenta e quatro centavos).

386 COUTO E SILVA, Clóvis Veríssimo do. O conceito de dano..., 1997, p. 222 apud PETEFFI DA SILVA, Rafael. Obra Cit., p. 16.

387 Expressão utilizada por Raimundo Simão de Melo no artigo já citado.

388 EMENTA: AÇÃO DE INDENIZAÇÃO. BLOQUEIO DE AÇÕES. PRETENSÃO DE VENDA. PERDA DE UMA CHANCE. Bloqueio injustificado de ações tituladas pela apelante. Questão decidida. Pedido de indenização por perda de oportunidade de venda em bolsa de valores com cotação superior à atual. Prejuízo comprovado. Art. 186 do CC/2002. Ação procedente. Deram provimento. (TJRS, Apelação cível nº. 70034654871, Comarca de Porto Alegre, 19ª. Câmara Cível, unânime, D.E. 22/03/2010, Rel. Des. Carlos Rafael dos Santos Junior)

Segundo o voto do Relator, o ajuizamento da aludida ação declaratória postulando a liberação das ações já para fins de alienação em bolsa, demonstra que esta sempre foi a intenção da autora. Que, aliás, o fez tão logo obteve sentença favorável ao que parece. O trânsito em julgado daquela ação ocorreu em 11/05/2009 e a venda foi concretizada em 14/05/2009.

Por decisão unânime, fixou-se o valor da reparação do dano em R$ 4.773,70 (quatro mil setecentos e setenta e três reais e setenta centavos), exatamente o correspondente entre o valor que a autora receberia pelas ações em fevereiro de 2008 e o valor pelo qual ela efetivamente vendeu as ações em maio de 2009. Entende-se que foi feita justiça no caso em tela, pois se tivesse vendido as ações na data em que pretendia, a autora não teria experimentado o prejuízo causado única e exclusivamente por ato arbitrário do banco.

Conclui-se que a perda de uma chance pode ter um critério de quantificação minimamente objetivo em que pese as peculiaridades do caso concreto.

5.4 JUROS LEGAIS

Adauto de Almeida Tomaszewski
Celito de Bona

Impossível de se mensurar a importância dos juros na sociedade atual, ante a extrema necessidade de concessão de crédito para a rotatividade de capital, seja para o fim de lucro, para a aquisição de necessidades básicas ou ainda para a aquisição de bens supérfluos. Seja na aquisição de crédito ou como forma de conseqüência do inadimplemento de uma prestação, haverá uma restrição de capital por parte do credor, o que denota uma necessidade de remuneração, pois a idéia de gratuidade deve ser repelida em tais casos, considerando-se que toda atividade empresarial atua com objetivo lucrativo.

Há muito a doutrina e legislações se digladiam sobre o tema. Seguindo o pensamento aristotélico, no passado a Igreja Católica opôs-se à exigência generalizada de juros, entendendo que o empréstimo devia ser gratuito, tanto que os Concílios de Nicéia e Latrão condenaram a cobrança de juros. Além disso, a *Teoria da Exploração,* cujos expoentes máximos foram Ferdinand Lasalle, Karl Larenz, J. Rodbertus e Karl Marx, explicita que os juros são uma forma condenável de exploração do trabalho alheio pelo capital. Noutro sentido, a *Teoria da Recompensa pela renúncia à liquidez*, defende que "a liquidez, sendo um estado econômico privilegiado, (...) permite as mais variadas iniciativas no mundo dos negócios, [pois] possui um elevado valor e a renúncia ao seu uso em prol de terceiro deve ser recompensada mediante o pagamento de juros".[389]

É de lembrar ainda que o Direito Canônico atual não impede a cobrança de juros em patamares razoáveis. Justamente pela sua magnitude e imperiosidade de razoabilidade em sua estipulação e cobrança é que deve haver regras específicas para disciplinar o instituto e não deixar apenas ao livre arbítrio de uma das partes, eis que ensejaria inúmeras distorções em sua natureza. Paulo Nader adverte que "os juros influenciam, ainda, de um modo geral a economia do país. Pelo papel que representam, social e politicamente, as suas regras não devem ficar entregues ao livre jogo das conveniências pessoais, ao *princípio da autonomia da vontade*. O Código Civil de 1916, que nasceu sob a égide do *individualismo*, não estabeleceu restrições às cláusulas contratuais" (NADER, 2008, pág. 427).

No Código Civil de 2002 os juros são considerados frutos civis, como rendimento de capital, tal como disposto no seu artigo 92: "Principal é o bem que existe sobre si, abstrata ou concretamente; acessório, aquele cuja existência supõe a do principal." Não obstante a isto, três classificações se fazem necessárias de esclarecimento de acordo com sua destinação, origem e forma, que serão o objeto de análise a partir de agora.

Quanto à destinação, os juros podem ser compensatórios ou moratórios. Os primeiros, também denominados de remuneratórios, objetivam remunerar o titular ou credor pelo capital empregado durante determinado período em alguma atividade negocial. Exemplo típico é o contrato de empréstimo, disciplinado no artigo 586 e seguintes, do Código Civil. De observar que não incidem única e exclusivamente sobre efeitos pecuniários, mas da privação de qualquer capital representado por bens fungíveis, tanto que assim dispõe o citado artigo 586: "O mútuo é o empréstimo de coisas fungíveis. O mutuário é obrigado a restituir ao mutuante o que dele recebeu em coisa do mesmo gênero, qualidade e quantidade."[390]

Antes de se analisar os juros moratórios, pede-se vênia apenas para explicar a classificação dos juros quanto à sua origem, para uma melhor compreensão do instituto. Via de regra, os juros remuneratórios ou compensatórios são convencionais, eis que estipulados no título constitutivo, seja ele unilateral ou bilateral. Veja-se o caso das instituições financeiras em que se estipulam as mais variadas tarifas de juros, de acordo com a natureza e peculiaridades do negócio jurídico pactuado. Na ausência de sua estipulação, os juros serão legais,

389 NADER, 2008, pág. 429.

390 Note o leitor que em se tratando de bem infungível, não se teriam juros, mas aluguéis.

eis que expressamente referidos na norma, como nas hipóteses previstas nos artigos 406, 591, 677 e 706 do Código Civil.

De outra senda, os juros moratórios são considerados uma indenização pelo inadimplemento culposo de determinada prestação positiva pelo devedor. É uma sanção pelo não cumprimento obrigacional no tempo modo ou lugar pactuado. Distingue-se dos juros compensatórios pois estes são previstos como um dos objetos contratuais, enquanto os moratórios, embora previsíveis, não são o objeto avençado, mas mero consectário da obrigação não adimplida, ou seja, são aqueles em "que o inadimplente deve à parte inocente da relação obrigacional como um dos desdobramentos da indenização" (COELHO, 2009, pág. 183). Destarte, os juros moratórios se assentam na idéia de culpa do devedor da prestação não cumprida, assim como outras conseqüências do inadimplemento, como as perdas e danos, cláusula penal, mora e honorários advocatícios.

A fluência dos juros moratórios se inicia na data do inadimplemento ou da constituição em mora do devedor. Se as prestações forem sujeitas a termo, são devidos desde o vencimento, por força da determinação do caput do artigo 397 do Código Civil,[391] que expressa o princípio *dies interpellat pro homine.* Se forem derivados da prática de um ato ilícito, os juros serão devidos a partir de então, conforme dispõe o artigo 398 do Código Civil[392] e Súmula 54 do Superior Tribunal de Justiça.[393] Se forem decorrentes do não cumprimento de obrigações

391 Art. 397. O inadimplemento da obrigação, positiva e líquida, no seu termo, constitui de pleno direito em mora o devedor.
Parágrafo único. Não havendo termo, a mora se constitui mediante interpelação judicial ou extrajudicial.

392 Art. 398. Nas obrigações provenientes de ato ilícito, considera-se o devedor em mora, desde que o praticou.

393 Súmula 54-STJ: "Os juros moratórios fluem a partir do evento danoso, em caso de responsabilidade extracontratual". No entanto, é importante destacar a seguinte decisão do Superior Tribunal de Justiça que faz uma ressalva quanto a este tópico: RECURSO ESPECIAL - RESPONSABILIDADE CIVIL DO ESTADO - DESAPARECIMENTO DE PRESO POLÍTICO- LEI 9.140/95 - JUROS MORATÓRIOS - TERMO A QUO - CITAÇÃO - APLICAÇÃO DA SÚMULA 54/STJ QUE SE AFASTA - VIOLAÇÃO AO ART. 535 DO CPC - INEXISTÊNCIA. 1. Afasta-se a alegada violação ao art. 535 do CPC se prequestionada a tese objeto do especial ou se a tese somente veio à baila em sede de recurso especial. 2. A responsabilidade extracontratual objetiva do Estado é conseqüência da ação ou omissão dos agentes do Estado ou de pessoas jurídicas de direito privado que prestam serviço público em função delegada e causam danos a terceiros. 3. Para ter direito à indenização, aquele que sofreu o dano produzido por ato ilícito atribuído ao Estado deve provar o nexo causal e a inexistência de qualquer das excludentes da responsabilidade estatal. 4. Pedido de indenização formulado nos autos anteriormente à Lei 9.140/95, que reconheceu como mortos desaparecidos políticos acusados de participação em atividades políticas à época da ditadura militar. Contudo, com o advento da norma, ficou o autor livre do ônus de provar a ocorrência da morte e o nexo causal entre esse fato e a ação ou omissão do Estado. 5. Embora a Súmula 54/STJ determine a fluência de juros moratórios a partir do evento danoso nos casos de responsabilidade extracontratual, a hipótese dos autos merece tratamento diferenciado em face do reconhecimento legislativo ocorrido

sem termo, serão os juros devidos desde a citação inicial em juízo (artigo 405 do Código Civil)[394] ou da interpelação extrajudicial (parágrafo único do artigo 397 do Código Civil).

Sobre os juros moratórios, determina o artigo 406 do Código Civil que "quando os juros moratórios não forem convencionados, ou o forem sem taxa estipulada, ou quando provierem de determinação da lei, serão fixados segundo a taxa que estiver em vigor para a mora do pagamento de impostos devidos à Fazenda Nacional." Daí algumas considerações são pertinentes. Inicialmente se aduz de que os juros moratórios podem ser convencionados livremente pelas partes contratantes mas, como já suscitado, comporta certas limitações, como a redução equitativa, pelo juiz, da alíquota considerada abusiva ou que comprometa tanto a boa-fé negocial quanto a função social do contrato.

Além disso, importa mencionar que a taxa em vigor para a mora do pagamento de impostos devidos à Fazenda Nacional é SELIC. Quanto a isto, ensina Fábio Ulhoa Coelho: "Atualmente, os juros devidos à Fazenda Nacional em virtude de atraso no pagamento de impostos baseiam-se na taxa média mensal de captação do Tesouro Nacional relativa à dívida mobiliária federal interna, que corresponde à adotada como referência pelo Sistema Especial de Liquidação e Custódia (SELIC) para os títulos federais, ou simplesmente *taxa SELIC*. A taxa SELIC é fixada pela Receita Federal no primeiro dia útil do mês seguinte ao de referência. Desse modo, a taxa de setembro é fixada no início de outubro; a de outubro, no início de novembro e assim por diante. No mês em que se realiza o pagamento, portanto, não se conhece a taxa correspondente, que ainda será fixada. Prevê a lei, então, que a taxa SELIC é empregada no cálculo dos juros devidos até o mês anterior à liquidação da obrigação tributária, e que se considera sempre 1% (um por cento) a alíquota relativa ao mês do pagamento (Lei nº. 8.981/95, artigo 84, I e §§ 1º e 2º). Estes critérios estabelecidos pela lei para os juros de mora devidos à Fazenda Nacional no pagamento tardio de impostos são também os aplicáveis para os juros legais no âmbito civil" (COELHO, 2009, pág. 184).

Contudo, a utilização da taxa SELIC para a obtenção da taxa de juros moratórios devidos no pagamento em atraso gera muitas dúvidas e incertezas, recebendo várias críticas da doutrina, que culminou no Enunciado nº. 20 da I Jornada de Estudos do Código Civil, promovido pelo Conselho Nacional de Justiça e pelo Superior Tribunal de Justiça, que contém o seguinte texto: "A taxa

com o advento da Lei 9.140/95, que tratou apenas do valor da indenização e não de juros moratórios. 6. Havendo qualquer discussão em juízo em torno do direito resguardado pela Lei 9.140/95, em se tratando de obrigação ilíquida, os juros moratórios devem fluir a partir da citação. 7. Recurso especial improvido. (STJ - 2ª T. REsp 734.234-RJ, Rel. Min. Eliana Calmon, j. 16.02.2006).

394 Art. 405. Contam-se os juros de mora desde a citação inicial.

de juros moratórios a que se refere o art. 406 é a do art. 161, § 1º, do Código Tributário Nacional, ou seja, 1% (um por cento) ao mês. A utilização da taxa SELIC como índice de apuração dos juros legais não é juridicamente segura, porque impede o prévio conhecimento dos juros; não é operacional, porque seu uso será inviável sempre que se calcularem somente juros ou somente correção monetária; é incompatível com a regra do artigo 591 do novo Código Civil, que permite apenas a capitalização anual dos juros, e pode ser incompatível com o art. 192, § 3º, da Constituição Federal, se resultarem juros reais superiores a 12% (doze por cento) ao ano."[395]

Corroborando o entendimento do afastamento da taxa SELIC, Cristiano Chaves de Farias e Nelson Rosenvald sustentam que: "O art. 406 do Código Civil não mais estipula taxa de juros legais em 6% ao ano, como fazia o Código Bevilaqua. No silêncio da norma, há de se remeter a solução do imbróglio à taxa prevista no artigo 161, § 1º, do Código Tributário Nacional, calculada a 1% ao mês. Destarte, prevalecerá este teto legal mesmo quando os juros moratórios forem convencionados pelos contratantes. A autonomia privada dos signatários não terá força suficiente para ajustar uma taxa convencional moratória que supere o patamar de 12% ao ano, pois o art. 5º do Decreto 22.626/33 apenas admite que a mora eleve os juros a taxa de 1% ao mês e nada mais. O Código Tributário Nacional foi recepcionado pela Constituição Federal de 1988 como lei materialmente complementar (art. 34, ADCT), que jamais pode ser violentada por leis ordinárias, como as que instruíram a taxa SELIC – Leis n. 8981/95 e 9779/99. A taxa SELIC ofende os princípios da legalidade estrita e da indelegabilidade da competência tributária" (FARIAS e ROSENVALD, 2009, pág. 520).

Entretanto, o Superior Tribunal de Justiça pacificou seu entendimento no sentido da aplicabilidade da taxa SELIC, como se percebe na seguinte decisão: "[...] 3. A jurisprudência desta Corte é pacífica no sentido de que os juros de mora devem observar a taxa de 0,5% ao mês, nos termos do artigo 1.062 do CC/1916, até a vigência do novo diploma civil, a partir de quando deve ser considerada a taxa que estiver em vigor para a mora do pagamento de impostos devidos à Fazenda Nacional (artigo 406 do CC/2002), ou seja, a Selic. (AgRg nos EDcl no REsp 1074256/SP, Rel. Ministro Benedito Gonçalves, Primeira Turma, julgado em 26/10/2010, DJe 04/11/2010). A isto apenas se percebe a extrema incerteza sobre o assunto. Para contornar o problema, sugere-se a estipulação expressa de taxa de juros, eis que dentro da permissão legal do estatuído no artigo 406 do Código Civil.

395 De lembrar apenas que o § 3º do art. 1092 da Constituição Federal foi revogado pela Emenda Constitucional n. 40/2003.

Não obstante a isso, esta regra só possui aplicabilidade e incidência nas relações entre particulares e/ou entre instituições não integrantes do Sistema Financeiro Nacional, seja na posição ativa ou passiva. Isto porque desde a ADIN nº. 4-DF, de 1991, o Supremo Tribunal Federal entendeu não aplicável o § 3º do artigo 192 da Constituição Federal, que limitava os juros reais a 12% ao ano, pois tal dispositivo necessitava de integração mediante legislação regulamentar.

Assim, com espeque no *pacta sunt servanda,* as instituições financeiras estariam liberadas da limitação imposta pela legislação ordinária, agindo conforme as "leis de mercado", sem que haja a caracterização do crime de usura, tanto que assim permite a Súmula 283 do Superior Tribunal de Justiça.[396]

Cristiano Chaves de Farias e Nelson Rosenvald, no entanto, advertem para limitação desta prática: "[...] mas a realidade demonstra que os patamares de juros fixados pelo mercado financeiro são astronômicos e fogem do mínimo de bom senso. A nosso viso, fundamental é perceber que a adoção das cláusulas gerais da boa-fé objetiva (artigo 113 do CC), abuso de direito (artigo 187 do CC) e função social do contrato (artigo 421 do CC) permitem que o magistrado possa limitar o exercício excessivo do direito subjetivo ao crédito pelas instituições financeiras. Lembre-se de que as cláusulas gerais não são apenas normas abertas, mas também móveis, pois circulam pelo sistema jurídico, sendo aplicadas pelo julgador de modo a atenuar o rigor e a rigidez de determinadas regras esparsas pelo Código Civil. Assim, poderá o juiz, a qualquer tempo e de ofício, - eis que as cláusulas gerais são normas de ordem pública (artigo 2035, parágrafo único do CC) -, reduzir juros extorsivos, modificando cláusulas contratuais que ultrapassem os limites éticos do sistema e aniquilem direitos fundamentais do contratante" (FARIAS e ROSENVALD, 2009, pág. 523/524).[397]

Acerca da matéria de direito intertemporal, o Enunciado nº. 164 da I Jornada de Estudos do Código Civil, promovido pelo Conselho Nacional de Justiça e pelo Superior Tribunal de Justiça dispõe que "tendo a mora do devedor início ainda na vigência do Código Civil de 1916, são devidos juros de mora de 6% ao ano até 10 de janeiro de 2003; a partir de 11 de janeiro de 2003

396 Súmula 283-STJ: As empresas administradoras de cartão de crédito são instituições financeiras e, por isso, os juros remuneratórios por elas cobrados não sofrem as limitações da Lei de Usura.

397 Não se deve olvidar também, que os juros podem consistir numa espécie de lesão contratual (art. 157 do Código Civil), aliás, sua origem remonta a este instituto jurídico e é uma de suas facetas. Para aqueles que queiram se aprofundar no assunto, recomenda-se a leitura da dissertação de defesa do mestrado em Direito Negocial do co-autor desta obra, Celito De Bona, sob orientação do Autor principal, com o título Análise da lesão contratual sob a perspectiva do pós-positivismo jurídico, disponibilizada para acesso público no site www.dominiopublico.gov.br

(data de entrada em vigor do novo Código Civil), passa a incidir o art. 406 do Código Civil de 2002."[398]

Por sua vez, resta ainda tecer alguns comentários acerca da classificação dos juros quanto à forma, que podem ser simples ou compostos. Aqueles primeiros são os que não se acumulam com o principal do capital emprestado para a contagem de novos juros. Estes últimos, os compostos, são os que se contam sobre o principal, acrescido de juros acumulados, ou seja, são os famosos "juros sobre juros", também conhecidos como anatocismo ou capitalização de juros. A regra, na legislação brasileira é a vedação do anatocismo. Contudo, existem as exceções e mesmo o leitor menos familiarizado com o tema já deve presumir quais são. Sim, apenas para resguardar os interesses das instituições financeiras. A regra é a vedação do anatocismo entre particulares. Apenas é permitida a capitalização uma vez ao ano, desde que expressamente pactuada, tal como prevê o artigo 591 do Código Civil, nos seguintes termos: "Destinando-se o mútuo a fins econômicos, presumem-se devidos juros, os quais, sob pena de redução, não poderão exceder a taxa a que se refere o art. 406, permitida a capitalização anual." Assim, somente será permitida a capitalização após decorridos um ano do contrato.

Antes disso, era vedada a capitalização de juros mesmo por instituições financeiras, em períodos inferiores a 1 ano, pelo artigo 4º. do Decreto 22.626/33 e até mesmo o Supremo Tribunal Federal editou Súmula sobre o assunto.[399]

Outra exceção ficava por conta da expressa convenção entre as partes, quando da emissão de cédula de crédito rural, industrial ou comercial, em que se permitia a capitalização semestral, a teor dos Decretos-Lei nº. 167/67 e 413/69, e a Lei nº. 6480/80, respectivamente.

Também é possível a capitalização mensal de juros para os contratos de mútuo bancário, desde que celebrados a partir de 31 de março de 2000, data da publicação da Medida Provisória nº. 1963-17/2000, reeditada sob o nº. 2170-36/2001, cujo artigo 5º autoriza tal procedimento.

Demais disto, é mister mencionar a disposição do artigo 407 do Código Civil, que possui a seguinte redação: "Ainda que se não alegue prejuízo, é obri-

398 Quanto ao tema, destaca-se a seguinte decisão do Superior Tribunal de Justiça: EMBARGOS DE DECLARAÇÃO. PLANO DE SAÚDE. SUSPENSÃO DE ATENDIMENTO. CONSUMIDOR. DANO MORAL. 1. Tratando-se, na hipótese, de responsabilidade contratual da empresa plano de saúde, os juros moratórios devem ser aplicados a partir da citação. Precedentes. 2. Os juros moratórios incidem à taxa de 0,5%, ao mês, até o dia 10.1.2003, nos termos do art. 1.062 do Código Civil de 1916, e à taxa de 1%, ao mês, a partir de 11.1.2003, nos termos do art. 406 do Código Civil de 2002. 3. Embargos de declaração acolhidos. (EDcl no REsp 285.618/SP, Rel. Min: Luis Felipe Salomão, 4ª T, julgado em 17/12/2009, DJe 08/02/2010).

399 Súmula 121-STF: Somente se admite a capitalização de juros havendo norma que excepcione a regra proibitória estabelecida no art. 4º do Decreto 22626/33 (Lei de Usura).

gado o devedor aos juros da mora que se contarão assim às dívidas em dinheiro, como às prestações de outra natureza, uma vez que lhes esteja fixado o valor pecuniário por sentença judicial, arbitramento, ou acordo entre as partes." A isto se aduz que há uma obrigatoriedade de juros, independentemente da alegação de prejuízo, ou seja, há uma presunção absoluta de dano, daí a desnecessidade de o credor alegá-lo. Como bem observa Paulo Nader, "o legislador não se referiu à obrigatoriedade sem prejuízo, mas independentemente da alegação de prejuízo" (NADER, 2008, pág. 433).

Decorrência disto é a também desnecessidade do pedido de juros legais pelo autor da ação, somente devendo ser incluídos se forem os juros convencionais, conforme dispõe o artigo 293 do Código de Processo Civil.[400] O Superior Tribunal de Justiça, quanto a isto, também pacificou entendimento, neste sentido: "(...) é cediço na Corte que 'A incidência da correção monetária sobre o valor objeto da condenação se dá, como os juros de mora, *ex vi legis* (Lei 6.899/81), sendo, por essa razão, independente de pedido expresso e de determinação pela sentença, na qual se considera implicitamente incluída. A explicitação dos índices a serem utilizados em seu cômputo pelo acórdão recorrido, portanto, mesmo em sede de reexame necessário, não caracteriza *reformatio in pejus*, devendo a Fazenda, se for o caso, impugnar os critérios de atualização e de juros estabelecidos.' (REsp n.º 722.475/AM, Rel. Min. Teori Albino Zavascki, DJU de 01/07/2005)". (REsp 875.919/PE, Rel. Min. Luiz Fux, 1ª Seção, julgado em 13/06/2007, DJ 26/11/2007 p. 114).

5.5 CLÁUSULA PENAL

Adauto de Almeida Tomaszewski
Celito De Bona

5.5.1 Conceito

O título IV do atual Código Civil trata do inadimplemento das obrigações e, dentro deste dispositivo, mais especificamente no Capítulo V de referido título, estão inseridas as disposições acerca da "cláusula penal", nos artigos de 408 a 416. Afirma-se que esta é um efeito contratual consequente do inadimplemento, dirigida a ambas as partes, com vistas a quaisquer de suas possíveis prestações ou obrigações. Outros efeitos se verificam a partir do descumprimento, porém estes já estão definidos pela lei e não precisam constar de expres-

400 Art. 293. Os pedidos são interpretados restritivamente, compreendendo-se, entretanto, no principal os juros legais.

sa avença, como os juros, correção monetária, perdas e danos e lucros cessantes, danos morais, honorários de advogado e despesas processuais.

O artigo 408 do atual Código Civil determina que incorre de pleno direito o devedor na cláusula penal, desde que, culposamente, deixe de cumprir a obrigação ou se constitua em mora.

A cláusula penal, também denominada "pena convencional", é um dispositivo aplicado em desfavor de quaisquer dos contratantes que tenha descumprido com as suas obrigações previstas no contrato.

Para Washington de Barros Monteiro, cláusula penal pode ser definida como um pacto secundário e acessório em que se estipula pena ou multa para a parte que se subtrair ao cumprimento da obrigação, a que se obrigara, ou que apenas retardá-lo[401]. Nesta definição, o vocábulo "subtrair" leva à ideia de descumprimento culposo ou inescusável. Se o inadimplemento é decorrente de causa imputável, devida será a pena acessória.

A prática da cláusula penal já era bastante frequente no Direito Romano e no Direito intermediário, sendo que naquele, recebia o nome de *stipulatio poenae*. Sua estipulação não perdeu importância nos dias atuais, presente em grande maioria dos negócios jurídicos, inclusive regulados como relação de consumo pelo Código de Defesa do Consumidor.

A localização da matéria no atual Código Civil (do inadimplemento das obrigações) demonstra que a cláusula penal está relacionada ao fato de não ter sido cumprida uma obrigação assumida perante o outro contratante, configurando-se como uma espécie de "punição" àquele que não cumpriu com o compromisso previamente assumido, no tempo, modo e lugar avençado.

A cláusula penal em nada se confunde com as repressões impostas pelo direito criminal, sendo estas de competência exclusiva do poder público. A pena *convencional* é puramente econômica, de natureza privada e consiste no pagamento de uma importância em dinheiro, entrega de bens certos e determinados, ou ainda pela execução de outra prestação que pode ser objeto de obrigações. Deve ser ajustada pelas próprias partes contratantes, não é admitido que se delegue a terceiro a fixação de seu montante e nem sua fixação pelo Poder Judiciário. Neste diapasão, cabe ao leitor se atentar que a multa expressa no caput do artigo 475-J do Código de Processo Civil[402] não é de natureza con-

401 MONTEIRO, Washington de Barros. Curso de direito civil, vol. 4: direito das obrigações, 1ª parte. 33ª ed. rev. e atual. por Carlos Alberto Dabus Maluf. São Paulo: Saraiva, 2007.

402 Art. 475-J. Caso o devedor, condenado ao pagamento de quantia certa ou já fixada em liquidação, não o efetue no prazo de quinze dias, o montante da condenação será acrescido de multa no percentual de dez por cento e, a requerimento do credor e observado o disposto no art. 614, inciso II, desta Lei, expedir-se-á mandado de penhora e avaliação.

tratual, mas sanção imposta em norma de ordem pública. De igual sentido é a multa do § 4º do artigo 461 do mesmo diploma processual.[403]

O artigo 409 do Código Civil dispõe que a cláusula penal pode ser estipulada conjuntamente com a obrigação ou em ato posterior. Pode referir-se à inexecução completa da obrigação, à de alguma cláusula especial ou simplesmente à mora. Daí se infere que a cláusula penal pode surgir juntamente com a obrigação principal ou suceder-lhe. Disto resulta afirmar que, ou ela é apenas uma dentre as várias cláusulas de conteúdo obrigacional do contrato, ou ela deriva de documento autônomo, elaborado e convencionado após a formalização do contrato. Todavia, neste último caso isto não pode ocorrer após o inadimplemento.

O estabelecimento da cláusula penal não exige o emprego de expressões tradicionais, basta que as partes convencionem pela sua existência, seu *quantum* e efeitos.

De modo geral, a cláusula penal tem como escopo a "motivação" para que o devedor cumpra sua obrigação no tempo, modo e local determinado. Serve como antecipação ou pré-fixação das possíveis perdas e danos e dissabores decorrentes da mora ou do inadimplemento. A grande vantagem é antecipar, no processo civil, a fase de cognição acerca dos prejuízos decorrentes da conduta inadimplente de um dos contratantes. Em regra, o seu benefício é endereçado à outra parte contratante, mas nada obsta sua fixação em favor de terceiro não partícipe desta relação.

5.5.2 Função da Cláusula penal

Apesar de não ser pacífica na doutrina a função da cláusula penal, uma coisa é certa: a grande maioria dos autores afirma que tal instituto possui duas funções. A primeira delas é a *intimidação*, como forma de pressão, pois ela reforça o vínculo e tenta compelir as partes, normalmente o devedor, a cumprir com a obrigação assumida. Não é incomum que a cláusula também seja endereçada ao credor, já que este também assume a obrigação de alguns comportamentos, a exemplo da outorga da escritura pública no caso de venda e compra. A segunda função é a de *ressarcimento*, tida como instrumento de indenização, eis que fixa previamente o que o contratante estará sujeito a pagar em caso de se tornar inadimplente. Nada obsta ainda, que as partes convencionem na cláusula penal uma mínima indenização e que o prejudicado possa demandar este valor, provar prejuízo superior e receber o complemento. Destaque-se que

403 Art. 461 (...) § 4o O juiz poderá, na hipótese do parágrafo anterior ou na sentença, impor multa diária ao réu, independentemente de pedido do autor, se for suficiente ou compatível com a obrigação, fixando-lhe prazo razoável para o cumprimento do preceito.

a pré-fixação independerá de comprovação de prejuízo que atinja este *quantum* e, por natureza contratual, preenchidos os requisitos, possui força executiva. Pode até ser, então, que os danos decorrentes do inadimplemento não sejam tão extensíveis quanto ao inicialmente fixado, mas é um risco a que as partes se submetem.

A cláusula penal é autêntica sanção ou pena civil decorrente de expresso vínculo contratual e exigível a partir da inadimplência culposa da obrigação contratual no tempo, modo ou lugar convencionados. Sua exigibilidade se dá nas seguintes hipóteses: a) em decorrência de atraso, pela inexecução total ou parcial; b) como forma de uma multa particular, decorrente de um pacto de natureza acessória, que compense prejuízos decorrentes da violação dos deveres assumidos no contrato (de uma única cláusula ou todo o vínculo).

Poder-se-ia, neste ponto, afirmar, também, que a função da cláusula penal não se restringe à função ambivalente, nem apenas à função compulsória, e nem tampouco à indenizatória de que trata a corrente seguida por Orlando Gomes. A cláusula penal possui função mista, sendo ao mesmo tempo compulsória/intimidatória, sancionatória, e também indenizatória/pré-liquidação de danos.

5.5.3 *Quantum* da cláusula penal

Dependendo da relação jurídica que se trata no caso específico, terá a cláusula penal uma regulamentação especial acerca de sua limitação. O Código Civil dispõe, em seu artigo 412, que *o valor da cominação imposta na cláusula penal não pode exceder o da obrigação principal.* Assim, se um contrato de mútuo estipular que o seu pagamento ocorra em 24 parcelas de R$ 500,00 (quinhentos reais), a cláusula penal não poderá exceder a R$ 12.000,00 (doze mil reais).

O Código de Defesa do Consumidor também limita as multas de mora em caso de inadimplemento do consumidor em 2% (dois por cento) do valor da prestação, consoante o § 1º de seu artigo 52. Seu caráter protetivo consumerista também assevera que na ação que tenha por objeto o cumprimento de obrigação de fazer ou não fazer, é assegurado, dentre outras medidas e providências, indenização por perdas e danos sem prejuízo da multa, tal como dispõe o § 2º do seu artigo 84. Além disso, o § 4º deste artigo permite a aplicação de multa diária em favor do consumidor, se for suficiente ou compatível com a obrigação, fixando prazo razoável para o cumprimento do preceito.[404] É de

404 Art. 52 ( ) § 1º As multas de mora decorrentes do inadimplemento de obrigações no seu termo não poderão ser superiores a dois por cento do valor da prestação.

se observar que ao contrário da cláusula penal prevista no Código Civil, de natureza contratual privada estipulada pelas partes, esta multa do Código de Defesa do Consumidor aplicável ao fornecedor, possui natureza diferenciada, ou seja, tem caráter cogente, imposta judicialmente, eis que a proteção dirige-se somente ao consumidor. Não traz este Código qualquer limitação da imposição de tal penalidade, o que faz crer que sua aplicação, além de exigir prudência e profunda equidade por parte do magistrado, deve ser analisada caso a caso. Veja-se entretanto que o legislador, a confiar no prudente arbítrio, se valeu da expressão *se for suficiente ou compatível com a obrigação.*

Quando se tratar de tutela jurisdicional de direitos fundamentais, defendemos a ideia da ausência de limites, considerado que a dignidade humana não comporta indenização módica ou, especificamente, que uma situação aviltante não deve ser consolidada por muito (ou qualquer) tempo. Imagine-se a multa diária aplicável à empresa fornecedora de energia elétrica se proceder ao cancelamento do fornecimento a um consumidor que questiona o valor exorbitante cobrado numa única fatura. Esta multa ultrapassa, destarte, a mera consequência do inadimplemento da prestação relação contratual e avança, muitas vezes, para uma possível fase de antecipação da liquidação do dano moral ocorrido.

Outro fator que merece atenção do leitor é o artigo 9º da Lei de Usura (Dec. nº. 22.626/1933) ao dispor que: *Não é válida a cláusula penal superior à importância de 10% do valor da dívida.* O Superior Tribunal de Justiça já vem reiteradamente aplicando o entendimento de que tal decreto, *como lei especial, só tem aplicação ao mútuo, não limitando a pena convencional prevista no art. 920 do Código Civil, para concluir que a cláusula penal prevista em contratos não regidos por norma especial só encontra limite no artigo 920 do Código Civil* (STJ-3ª T. REsp 151.458/RS, Rel. Min.: Antônio de Pádua Ribeiro, Rel. p/ Acórdão Min.: Carlos Alberto Menezes Direito, DJ 17/03/2003 p. 224).

Art. 84. Na ação que tenha por objeto o cumprimento da obrigação de fazer ou não fazer, o juiz concederá a tutela específica da obrigação ou determinará providências que assegurem o resultado prático equivalente ao do adimplemento.

§ 2° A indenização por perdas e danos se fará sem prejuízo da multa (art. 287, do Código de Processo Civil).

§ 4° O juiz poderá, na hipótese do § 3° ou na sentença, impor multa diária ao réu, independentemente de pedido do autor, se for suficiente ou compatível com a obrigação, fixando prazo razoável para o cumprimento do preceito.

5.5.4 Cláusula penal inversa

Adauto de Almeida Tomaszewski

É comum encontrar a cláusula penal camuflada em vários contratos com denominações do tipo *abono* ou *bonificação de pontualidade*, como os de aluguel de imóveis ou fornecimento de serviços contínuos ou de longa duração. Nestes casos, estipula-se um valor de R$ 1.000,00(mil reais) para o pagamento da parcela mensal, mas que se pago pontualmente até determinado dia do mês, há um desconto de 20% (vinte por cento).

Geralmente usada como reforço da ideia temporal para o seu cumprimento no tempo estipulado, desfigura o que se pactua, ou se intencionou, durante a formação contratual. É bom lembrar algumas regras de interpretação como a do artigo 112 do Código Civil, que aduz: *Nas declarações de vontade se atenderá mais à intenção nelas consubstanciada do que ao sentido literal da linguagem.* A declaração de vontade é constituída pelos elementos externo (declaração propriamente dita) e interno (a vontade real) e este artigo dispõe que, ocorrendo conflito entre estes dois elementos, prevalece o segundo. Esta ideia vem estampada no princípio da cláusula da reserva mental, expressa no artigo 110 do Código Civil[405] e que corrobora o aduzido. Não raras vezes, ao se pactuar uma relação locatícia o locador ou corretor de imóveis é explícito ao dizer que o aluguel é um determinado valor e no momento de assinar o contrato, este valor é encontrado como o valor de desconto para o pagamento até específico dia do mês. Além do maior valor (sem o desconto) encontrado no contrato a ser celebrado, encontra-se outra cláusula penal, geralmente moratória, ou seja, existe mais de uma cláusula penal para uma mesma ocorrência que é o inadimplemento aprazado. Com mira na boa-fé exigida na interpretação contratual, conforme previsto no artigo 113 do Código Civil, e com a exigência deste princípio no artigo 422 do mesmo Código na execução e conclusão do contrato, a prática desta verdadeira *cláusula penal inversa,* maquiada como objeto ou seu valor principal deve ser repelida pelos órgãos administrativos de proteção ao consumidor e também pelo Poder Judiciário ante sua notória nulidade.

Além destes fundamentos legais apresentados, devem ser invocados também o artigo 187 e o parágrafo único do artigo 2.035, ambos do Código Civil para se postarem ao lado da inequívoca repreensão à censurável prática. Na verdade o que se verifica é que se busca tentar burlar o preceito legal consumerista de limitação de tal valor.

405 Art. 110. A manifestação de vontade subsiste ainda que o seu autor haja feito a reserva mental de não querer o que manifestou, salvo se dela o destinatário tinha conhecimento.

Em caso de relação de consumo, também é de se clamar pela aplicação do artigo 51, IV, do Código de Defesa do Consumidor, que tem a seguinte redação: *Art. 51. São nulas de pleno direito, entre outras, as cláusulas contratuais relativas ao fornecimento de produtos e serviços que: IV - estabeleçam obrigações consideradas iníquas, abusivas, que coloquem o consumidor em desvantagem exagerada, ou sejam incompatíveis com a boa-fé ou a equidade.* Ela se verifica camuflada pelo fato de quase sempre ultrapassar o limite imposto pelo § 1° do seu artigo 52, em que *as multas de mora decorrentes do inadimplemento de obrigações no seu termo não poderão ser superiores a dois por cento do valor da prestação.* Ademais, é reputada abusiva, pois fere o princípio do equilíbrio contratual, eis que impossibilita a aplicação de igual cláusula penal ao fornecedor, tal como se depreende do § 1º, II, do artigo 51, daquele diploma. Sua redação se nos apresenta nestes termos: *§ 1º Presume-se exagerada, entre outros casos, a vontade que: II - restringe direitos ou obrigações fundamentais inerentes à natureza do contrato, de tal modo a ameaçar seu objeto ou equilíbrio contratual.*

5.5.5 Distinção da cláusula penal e outros institutos

Cláusula penal não se confunde com arras, apesar de terem como fim comum a garantia do cumprimento da obrigação e a indenização dos danos. As arras são disciplinadas nos artigos 417 a 420 do Código Civil, também pertencentes ao título que trata do inadimplemento das obrigações.

Em que pesem as semelhanças e até mesmo o posicionamento doutrinário que considera as arras confirmatórias como subespécie da cláusula penal, existe clara distinção entre os dois institutos. Enquanto na cláusula penal não é necessária uma prestação que a complemente ou aperfeiçoe, nas arras existe a entrega de dinheiro ou coisa fungível no momento em que se constitui a obrigação, que é o que se denomina comumente como sinal.

As arras são como que uma obrigação realizada; a cláusula penal é apenas uma prestação prometida. Enquanto a cláusula penal existe, em regra, ou mais comumente em prol do credor, as arras são fixadas para que o devedor confirme a realização do negócio jurídico (arras confirmatórias).

Outra diferença que existe entre cláusula penal e arras é que a primeira, segundo o artigo 413 do Código Civil, deve ser reduzida equitativamente pelo juiz se a obrigação tiver sido cumprida em parte, ou se o montante da penalidade for manifestamente excessivo, tendo em vista a natureza e a finalidade do negócio. Isto não ocorre com as arras, que são livremente pactuadas pelas partes, não havendo como se aplicar a estas o disposto no artigo mencionado.

À cláusula penal pode haver cumulação com perdas e danos em caso de previsão negocial neste sentido, o que não se sucede com as arras, não sendo possível acrescer a estas perdas e danos, senão por reconhecimento judicial de que não se procedeu a execução do contrato.

A cláusula penal se refere a obrigações pactuadas que deverão ser cumpridas pelas partes durante a execução do contrato, enquanto que no caso das arras, apenas se assemelham a esta situação em caso de arrependimento de celebrar o contrato, constituindo-se em multa penitencial, portanto preliminarmente à concretização do contrato.

A aplicação da cláusula penal supõe, pelo menos, o inadimplemento parcial da obrigação. Já no caso das arras, que são fixadas por antecipação, supõem a ausência de execução das obrigações firmadas pelas partes.

Ao compará-la com a obrigação com prestações alternativas, vemos que esta supõe a existência de ao menos duas prestações, diferentemente da cláusula penal, que necessita do descumprimento de apenas uma das possíveis prestações para se caracterizar.

No caso das obrigações com alternativas de prestação ou de objetos, ainda que uma prestação não seja passível de cumprimento, mesmo que sem culpa do devedor, permanece ao menos uma outra, que necessita ser cumprida pelo devedor.

A cláusula penal perderá sua razão de ser quando houver extinção da obrigação principal sem culpa do devedor. Nesta mesma esteira, se a relação jurídica de cunho obrigacional com prestações alternativas tiver o cumprimento de uma das opções postas ao devedor, as demais possibilidades são desconsideradas.

A cláusula penal pode ser exigida apenas para o fator tempo do cumprimento da prestação e esta ainda ser cumprida, porém com a incidência desta multa, o que não ocorre necessariamente com a alternatividade.

A cláusula penal também se diferencia da *astreinte* porque esta é imposta pelo juiz, em processo judicial, como *multa diária*, para compelir o devedor a cumprir a obrigação de maneira específica, enquanto aquela é convencionada pelas partes.

A sua diferença com a *multa penitencial* reside no fato de que esta consiste no pagamento pelo exercício do direito de arrependimento. As partes podem rescindir o contrato sob a condição de pagar a quantia fixada para esse fim. Conserva-se o vínculo ou paga-se a multa[406]. No entanto, se for cláusula penal, o devedor não é dispensado da obrigação, oferecendo a importância predeterminada como indenização.

406 GOMES apud NERY JUNIOR, Nelson. *Código civil comentado*. São Paulo: Revista dos Tribunais, 2006. p. 400.

Na multa penitencial, ao exercer o direito de se arrepender, não há verdadeiro inadimplemento da parte. É instituída em benefício do devedor. É também chamada de cláusula penal liberatória ou imprópria. Um exemplo é a multa fixada em contrato de locação se o locatário entregar o imóvel antes do prazo. É cabível a ação de consignação de pagamento para obrigar o réu a receber a multa estabelecida no contrato, com a resolução do contrato por intermédio do pagamento.

5.5.6 Características da cláusula penal

A cláusula penal apresenta algumas características comuns:

1. Caráter subsidiário ou acessório - a cláusula penal é fixada apenas em razão da existência de uma ou várias prestações ditas principais. É comum o leitor encontrar no escólio de diversos doutrinadores a informação de que em se extinguindo a obrigação principal, a cláusula penal também se extingue. Todavia não se nos parece que isto seja tão simplista e portanto merece uma breve observação. É que, como já dito, não obstante seja mais comum endereçar cláusula penal apenas em favor do credor, não é de todo incomum ou impossível que também o credor ou o contratante de um dado negócio jurídico esteja sujeito à cláusula penal. É bastante corrente que as partes contratantes fixem multa diária acaso haja descumprimento total ou parcial das obrigações assumidas por quais quer das partes. Neste caso, na hipótese do credor se furtar ao recebimento de um bem ou a emissão de documento de quitação, justificável é a consignação em pagamento por parte do devedor. Isto, como tem efeito de pagamento, determinaria que com o trânsito em julgado a principal prestação do devedor se extingue, mas não a relação jurídica que os anima. Por este motivo pode ainda o antigo devedor/contratado, que havia consignado o pagamento, ingressar com ação executiva e exigir, de forma autônoma, o cumprimento da cláusula penal ou requerer a compensação no primeiro caso. Contudo alguns entraves processuais podem surgir, pois o devedor, se optar pela consignação extrajudicial não poderá fazê-lo cotando de imediato com a compensação. Caso opte pela consignação judicial, deve depositar o todo e, ao requerer do juízo a declaração de reconhecimento de seu direito oriundo da cláusula penal em desfavor do credor, seja reconhecida a compensação. Por este motivo, deve ainda requerer ao magistrado que não autorize o levantamento da importância depositada senão após decisão neste sentido. De todo ressalta-se que o pagamento ou o depósito não extingue a relação obrigacional e não determina, pela via da consequência, a extinção da cláusula penal. O gráfico a seguir ilustra a ideia de relação jurídica obrigacional, prestação principal e deveres/obrigações colaterais, que gravitam em torno daquela, mas todas inseridas no vínculo jurídico:

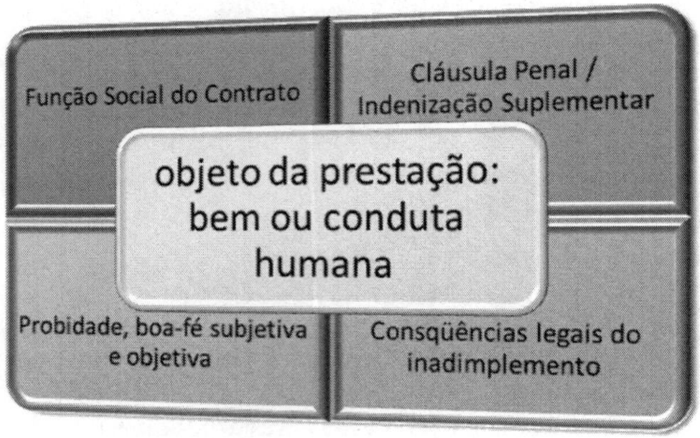

Como consequências legais do inadimplemento tem-se: juros moratórios e compensatórios, correção monetária, perdas e danos e lucros cessantes, danos morais, honorários advocatícios e despesas processuais.

2. Caráter condicional - a cláusula penal apenas será exigível em caso de inadimplemento do contrato, seja ele total (cláusula penal compensatória) ou parcial (cláusula penal moratória).

3. Caráter de obrigatoriedade ou vinculatividade - o devedor se obriga aos termos da cláusula penal em caso de inadimplemento culposo.

Maria Helena Diniz[407] cita, ainda, como características da cláusula penal a ressarcibilidade (somente na cláusula penal compensatória e na específica) e a imutabilidade relativa (a cláusula penal sujeita-se apenas excepcionalmente à alteração disposta pelas partes ou mediante revisão judicial do negócio jurídico).

5.5.7 Espécies de cláusula penal

Alguns autores elencam três espécies de cláusula, dividindo-as em: 1) Moratória; 2) Compensatória - que pode ser disjuntiva ou cumulativa - e, 3) Específica.

Outros preferem classificar a cláusula penal em apenas duas espécies: a) Compensatória (que se refere à inexecução completa da obrigação ou de alguma cláusula especial e, b) Moratória (que se refere simplesmente à mora).

Vejamos o quadro que traz as três espécies de cláusula penal:

407 DINIZ, Maria Helena. Direito civil brasileiro, 2° volume: teoria geral das obrigações. 22ª ed. São Paulo: Saraiva, 2010.

Cláusula penal moratória	Cláusula penal compensatória	Cláusula penal específica
Representa sanção civil que serve de acréscimo, periódico ou não, à obrigação que não veio a ser cumprida no tempo, no local ou no modo convencionados e que continua a ser exigida. Torna-se cumulável com a obrigação principal não cumprida, sendo exigível desde o vencimento da obrigação ou da constituição do devedor em mora.	Quando estipulada em caso de total inadimplemento da obrigação, a cláusula penal converter-se-á em alternativa em benefício do credor (art. 410 do CC) - que pode optar entre o cumprimento da obrigação e a exigência da pena. Serve para a satisfação, por equivalência, da obrigação que não foi cumprida nos termos ajustados. Além das características normais das cláusulas penais, possuem outras duas: a alternatividade e a substitutividade. No primeiro caso, confere ao credor a oportunidade de poder se valer da cláusula penal se considerar que houve o descumprimento integral do contrato, caso não queira exigir o cumprimento do negócio. Na substitutividade, a utilização de cláusula a substitutividade, a utilização de cláusula penal pelo credor viabiliza a antecipação da reparação do dano (liquidação *a fortait*), ficando ele impedido de exigir do devedor o cumprimento da obrigação principal.	Assegura o cumprimento de alguma cláusula determinada, que seja considerada diferenciada pelo credor. Confere segurança própria a determinada cláusula do negócio jurídico celebrado. Havendo mora do cumprimento da obrigação protegida pela cláusula específica, o credor pode exigir o cumprimento desta ou sua garantia que foi determinada no contrato. Pode ser utilizada de forma exclusiva ou ao lado de uma cláusula penal moratória ou compensatória. Se aplicada de forma autônoma, o credor pode exigir o cumprimento da obrigação por ela assegurada. Se aplicada em conjunto com a moratória, o negócio jurídico não se extingue, sendo o devedor constrangido a cumprir a obrigação principal, efetuar o pagamento da multa pelo descumprimento de obrigação a termo e realizar a obrigação descrita pela cláusula específica da obrigação descumprida.

5.5.8 Principais regras acerca da cláusula penal

O modo por intermédio da qual a cláusula penal é fixada é o escrito, podendo ser aditada por ulterior deliberação, porém antes do inadimplemento. Pode ser estipulada de modo oral, de acordo com os costumes locais ou as peculiaridades do negócio jurídico? Não se pode negar esta possibilidade. Contudo é de se ressalvar a questão da prova, limitada por testemunhas até o patamar de 10 salários mínimos, a teor do artigo 227 do Código Civil.

Por sua vez, o objeto da cláusula penal poderá ser qualquer bem, serviço ou abstenção, inclusive a fixação de percentual da prestação não cumprida ou quantias pecuniárias específicas.

O cumprimento parcial da prestação possibilita a redução proporcional da pena imposta, de acordo com o caso concreto, nos termos da decisão judicial.

A revisão judicial da cláusula penal pode ser efetuada judicialmente, sendo que a redução da pena prevista deve ser fixada da maneira mais compatível com a obrigação não cumprida nos moldes avençados. Impossível revisão judicial da cláusula penal que importe em sua elevação.

Em relação às obrigações com prestações divididas (obrigações divisíveis pelo Código Civil de 2002), cada um dos partícipes da relação jurídica de cunho obrigacional se submeterá à cláusula penal somente pelo inadimplemento a que deu causa. Será demandado aquele que descumpriu sua prestação, dentro dos limites de sua cota-parte.

Acerca das obrigações com prestações indivisíveis (obrigações indivisíveis, pelo Código Civil de 2002), a cláusula penal é extensível a todos os co-devedores. Pode o credor intentar ação em face de todos os obrigados, se assim previsto em contrato ou pela Lei, ou apenas em face do devedor faltoso. Se a ação for proposta contra todos, cada qual responderá somente até sua cota-parte na obrigação. Cabível o direito de regresso por aquele que pagou contra aquele que descumpriu com a obrigação. Se intentada a ação apenas em face do devedor que deu causa ao inadimplemento, este deverá arcar sozinho com o pagamento integral e não terá direito de regresso contra os co-devedores.

5.5.9 Modalidades

A cláusula penal é **alternativa** (artigo 410) quando estabelecida para o inadimplemento absoluto e o credor puder escolher entre a prestação principal ou a cláusula penal. Escolhida esta, não poderá pedir perdas e danos, isto porque quando sua finalidade é indenização, o dano é pré-fixado no valor da cláusula penal, sendo desnecessária a prova do dano.

A cláusula penal **cumulativa** (artigo 411) é estabelecida para o caso de mora (inadimplemento relativo) ou em segurança especial de outra cláusula determinada (artigo 409). O credor pode exigir cumulativamente a obrigação principal e a pena cominada.

A cláusula penal **punitiva** (artigo 416) é estipulada como pena pelo descumprimento da obrigação. O credor pode cobrar a obrigação principal, as perdas e danos comprovados e a cláusula penal. Configura exceção. Só é possível a cláusula penal meramente punitiva (sem prefixação de perdas e danos), com expressa previsão contratual. Nesse caso, o credor exigirá a multa e deverá provar o dano que exceda ao previsto na cláusula penal para receber a indenização suplementar.

A cláusula penal liberatória ou imprópria ou multa penitencial é na verdade uma figura afim.

6 DAS ARRAS

Adauto de Almeida Tomaszewski
Celito De Bona
Mauro Henrique Veltrini Ticianelli

6.1 Origem, conceito e características

Arras é vocábulo simplificado e sempre usado no plural que deriva do grego *arrhabon* (ou *arrabôn*) e do latim *arrhabo*. Ambos significam garantia ou penhor. Eram chamadas arras esponsalícias o anel de ferro dado pelo noivo à noiva como uma espécie de garantia do cumprimento da promessa de casamento futuro. Portanto se prestavam a constranger ou reforçar o compromisso de cumprir a palavra e se casar. Havia inclusive, àquela época, a previsão de uma ação específica, a actio ex sponsu, para o eventual caso em que o noivo se negasse ao casamento.

Ao que se nos apresenta, este costume simbolizava que a vontade havia sido manifestada pela palavra, e dadas as peculiaridades daquela época, não se poderia, por diversos motivos, reduzir a termo o ato ou o negócio jurídico entabulado. Mais uma vez destaque-se o simbolismo e a forma de publicidade da manifestação de vontade da época.

Trata-se, então, de um instituto milenar, com indicações de uso tanto na Grécia clássica quanto na Roma de Justiniano, numa época em que a força obrigatória dos contratos ainda não era a regra, característica que, parece, materializou-se a partir do código napoleônico.

Para a realidade brasileira, as ordenações filipinas trataram do tema pela primeira vez no título XIII, Livro IV, item 2.1, dele transportado para o Código Civil de 1916 com variação considerável, valendo a transcrição pelo apelo histórico: *E no caso onde o comprador, e o vendedor tivessem acordada, e firmada sua compra e venda de certa cousa por certo preço, e o comprador desse logo ao vendedor certo dinheiro em sinal, por segurança da compra, se o comprador se arrepender, e se quiser afastar do contrato, pode-lo-há fazer, mas perderá o dinheiro que assi deu em sinal. E bem assi se o vendedor, que o sinal recebeu do comprador, se quizer arrepender, e afastar da venda, pode-lo-há fazer mas tornará ao comprador todo o dinheiro que delle recebeu em sinal com outro tanto. E esta pena he dada ao comprador, e vendedor, porque não quizerão usar de outra nossa previsão, convem saber de dar e receber o sinal.*

Dá-se o nome de arras, basicamente, ao valor em dinheiro ou outro bem, portanto de valor auferível ou estimável, dados por um contratante ao outro no momento em que ocorre o acordo de vontades explicitado pelo contrato, como forma de garantia da execução do negócio jurídico firmado. Por esta razão é chamado de sinal de pagamento ou apenas, sinal. Trata-se de uma espécie de garantia estipulada pelas partes, eis que a própria Lei não a prevê de forma automática, que se presta inclusive como desestímulo ao contratante para eventual desistência do cumprimento do contrato que acaba de celebrar, além de exteriorizá-lo ou dar publicidade ao vínculo.

Para Clóvis Bevilaqua arras ou sinal, segundo o direito pátrio vigente, é tudo quanto uma das partes contratantes entrega à outra, como penhor da firmeza da obrigação contraída. É a noção que resulta do art. 1094 do Código Civil, neste ponto divergente do direito anterior, que ao oferecimento das arras atribuía a faculdade que se reservava o contraente de se arrepender (Ord. 4,2) (1957, p. 147).

Para Gaio, in D.18,1,35, *quod saepe arrhae nomine pro emptione datur nom eo pertinet, quasi sine arrha conventio nihil proficiat; sed ut evidentius probarit possit, convenisse de pretio´.*

Arras se prestam, então, como publicidade ou exteriorização da assunção do vínculo e, inegavelmente, ao mesmo tempo, como cláusula tácita de arrependimento.

Assim, têm como característica primeira a natureza jurídica de garantia para a execução do contrato. Demais disto, revela obrigação real, já que pressupõe a entrega efetiva do dinheiro ou outro bem. É uma avença acessória, porque depende do negócio jurídico principal que lhe dá origem. Finalmente, tem por objeto dinheiro ou bem, sendo que para esta segunda hipótese o seu objeto poderá corresponder ao do contrato principal. Em ambas circunstâncias podem até servir de início de pagamento. Nada obsta que o objeto seja distinto, inclusive um título de crédito, e ao se concretizar o contrato este bem seja devolvido.

No direito comparado, constata-se que o instituto tem a mesma dimensão e extensão, ressalvadas pequenas variantes. Isto ocorre no artigo 1548 do Código Português de 1967, no Direito espanhol com o artigo 1454 do Código Civil e no Direito italiano, no artigo 1217 do Código Civil de 1817, legislações que muito se aproximam da brasileira porque derivadas da mesma fonte. Destas disposições, ainda encontramos similaridades no Direito argentino (artigo 1202 do Código Civil), no Direito suíço (artigo 158 do Código Federal das Obrigações) e até no Direito soviético (artigo 143, alínea ´2´ do Código Civil) e Chinês (artigo 248 e 249 do Código Chinês).

6.2 Classificação

A Lei prevê dois tipos de arras. São chamadas arras confirmatórias o dinheiro, o título de crédito ou os bens entregues pelo contratante a título de deixar claro e inequívoco o início da avença.[408] Para esta hipótese, arras representariam a materialização do antigo aperto de mãos, a evidenciar o passo seguinte previsto no direito das obrigações: a manifestação de vontade espontânea e clara das partes e conseqüente vinculação proveniente da aceitação da proposta do proponente pelo oblato, depois de ultrapassada a fase das negociações ou tratativas preliminares[409]/[410].

As arras dadas serão restituídas ou consideradas parte do pagamento, para a hipótese de cumprimento natural e integral do contrato, nos termos do artigo 417 do atual Código Civil, que encontra dispositivo similar no artigo 1.096 do Código Civil de 1.916.

Uma vez dadas, impedem o arrependimento desmotivado ou sem uma justa causa, sem penalidade, tanto assim que, para estes casos de descumpri-

408 "As arras confirmatórias são um pacto acessório e caracterizam-se pela entrega por uma parte à outra de um valor em dinheiro, ou outro bem móvel, visando confirmar a celebração do negócio jurídico principal, tornando-o obrigatório, com o objetivo de impedir o arrependimento de qualquer das partes. Assim, na hipótese de o negócio ser desfeito por motivo imputável a quem deu as arras, este as perderá em benefício do que recebeu (art. 1.097 do Código Civil de 1916 e art. 418 do Código Civil vigente). Por outro lado, se a inexecução for imputável a quem recebeu as arras, este deverá devolvê-las em dobro, além de correção monetária, juros e honorários advocatícios. Note-se que, se o desfazimento do negócio for consensual, ou por motivo de força maior, as arras devem ser devolvidas a quem as prestou [...] Para as arras confirmatórias, ao contrário das penitenciais, a Lei não exige pactuação expressa. Desse modo, uma vez dado o sinal, deduz-se que este tenha sido estipulado a título de arras confirmatórias, não sendo permitido o arrependimento." (REsp 826827/MT, Rel. Ministro Sidnei Beneti, Terceira Turma, julgado em 12/08/2010, DJe 19/10/2010).

409 Para VENOSA (2003), *a oferta ou proposta, também denominada policitação, é a primeira fase efetiva do contrato, disciplinada na Lei. Na proposta, existe uma declaração de vontade pela qual uma pessoa (o proponente) propõe a outra (o oblato) os termos para a conclusão de um contato. Para que este se aperfeiçoe, basta que o oblato a aceite* (p. 517).

410 BEVILAQUA (1957), com propriedade, narra todo o enredo que antecede a formação do apelidando-o de fases da elaboração psíquica: *Eu sinto-me inclinado a comprar um objeto que vi e do qual me convém ser proprietário. Resisto ou cedo logo ao impulso do desejo que me arrasta para o objeto, discuto as vantagens e desvantagens da obtenção, e, afinal, minha vontade, cedendo á solicitação dos motivos mais fortes, vai a traduzir-se em ato. Supondo que venceu o desejo de possuir o objeto em questão, começo a externar minha volição, proponho, a alguém que possui o que eu ambiciono, que se resolva a mo ceder. Na mente desse alguém, suscitará a minha proposta as mesmas fases da elaboração psíquica, por que o pensamento passou em meu espírito, até que sua vontade convirja ou não para o ponto em que estacionou a minha. Se convergir, será que nossos interesses, ou o que se nos afigura tal, realizaram seu encontro harmônico, acham-se em congruência atual. Para mim era mais útil, no momento, possuir o objeto em questão do que a soma a desembolsar ou o serviço a prestar; para o possuidor do objeto, era mais vantajoso do que possuí-lo receber o que eu lhe oferecia. Com a manifestação em convergência de nossas vontades inicia-se o contrato* (p. 139).

mento, arras serão perdidas se o arrependido é quem as deu ou serão devolvidas mais o equivalente, com atualização monetária segundo índices oficiais regularmente estabelecidos, juros e honorários de advogado, se o arrependimento partiu de quem as recebeu.

Como se sabe, as arras tem, como sentido lógico, natural e original, a confirmação do negócio, ao passo que as arras chamadas penitenciais são provenientes de esforço da doutrina ao longo dos séculos de promover interpretação mais elastecida, mais atualizada ao instituto.

São denominadas arras penitenciais aquelas expressamente convencionadas pelas partes para arrependimento do negócio principal. São, portanto, dadas com o intuito de indenização previamente definida, para a hipótese de exercício do direito de arrependimento pela parte contrária na relação negocial, arrependimento que não é vedado, ressalte-se, como corolário do princípio da autonomia da vontade, mas apenas apenado. A expressa previsão do arrependimento é condição para a validade das arras penitenciais, sob pena de serem elas presumidas confirmatórias. Uma vez comunicado, de forma inequívoca, o arrependimento, então quem as deu perderá o valor ou os bens dados em favor do outro e, evidente, se o arrependido for quem as recebeu, promoverá a devolução do que recebeu e de outro tanto, hipóteses em que é declarado culpado o arrependido.

O atual Código Civil prevê no artigo 420 a hipótese das arras penitenciais, assim como previa o Código Civil/16 no artigo 1.095.

Evidentemente que a identificação da extensão das arras, e mesmo a sua escorreita tipificação (se confirmatórias ou penitenciais) não se revelam tarefa sempre fácil. Isto porque não se pode esperar dos contratantes a percepção ou o entendimento de termos e expressões jurídicas. Nada raro, confundem-se os contratantes entre os modelos de arras disponíveis além da sua própria função, com costumeira confusão com o próprio início do pagamento.

A interpretação deste pacto paralelo, já chamado em outras oportunidades de adjeto, deverá ser promovida pelos próprios contratantes, num primeiro momento, com inevitável intervenção judicial para o caso de subsistência do litígio, em ação própria, de conhecimento.

6.3 Comparativo com a cláusula penal

Diferenciam-se as arras da cláusula penal porque aquelas são dadas por intermédio de ato voluntário e concreto da parte. Opera-se tradição, de modo que já há a entrega do objeto das arras de forma antecipada logo quando da conjunção inicial de vontades do contrato. Ao contrário, a cláusula penal revela estipulação abstrata e estimativa pelas partes em contrato e se caracteriza pela potencialidade, latência e eventualidade. Isto determina oportuna e futura execução, para o caso de atraso ou total inadimplemento do contato por culpa.

As arras dadas, para o caso de inexecução prematura do contrato, eis que ele nem se concretiza, representam de pronto a totalidade do valor da indenização. Em tese, nesta hipótese, nem mesmo a comprovação pelo lesado de que o descumprimento resultou em danos cujos valores excedem ao das arras dados, não autoriza complementação. Já na cláusula penal, cogita-se como possível a comprovação de perda que supere ao valor pré estipulado, com conseqüente constrangimento do contratante culpado à complementação[411], sob pena de enriquecimento sem causa.

Desta forma, o leitor poderia imaginar a coexistência dos dois institutos em um mesmo contrato - arras e cláusula penal - desde que mediante expressa manifestação de vontade específica pelos contratantes e é claro, em momentos distintos. É claro que não se prestariam como suporte para um mesmo fato jurídico, sob pena de dúplice penalidade por fato único, o que seria vedado pela legislação pátria. Este raciocínio não distoa da essência de cada um dos institutos em comento, pois mediante as arras se estabelece primeiro para que se tenha avença. O outro, a cláusula penal, se acorda no próprio instrumento de contrato, em documento particular ou público ou até mesmo em momento posterior e antes do inadimplemento. Todavia, deve ficar claro que as arras são para ajuste de confirmação do contrato e a cláusula, para penalizar o inadimplente culposo.

6.4 Comparativo com o direito de arrependimento no Código de Defesa do Consumidor

De acordo com José Dionízio da Rocha (2005, p. 561), *o CDC, no art. 49, trata do direito de arrependimento de forma diferente do Código Civil, uma vez que não pune o arrependimento manifestado dentro de um determinado prazo, que pode ser um mínimo expresso na lei ou um outro, oferecido pelo fornecedor.*

Pela redação ainda do parágrafo único do artigo 49 do Código de Defesa do Consumidor, é possível concluir que as relações de consumo contratadas fora do estabelecimento comercial afastam a possibilidade de arras penitenciais.

411 Pablo Stolze Gagliano e Rodolfo Pamplona Filho informam, ao contrário, que somente se pode pensar em complementação da indenização por valor que supere a cláusula penal se houver expressa disposição contratual. *Ademais, vale registrar que a cláusula penal quando fixada, impede, salvo previsão contratual específica, o pagamento de indenização suplementar a título de perdas e danos. Já as arras somente impedem indenização suplementar na modalidade penitencial* (2007, p. 334).

O mesmo autor citado anteriormente afirma que o direito de arrependimento contido no Código de Defesa do Consumidor é muito mais equitativo e coerente do que o expresso na codificação civil: *equitativo, porque protege a parte presumidamente hipossuficiente dos enganos provocados pela propaganda; coerente com o ordenamento, porque não há aqui uma contradição lógica nem jurídica* (ROCHA, 2005, p. 562).[412]

6.5 Previsão no Código Civil/02 e comparativo com o Código Civil/16

O Código Civil/16 previa as arras entre os artigos 1.094 e 1.097, com perfeita distinção entre as suas duas modalidades - confirmatórias e penitenciais - mas com evidente ênfase à sua natureza mais original, a partir de texto mais claro, simples. Apenas a título de exemplo destaca-se a redação dos artigos 1.096, que trata da presunção de início de pagamento para as arras confirmatórias e 1.097, que previa a perda de quem as deu e a restituição em dobro de quem as recebeu, para o caso de rescisão do contrato, ambos dispositivos que não encontram paralelo na nova lei civil.

A redação do Código Civil/02, entre os artigos 417 e 420, por seu turno, apresenta-se nitidamente mais complexa e truncada, partindo sempre da premissa do descumprimento do contrato como regra, característica aliás típica de todo o livro das obrigações, que mais valoriza os efeitos da inexecução do que o cumprimento natural da avença pelos contratantes.

Como novidades, a lei civil vigente apresenta a expressa previsão para contagem de correção monetária, juros e honorários advocatícios, para a constatação da inexecução do contrato[413], por intermédio de disposição que desnecessária e injustificadamente remete ao litígio, à demanda judicial.

Vale destacar a extensão da expressão ′conclusão do contrato′, empregada no artigo 420 do Código Civil/02 e que não encontra paralelo com a lei antiga. Como se vê, o vocábulo deve ser entendido como a concretização do negócio jurídico, qual seja o entendimento definitivo havido pelos contratantes sobre todos os elementos típicos do negócio jurídico celebrado.

412 "O direito de arrependimento, previsto no art. 420, CC, traz em si duas contradições: uma lógica e outra jurídica. A contradição lógica consiste no fato de afirmar e negar ao mesmo tempo. A contradição jurídica consiste em que ele pune o exercício de um direito" (ROCHA, 2005, p. 562).

413 Art. 418 do Código Civil. Se a parte que deu as arras não executar o contrato, poderá a outra tê-lo por desfeito, retendo-as; se a inexecução for que quem recebeu as arras, poderá quem as deu haver o contrato por desfeito, e exigir sua devolução mais o equivalente, com atualização monetária segundo índices oficiais regularmente estabelecidos, juros e honorários de advogado.

Neste momento, portanto, tem-se como vencida a fase das negociações preliminares e como estabelecidos todos os contornos e termos do negócio jurídico, com lavratura de escrito ou apenas pela via verbal, momento em que os contratantes passam para o cumprimento do contrato mesmo, em toda a sua extensão. Veja-se apenas a título de exemplo o contrato de locação de imóvel residencial, em que as partes apresentam as propostas (negociações preliminares) e depois de algum diálogo definem todos os elementos do contrato com a redação do texto final (conclusão), dentre eles preço, prazo, destinação do imóvel, possibilidade de sublocação, etc. A execução do contrato, outrossim, dar-se-á com a posse pelo locatário e, com o advento do termo final, ter-se-á o cumprimento definitivo do contrato, oportunidade em que o imóvel é devolvido ao locador nas condições identificadas no contrato.

Deste modo, é possível afirmar que a expressão conclusão do contrato se diferencia de execução e cumprimento do contrato, estas sim utilizadas para representar o cumprimento efetivo da avença celebrada de modo definitivo e o encerramento definitivo da relação jurídica obrigacional.

O gráfico a seguir dá uma medida das alterações verificadas neste instituto durante o período transcorrido desde sua criação até o seu atual estágio.

ARRAS		
Direito Romano[408]	**Direito Germânico**[409]	**Direito Brasileiro**[410]
Contrato real bilateral, com dupla função: confirmar o contrato e permitir arrependimento.	Contrato real unilateral.	Localizada no capítulo que trata “do inadimplemento das obrigações”, pode ser inserida em negócios jurídicos contratuais e negócios unilaterais.

414 ALVES, José Carlos Moreira. *Direito Romano.* Rio de Janeiro: Forense, 1992, p. 58-60.

415 MARTINS-COSTA, Judith. *Comentários ao Novo Código Civil,* volume V, tomo II: Do Inadimplemento das Obrigações. Rio de janeiro: Forense, 2003, p. 485-488.

416 MARTINS-COSTA, Judith. *Comentários ao Novo Código Civil,* volume V, tomo II: Do Inadimplemento das Obrigações. Rio de janeiro: Forense, 2003, p. 484-494.

Até Período Justinianeu: *Arras Confirmatórias*: uma parte entregava à outra dinheiro ou outro bem, normalmente simbólico, para comprovar que a avença estava concluída. Deveria ser restituída com a execução desta. Período Justinianeu e Idade Média:*Arras Penitenciais*: com função penal, a parte que não cumpre a avença perde-as; se as recebeu, deveria restituí-las em dobro.	Meio de reforço da obrigação: vinculação apenas para quem recebia as arras. Função confirmatória.	**Quatro (4) Funções Históricas das Arras:** 1) *Confirmatória* do negócio - Arras Confirmatórias – presentes já no Código Civil de 1916. 2) *Adimplemento Parcial ou Início de Pagamento* – Função Principal – artigo 417 do Código Civil de 2002. O entendimento atual de "sinal", como início de pagamento, está bastante presente na vida negocial, a exemplo de depósito prévio para reservas em hotéis em determinadas épocas do ano, diferentemente do antigo entendimento de arras, que consistia na entrega de um bem diverso daquele previsto como forma de pagamento. 3) *Indenizatória*, em caso de descumprimento culposo da avença, cabe a possibilidade de que o prejudicado requeira uma indenização suplementar, provando prejuízo a maior, nos termos do artigo 419 do atual Código Civil. 4) *Sancionatória*, em caso de prévia estipulação para o caso de arrependimento, consoante previsto no artigo 420 do atual Código Civil.

Exemplos

Negócios Jurídicos Privados: a) reserva de casas, chácaras de lazer ou apartamentos de veraneio ou para determinadas épocas do ano; b) contrato de hospedagem; c) compra e venda de veículo (cheque caução ou nota promissória caução); d) aluguel de veículos automotores.

Art. 418: Quatro Hipóteses:

1) Descumprimento da promessa, não culposo, por quem deu as arras: Devolução das arras porque a avença está desfeita.

2) Descumprimento da promessa, culposo, por quem deu as arras: Outra parte retém as arras, que têm caráter de penalidade.
3) Descumprimento da promessa, não culposo, por quem recebeu as arras: Resolução da avença; partes voltam ao *statu quo ante.* Devolução das arras porque a avença está desfeita.
4) Descumprimento da promessa, culposo, por quem recebeu as arras: Quem deu as arras tem direito de exigir devolução, "mais o equivalente"[411]. Nesse caso, pode exigir indenização suplementar ou a execução do contrato e arras valem como mínimo de indenização (artigo 419).

417 MARTINS-COSTA, Judith. *Comentários ao Novo Código Civil*, volume V, tomo II: Do Inadimplemento das Obrigações. Rio de janeiro: Forense, 2003, p. 503 e 504. A autora entende que a expressão significa que as arras devem ser devolvidas em dobro.

REFERÊNCIAS

ALESSANDRI, Arturo R.; SOMARRIVA, Manuel U.; VODANOVIC, Antonio H. *Tratado de lãs Oligaciones – vol. I. De las oligaciones em general y sus diversas clases.* Santiago-CH: Editorial Juridica de Chile, 2004.

AZEVEDO, Álvaro Villaça. Teoria Geral das Obrigações, 10ª ed. Editora Atlas, São Paulo, 2004.

BEVILAQUA, Clovis. Direito das Obrigações, Livraria Francisco Alves, São Paulo, 1957.

CAHALI, Yussef Said. *Dano moral.*2. ed. São Paulo: RT, 1994.

COELHO, Fábio Ulhoa. Curso de Direito Civil, vol. 2. 2ª ed. São Paulo: Saraiva, 2005.

CUPIS, Adriano. *Istituzioni di Diritto Privato.* Milano-IT: Dott. A. Giuffrè Editore, 1987.

D'ORS, Alvaro. *Derecho Privado Romano.* Pamplona-ES: Ediciones Universidad de Navarra, 1977.

DIEZ-PICAZO, Luis. *Fundamentos Del Derecho Civil Patrimonial – volumen segundo – las relaciones obligatorias.* Madrid-ES: Editorial Civitas, 1996.

DIEZ-PICAZO, Luis; GULLÓN, Antonio. *Sistema de Derecho Civil -vol. II.* Madri: Tecnos, 1994.

DINIZ, Maria Helena. Direito civil brasileiro, 2° volume: teoria geral das obrigações. 22ª ed. São Paulo: Saraiva, 2010.

FARIAS, Cristiano Chaves de. ROSENVALD, Nelson. *Direito das Obrigações.* Rio de Janeiro: Lumen Juris, 2009.

GAGLIANO, Pablo Stolze; PAMPLONA FILHO, Rodolfo. *Novo Curso de Direito Civil – Obrigações.* São Paulo: Saraiva, 2010.

HIRONAKA, Giselda Maria Fernandes. MORAES, Renato Duarte Franco. *Direito das Obrigações.* São Paulo: Saraiva, 2008.

KRETZ, Andrietta, *Autonomia da vontade e eficácia horizontal dos direitos fundamentais.* Florianópolis: Momento Atual, 2005.

LISBOA, Roberto Senise. *Manual de Direito Civil – Teoria Geral do Direito Civil.* São Paulo: Saraiva, 2009.

LÔBO, Paulo Luiz Netto. *Teoria Geral das Obrigações.* São Paulo: Saraiva, 2005.

MARTINS-COSTA, Judith. *Comentários ao Novo Código Civil,* volume V, tomo II: Do Inadimplemento das Obrigações. Rio de janeiro: Forense, 2003.

MESSINEO, Francesco. *Manuale di diritto civile e commerciale, Giuffrè, Milano, 1959, v.3.*

MONTEIRO, Washington de Barros. Curso de direito civil, vol. 4: direito das obrigações, 1ª parte. 33ª ed. rev. e atual. por Carlos Alberto Dabus Maluf. São Paulo: Saraiva, 2007.

NADER, Paulo. *Curso de Direito Civil – Obrigações.* vol. 2. Rio de Janeiro: Forense, 2008.

NALIN, Paulo. *Do Contrato: conceito pós-moderno (em busca de sua formulação na perspectiva civil-constitucional).* Curitiba: Juruá, 2001.

NERY JÚNIOR, Nelson. *Código Civil Comentado.* São Paulo: Revista dos Tribunais, 2008.

PEREIRA, Caio Mário. Instituições de Direito Civill, 10ª ed., vol. III, Editora Forense, Rio de Janeiro, 2000.

POTHIER, Robert Joseph. *Tratado de las Obligaciones.* Buenos Aires-AR: Heliastra, 1983.

PUIG BRUTAU, José. *Fundamentos de derecho civil. Tomo I. Volúmen II.- Derecho General de las Obligaciones.* Barcelona-ES: Bosch, 1988.

ROCHA, José Dionízio da. Das arras ou sinal. *In* TEPEDINO, Gustavo (coord). *Obrigações: estudos na perspectiva civil-constitucional.* Rio de Janeiro: Renovar, 2005.

RODRIGUES, Sílvio. Das Arras, Editora Revista dos Tribunais, São Paulo, 1955.

TRABUCHI, Alberto. *Istituzioni di Diritto Civile*, Padova: Cedam, 1995.

VENOSA, Sílvio de Salvo. Direito Civil, 3ª ed., vol. II, Editora Atlas, São Paulo, 2010.